Finance
经济管理类课程教材

金融系列

国际投资学

（第四版）

任淮秀　主编

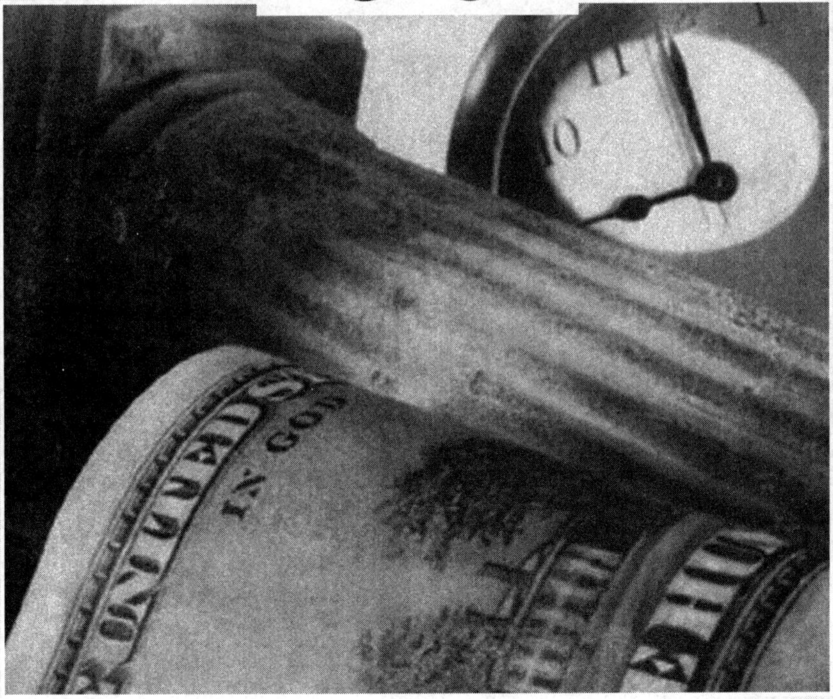

中国人民大学出版社

·北京·

出版说明

改革开放以来，中国的金融走上了高速发展的快车道，获得了前所未有的发展，有关院校都开设了金融课程，以便培养我国急需的人才。

一套高质量的教材是提高教学质量的前提之一。教材规定了教学内容，是教师授课取材之源，是学生求知和复习之本，没有优秀的教材，就无法提高教学质量。中国人民大学出版社推出“经济管理类课程教材·金融系列”，旨在推动国内金融人才培养工作的开展。

组织编写这套教材时，我们遵照以下原则：

1. 教材实行本土化。为了更快地与国际接轨，许多人主张采用“拿来主义”原则，直接引进国外的教材。实践证明，我国与发达国家相比，国情不同，文化背景不同，思维方式不同，语言表述方式不同，广大的专家教授一致认为：我们培养的是中国金融人才，是为中国的金融服务的，教材还是本土化为宜。在了解我国现况之后，再学习国外的知识。把中国的背景知识与国际接轨才是我们最需要的。该套教材均为本土原创作品。

2. 精选作者，保证教材质量。金融与国家的政策联系紧密，应用性强，培养的学生既要懂理论又要会应用，既要与国际接轨，又要考虑中国的国情。该套教材涵纳全国“政产学研”方面的作者，从源头上保证了这套书的质量。

3. 要始终保持教材的“精”与“新”。现代金融日新月异，课程设置不断变化。该套教材根据形势的发展，不断推出新课程教材，并不断修订、完善。

4. 形式多种多样，方便教材使用者。书中每章都设有“本章小结”、“本章要点”、“本章关键术语”、“本章思考题”等栏目。此外，各书还有配套的“学习指导书”，方便读者学习和使用。

总之，这套系列教材紧密结合当前国内外金融研究的最新成果与金融政策发展的实际情况，全面讲述金融基本理论和基本知识。我们相信“经济管理类课程教材·金融系列”的推出，能够为读者掌握现代金融知识，培养人才起到应有的作用。

中国人民大学出版社

前　言

近年来，中国经济高速增长，令世人瞩目。据统计，2002年我国国内生产总值刚刚突破10万亿元，2013年这一数字已近57万亿元。与此同时，截至2013年末，我国的外汇储备余额更是达到3.82万亿美元。未来我国资本市场将进一步开放，国际投资水平也将不断扩大和深化。在这种背景下，为了更好地反映近年来国际投资的发展和变化，使书中内容更适应未来经济发展的需要，我们对《国际投资学》进行了修订。

总体来看，这次修订主要有以下几个方面：第一，对原有框架体系进行了必要的调整，由原来的15章精简为13章。第二，各章内部的结构也进行了适当修改，使之更科学、合理。第三，教材形式进行了一些变化，各章新增了“学习目标”，以突出各章节的学习重点。还有一些补充知识和内容则以专栏形式出现。第四，及时更新了相关的法律法规、政策文件以及数据。第五，对“本章要点”、“本章思考题”等进行了相应的修改和完善。

具体来看，各章节主要修订内容如下：

第一章“导言”，更新了部分数据，同时删除了部分已过时的数据。介绍了一些近年来的新情况，如不同行业2012年使用外资的情况。增加了专栏《十八大代表热议“走出去”：坚持合作共赢》。

第二章“国际投资的产生与发展”，在第一节中的“当前国际投资的新特征”中增加了2009—2012年的新情况。在第二节中增加了“新兴市场国家将加速对外直接投资”，删除了“跨国并购将逐渐减少”。增加了专栏《全球三大信用评级机构》。更新了部分数据。

第三章“国际投资理论”，对各节进行了重新划分。将“国际证券投资理论”放到第一节，作为国际间接投资理论。将垄断优势论和比较优势论，产品生命周期理论与投资周期论，内部化理论、产业内双向投资理论与国际生产折中论等理论列为第二节至第四节，作为国际直接投资理论，同时突出两两之间的相互关系。删除了“国际直接投资理论与经济增长”一节。

第四章“国际投资的资金来源”，将原来的第四、五两章进行部分删减、内容调整后合并为一章。增加了专栏《世界主要资本市场》。

第五章“国际投资中的主体：跨国公司”，增加了跨国公司的分类和作用，以及跨国公司的发展历程。对跨国公司的发展趋势进行了修改和补充，并更新了数据。

第六章“国际直接投资”，增加了国际直接投资的概念和动机。对国际直接投资的分类进行了修改和补充，增加了跨国并购的内容。对项目管理的相关内容进行了补充。

第七章“国际间接投资”，将原书第三版中的“国际股票投资”和“国际债券投资”合并为一章，对章节进行了重新编排，删减了重复内容。增加了国际金融衍生产品投资的相关内容。

第八章“证券投资基金及证券投资组合”，增加了证券投资基金的概念和性质，增加了证券投资基金的作用。对证券投资基金的分类进行了补充。对证券投资组合的相关内容进行了删减，使结构更加紧凑合理。

第九章“国际对冲基金”，原第二节“国际对冲基金的运作模式”与原第三节“国际对冲基金的实务分析”合并为第二节，标题改为“国际对冲基金的运作模式”。原第四节“国际对冲基金的风险控制与案例分析”改为第三节，标题改为“国际对冲基金的风险与监管”。更新了对冲基金发展的最新数据。

第十章“国际投资风险及其管理”，原第三节“金融衍生工具与风险管理”内容并入第二节“国际投资的风险管理”，并适当增加金融衍生品在国际投资风险管理中应用的案例，使读者更容易了解和掌握其风险管理策略。原第四节“国际投资的法律保障”与原第五节“国际投资的双边和多边保证”合并为第三节，标题仍为“国际投资的法律保障”。

第十一章“国际投资的外汇风险管理”，第一节“外汇风险管理概述”，内容结构进行了重新组织和编排。第四节“外汇风险的防范方法”，标题改为“外汇风险的防范与管理”，增加了外汇风险管理的原则、战略、步骤。将原有关于外汇风险管理的具体方法合并为“四、外汇风险管理的方法”，为保证知识的完整性，增加了金融衍生品与外汇风险管理方法的内容。

第十二章“国际投资环境”，根据现实情况的发展，对投资环境的特点重新进行了归纳总结。对投资环境的评价方法进行了修改和补充。更新了专栏，并增加了有关“中国投资环境的优化”的内容。

第十三章“中国对外投资”，结合最新发展情况，对第一节有关“中国对外投资发展的四个阶段”进行了重新编写和补充，以反映中国对外投资的最新发展情况，并更新相关数据。将原第二节“当前中国对外投资发展背景与挑战”合并到第一节，内容进行了删减并重新组织。

全书修订工作由主编任淮秀教授主持，并设计了修订框架和原则，具体分工如下：汪诚编写第一章、第二章、第三章、第四章；许洋编写第五章、第六章、第七章、第八章；戈岐明编写第九章、第十章、第十一章、第十二章及第十三章。全书由任淮秀总纂定稿。

本书适合于作为高等院校经济、管理学科本科生的教材或教学参考书，也可供从事相关行业的经济管理人员阅读和参考。由于时间紧迫和水平有限，书中不足之处，恳请读者批评指正。

目　录

第一章

导　言

学习目标

- 理解国际投资的概念
- 明确国际投资的研究对象
- 掌握国际投资学与其他金融学科的关系
- 了解学习国际投资学的现实意义

经济全球化已经成为世界经济一股不可逆转的潮流，全球化实现了各种资源在世界范围内更有效的配置，使各个国家之间的经济联系更加紧密、相互依存。全球化表现为贸易自由化、金融全球化与生产一体化。其中生产一体化成为经济全球化的深刻表现，也是贸易自由化和金融全球化的重要推动力量。国际投资促进了生产一体化的发展，在世界各国经济发展中，国际投资起到了越来越重要的作用。

第一节　国际投资的基本概念

一、投资的定义

投资作为一种经济活动由来已久，只是在不同的社会形态与经济运行格局下，有着不同的含义。在西方发达资本主义国家，投资通常是指为获取利润而投放资本于企业的行为，主要是通过购买国内外企业发行的股票和公司债券来实现。所以在西方发达资本主义国家，投资一般是指间接投资，主要涉及如何计算股票和债券的收益、怎样评估风险和如何进行风险定价，以帮助投资者选择获利最高的投资机会。

而在我国，投资概念既包括直接或间接的股票、债券投资，有时也用来指购置和建造固定资产、购买和储备流动资产（包括有价证券），这些都必须运用资金，而运用上述资金的过程是一种经济活动。因此，投资一词具有双重含义，既用来指特定的经济活动，又用来指特种资金。

简而言之，可以把投资定义为：经济主体为获得经济效益而垫付货币或其他资源用于某项事业的经济活动。

从定义中看出，一项投资活动中至少包括投资主体和货币或其他经济资源等投资客体两个方面。投资主体即投资者，指具有独立的投资决策权并对投资结果负有直接责任的经济法人或自然人。在经济生活中主要体现为企业、中央与各级政府、金融机构、其他经济实体、个人及外国经济实体。投资客体是投资主体加以经营操作以实现投资目标的对象。主要体现为建设、生产、经营活动所必需的物质条件和生产要素，既可以是资金、机器设备、建筑物、劳动力、土地等有形资产，也可以是专利权、专用技术、商标、信息等无形资产。投资的目的一般是为了获得未来的更大收益，收益性与风险性是投资的两项基本特征。

二、国际投资的定义

（一）国际投资的定义

国际投资是国际货币资本及国际产业资本跨国流动的一种形式，是将资本从一个国家或地区投向另一个国家或地区的经济活动。国际投资可以看成一般投资在国际上的扩展，其既具有一般投资的特征，又有其国际性的特殊性。可以从这两个方面来对国际投资的定义进行理解分析。

（二）国际投资的主体和客体

与一般的国内投资相似，国际投资也包括投资主体和投资客体两个方面。

1. 投资主体

（1）官方和半官方的机构。官方一般指各国政府，半官方是指国际性的组织，如世界银行以及各种区域性质的开发银行。

（2）跨国公司。它是国际直接投资的主体，也是国际投资的主要参与者和推动力。

（3）跨国金融机构。当代的跨国金融机构包括各种在国际范围内进行业务经营及机构设置的营利性金融组织。其中占主导地位的是跨国商业银行，即跨国银行。另外，还包括各种非银行金融机构，如跨国投资银行、保险公司以及基金管理公司。

（4）个人投资者。世界经济的发展以及国际投资便利性的增加使门槛降低，一些有实力的个人也参与到国际投资中来。

2. 投资客体

（1）实物资产，指以土地、厂房、机器设备、原材料等实物形式存在的生产资料。

（2）无形资产，包括生产诀窍、管理技术、专利技术、情报信息、商标等。

（3）金融资产，包括国际债券、国际股票、衍生金融产品等。

（三）国际投资与国内投资的区别

“跨国性”是国际投资的显著特征，由此决定了国际投资在以下几个方面有别于国内投资：

第一，国际投资目的的多样性。国内投资的主要目的是促进一国的经济发展，获得经济效益，而国际投资的目的则是多维的。有的国际投资活动的目的在于利用外国丰富的自然资源和廉价的劳动力，降低生产成本，实现资本保值或增值，实现利润最大化；有的是为了维护与发展垄断优势，占领广阔的市场；有的是为了转移国内的落后产业，将污染产业输出到其他国家；有的是为了建立和改善双边或多边经济关系；有的则带有明显的政治目的，甚至是为了输出本国的文化与制度等等。

第二，国际投资领域的市场分割及不完全竞争性。各主权国家受政治、经济、自然、文化及社会等方面因素的影响，将世界市场分割成多个部分。受市场分割的影响，国际资本流动具有不完全竞争性。国际市场的分割，一定程度上限制了国际投资的发展，增加了国际资本流动的成本。与国内投资相比，国际投资程序更加复杂，过程更加漫长，各种限制因素更多。同时，国际市场的分割、要素流动性的降低，也为国际投资提供了更多的机会与获利空间。利用市场的不完备性，使得获取长期的垄断性收益成为可能。

第三，国际投资中货币单位及货币制度的差异性。各国使用的货币不同，货币制度也千差万别，货币本位的差别决定了资本的国家间相对价格不同，从而影响了国际投资的规模、流向和形式。汇率风险又称外汇风险，是指由于未能预期到的汇率变动而给国际投资可能带来的经济损失的风险。目前，世界上大部分国家实行的是浮动汇率制，汇率波动频繁，波动范围大，给国际投资活动带来了很多不确定因素。另外，各个国家的外汇管理和资本管理政策也使得国际投资与国内投资相比，面临更多的不确定因素。

第四，投资环境的国际差异性。投资环境是指决定和影响投资的各种政治因素、自然因素、经济因素和社会因素相互依赖、相互完善、相互制约所形成的矛盾统一体，是对投资者的预期目标产生有利或不利影响的外部条件的有机统一。所有的投资都会遇到投资环境的问题。国内投资在一个国家内，投资环境相对简单，政治、法律与社会文化环境比较相似。而对国际投资来说，每个国家都有不同的传统与历史，政治经济制度多种多样，各国的法律及社会文化等方面的差异更为明显，因而各国的投资环境迥异。这都会对国际投资的风险和收益产生很大的影响。

三、直接投资与间接投资

（一）国际投资的分类

国际投资可以按照不同的标准进行分类。按照投资主体类型，国际投资可分为官方投资（public investment）与私人投资（private investment）等；按照投资期限，国际投资可分为长期投资（long-term investment）与短期投资（short-term investment）；根据投资主体是否拥有对海外企业的实际经营管理权，国际投资可分为国际直接投资（international direct investment）与国际间接投资（international indirect investment）。其中直接投资与间接投资的分类是最常见和最有意义的分类方式。

（二）直接投资与间接投资的含义

国际直接投资和国际间接投资是国际投资的两种基本形式。国际直接投资指投资者到国外直接开办工矿企业或经营其他企业，即将其资本直接投放到生产经营中的经济活动。它不是单纯的资金外投，而是资金、技术、经营管理知识的综合体由投资国的特定产业部门向东道国的特定产业部门的转移。它包括独资经营、合资经营、合作经营、合作开发以及新发展起来的国际补偿贸易、国际加工装配贸易、国际租赁等具体方式。国际间接投资主要是指国际证券投资以及以提供国际中长期信贷、经济开发援助等形式进行的资本外投活动，间接投资可分为股权类证券投资和债权类投资。

（三）直接投资与间接投资的区别

1.“有效控制”方面的区别

一般区分两种投资方式的标志主要在于投资者对企业的有效控制权。直接投资一般需要拥有直接控制权。各个国家对有效控制权的定义不太相同。

国际货币基金组织（IMF）在《国际收支手册》中曾明确指出，投资者在所投资的企业中拥有25%或更多的股权，可以作为控制所有权的合理标准，这也就是说，在东道国企业中，外国投资者拥有了25%以上的股份即可认为是国际直接投资，这一标准也被看作是国际惯例。美国商务部规定，若某外国公司股权的50%由一群互不相关的美国人掌握，或25%由一个有组织的美国集团拥有，或10%由一个具有法人地位的美国人拥有，则对该公司的投资可视为美国的国际直接投资。加拿大政府规定，当本国居民持有外国公司50%或更多的股权时，可以在原则上认为存在控制。澳大利亚政府规定，在澳大利亚企业中，单个外商持股15%以上，或两个及两个以上的外商持股40%以上，即为非居民的直接投资。《日本外汇管理法》规定，对外直接投资包括本国投资者对外国企业进行的10%以上的所有权投资，对该企业提供贷款，或出资虽不满10%，但同时通过非股权形式与该企业保持长期连续性的关系。而《日本外资法》（1974年最后修订）及其实施细则规定：凡外国投资者直接或间接地拥有日本公司（法人）或其他企业全部或50%以上股份的，或者凡外国投资者实际上能控制日本的公司或企业或董事会的，称为外国直接投资。其他如英国、法国、德国和意大利等西方国家的法律对此也有类似的规定。我国法律规定，在依法取得中国法人资格的合作企业中，外国合作者的投资一般不低于合作企业注册资本的25%。在不具有法人资格的合作企业中，对合作各方向合作企业投资或者提供合作条件的具体要求，由对外贸易经济合作部规定。不满足有效控制权标准的国际投资被视为国际证券类间接投资。

从当今世界大趋势来看，各国都鼓励吸收外资和利用外资，对国际投资范畴的有效控制权规定的股权比例也相应趋小，一般按国际惯例，超过企业10%股权的外资即被认为是国际直接投资。

2. 持久利益的特点

在国际货币基金组织和经济合作与发展组织（OECD，以下简称“经合组织”）对国际直接投资的定义中，认为“持久利益”更能体现国际直接投资的特点。根据国际货币基金组织的定义，国际直接投资是指“为在一个国外企业获得持久利益而进行的投资，其目的是为了在该国外企业的管理中拥有实际发言权”。而OECD认为，“外国直接投资是一个国家的居民（直接投资者）对其所在国之外的另一个国家的居民（直接投资企业）进行的以获得持久利益为目的的投资活动。持久利益指直接投资者和企业之间存在一种长期的关系，直接投资者对企业有重大的影响”。从定义中可以看出，直接投资一般指投资者在其他国家直接开办企业或者通过兼并、收购掌握控股权，从而获得长期的利益。而间接投资不能够获得持久利益。

3. 投资的具体表现

国际直接投资与间接投资两者在操作过程、收益取得与风险控制方面各有其自身的特点。

国际间接投资的性质比较简单，它一般是体现为国际货币资本的流动或转移，其过程比较简单。而国际直接投资从本质上讲是生产资本在国际间的流动或转移（如机器设备、原材料及劳动力的投入），有时更多的是无形资产的输出（如商标、专利、专有技术和管理经验）。国际直接投资涉及对外国企业的有效控制问题，而有效控制的手段往往是无形资产。因此，国际直接投资的股权、确认资产作价、谈判过程以及实际操作过程各方面，都要比国际间接投资复杂。

国际直接投资者一般在建立或控制企业后，参与具体的企业管理与经营，发展生产或组织服务，以获得长期的利润。一般经营企业的期限都比较长且比较稳定。而间接投资则主要是为了获得利息、股息收入或买卖证券的价差，趋利性动机更加明显，投机性更强，流动性也比较大。直接投资者在管理中面对着经营不善遭受亏损的经营性风险，而间接投资尤其是债权性质的投资，信用风险是投资者首先要考虑的。

第二节 国际投资学的研究对象

明确国际投资的概念之后，就可以进一步说明国际投资学的研究对象和研究内容。国际投资学是研究国际投资运行规律的学科，其研究对象是国际货币资本、国际产业资本跨国流动的规律性及其对世界经济的影响。国际投资学的研究内容包括以下几个方面。

一、国际资本形成及国际投资流动的理论

具体地说，国际投资理论可划分为三大组成部分：国际资本形成理论、国际投资资金融通理论和国际投资流动理论。国际资本形成理论包含对国际货币资本和国际产业资本形成的原因与条件、国际资本形成的规律性等方面的分析；国际投资资金融通理论包含对国际投资资金融通的条件和形式、国际投资资金融通的主体结构及筹资成本等方面的分析；国际投资流动理论包含对国际投资产生的原因和条件、国际投资流动的规律性等解释的不同而形成的各种理论。

上述理论体系也可以按照投资的方式划分为国际直接投资理论和国际间接投资理论。20世纪60年代以后，随着科学技术的发展、世界经济自由化的推进，跨国公司快速崛起，跨国公司对外的直接投资超过了国际信贷等间接投资，成为国际投资的主要组成部分，西方跨国公司对外直接投资成为国际投资理论的主流。国际投资理论随着世界经济形势的发展不断更新。

二、国际投资实务

国际投资实务主要介绍国际直接投资、国际间接投资及一些新型的国际投资方式的概

念、特点、程序和方法；研究并介绍国际投资风险的识别、控制的程序和方法；介绍国际投资中的法律问题，包括投资国、东道国有关国际投资的政策法规以及有关国际投资的国际法规。

国际投资在发展过程中，逐步形成了种类繁多并不断创新的形式和独特的操作模式与国际惯例，国际投资实务的研究将为国际投资的操作提供程序上的指导。国际投资比国内投资面临着更大的风险，从投资前对投资环境的评价，到投资过程中对政策法规风险、外汇风险、经营风险的管理都将成为国际投资实务的内容。

三、世界各国国际投资的实证研究

它是实证考察和研究各个发达国家及发展中国家参与国际投资活动的背景、形式、条件以及各国的国际投资对本国经济、区域经济或世界经济的整体影响。借鉴其他国家利用国外投资和对外国投资的经验教训，可以促进我国经济建设的发展。

第三节　国际投资学与其他金融学科的区别与联系

一、国际投资学与西方投资学的区别与联系

从本义上讲，西方投资学的研究对象是证券投资微观理论，如证券组合理论、金融资产定价模型、市场有效性理论。因此，它与国际投资学的区别是较为明显的：首先，国际投资学的研究范围不仅包括证券投资领域，还包括直接投资领域；其次，贯穿于国际投资学的核心问题在于“跨国性”的研究，即为什么不在国内而要去国外投资，而西方投资学的核心却没有体现这一点。另一方面，两者也存在一定的联系，其表现在国际间接投资理论是在西方国内证券投资理论基础上发展起来的，是证券组合理论向国际领域的延伸与发展。

二、国际投资学与国际金融学的区别与联系

国际金融学研究的内容主要包括国际货币体系、国际储备体系和国际汇率体系三个方面。其核心问题是研究资本和资产如何通过国际金融市场来配置。与国际经济学一样，国际金融学也是研究货币资本在国家间的流动，但在国际金融市场中，资本以短期、流动性强的货币形态出现，金融市场为国际贸易、国际投资及证券投资提供结算和融资手段。而国际投资学研究的是国家间中长期货币资本和产业资本的运动及其规律性。在国际直接投资中，资本是以生产要素等形态表现的，所以是长期的，而且间接投资也是长期的。

三、国际投资学与国际贸易学的区别与联系

国际贸易学是研究商品和非要素劳务在国家间的运动及其客观规律的学科。它与国际投

资学既有联系又有区别。

其联系在于：首先，两者的研究领域都涉及商品在国家间的流动。其次，国际贸易与国际投资之间存在着相互影响。一方面，国际贸易活动往往是国际投资行为的基础和先导。例如，根据产品生命周期理论，企业通常首先以出口方式来开辟海外市场，当出口逐步受到竞争压力等阻碍时，就会考虑转向海外就地生产，进行国际投资。另一方面，国际投资也会对国际贸易产生反作用。因为国际投资行为的发生，会引起购买力在国家间的转移，从而带动国际贸易的发展，而当国际投资完成、形成生产能力后，又会引起东道国进口的减少。

其区别在于：国际贸易学对商品流动的研究侧重于交换关系方面，从原则上讲，国际贸易活动是在价值相等基础上实现利用价值的交换，商品最终进入消费领域；而国际投资学则侧重于对商品生产属性的研究，从根本上看，国际投资活动是把商品作为生产要素投入生产领域并实现价值增值。因此，前者重在研究一国商品的国际竞争能力，后者重在研究一国参与国际生产的能力。

第四节 学习国际投资学的意义

国际投资学的研究对象和独特的研究领域，决定了创立国际投资学及开展国际投资的研究具有重大的现实意义。

一、国际投资学的研究是适应国际投资新格局的客观要求

近年来，由于国际环境的变化，国际投资规模迅猛发展，新的国际投资方式不断涌现，国际投资领域中的新问题层出不穷。随着 21 世纪世界经济全球化与经济一体化的发展，国际投资日渐超过国际贸易、国际金融成为促进世界经济发展的主导力量。国际投资新的格局主要表现在以下几个方面。

(一) 国际资本市场日益扩大，国际资本日益全球化

金融一体化趋势加快，金融创新竞争和巨额资本流动成为影响国际经济环境的重要因素，今后几年国际资本流动的规模和速度将超过以往任何时期，各国的发展机遇在很大程度上取决于能够分享多少国际资本流动的份额。据世界银行、国际货币基金组织、联合国贸发会议（UNCTAD）等组织的资料，国际间接投资（各种贷款等）年流量，20 世纪 80 年代末期平均每年为 3 100 亿美元，进入 20 世纪 90 年代后，间接投资规模不断扩大，1990—1994 年平均每年为 6 700 亿美元，1995 年达到 1.26 万亿美元，目前超过 2 万亿美元。国际间接投资的累计量也不断膨胀，仅国际银行跨境银行债权总计就由 1995 年底的 79 258 亿美元，增长到 1999 年的 98 235 亿美元，目前国际银行跨境银行债权超过 11 万亿美元。

国际直接投资规模在迅速膨胀，各个国家国内经济越来越受到直接投资的影响，直接投资内在结构不断变化，金融创新持续不断，新形式层出不穷。这既凸显了国际投资研究的意义，也对国际投资学提出了新的挑战。

（二）各国对外直接投资迅速发展

以跨国公司为主体的外商直接投资近年来飞速发展，在世界经济中扮演着越来越重要的角色。世界对外直接投资（FDI）在20世纪90年代后半期出现突飞猛进的增长。据联合国贸发会议历年的《世界投资报告》统计，世界对外直接投资在1995年突破3 000亿美元，1999年突破10 000亿美元。2007年全球对外直接投资流入量和流出量均突破了20 000亿美元。2012年，中国对外直接投资创下流量878亿美元的历史新高，同比增长17.6%，首次成为世界三大对外投资国之一。截至2012年底，中国对外直接投资累计净额（存量）达5 319.4亿美元，位居全球第13位。但由于中国对外直接投资起步较晚，与发达国家相比仍有较大差距，仅相当于美国对外投资存量的10.2%。截至2012年底，中国1.6万家境内投资者在国（境）外设立对外直接投资企业近2.2万家，分布在全球179个国家（地区），覆盖率达76.8%，其中亚洲地区的境外企业覆盖率高达95.7%。

中国对外直接投资行业分布广泛，门类齐全，投资相对集中。2012年末，中国对外直接投资覆盖了国民经济所有行业类别，其中存量超过100亿美元的行业有租赁和商务服务业、金融业、采矿业、批发和零售业、制造业、交通运输业/仓储和邮政业、建筑业。这7个行业累计投资存量4 931亿美元，占我国对外直接投资存量总额的92.4%。2012年，中国企业共实施对外投资并购项目457个，实际交易金额434亿美元，两者均创下历史之最。其中，直接投资276亿美元，占63.6%，境外融资158亿美元，占36.4%。

（三）国际投资全球化与区域化并存，国际投资格局逐步演变

各国经济实力的相对变动，国际资本流动的日益频繁，使越来越多的发达国家加入到对外投资的行列中，除了早期的美国、英国、法国外，20世纪70年代日本、联邦德国的对外投资迅速发展。近年来石油输出国组织成员国、亚洲新兴的工业化国家和地区也在国际投资舞台上占据了一定的地位。包括中国在内的一些发展中国家也在积极实施“走出去”的战略，在发达国家进行各种投资活动。在国际投资格局中，世界经济日益明显的集约化趋势和高科技产业对市场、人才素质、投资环境的特殊要求，使国际投资在全球化的同时，更侧重于区域化。发达国家间资本的双向投资与日俱增，目前占到国际投资的3/4以上。鉴于国际投资格局的以上特点，国际投资越来越成为世界经济中最活跃的因素之一。

二、学习国际投资学是参与我国社会主义市场经济建设的需要

改革开放以来，我国逐渐意识到与世界各国进行经济技术交流的重要性，通过大力引进外资，取得了巨大的成就。据商务部统计，截至2012年4月底，全国累计批准设立外商投资企业74.5万家，实际使用外资金额1.2万亿美元。截至2013年4月底，累计实际吸收外资金额1.3万亿美元，在全球排名中居第二位。

商务部数据显示，2012年，在全球吸收外资下降了18%、亚洲地区吸收外资下降9.5%的大背景下，我国吸收外资总体保持基本稳定，实际吸收外资金额1 117.2亿美元，自2010年以来连续3年突破1 000亿美元。我国吸收外资在规模保持稳定的同时，质量和水平也在不断提高。2012年，服务业吸收外资占全国实际使用外资总额的48.2%，连续第二年超过制造业。此外，高端产业吸收外资明显增加，2012年，通用设备制造业实际使用外

资金额42.17亿美元，同比增长31.82%。另外，外资区域布局也得到明显改善。数据显示，2012年我国中西部地区吸收外资占全国的比重达17.2%，比上年提高3.4个百分点。

20多年来，国际投资在我国的经济建设中发挥着越来越重要的作用，是我国国民经济快速发展的主要牵动力之一。国际投资弥补了国内的资本不足，加速了国内资本的形成，促进了经济的持续快速增长；国际投资促进了我国的技术进步和产业结构的升级，带来了先进的管理经验；国际投资优化了我国进出口商品的结构，提高了出口产品的国际竞争力，是我国国际贸易的主要推动力量；国际投资增加了国内就业，增加了财政收入，改善了外汇收支状况。

在通过实施"引进来"的战略来吸引国外投资的同时，我国还实施"走出去"的战略。实施"走出去"战略是对外开放新阶段的重大举措；是适应经济全球化和加入世界贸易组织的新形势，在更大范围、更广领域和更高层次参与国际经济技术合作和竞争，充分利用国际国内两个市场、两种资源，优化资源配置、拓展发展空间的重大举措。十八大报告提出，加快"走出去"步伐，增强企业国际化经营能力，培育一批世界水平的跨国公司。十八届三中全会《中共中央关于全面深化改革若干重大问题的决定》更是明确提出必须推动对内对外开放相互促进、"引进来"和"走出去"更好结合，促进国际国内要素有序自由流动、资源高效配置、市场深度融合，加快培育参与和引领国际经济合作竞争的新优势，以开放促改革。要放宽投资准入，加快自由贸易区建设，扩大内陆沿边开放。

从我国参与国际投资的实践来看，我国无论是利用外资，还是对外投资都取得了举世瞩目的成就，但是也存在不少问题。这就迫切需要发展国际投资学，开展国际投资学的学习和研究，指导我国引进外资和对外投资实践的发展，为提高我国在国际投资领域中的地位服务。

专栏

十八大代表热议"走出去"：坚持合作共赢

加入世贸组织以来，我国进入世界500强榜单的企业数量连续9年增加，2012年已经增加到79家，超过日本，仅次于美国。随着企业"走出去"步伐的加快，来自海外的各种阻力也越来越多，考验着我国企业"走出去"的能力。

1. 强化互利共赢意识

国务院国资委主任王勇代表表示："企业'走出去'发展，不仅要本着企业自己的宗旨，也要遵守所在国法律规定，依法依规开展投资经营。在企业发展的同时，要为当地人民和经济发展作出更多贡献，承担起企业的社会责任。"

中国航空工业集团公司董事长林左鸣代表介绍，中航工业近几年"走出去"的步伐不断加快，并购了多家外国公司，并购的原则一是不裁员，不给当地民生就业带来麻烦；二是为这些企业在中国市场争取订单，实现扭亏为盈。中航工业并购的奥地利最大的航空企业现在已经由亏损转为盈利，不但没裁员，还给当地增加了500多个就业机会。

"只有合作伙伴，没有竞争对手。"林左鸣认为，要树立"走出去"是参与国际合作的意识，要让别人知道我们不是为了抢市场，而是要与各国企业形成互补与合作的格局，实现企业的互利共赢，共同推动行业的发展进步。以航空业为例，世界上很少有哪个国家能单独支撑起这样一个庞大的产业，一架现代化的波音、空客飞机是多个国家的航空企业共同打造的，当然其中也有我们的大量零部件。我们的全球化战略就是要和世界其他航空企业共同打造航空业的全球产业链，推动世界航空业的健康发展。

2. “走出去”还要站得住

在被问及“走出去”企业如何应对挑战时，三一重工股份有限公司董事长梁稳根代表掷地有声地说：“靠科技创新！”他介绍，近年来三一重工不断提高科技创新能力，确保每年的研发投入占销售额的5%以上，下一步还要继续加大研发投入，使信息技术应用于经营管理的全过程，不断提升产品科技含量，增强国际竞争力，力争5年后，海外收入占销售总额的份额由现在的15%提高到40%～50%。

梁稳根的观点是大多数企业界代表的共识。“中国制造”整体水平大多处在产业链的中低端，利润率低，高耗能、高污染，这种增长模式已不可持续，进行转型升级、自主创新，提升企业价值链、提高产品附加值，尽快实现由“中国制造”向“中国创造”转变，才是我国企业“走出去”的根本动力。

中国机械工业集团董事长任洪斌代表说，国机集团已经连续两年进入世界500强，但像国内大多数企业一样，大并不代表强，有规模并不意味着有竞争力。对有志于“走出去”的中国制造企业来说，心要热但头脑一定要冷静。要准确把握形势，顽强拼搏，将高端装备的新技术、新产品研发和制造作为打造核心竞争力的基石，以打造科技平台和人才队伍建设为抓手，更大力度地推进科技创新，更大力度地推进转型升级，这样才能走得出去、站得住脚，真正成为世界一流的跨国公司。

3. 善于整合全球资源

中国核工业集团公司董事长、党组书记孙勤代表认为，一流的跨国公司，要善于在全球范围内整合包括原材料、能源、人才、技术、资本、市场在内的各种资源，通过资源的合理配置实现利润的最大化。据介绍，近几年来，中核集团不断加大全球范围内资源整合的力度，尤其是在铀矿资源方面，现在所需的铀矿已经绝大多数来自国际市场。

通过并购外国优质企业进行资源整合，是跨国公司实现迅速扩张的主要手段之一。中航工业2011年收购了包括世界第二大通用飞机制造商西锐公司在内的两家美国通用飞机制造商以及一家汽车零部件企业，使中航工业快速提升了通用飞机的研发、制造、市场销售水平，一举进入全球通用飞机的主流市场。

海南航空集团近两年来抓住国际金融危机后全球资源配置调整的机会，完成了一系列并购重组，在澳大利亚、欧洲、北美洲、非洲都完成了战略布局，实现了中国航空走向全球的百年梦想。集团董事长陈峰代表认为，现阶段世界水平的跨国公司应该符合三个标准：一是销售收入要达到6 000亿元到1万亿元左右，进入世界500强的前100名以内；二是要有世界一流的企业品牌、企业管理和企业文化；三是要把造福人类与世界和平作为最高理想，推动世界的发展和进步，这应该是跨国公司努力的方向。

资料来源：薛志伟：《坚持合作共赢　大步迈向世界》，载《经济日报》，2012-11-14。

【本章小结】

本章作为导言，概括地介绍了国际投资的概念、国际投资学的研究对象、与其他学科的联系与区别以及学习国际投资学的意义。第一节阐述了国际投资是国内投资在国际范围内的延伸，本质上一致却又有新的特征，可以从这个角度来理解国际投资的含义。第二节总结了国际投资学是研究国际投资运行规律的学科，它包括国际资本形成与国际投资流动、国际投资实务及世界各国国际投资的实证研究三个方面的内容。第三节说明了国际投资学作为一门交叉学科，与西方投资学、国际金融学、国际贸易学既相互联系又有一定的区别。第四节介绍了学习国际投资学的意义，这是学习国际投资学的目的和落脚点。

【本章要点】

- 投资与国际投资
- 国际直接投资与国际间接投资
- 国际投资学的研究对象
- 国际投资学与其他学科的联系与区别
- 国际投资学的实践意义

【本章关键术语】

国际投资　国际直接投资　国际间接投资　投资主体　投资客体　有效控制　持久利益

【本章思考题】

1. 如何理解国际投资学？请分析国际投资与国内投资的关系。
2. 请指出国际直接投资和国际间接投资的区别与联系。
3. 请比较分析国际投资学与西方投资学、国际金融学、国际贸易学在研究对象和重点方面的区别。
4. 试述学习国际投资学的理论意义和实践意义。

第二章

国际投资的产生与发展

学习目标

- 了解国际投资的起源与发展历程
- 熟悉当前国际投资领域的新热点
- 认识国际直接投资与国际间接投资的发展趋势
- 理解国际投资证券化趋势的背景和发展现状

第一节　国际投资的起源和发展

一、国际资本的形成

不管国际投资的现实资金来源形式与渠道有多么复杂，国际投资资金的本源形式是国际资本。国际资本一般来讲有三种形态：国际商品资本、国际货币资本和国际生产资本。国际资本的形成经历了一个漫长的过程。国际资本形成的过程中，首先表现为国际商品资本的形成，其次才是国际货币资本和国际生产资本的形成。国际商品资本规模的扩大推动着国际投资规模的不断扩大。但是，在现实的国际资本运动过程中，三种形态的国际资本相互促进、相互推动，构成一个不可分割的整体。

资本作为能够带来剩余价值的价值，一出现就存在扩张性。资本所进行的榨取剩余价值的活动，是不受国家或民族地段疆域的局限的，它本能地要求开拓国际市场，远赴异国他乡寻找原料，寻求掠夺和榨取的对象。

资本是在不断的运动中存在和发展的，商品作为资本的一种形态，作为价值和剩余价值的承担者，同样必须不停地运动，以实现剩余价值和价值。随着资本主义生产的发展，商品资本的活动范围必然日益扩大，并且逐渐向外扩张，国内市场已经不能满足其榨取剩余价值的需要，因此必须打破疆域的局限，寻求国外市场。与此同时，科学技术的不断进步，不仅要求生产规模不断扩大，而且新的生产部门不断出现，产品的规格、型号不断增加。这样，一方面，对生产资料的需求日趋多样化，另一方面，科学技术的进步要求企业采取高效率、大批量的生产组织方式，以取得最佳的经济效益。两者之间便产生了矛盾。为了解决这一矛盾，各国必须在国际专业化的基础上扩大市场，加强国家间的商品交换，相互补充。此外，由于经济技术发展的不平衡和自然资源生产传统方面的差异，各国各地区劳动力生产水平之间存在差异，从而产生成本差异。这就使国与国之间分别用自己具有较高生产率的部门生产的产品进行交换成为可能，交换的结果是双方从交换中得到所需要的产品，而且促使成本降低。

如果国际资本仅仅停留在商品资本形态上，它还不能够成为真正意义上的国际资本。随着国际资本的发展，国际货币资本形成的意义远远超过国际商品资本形成的意义。在资本主义国家由自由竞争的资本主义过渡到帝国主义阶段时，国际货币资本形成的规模不断扩大。由于国内已经确立了金融资本的垄断地位，高额的垄断利润使资本积累的规模大大增加、速度大大提高。这样国内资本不断积累，而投资却受到严重的阻碍，大量资本在国内已难以找到投资场所，资本出现“相对过剩”。国内的资本“相对过剩”和国外有利可图的“投资场所”的存在是国际货币资本形成的内在动因。在帝国主义阶段，激烈的竞争是扩大国际货币资本形成规模的外在动力。帝国主义阶段资本在国际上的竞争比在自由资本主义阶段更激烈，而扩大货币资本形式的对外投资规模正是垄断资本主义在竞争中取得有利地位的重要手段。

第二次世界大战（以下简称“二战”）以后，生产国际化程度不断提高，各国的生产通过国际专业化分工及国际协作紧密联系在一起，各国的生产越来越成为世界生产过程的一部分。因此，国际生产资本形成的规模越来越大，逐渐成为占主导地位的资本形态。首先是生产的国际化，其次是生产和资本的进一步集中与相对过剩的资本的加速积累，最后是殖民体系的瓦解，促进了国际生产资本在发展中国家形成，从而加大了国际资本的总量。全球资本流动自 20 世纪 90 年代以来，总体趋势上一直保持稳步增长。2001 年，由于全球经济同步下滑，全球资本流动突然回落，2002 年后反弹，一直保持增长态势，2008 年全球资本流动规模达到 16 773 亿美元。

国际货币资本和国际生产资本的形成为国际投资的发生提供了资金来源，而当时的资本主义为取得高额利润垄断市场和原材料场地，为国际投资提供了原动力。从国际资本形成之日起，就有国际投资的发生。随着国际资本的形态和国际资本形成规模的变化，国际投资的规模、方式和流向也随之变化。

二、国际投资的发展历程回顾

（一）1914 年以前的国际投资——国际私人投资的黄金时期

国际投资的起源可追溯到 19 世纪上半叶已基本完成的英国工业革命时期。一方面，英国的工业革命形成了国内相对过剩的资本；另一方面，由于对原材料及食品的需求迫切而不得不大举对外投资。整个 19 世纪的国际投资规模不大，1914 年以前的国际投资以私人对外投资形式为主，是国际私人投资活动的黄金时代。到 1914 年为止，各主要债权国的对外投资总额超过了410亿美元，大都是以私人投资为主。私人投资为主导的形势受到当时国际经济环境的影响。在1914年以前资本主义国家尚处于自由竞争阶段，强调个人主义与政府的不干预，所以当时私人投资很少受到来自政府方面的限制。而且由于当时的金本位国际经济体制，汇率波动很小，从而使汇率带来的风险和损失降到了最低。

这一时期，英、法、德是国际上最大的投资国。美国随着本国工业化和经济的发展，19世纪末开始对外投资。到1914年，美国对外投资额为35亿美元，而在美国的外国投资额达到了72亿美元，为净债务国。

从形式上来看，这个时期国际投资主要为间接投资，占到了全部投资额的90%；而同期的直接投资额则显得不足。从国际投资的流向看，19世纪初期，英国的对外投资多投向欧洲大陆；1870年以后，英国的对外投资主要流向农业产品和原料的重要产地——尤其是美国、澳大利亚、加拿大、阿根廷和新西兰。法国和德国到19世纪末才开始对外投资。法国的对外贷款受政治因素影响，主要流向俄国、东欧和北欧的一些国家，德国对外投资主要集中在中欧、东欧的一些国家。

（二）两次世界大战期间的国际投资

第一次世界大战（以下简称“一战”）给国际投资的格局带来了重大变化，美国从一个净国际债务国变成了最大的国际债权国，这是筹措战争费用和战后经济复兴费用所造成的。为了应付战时的入超，协约国被迫借款和压缩对外投资，而美国政府对盟国的贷款总额达100亿美元。至1919年，美国已从1914年的负债37亿美元变成债权总额为37亿美元的债权国；英国与法国由于大量借款和削减对外投资，加之在国外投资的贬值，在一战以后已大大削弱了其债权国地位；德国由于支付战争赔款、在协约国的投资被没收以及在其他地区投资的贬值，从债权国变成了一个净债务国。

一战以后，新的国际长期投资资本的主要来源地由英国转移到美国。战后第一个10年，美国借出的长期贷款主要有两个流向：一是对昔日标准的国际债权国的巨额贷款，帮助它们用于战争的救济和经济复兴；二是专为经济扩张而进行的贷款。表2—1表明了战后12年内美国对外投资规模的变化情况。战后的最初几年，尤其是1919年和1920年，是这一时期对外投资规模最大的两年，对外投资的方式主要是政府贷款，投资的目的是为了战后经济复兴。到1922年，美国政府不再办理对外贷款，从此私人投资有了长足的发展。最多的私人对外投资出现在1924—1928年之间，1929年以后新发行的外国证券数量大幅减少。1930年英国仍为世界主要债权国之一，其投资主要流向英属殖民地。除英、美等少数债权国外，其他国家多为长期债务国，如加拿大、澳大利亚、阿根廷、中国、印度、德国、巴西等。1931—1939年是世界经济萧条的9年，从1930年开始，经济发展萎缩，通货膨胀，国际贸易量锐减，国际货币机构的解体、贸易保护与外汇管制政策的实施以及政治的动荡不安等因素，导致出现新的国际投资的中止。未清偿贷款的国家普遍不再履行义务，出现国际性债务危机。同期美国的国际投资开始反向流动，美国的对外投资额少于外国在美国的投资总额。1931—1939年的9年中，美国平均每年净吸收国外投资额2.9亿美元，详见表2—2。

表2—1　　美国对外净投资　　单位：百万美元

年份	1919	1920	1921	1922	1923	1924	1925	1926	1927	1928	1929	1930	总计
总额	2 712	1 007	652	784	46	672	543	696	991	798	240	221	9 362

表 2—2　　美国吸收国外净投资额　　单位：百万美元

年份	1931	1932	1933	1934	1935	1936	1937	1938	1939
总额	194	225	77	200	436	777	521	97	27

（三）第二次世界大战后到 20 世纪 60 年代末的国际投资

第二次世界大战的结果是：除美国外，各参战国的经济惨遭破坏，美国乘机向外扩张，对外投资的规模迅速扩大。1946—1965 年间，美国对外贷款与赠与总额高达 840 亿美元，其中 500 亿美元为赠与额。1956 年是美国私人对外投资的转折点，总额超过以往任何一个时期的水平。与 20 世纪 20 年代的美国私人投资相比，投资的方式也有了较大的变化。1920 年的美国私人对外投资中约 60%为证券投资，而二战以后占主导地位的美国投资形式是直接投资。1965 年美国私人对外投资中，直接投资占 80%以上，详见表 2—3。1946 年以后美国政府对外投资也逐年增加，1946 年为 50 亿美元，1956 年为 182 亿美元，1965 年达 203 亿美元。在总额上，至 1965 年美国对外投资达 900 亿美元，在美国的外国投资约为 250 亿美元。

表 2—3　　美国私人对外净投资　　单位：百万美元

项目 \ 年份		1946—1955 年每年平均额	1956	1958	1960	1964	1965
直接投资	新投资	652	1 938	1 181	1 694	2 416	3 371
	再投资	613	974	945	1 266	1 431	1 525
合计		1 265	2 912	2 126	2 960	3 847	4 896
证券投资		163	634	1 444	850	1 961	1 080
总计		1 428	3 546	3 570	3 810	5 808	5 976

第二次世界大战使英国的国际投资地位也发生了根本性的变化，在 1938—1948 年间，英国对外投资的名义价值从 35.45 亿英镑跌到约 19.6 亿英镑，同期在海外的英镑负债迅速增长，超过了英国对外投资的总额。这样美国取代了英国，成为国际资本的主要来源地和世界主要债权国。20 世纪 60 年代末期，美国的国际收支持续逆差，到 70 年代初，受到国际石油危机的严重打击，美国的世界主要债权国地位发生了动摇。

（四）20 世纪 70 年代以后的国际投资

进入 20 世纪 70 年代以后，生产国际化的程度进一步提高，国际投资的规模超过了以往任何一个时期。1970 年美国的海外资产为 1 654 亿美元，1988 年已达 12 537 亿美元，增长了 6.6 倍。同期外国在美国的资产由 1 069 亿美元增长到 17 862 亿美元，增长了 15.7 倍。许多资本主义国家对外投资累计额，都超过了当年的出口值。并且随着经济发展水平不平衡的加剧，主要资本主义国家在国际投资领域中的地位又有了新的变化。日本奋起直追，成为世界上后起的对外投资大国。20 世纪 70 年代以后的国际投资格局呈现以下特点：

第一，资本主义国家的对外投资由单向到对流，构成水平交叉。最初的国际投资多是由先进国家投向落后国家，即从帝国主义国家流入殖民地、半殖民地国家或地区。现代国际投资有相当大部分是在发达资本主义国家之间进行的，许多资本主义国家既是重要的对外投资国，又是重要的利用外资国。20 世纪 80 年代以来，总的资本主义国家对发展中国家的投资在对外投资总额中所占比重逐年减少，而且对发展中国家的投资也仅限于几个新兴工业化国家或地区。据世界银行估计，1965 年以来，平均大约有 3/4 的外国直接投资流入工业国，其中接受外国投资最多的是美国，1984 年外国对其投资总额达 1 596 亿美元。其余投资也集中在少数几个新兴工业化国家和地区，如巴西、墨西哥、中国香港和新加坡等。1980 年的国际直接投资中，从资本来源来看，来自经合组织成员国的占 95%；从投资流向来看，75%的投资流向经合组织成员国。美国、英国、法国、联邦德国、意大利、日本、加拿大 7 国在 1980 年的直接投资流出流入比为 53%。

第二，国际直接投资的规模增长迅速。国际直接投资的迅速增长是跨国公司的发展所致。随着生产进一步国际化和跨国公司的发展，主要资本主义国家积极扩大对外直接投资的规模。从表 2—4 中的发达资本主义国家私人对外直接投资累计额的增长情况可见一斑。

表 2—4　　发达资本主义国家的私人对外直接投资　　单位：亿美元

国家＼年份	1967	1973	1980	1982	1984	1985	1986	1987	1988
美国	566	1 013	2 154	—	—	2 115	2 303	2 589	3 269
英国	175	269	531	769	853	966	1 131	1 438	1 704
联邦德国	30	119	398	395	389	406	502	592	696
法国	60	88	199	284	—	—	—	—	—
日本	15	103	365	531	714	637	782	977	1 319
其他国家	61	105	230	—	—	—	—	—	—
总计	907	1 697	3 877	—	5 490	—	6 804	8 063	9 208

20 世纪 60 年代中期以来，发达资本主义国家私人对外直接投资迅速增长。1984 年底，其累计额达 5 490 亿美元，到 1988 年底，其累计额已超过 9 208 亿美元。尤其是日本和联邦德国，20 世纪 60 年代以来私人对外直接投资增长速度更快。不过，1960—1973 年间，其增长速度虽快，但绝对规模不大。联邦德国平均每年私人对外直接投资额为 8.5 亿美元，日本仅为 7.7 亿美元。1973 年以后，私人对外直接投资额急剧扩大。1988 年与 1973 年相比，对外直接投资总额，美国增加了 2 256 亿美元，英国增加了 1 435 亿美元，联邦德国增加了 577 亿美元，日本从 103 亿美元增长到 1 319 亿美元，净增 1 216 亿美元。进入 20 世纪 80 年代中后期，日本私人对外直接投资累计额超过联邦德国，仅次于英、美，居世界第三位。由于对外投资竞争的加剧，各主要资本主义国家在国际直接投资中所处的地位发生了变化。美国私人对外直接投资占资本主义国家私人对外直接投资总额的比重由 1960 年的 54%下降到 1984 年的 35.5%，同期日本由 0.5%上升到 14.3%，西欧国家（英、法、德）所占的比重也有所增加。据国际货币基金组织统计，1988 年日本对外直接投资额在主要资本主义国家对外直接投资总额中的比重已超过英、美，位居世界第一。

第三，在部门结构上从传统的采掘业转向制造业、第三产业和高新技术部门。20 世纪 70 年代以前，尤其第二次世界大战以前的国际直接投资，多为帝国主义国家及垄断资本主义国家对落后国家的直接投资，主要集中在开采矿业资源以及铁路运输上，投资于制造业的不多。随着发展中国家石油、矿业资源的国有化和民族经济的发展，外国垄断资本对采掘业的投资比重显著下降，对制造业投资的比重明显上升。发达资本主义国家之间的投资部门结构发生变化，主要表现为投资结构日益从劳动密集型和资本密集型部门转向技术密集型部门和第三产业。

第四，发展中国家和地区在积极吸收国外投资的同时，走上了对外投资的舞台，从而大大扩大了国际投资的规模。拉丁美洲和加勒比地区是吸收外国投资较早、较多的地区，主要资本主义国家对拉丁美洲和加勒比地区的直接投资存量从 1980 年的 350 亿美元增长到 2006 年的 9 086 亿美元。亚洲的新加坡、中国香港、中国台湾、韩国、中国大陆和印度等国家和地区吸收外国投资、引进先进技术，成为其经济发展迅速的重要因素。而一些发展中国家和地区在积极吸收国外投资的同时，也纷纷开展对外投资。这些发展中国家和地区，一些是石油输出国组织成员国，比如沙特阿拉伯、科威特和阿联酋等，这些国家积累了大量的“石油美元”，加大了国际资本的形成规模，成为对外投资的重要资金来源；另一些是经济发展较快的发展中国家和地区，如一些拉美国家和亚洲的韩国、中国大陆、中国香港和中国台湾，这些国家和地区的资金主要来源于自身经济实力的发展和积累。

（五）20 世纪 90 年代以来的新发展

这一阶段是国际投资迅猛发展的阶段。在科技进步、金融创新、世界经济自由化、贸易壁垒进一步削弱、跨国公司全球化经营等多种因素的共同作用下，20 世纪 90 年代以来国际投资又有了新一轮的迅速发展，成为世界经济舞台上最为活跃的角色，而且出现了直接投资与间接投资齐头并进的发展局面。据世界银行统计，1989—1999 年 10 年之间，全球国际投资总量占 GDP 的比重由最开始的 8.5%提高到 18.3%，从表 2—5 中我们可以清楚地看到：全球国际直接投资占 GDP 的比重由 1989 年的 2.0%提高到 1999 年的 4.6%，而全球国际间接投资占 GDP 的比重则由 1989 年的 6.5%提高到 1999 年的 13.7%。

表 2—5　　1989—1999 年国际投资的发展（占 GDP 的比重,%）

类别	国际投资		国际直接投资		国际间接投资	
	1989 年	1999 年	1989 年	1999 年	1989 年	1999 年
全球	8.5	18.3	2	4.6	6.5	13.7
低收入国家	0.8	1.2	0.2	0.3	0.6	0.9
中等收入国家	1.9	4.9	0.4	1.6	1.5	3.3
高收入国家	12.7	29.2	2.9	7.2	9.8	22

资料来源：World Bank，*World Development Indicators*，*2001*.

进入 20 世纪 90 年代以来，国际直接投资持续高速增长，单就其增长速度而言，大大高于同期世界总产值和世界出口的增长率。同时，直接投资也呈现出以下几个特点：

第一，经济高增长地区成为国际直接投资的热点。20 世纪 90 年代以来西方国家经济发展缓慢，“金砖四国”、加勒比地区、东亚、拉美已逐渐成为直接投资资本的宠儿。其中亚洲发展中国家吸引的国际直接投资占全部发展中国家直接投资的 60%以上，而拉美发展中国家所占比重仅在 28%以上，国际直接投资对这些国家和地区的经济发展产生了巨大影响。其中中国成为国际直接投资的一个巨大受益者，已经成为世界投资者普遍看好的投资场所。

第二，国际直接投资的对流运动发生明显变化。第三世界国家对外直接投资虽然在总量上进一步上升，但在世界直接总投资中所占的比重则呈下降趋势，同时发达国家的对外直接投资呈现上升趋势。这主要是因为 20 世纪 90 年代以来欧美的经济重新走上正轨，经济实力开始恢复。

第三，跨国公司在国际直接投资中所起的作用日益突出。据联合国贸发会议统计，2007 年全球 79 000 家跨国公司及其 79 000 家海外分支机构仍在继续进行海外扩张，其国际直接投资股本达 15 万亿美元。2007 年，跨国公司的销售总额为 31 万亿美元，比 2006 年增长 21%。其全球分支机构 2007 年产值占全球 GDP 的 11%，雇员达 8 200 万人。

第四，国际直接投资的部门结构进一步高级化，服务业逐渐成为国际直接投资的第一大产业。进入 20 世纪 90 年代后，特别是 90 年代中期以来，各主要资本主义发达国家服务业对外投资的比重不断上升。单从流量来看，1990—2000 年的 11 年中，美国、日本、德国和意大利 4 国在半数以上的年份里服务业对外投资占对外直接投资总额的比重都达到或超过 50%。①

第五，跨国并购成为国际直接投资的主要方式。从 20 世纪 80 年代末开始，跨国并购在国际投资中的地位迅速上升并成为国际直接投资的主要方式。从流出量来看，1987—2006 年，全球并购直接投资的流入比重由 1987 年的 53%增加到 2006 年的 67.4%，流出比重由 52.7%增加到 72.4%。跨国并购类直接投资越来越成为国际直接投资的主要方式。

由此可以看出，经济的持续增长与广阔的市场发展前景已成为 20 世纪 90 年代国际直接投资的主导力量，而投资方式与部门流向也较 20 世纪七八十年代有了明显的改变。

与此同时，国际间接投资呈现出更为强劲的发展势头，跨国证券交易规模已达 GDP 的数倍，从表 2—6 可以看出世界主要发达国家证券交易量占 GDP 的比重。

表 2—6　　主要发达国家跨国债券和股票交易（占 GDP 的比重，%）

国家 \ 年份	1980	1985	1990	1996
美国	9	35.1	89	151.5
日本	7.7	63	120	82.8
联邦德国	7.5	33.4	57.3	196.8
法国	8.4	21.4	53.6	229.2
意大利	1.1	4	26.6	435.4
英国	—	367.5	690.1	—
加拿大	9.6	26.7	64.4	234.8

资料来源：国际货币基金组织，1997。

与同期的国际直接投资相比，国际间接投资的增长速度已远远超出直接投资。一方面，随着融资证券化趋势的深入发展，国际证券融资的规模已超过了国际信贷，在国际金融领域的地位不断上升。1999 年国际证券融资额已占国际金融市场融资总额的 68%（见表 2—7）。另一方面，金融衍生品交易规模的不断膨胀对国际证券投资起到了巨大的推动作用，在 1998 年，世界金融市场金融衍生品交易额为国际直接投资额的 154 倍，是国际商品贸易额的 10.5 倍。

① OECD, *International Direct Investment Statistics Yearbook, 1980—2000*.

表 2—7　国际金融市场构成状况（%）

年份	1985	1989	1990	1994	1999
国际证券融资	56	61	26	62	68
国际信贷	44	39	74	38	32

资料来源：国际清算银行。

（六）当前国际投资的新特征

20 世纪 90 年代中后期国际投资规模仍保持快速增长态势。但进入 21 世纪，随着全球大部分国家和地区的经济增长放缓，国际投资规模出现了升降交替的调整态势。以对外直接投资（FDI）为例，2000 年全球 FDI 总额达到 13 880 亿美元；2001—2003 年逐年下降，分别为8 176亿美元、6 788 亿美元和 6 378 亿美元；从 2004 年开始又呈现快速增长趋势，2004 年为7 108亿美元，2005 年为 9 587 亿美元，2006 年为 14 110 亿美元，2007 年达到 18 333 亿美元；2008 年受全球金融危机影响降为 16 773 亿美元。当前，对外直接投资的回升是在全球对外直接投资流量 2009 年大幅下滑之后发生的。继 2008 年下跌 16 个百分点之后，全球对外直接投资流入量再次下降 37 个百分点，降至 11 140 亿美元，而流出量则下降了约 43 个百分点，降至 11 010 亿美元。而早在全球危机发生之前，全球对外直接投资的格局出现了一些重大变化，这些变化的势头在中短期很可能加强。

金融危机发生后，美国、欧元区、英国、日本等全球主要经济体的经济数据出现了不同程度的恶化，亚洲等新兴市场国家的出口增速下降。随着全球经济放缓，原油、天然气等能源价格及国际大宗商品价格显著回落。油价下跌使部分资源国家国际收支经常项目盈余锐减，同时促使资金逃离并集中注入美国等发达地区。金融市场混乱带来的避险情绪上升使日元和美元走强，新兴市场货币的贬值则更多来自对实体经济衰退的担忧。在 2007 年至 2008 年上半年，大量国际资本流入新兴市场国家和发展中国家（如越南和印度），使这些国家面临经济过热、市场泡沫、通货膨胀，IMF 将 2007 年发展中国家的私人资本净流入修正到 6 800亿元，是历史纪录 2005 年的两倍还多。但进入 2008 年 8 月份，这种势头开始逐渐转向，尤其是 10 月份骤然降温，犹如坐过山车一般。从 2008 年全年看，受全球经济形势影响，新兴市场地区和国家的资本流动无疑遭遇拐点，对资本流出的担忧显著增强。

由于我国仍然存在一定的资本管制，次贷危机直接通过金融渠道对中国经济的影响有限，国内金融机构购买的涉及“次贷”相关资产的金额比重较小，带来的损失有限，仍处于银行可承受的范围内。但是，全球金融市场遭遇重创，国际金融市场动荡依然，市场参与者信心仍极度脆弱。在国际经济金融环境不断恶化的情况下，虽然中国经济良好的基本面是吸引外资尤其是外商直接投资的有利因素，但人民币汇率出现贬值和国内利率频繁下调，使得受利率和汇率影响最为敏感的短期资本动向变得更加捉摸不定。

三、影响国际投资的因素

（一）科技进步带来的生产力的飞跃

工业革命与信息革命对生产力的发展起了巨大的推动作用；科技进步带来了交通运输和通讯技术的迅猛发展；各国由于认识到科学技术对经济发展的重要性，而主动调整了自身的产业结构，积极引进先进技术。

随着两次工业革命带来的生产力的大发展，身处其中的老牌发达资本主义国家的社会生产能力得到了极大的发展，各种社会产品极大丰富，从而也带来了资本的迅速积累。一方面，资本规模不断扩大，形成了金融资本的垄断统治，高额的垄断利润使资本积累的规模大大增加、速度大大提高；另一方面，垄断在各经济部门的形成，阻碍着资本在各经济部门之间的转移，新的投资更难挤入。因此，资本出现了相对过剩，大量资本无法寻求增值。如果货币资本长期无法寻求增值，也就失去了其资本的意义，资本的本性迫使这些资本在国外寻找出路。正是生产力存在的差距，使得一方拥有大量的资本剩余，而另一方的生产力发展落后，拥有有利的投资场所，这便是跨国投资的内在动因。生产力迅速发展的同时，资本主义由自由竞争阶段过渡到帝国主义阶段。在该时期，各个资本主义国家之间存在着激烈的竞争，而国际资本主义国家之间的竞争正是跨国投资、掠夺资源的外在动因。

科学技术的迅速发展不仅带动了生产力的提高，同时也带来了交通运输的日新月异。从哥伦布发现美洲新大陆伊始，人类就不停地探索更新、更快的交通运输方式，轮船、火车、飞机，无一不是人类试图缩小相互之间距离而努力的结果。科技的发展正一步一步地帮助人类实现横跨大洲、飞越大洋的梦想。交通运输发展的意义不仅仅在于梦想的实现，更重要的是缩短了交流的距离，今天的跨国投资从技术角度来讲已经和从前的本地投资没有多大区别了。

（二）国际金融市场的迅速发展

国际债券市场的迅速发展为国际间接投资提供了大量的资金来源，国际股票市场的迅速发展为跨国并购创造了更加便利的金融条件，而跨国并购正是近年来国际直接投资中最活跃的组成部分。

各主要发达资本主义国家的证券市场在近 20 年来发展迅速，股票与债券的跨国交易额不断攀升，国际间接投资的发展速度已超过了同期全球的贸易增长与直接投资的增长速度。一方面，国际股票市场的高度发展以及各国金融市场开放程度的进一步提高，使国际间接投资途径变得十分便利，这对于资本在全球范围寻求新的投资热点以及从各方迅速抽调资金十分有利。另一方面，国际债券市场的迅速崛起，为跨国公司并购提供了有力的资金支持。欧洲货币市场、欧洲资本市场为全球的企业、银行、政府部门提供了雄厚的资金来源，投资者和筹资人通过国际债券市场很好地结合起来，使资金盈余方与资金不足方之间形成了有效流动。

（三）国际投资环境自由化的不断提高

贸易壁垒和投资壁垒的不断降低使经济全球化取得了巨大的实质性的进步。直接投资环境有了明显的改观。

各种贸易壁垒以及各国的资本管制，是国际投资发展的一个主要障碍，只有打破各种壁垒才能使国家间资金有效流动，实现资本的增值，进一步增加资本积累，为投资扩充资金来源。

为了在日益开放和竞争激烈的国际环境中获得更加有利的发展机遇，越来越多的政府致力于推进政策的自由化，积极地引进外资、扩大对外贸易。从全球角度来看，政策自由化和管制的放松使得投资壁垒不断降低，经济全球化也取得了实质性的进展。第二次世界大战以后成立的关贸总协定（GATT）对政策自由化趋势起到了关键作用，为全球多边贸易自由化奠定了基础。GATT 组织的 8 轮多边贸易谈判，在降低关税以及非关税贸易壁垒方面发挥了巨大作用。1995 年 1 月，世界贸易组织（WTO）正式取代 GATT 开始运行，这意味着多边贸易体制日益健全。乌拉圭回合多边贸易谈判则首次将贸易谈判引入金融服务业、知识产权保护和与贸易有关的投资措施等领域。2001 年 11 月的多哈谈判和 2003 年的坎昆回合谈判中，WTO 成员在农业、非农产品市场准入、服务、知识产权、规则、争端解决、贸易与环境以及贸易和发展问题等诸多方面进行了磋商，并取得了一定的成果。近年来，经济的全球化和金融的全球化也在一步步走向成功。

（四）跨国公司的全球化经营战略

在全球经济迅猛发展的今天，跨国公司无疑已成为世界经济中最具影响力的一股力量。

跨国公司作为最重要的国际投资主体，是国际经济活动特别是国际直接投资的主要承担者。跨国公司的对外直接投资和全球经营战略给世界经济带来了深刻的影响，传统的以商品为基础的国际经济交往被打破，国际分工逐步深入渗透到产业内部和企业内部。目前，世界对外直接投资（FDI）流量的 90%以上来自跨国公司，FDI 已成为跨国公司实施其经营战略的重要手段。技术进步、自由化浪潮、全球竞争加剧等诸多因素正促使跨国公司实施全球一体化经营战略，以打造其国际化生产网络，这使得跨国公司日益成为全球经济的主导力量。

跨国公司通过其国际投资行为给世界经济带来了深刻的影响，也通过其国际投资行为依其价值链增值的方向在全球区域构建起一体化的国际生产关系，促进了资本、人力、技术等生产要素在全球范围内的合理流动与配置，使整个世界经济在日益紧密的联系中走向一体。

具体而言，跨国公司对世界经济的影响主要体现在以下几个方面：

第一，促进生产与资本的国际化。跨国公司是生产与资本国际化的结果，但它们的发展又反过来促进了生产与资本的进一步国际化。

第二，推动国际贸易的发展。跨国公司的不断壮大发展，也需要与此相适应的市场来消化其产品，国内市场的有限容量已不再是什么障碍。国际贸易发展的内在动因在于不断发展的生产能力与有限的国内市场容量。

第三，加速技术的创新与推广。跨国公司的优势很大程度上是由于它们拥有先进的科学技术，它们只有不断创新才能保持其在专业领域的领先优势。而且它们将全球的技术资源进行整合，以便创造出更大的效益，此举也将先进的科学技术进一步向全球推广。

第四，推动国际金融的发展。跨国公司的国际投资作为国际资本流动的一种主要形式，同时也推动了国际金融一体化趋势。一方面，国际并购促进了国际股票市场的进步；另一方面，国际直接投资所需的大量周转资金，也为国际债券市场的发展带来了勃勃生机。

第五，推进世界经济一体化。世界经济一体化是指消除不同国家之间商品、劳务以及生产要素流动的障碍，并相应建立不同程度、不同地理范围的国际联系。在过去的数十年中，跨国公司以公司内部劳动分工为特征的一体化国际生产，对世界经济的这种一体化进程起到了极为关键的推动作用。

第二节　国际投资的发展趋势

一、国际直接投资的发展趋势

从 20 世纪 60 年代开始的国际投资的迅速增长，由于 80 年代初出现的严重的经济危机而被打断。但随着各主要资本主义国家相继走出危机，这种局面很快结束。20 世纪的最后 15 年，国际直接投资又进入了一个前所未有的飞速发展阶段。这 15 年是世界经济发生深刻变化的 15 年：信息技术的革命推动了生产力的巨大发展；知识经济的迅猛发展使资源配置、产业结构以及政府的宏观经济调控等方面发生了深刻的变化；欧盟经济一体化进入经济和货币联盟的新阶段，国际金融货币领域出现了美元、欧元、日元三足鼎立的局面；世界贸易组织成立，贸易和投资壁垒呈现不断减少的趋势，自由化浪潮空前高涨；以上述变化为基础，经济全球化进程也在不断推进。在此基础上，本节内容将对国际直接投资的几个发展趋势做简要的分析。

（一）2008 年金融危机后将逐步恢复增长

20 世纪 80 年代中期以来，国际直接投资迅速发展的经济基础是世界经济总体上的稳定增长，是世界市场的不断扩大。而各国的经济自由化，特别是贸易与投资的自由化，是该时期国际直接投资发展的主要推动力量。进入 21 世纪以后，国际直接投资是否能够保持持续发展势头，也将取决于这些因素。所以我们认为在 21 世纪初期国际直接投资将保持发展的势头，规模将进一步扩大，但是高速发展势头将有所减缓。这主要基于对以下原因的分析：首先，随着全球经济一体化进程的加快，世界经济必将进一步融合，形成一个更加开放的市场体系，投资与贸易壁垒必将随着市场的开放与管制的放松而不断削弱。根据 WTO 的有关协议，21 世纪前 10 年，发达国家的市场准入水平将会进一步提高，发展中国家开放市场的过渡期也将基本结束，市场开放程度也将进一步提高，这是推动国际直接投资继续发展的一个重要因素。

2010 年大大改善的宏观经济环境增加了跨国公司的盈利，提高了股票市场的估值水平，将推动跨国公司利用其充裕的现金进行海外投资。同时，跨国公司也需要通过战略性投资加强其在后危机时代的战略地位。预计全球国际直接投资将基本恢复到 2008 年危机前的水平，并有望创出新高。

（二）流出地将继续集中在主要发达资本主义国家，发展中国家也将有所增长

纵观第二次世界大战以来国际直接投资主体对外投资的发展，可以以 20 世纪 60 年代末 70 年代初为界线分成较为明显的两个阶段。美国在战后利用各种有利条件，加速了对外资本输出的步伐，尤其是直接投资，使该时期美国的对外直接投资占据绝对优势地位。而 20 世纪 70 年代以后，美国在对外直接投资上的优势地位逐渐丧失，这主要是因为日本、欧洲经过二战后多年的发展，经济恢复，在对外直接投资上奋起直追，实现了三足鼎立的局势。而与此同

时，发展中国家的国际直接投资也有所发展，并日益成为对外投资中一股不可忽视的力量。

这一趋势将在今后一个时期内继续保持，世界各个经济体在国际直接投资中的地位将不会有明显的改变。国际投资，无论是直接投资还是间接投资，都需要资本的支持，没有资金来源，投资也就无从谈起，而资本积累是以自身经济实力为基础的。20 世纪末，发展中国家的经济实力有了整体上的提高，在发展速度上已渐渐赶上了发达国家，但是无论是在当前还是在近期可以预见的未来，国际上主要经济体的经济实力都不太可能有明显的变化。所以加上 20 世纪几十年的积累，以资本为资金来源的国际投资，其结构在近期内不太可能会重新洗牌。

流出发展中和转型期经济体的对外直接投资在连续 5 年呈上升趋势之后，在 2009 年收缩了 21%。但是，随着这些经济体的跨国公司的崛起，对外直接投资的收缩与发达国家相比也较为缓和，而发达国家的对外直接投资流出量则锐减了 48%。在发展中国家，对外直接投资的反弹也更迅速。其外向投资的份额目前仍然小得多，但速度在加快，已达到全球外流量的四分之一。

（三）流入地将仍会以发达国家为主，流向发展中国家的直接投资将持续增长

第二次世界大战前，国际投资主体对外投资主要投向殖民地、半殖民地和经济落后国家。而在二战后国际直接投资流入地发生了明显的变化，即发达经济体不仅是国际直接投资的主要流出地，而且也成为投资的主要流入地，流入发展中国家的直接投资虽然在总量上有所增加，但已明显处于相对次要地位。另外，值得指出的是，对外直接投资无论是流向发达经济体还是流向发展中经济体，其地理分布均十分集中。

发达国家无论是经济发展水平、市场规模，还是投资环境等各方面都要优于发展中国家，这就是自 20 世纪 60 年代以来发达国家作为国际直接投资的主要流入地，而一直没有改变的根本原因。在可预见的未来，作为世界经济的主角，美、欧、日等发达国家在吸收国际直接投资领域的主导地位将不会有明显的变化。另外，流向发展中国家的直接投资虽然难与发达国家相比，但是继续增长将不可避免，规模也将会扩大。这主要是由于以下原因：首先，近 20 年来，发展中国家了解了引进外资帮助本国经济发展的重要性，它们积极地改善投资环境、提高对外开放水平。经过 20 年的努力，这种做法已经取得了明显的效果，无论是亚洲的中国和东盟各国，还是拉美发展中国家，投资的软硬件设施都有了明显的提高，流向发展中国家的直接投资也随之进一步扩大。今后，发展中国家继续努力改善其投资环境将会成为其继续吸引外资的重要手段。其次，亚太地区发展中国家经济发展势头良好。在亚洲金融危机中遭受重创的东南亚国家经济已基本上恢复了以往的生机，走出了低谷，经过经济危机对经济结构的调整，这些国家的经济发展已基本上步入了良性发展的轨道；中国作为全世界最大的发展中国家，其经济一直保持高速增长，经济发展前景良好，国内市场需求不断扩大；拉美国家经过 1994 年墨西哥金融危机和 2001 年阿根廷金融危机以后，基本上保持了持续稳定的发展势头。再次，发展中国家总体来讲经济服务化水平在不断提高，特别是根据 WTO《服务贸易总协定》的规定，其服务业将逐步对外开放，21 世纪的服务业将成为发展中国家利用外商直接投资的新亮点。但是，由于发展中国家之间的发展不平衡以及各国之间的投资环境存在差异，在经历了 6 年的连续增长之后，流入发展中和转型期经济体的对外直接投资 2009 年下滑 27%，降至 5 480 亿美元。虽然对外直接投资出现收缩，但是发展中国家表现出的危机抗御能力强于发达国家，其下降幅度低于发达国家的 44%。它们在全球对

外直接投资流入量中所占份额持续上升：发展中和转型期经济体有史以来第一次吸收了半数全球对外直接投资流入量。国际直接投资的流向将会比较集中在一些经济增长较快、投资环境较好的国家和地区。

2010年，发展中经济体直接投资流入上升9.7%，而流入发达经济体的国际直接投资下降6.9%，东亚、东南亚和南亚地区成为国际直接投资率先恢复和最为活跃的地区。国际资本的大量流入缓解了发展中经济体的资本短缺，更多的机会、更低的成本、更高的利润和不断改善的投资环境将吸引更多的国际直接投资。在中国，国际资本的流入促进了外向型经济的迅猛增长，对外直接投资通过“外溢效应”与“学习效应”，使中国经济的技术水平、组织效率不断提升，从而提高了国民经济的综合要素生产率。

（四）新兴市场国家将加速对外直接投资

新兴市场国家将加速对外直接投资。凭借小规模技术优势及技术地方化优势，发展中国家对外投资能扩大海外市场，降低生产成本以及实现产业升级和技术创新。根据邓宁的投资发展阶段理论，随着一国经济发展水平的提升，其净对外投资将逐步增长，最终由资本输入国变成资本输出国。近年来，以中国、印度为代表的新兴市场国家已经迈出对外直接投资的步伐。随着经济水平的发展、贸易顺差的加大、外汇储备的激增，新兴市场国家必然扩大对外直接投资规模，在全球范围内整合产业价值链。就目前而言，金融危机重挫了发达国家经济，西方跨国公司纷纷收缩战线重组调整，而对于受危机打击较小的新兴市场国家跨国公司而言，这正是乘势收购廉价优质资产、扩大市场份额的良机。

以中国为例，据商务部统计，2008年，虽然面临金融海啸的冲击，中国非金融类对外直接投资仍然达到406.5亿美元，同比增长了96.7%。这意味着中国在世界经济中扮演的角色，将从“产品生产者”历史性地向“资本输出者”转变。

（五）服务行业将成为国际直接投资的一个重要增长点

第二次世界大战以后，国际直接投资的部门结构经历了几次重大变化。20世纪50年代，国际直接投资主要集中在自然资源的开发和以自然资源为原料的加工工业上；从20世纪60年代开始到20世纪70年代中期，制造业在各主要资本主义国家对外投资中所占比重不断上升，并成为对外直接投资的主要部门；20世纪70年代中期以后，随着各主要流入地和流出地国民经济结构的升级，国际直接投资中，服务行业所占的比重不断上升。进入20世纪90年代中期以后，各主要发达资本主义国家服务业对外直接投资的发展进一步加快，比重也在不断上升。

服务业在21世纪初期将继续成为国际投资的重点产业，而且其在国际直接投资总额中所占的比重还将进一步上升。第一，根据WTO协议，各成员的服务行业将会进一步开放，各种保护措施对服务业直接投资的影响将慢慢下降，这将给服务业的国际大规模直接投资、并购带来巨大的便利条件，为服务业的国际直接投资进一步扩大提供有利的法律和政策基础。第二，无论是发达国家还是发展中国家，服务业在国民经济中的地位都将逐步提高，就像20世纪的制造业，随着其在国民经济中地位的提高，服务消费市场将会进一步扩大。有了增长的市场需求，资本对其投入也将逐渐提高，国际直接投资在该领域必将大力发展。第三，随着科学技术的发展、科技成果的不断推广应用以及分工的进一步深化，老的服务行业将会有所改进，新的服务业将会不断地产生和发展。例如，随着IT技术的发展，涉及符号管理的老的服务行业将会通过IT技术的武装而改变信息收集方式、扩大信息收集来源、降低信息价格、扩大市场消费。一些新的服务行业如电子商务、虚拟商店、电子银行等将逐渐为人们所熟悉。因此，随着政策的改进、经济结构的调整、科技的发展，服务业在国际直接投资中所占的比重将不断提高。

二、国际间接投资的发展趋势

自20世纪90年代开始，国际间接投资有了长足的发展，不仅在规模上，而且在发展趋势上也有了明显的改变，具体可以归纳为国际间接投资的虚拟化趋势、证券化趋势、机构化趋势、衍生化趋势等四个方面的特点。在此基础上，本节内容将会继续对国际间接投资的发展趋势做出分析。

（一）总体规模将持续扩大

自20世纪90年代以来，随着国际间接投资的规模不断扩大，占国际投资总额的比重也将会继续上升。这主要出于以下几方面的原因：第一，国际间接投资自20世纪80年代开始大规模兴起，其发展程度还远未达到国际直接投资的水平，发展规模还有进一步发展的空间，间接投资的许多投资结构还将会有所改变，这些因素都有可能带动国际间接投资的发展。第二，前文中已讨论过，国际直接投资的发展速度将会放缓，而大量的资金需要寻求增值，这必然将各种资本引向国际金融市场。在20世纪末，已经出现这种趋势，跨国股票交易空前活跃、国际债券市场也魅力重现。第三，国际经济环境不断改善，这将会鼓舞投资者的信心，从而带动证券市场的发展。20世纪90年代初期，随着美国经济的复苏和股票市场的振兴，全世界投资者的目光都被华尔街所吸引，全球资金的进入，推动了美国证券市场的发展，也推动了美国经济的发展。第四，发展中国家金融危机之后对金融市场的整顿，将改善本国的金融市场环境，从而为国内外投资者提供良好的投资机会与投资服务。随着1997年亚洲金融危机的远去，亚洲各国都努力改善本国金融体系，开始致力于防范金融风险和金融危机的再度发生；同时它们也为投资者提供了有利的投资环境和投资机遇，这将成为未来国际资本进入这些国家市场的有利基础。

（二）国际间接投资将继续大量流向发达国家，新兴市场也将受到投资者青睐

国际间接投资的流向与直接投资的流向相同，发达国家仍是主要流入地，但新兴的市场也将成为未来国际间接投资的主要流入地。主要原因有：第一，发达国家拥有不可比拟的有利的投资环境、有序的政府监管、有效的风险监控和良好的退出机制，这一切都是吸引全球投资者的最有利因素。在21世纪头10年，这样的趋势也将不会有明显的变化，国际资本仍将这些发达国家作为未来间接投资的首选。第二，证券市场被称为经济发展的晴雨表，反之，实际经济的发展也必将影响到证券市场的兴衰。发达国家的经济处于相对稳定的阶段，在可预见的将来不大可能会出现大的经济危机或是金融危机，这将为国际证券投资者带来有利的心理保障。与此同时，经济持续高速发展国家的新兴市场也将因为投资者的预期而受到青睐。经济的晴雨表，反映的是未来经济的发展状况，高速持续发展的国家的各个企业部门必然会是未来经济发展的柱石，在这些发展潜力巨大的企业或部门投入资金，很有可能会给投资者带来丰厚的回报，这将会带给投资者们无限的遐想空间，从而为本国带来更多的外资

和更丰厚的发展条件。第三，发达国家虽然拥有高度发达的市场和完善的投资环境，但同时也意味着价格机制的作用已发挥得淋漓尽致，寻求套利的机会已变得微乎其微，许多追求高风险高收益的投资者将很难找到新的投资热点。新兴市场的开放正好为追求高回报的投资者提供了有利的机遇。一方面，随着经济的发展，必然有不少优质的投资热点出现；另一方面，随着经济的高速发展，这些新兴市场所在国，一直努力地改善投资环境，经过一段时间的努力，相信其投资软硬件环境都会有明显改观。正是由于以上三点原因，国际间接投资未来的主要东道国仍将是发达国家，但是新兴的市场也必将受到多方关注。

（三）国际间接投资的虚拟化趋势

国际间接投资的虚拟化趋势，是指其发展规模已远远超出国际商品和服务贸易以及国际直接投资对资金的需要，而主要是为了满足跨国金融机构对其风险资产进行管理的需要。如表 2—8 所示，自 1986 年起，国际外汇市场日均交易量不断上升，截至 2001 年，全球外汇市场的日均交易量已相当于当年全球商品和服务贸易出口额的 15.8%，并已超过当年全球国际直接投资流出量。

表 2—8 外汇交易与国际贸易和国际直接投资的关系 单位：亿美元

年份	全球外汇市场日均交易量	全球商品和服务贸易出口额	全球国际直接投资流出量
1986	1 880	25 405	865
1989	5 900	37 342	1 961
1992	8 200	46 914	1 500
1995	11 900	63 126	3 178
1998	14 900	38 309	6 490
2001	12 000	76 132	6 210

资料来源：世界贸易组织：*International Trade Statistics*，*2002*；UNCTAD：*World Investment Report*，*2002*。

国际间接投资的虚拟化趋势将会继续下去。根据前文的分析，国际贸易和国际直接投资未来几年将不会持续高速增长，而外汇交易的增长几年来有不断攀升的趋势，这主要是来自跨国金融机构需要对风险资产进行管理的压力。一方面，跨国金融机构需要对风险资产进行管理、规避风险；另一方面，国际间接投资的不断增长也会增加外汇的交易量。今天的外汇交易，不再仅仅服务于国际贸易，而渐渐成为国际资本流动的桥梁。随着国际金融市场一体化进程的发展以及国际资本流动的进一步加剧，国际投资的虚拟化程度将会不断加大。与虚拟化趋势紧密相连的是证券化趋势、衍生化趋势和机构化趋势。

（四）国际间接投资的衍生化趋势

衍生化趋势是指国际衍生证券投资在国际间接投资中的地位不断提高，成为国际间接投资的主要方式。国际间接投资的衍生化趋势可以追溯到 20 世纪 70 年代初。在此之前，国际衍生证券的投资品种较为单一，主要局限于某些商品期货，市场规模非常有限。进入 20 世纪 70 年代以后，国际衍生证券市场开始引进以货币、利率、股票以及股票指数为标的的创新投资品种。随着美国芝加哥大学布莱克教授和斯科尔斯教授于 1973 年在期权定价理论上取得重大突破以及该理论的不断完善，衍生证券的创新品种层出不穷。20 世纪 80 年代开始的证券化趋势，使得金融衍生产品的证券投资进入了高速发展的阶段。进入 21 世纪以后，随着科学技术的发展以及金融技术的创新，金融领域必然不断推陈出新，各种新型金融衍生产品也将不断产生，同时，之前推出的各种衍生产品也将不断得到推广，这就为衍生证券投资的发展提供了有利的环境。在国际间接投资的虚拟化趋势中我们提到，虚拟化趋势实际上是产生于跨国金融机构对风险资产进行的管理。而衍生金融工具正是天然的风险规避工具，一方面，它能为风险规避者提供套期保值；另一方面，它也能为风险投资家提供新型的投资工具。这就使得市场上的风险规避者和风险偏好者有机地结合起来，而两者的有机结合反过来又会推动衍生金融市场的进一步发展，形成良性循环。

（五）国际间接投资的机构化趋势

国际间接投资的机构化趋势是指保险公司、养老基金和投资基金等机构投资者在国际间接投资中日益占据主导地位。从表 2—6 中我们可以看出，主要发达经济体的机构投资者所管理的金融资产相对于 GDP 的比重在不断提高，而很多机构投资者出于风险规避或是追求高额回报等既定投资目标，越来越多地参与到国际金融投资的领域，从而使机构投资者在国际间接投资中所占的地位日益重要。

而在不久的将来，机构投资者在国际间接投资领域中有可能发挥更加重要的作用。这是因为：首先，世界经济的一体化同时也推动了金融市场的一体化，这就为机构投资者提供了更加有利的国际投资环境，减少了其资金在国家间流动的障碍。其次，有的投资基金的既定目标是高额的回报率，这就使得很有发展潜力的新兴市场备受其青睐。加上投资环境的不断改善，这一部分资金会加大其在国家间的流动性。再次，机构投资者本身的不断壮大也是一个重要的原因。机构投资者一般拥有普通投资者所不具备的专家理财、风险控制等专业技巧，将资金交由机构投资者，这样将会有效地为投资者克服风险过大、投资手段单一和资金不足等方面的缺陷，就使大量的散户资金流向机构投资者。另外，随着各国社会经济的发展，各种养老基金、保险基金不断发展，虽然这些机构投资者属于风险规避者，但是随着国际金融市场的进一步开放，发达国家比国内更加稳定、有利的投资环境将会促使它们加大对外投资的规模。

第三节 国际投资的证券化趋势

一、国际投资证券化趋势的定义

首先要区分国际间接投资的证券化趋势和国际投资的证券化趋势。前者是指国际证券投资在国际间接投资中所占比重不断上升，国际信贷在国际间接投资中所占的比重不断下降，国际证券投资渐渐占据主导地位，成为国际间接投资的主要方式；后者是指国际证券投资在国际总投资中的比重不断上升，不仅超过了国际信贷，而且渐渐取代国际直接投资在国际总投资中的主导地位。两者同时指出了国际证券投资不断发展并渐渐占据主导地位的事实。

国际间接投资的证券化趋势开始于 20 世纪 80 年代，在那时国际直接投资迅猛发展的同时，国际间接投资也呈现出更为强劲的势头，其中又以国际证券投资发展最为突出。跨国证券投资自 20 世纪 80 年代起开始了其高速发展，各主要发达国家跨国股票、债券交易到 20 世纪 90 年代中期都已达到其 GDP 的数倍。以美国为例，1980 年其跨国股票和债券的交易总额只占 GDP 总额的 9%左右，1985 年则上升到 35.1%，1990 年为 89%，1996 年达到了 151.5%；而联邦德国的这一比例则从 1980 年的 7.5%增长到 1996 年的 196.8%。从全球总量来看，据经合组织统计，1992 年全球证券市场存量总额达到 987 120 亿美元，远远超过国际直接投资的 2.1 万亿美元总存量；1996 年，通过国际金融市场以债券、股票、国际信贷等其他各种筹资方式进行融资的总额达到 1 571.8 亿美元，创历史最高水平，其中股票和债券发行量均创历史新高。全球证券市场的数据在说明国际证券投资迅速发展的同时，也表明国际证券投资对国际经济的影响不断扩大，国际融资的证券化趋势已渐渐呈现在我们面前。

国际投资的证券化趋势表现为国际证券投资规模迅速扩大，其中又以跨国股票交易的空前活跃和国际债券市场的迅速发展为突出特点。正是全球股票和债券市场的飞速发展推动了国际证券投资的不断前进。

二、国际投资证券化趋势起因分析

（1）产生于 20 世纪 80 年代的证券化趋势，其原因之一在于 20 世纪 80 年代初所发生的世界性债务危机。此次债务危机使跨国金融机构开始意识到债务主权风险的存在，即使通过债务国政府担保的贷款，仍有可能存在较大的清偿风险。自此，流入发展中经济体的国际银团贷款大幅缩减，而流向以美国为主的发达经济体的国际银团贷款则大幅上升。国际银团业务相对萎缩所留下的市场空缺主要通过增加国际债券的发行来弥补。在整个 20 世纪 90 年代中后期，国际债券发行的余额和净额都有较快的增长；国际债务证券发行净额与同期国际银团贷款流量的差距正在逐渐缩小。国际债券的大量发行直接导致国际证券投资的大规模增长，包括国际债务证券一级市场和二级市场投资及以国际债券为基础的金融工具的国际衍生证券投资。

（2）原因之二在于 20 世纪 80 年代以来全球金融自由化，而且各国金融管制放松，金融机构逐步由分业经营走向混业经营。一方面，分业监管的放松鼓励金融机构更积极地参与证券业务，以全能化的经营为自己在激烈的全球金融竞争中争得有利地位。证券化趋势可以增强跨国金融机构的风险资产的流动性，而流动性对于兼顾风险资产的安全性和收益性具有重要意义。另一方面，正是由于全球金融自由化，各国证券市场之间的障碍正在一步步缩小，使各国金融机构的跨国投资难度不断减小，这就为跨国证券投资搭建了一座有效的桥梁。

（3）随着 1973 年期权定价理论取得重大进展以及期权定价理论不断完善，衍生证券的创新品种层出不穷。20 世纪 80 年代开始的金融创新一直持续到现在，各种新产品的出现不断丰富着投资者的选择。另外，原有的衍生产品也在不断地推广和完善，为投资者提供了更加有效的投资手段。各种期货、远期协议和期权产品一方面为风险投资家们提供了投资机会，另一方面也为寻求套期保值的投资者将风险锁定在一定范围内，这样就把风险偏好者和风险厌恶者有效地结合起来。金融新产品的发展与投资手段的不断丰富为国际证券投资带来了持续发展的动力。

（4）发展中国家证券市场不断发育，投资的流向增加。随着国内经济的不断发展，发展中国家的金融市场也有了巨大的进步。国内金融市场不断发展、法律法规不断完善、市场秩序不断改进、投资品种不断丰富，这一切都为国外的资本流入创造了有利的条件。但真正吸引国外投资者的是发展中国家经济起飞所带来的各种投资机遇。随着经济的腾飞，必然有一批优秀的国内企业脱颖而出、快速发展，为风险投资家们提供丰厚的回报。经济的发展也必然影响到股市的增长，这也为国际投资者提供了套利机会。以中国为例，随着国民经济的发展，中国股票、债券市场都有了翻天覆地的变化，不仅吸引着国内投资者，同时，日益开放的政策也为国际投资者们敞开了中国证券市场的大门。这不仅为本国吸引了外来资金支持经济发展，同时也为国外投资者打开了投资套利的方便之门。发展中国家证券市场的不断发展和完善，带来投资流向的增加，为国际证券投资的不断壮大提供了基础。

三、证券化趋势的问题

国际投资的证券化趋势在21世纪的最初10年内很可能持续下去，这主要是由于全球金融自由化程度不断提高、新的金融投资产品层出不穷和新兴市场开放程度继续提升。证券化趋势在不断发展的同时，也产生了一些问题。随着证券化趋势的高速发展，带来的影响也将同样增加。证券化趋势对投资来说，导致其致富速度和破产速度都将加快。1995年的墨西哥金融危机、巴林银行倒闭和1997年亚洲金融危机表明，国际证券投资正成为国际金融动荡的导火索和助燃剂。20世纪90年代以来，全球金融自由化的发展为国际游资的存在和发展提供了基础，同时也加大了不稳定性。资本市场、金融国际化和电子信息技术的发展使金融工具的可兑换性及流动性加强，为国际游资活动提供了市场和交易手段。许多发展中国家在经济、金融全球化日益发展的趋势下，大胆地开放金融、贸易、投资等各个领域。尤其是一些新兴市场国家，以较高的利率、较大的利差和大量的优惠政策使流向这些市场的短期资本迅速增加。但在吸引资金的同时也带来了不稳定因素，具有较强的隐蔽性、投机性和不确定性的国际游资所占比例不断上升，使得这些市场的外资流动性、不稳定性增加，风险系数增大。一旦国际市场出现风吹草动，经济发展出现波动，这些资金就会退出该市场，立刻外逃。这无形中就增加了新兴市场的不稳定性，影响着金融、经济的正常发展，情况严重时还有可能对一国经济或整个地区经济产生不可估量的负面影响。因此，对国际证券投资的监管就成了一个十分重要的课题。特别是20世纪90年代以来，金融危机频繁发生、此起彼伏，这就为各国监管机构带来一个艰难的局面：要不断开放本国金融市场，同时又要随时准备面对开放所带来的各种风险。然而，国际资本流动规模急剧扩大虽然使金融市场的不稳定性增加，但各种危机并不会影响全球金融自由化进程，它能使发展中国家在金融市场自由化，特别是资本项目可自由兑换进程上更加谨慎，这将会对整个国际金融体系的建设与完善以及整个世界经济的发展起到积极的作用。

专栏

全球三大信用评级机构

标普评级

标普的长期评级主要分为投资级和投机级两大类，投资级的评级具有信誉高和投资价值高的特点，投机级的评级则信用程度较低，违约风险逐级加大。投资级包括AAA、AA、A和BBB，投机级则分为BB、B、CCC、CC、C和D。信用级别由高到低排列，AAA级具有最高信用等级；D级最低，视为对条款的违约。从AA级至CCC级，每个级别都可通过添加“+”或“-”来显示信用高低程度。例如，在AA序列中，信用级别由高到低依次为AA+、AA、AA-。

此外，标普还对信用评级给予展望，显示该机构对于未来（通常是6个月至两年）信用评级走势的评价。决定评级展望的主要因素包括经济基本面的变化。展望包括“正面”（评级可能被上调）、“负面”（评级可能被下调）、“稳定”（评级不变）、“观望”（评级可能被下调或上调）和“无意义”。

标普还会发布信用观察以显示其对评级短期走向的判断。信用观察分为“正面”（评级可能被上调）、“负面”（评级可能被下调）和“观察”（评级可能被上调或下调）。标普的短期评级共设六个级别，依次为A-1、A-2、A-3、B、C和D。其中A-1表示发债方偿债能力较强，此评级可另加“+”号表示偿债能力极强。

标普目前对126个国家和地区进行了主权信用评级。美国失去AAA评级后，目前拥有AAA评级的国家和地区还有澳大利亚、奥地利、加拿大、丹麦、芬兰、法国、德国、中国香港、马恩岛、列支敦士登、荷兰、新西兰、挪威、新加坡、瑞典、瑞士和英国。

穆迪评级

穆迪长期评级针对一年期以上的债务，评估发债方的偿债能力，预测其发生违约的可能性及财产损失概率。而短期评级一般针对一年期以下的债务。

穆迪长期评级共分九个级别：Aaa、Aa、A、Baa、Ba、B、Caa、Ca和C。其中Aaa级债务的信用质量最高，信用风险最低；C级债务为最低债券等级，收回本金及利息的机会微乎其微。在Aa到Caa的六个级别中，还可以添加数字1、2或3进一步显示各类债务在同类评级中的排位，1为最高，3则最低。通常认为，从Aaa级到Baa3级属于投资级，Ba1级以下则为投机级。穆迪的短期评级依据发债方的短期债务偿付能力从高到低分为P-1、P-2、P-3和NP四个等级。

此外，穆迪还对信用评级给予展望评价，以显示其对有关评级的中期走势看法。展望分为“正面”（评级可能被上调）、“负面”（评级可能被下调）、“稳定”（评级不变）以及“发展中”（评级随着事件的变化而变化）。对于短期内评级可能发生变动的被评级对象，穆迪将其列入信用观察名单。被审查对象的评级确定后，将从名单中去除。

目前，穆迪的业务范围主要涉及国家主权信用、美国公共金融信用、银行业信用、公司金融信用、保险业信用、基金以及结构性金融工具信用评级等几个方面。穆迪在全球26个国家和地区设有分支机构，员工约4 500人。

惠誉评级

惠誉的规模较其他两家稍小，是唯一一家欧洲控股的评级机构。惠誉的长期评级用以衡量一个主体偿付外币或本币债务的能力。

惠誉的长期信用评级分为投资级和投机级，其中投资级包括AAA、AA、A和BBB，投机级则包括BB、B、CCC、CC、C、RD和D。以上信用级别由高到低排列，AAA等级最高，表示最低的信贷风险；D为最低级别，表明一个实体或国家主权已对所有金融债务违约。惠誉的短期信用评级大多针对到期日在13个月以内的债务。短期评级更强调的是发债方定期偿付债务所需的流动性。短期信用评级从高到低分为F1、F2、F3、B、C、RD和D。惠誉采用“+”或“-”用于主要评级等级内的微调，但这在长期评级中仅适用于AA至CCC六个等级，而在短期评级中只有F1一个等级适用。

惠誉还对信用评级给予展望，用来表明某一评级在一两年内可能变动的方向。展望分为“正面”（评级可能被调高）、“稳定”（评级不变）和“负面”（评级可能被下调）。但需要指出的是，正面或负面的展望并不表示评级一定会出现变动；同时，评级展望为稳定时，评级也可根据环境的变化被调升或调降。此外，惠誉用评级观察表明短期内可能出现的评级变化。“正面”表示可能调升评级，“负面”表示可能调降评级，“循环”表明评级可能调升也可能调低或不变。

惠誉的业务范围包括金融机构、企业、国家、地方政府等融资评级，总部分设于纽约和伦敦两地，在全球拥有50多家分支机构和合资公司，拥有2 000多名专业评级人员，为超过80个国家和地区的客户提供服务。

资料来源：新华网。

【本章小结】

本章详细分析了国际投资的起源与发展历程以及未来的发展趋势。第一节对国际投资的发展历程做了全面的回顾；在此基础上，第二节对国际直接投资和国际间接投资的发展趋势做了详细的预测和分析；最后，第三节对国际投资的证券化趋势做了细致的说明。

【本章要点】

- 国际投资的起源与发展历程分析
- 国际直接投资与国际间接投资的发展趋势
- 国际投资的证券化趋势

【本章关键术语】

国际资本　发展历程　全球化趋势　证券化趋势

【本章思考题】

1. 简述国际投资的起源和发展历程。
2. 比较国际直接投资和国际间接投资的发展趋势。
3. 分析国际投资的证券化发展趋势。

第三章

国际投资理论

学习目标

- 了解国际间接投资理论与国际直接投资理论的内涵
- 掌握国际证券投资理论中的主要理论
- 理解国际直接投资理论中的主要理论
- 认识垄断优势论和比较优势论、产品生命周期理论与投资周期论等相关理论的联系与区别

国际投资理论的形成和发展与国际投资实践有着密切的关系。从历史的角度来看，20世纪50年代以前，西方国际投资理论仅限于对国际证券投资行为进行分析，形成了国际间接投资理论，并为后来发展起来的国际直接投资理论奠定了基础。从20世纪50年代后期起，随着西方发达国家垄断资本统治的加强，国际投资急剧增长，以跨国公司为主体的对外直接投资迅速发展，已成为当今国际资本投资活动的主流，引起了西方经济学者的普遍关注。他们从各方面对国际投资行为进行了研究，逐渐形成研究角度各异、理论派别众多的国际直接投资理论。

第一节　国际证券投资理论

国际证券投资是指以获取一定的利息、股息或红利为目的，而购买外国的股票和债券等有价证券的活动。其中，购买外国企业发行的股票投资，被称为国际股票投资；购买外国政府、企业或金融机构发行的中长期债券的活动，被称为国际债券投资。早期的西方国际投资理论，主要是以当时普遍存在的国际间接投资为研究对象，通过分析国家之间出现的信贷投资行为和证券投资行为而产生的，这些理论也被称作国际间接投资理论。

一、曼德尔的国际货币资本投资理论

曼德尔的国际货币资本投资理论认为，国际投资是指货币资本投资，而不是指作为资本、技术、经营知识综合体的国际直接投资。通过分析，曼德尔得出的结论是：如果两国生产函数相同，国际投资与国际贸易相互替代，国际投资所带来的结果是使两国间的贸易量减少。具体分析如下：

假设存在甲、乙两国。两国资本密集程度不同，甲国的资本相对丰富，生产商品 X（以棉布为例）和商品 Y（以钢铁为例）。相比之下，棉布是劳动密集型产品，钢铁是资本密集型产品。在生产函数上完全符合赫克歇尔-俄林-萨缪尔森定理（简称“赫俄定理”）的假设条件，即两国的生产函数相同。这样，甲国在钢铁的生产方面拥有比较优势，将其生产的钢铁向乙国出口，并从乙国进口棉布。如果甲国的钢铁出口额与甲国的棉布进口额相等，乙国的棉布出口额与钢铁的进口额相等，这样甲、乙两国均实现了贸易平衡。在这种自由贸易平衡的条件下，按赫俄定理的假定，两国的工资水平和资本收益的相对量和绝对量都是一致的。因为通过自由贸易已实现了两国资源的最合理配置和最大限度的福利，不存在限制国际资本流动的因素，因而不产生国际投资活动。

但是，一旦出现某种贸易障碍，就会刺激国际投资的产生。例如，假设乙国对进口钢铁开征关税，那么乙国钢铁的国内价格就会上涨，从而刺激了国内投资者生产钢铁的积极性。在生产扩大的过程中，随着对资本需求的增加，乙国的资本价格（利率）也随之上升。根据国际资本流动的规律，甲国的资本会自发地流向乙国。这样，贸易量的减少导致外资的流入。由于国际投资活动的产生和资本在国家间的流动，甲国的钢铁出口量和棉布的进口量、乙国的棉布出口量和钢铁的进口量都比自由贸易时少，所以在新的基础上实现了贸易平衡。

曼德尔的理论模型是在严格遵守赫俄定理的假设条件基础上建立起来的，导出的结论是：国际投资与国际贸易相互替代。这一点对于解释国际经济领域中逆贸易导向型的国际投资现象有一定的说服力。但是，曼德尔的理论模型的假设条件过于严格，与现实生活脱节太大。如果曼德尔理论模型的假设条件不能满足，则可能会得出截然不同的结论。正如马库森（Markusen，1983）所言，上述结果是在赫俄模型中两国只有要素比例不同、其他因素完全相同的严格假设条件下得出的。但是，如果两国生产函数不同，则会导致国际投资与国际贸易之间出现互补性，而非替代性。马库森最直观的证明是假设两国之间存在技术差别。继续沿用上文的例子，当两国进行贸易时，甲国出口钢铁。而甲国资本密集型的钢铁生产的增加将导致对资本需求的增加。因此，甲国的资本收益率增加，工资率下降。当乙国专门生产棉布时，乙国的工资率增加，资本收益率下降。马库森证明，当达到贸易均衡时，甲国的资本收益率较高，而乙国的工资率较高。现在考虑由于要素价格差异使得要素发生国际流动，则资本将流向甲国，而劳动力将流向乙国。按照罗伯津斯基定理，甲国将扩大钢铁生产，减少棉布生产，而乙国情况正好相反。这将进一步扩大甲国钢铁的出口和棉布的进口。资本流动增加了贸易。因此，贸易与资本流动是互补的。

二、古典国际证券投资理论

古典国际证券投资理论认为，各国存在的利率差别是国际证券投资发生的原因。当两国都不存在资本流动限制时，如果两国间存在利率差别，那么两国能够带来同等收益的资产或有价证券的价值会产生差别，这样就会发生利率低的国家向利率高的国家投资的情况。

这一理论认为，资本国际流动取决于各国证券（股票、债券）收益率的差别，当一国的证券资产价格一定时，利率越高，其收益就越高；反之，利率越低，其收益就越低。若两国利率不同，同样价格的证券也就会有不同的收益率，证券投资者就会抛售收益率低的证券，转而购买收益率高的证券，从而引起资本在国际的流动。由于资本富裕国家资本的相对价格（利率）相应较低，资本贫乏国家资本的相对价格（利率）相应较高，资本就从资本富裕国家流向资本贫乏的国家，最终达到一种均衡，国家间的利率差别消失，在完全竞争的国际资本市场上只有一种利率存在。

这一理论在解释国际证券投资方面比较有效。按照这一理论，资本流动总是从资本供给相对丰富的国家流向资本供给相对稀缺的国家。但第二次世界大战后的实际情况却是另外一种情形，发达国家不仅资本市场发育较充分，而且相互之间的投资在数量上也占优势。这个现象说明，资本国际流动与利率理论的解释并不完全相符。为了解释这种现象，产生了新古典的利率理论。

三、新古典理论

与古典理论不同，新古典理论认为决定国际资本流动的因素是不同国家的资本边际生产力差异和相应的利率差异。所谓资本边际生产力就是指每追加一个单位的资本所能够生产出来的产品数量。在其他条件不变的情况下，随着资本投入的增加，每一单位资本生产的产品数量发生递减，最后一单位资本所生产出来的产品的价值决定了资本要素的报酬（即利息率）。由于发达国家资本的边际生产力高，因此国际资本流动多发生在发达国家之间。

新古典理论还认为，资本在国际的自由流动，将使资本的边际生产力国际平均化，从而可以提高总体资本的利用效率。新古典理论可以用图 3—1 表示。

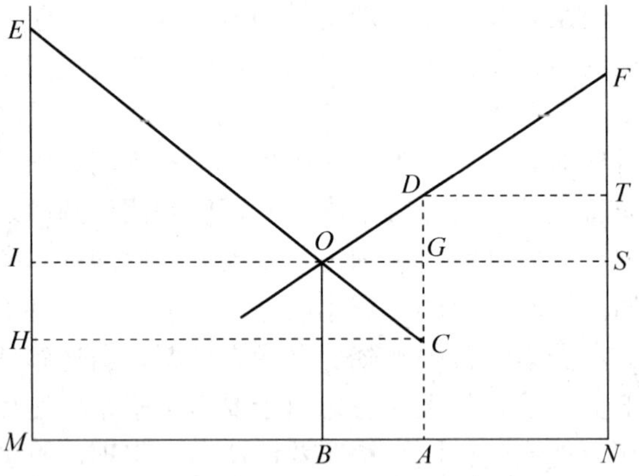

图 3—1　新古典理论投资分析

在图 3—1 中，假设世界是由投资国（甲国）和借款国（乙国）组成的。资本流动之前，投资国由于资本丰富，资本的边际生产力低于借款国。假定资本是受边际生产力递减规律支配的，同时假定市场是完全竞争的，资本的价格就等于资本的边际生产力。资本流动前，甲国使用 MA 的资本量，生产了 $MECA$ 的产品，资本的边际生产力为 CA，低于借款国的资本边际生产力 DA。由此引起甲国的资本向乙国流动，直至两国的资本边际生产力相等，流动才会停止。即将会有 BA 的资本量由甲国流到乙国，使两国的资本边际生产力都为 OB。资本流动的结果是，甲国生产量调整为 $MEOB$，乙国产量为 $NFOB$。与资本流动前相比（甲国的 $MECA$ 加上乙国的 $NFDA$），两国总共增加了三角形 ODC 的产量。即由于资本的国际流动，提高了全世界的总产量。

甲国的对外投资并不损害本国利益。对外投资虽然使本国产量下降了 $BOCA$，但是甲国可以得到的对外投资收益（等于投资量乘以资本边际生产力）为 $BOGA$。这说明投资国获得了比资本流动前更多的国民收入。

乙国接受投资后增产了 $ADOB$，其中 $BOGA$ 量支付给甲国，所以乙国国民收入净增加为三角形 ODG。由此可见，资本的国际流动，增加了世界的总产量，增加部分由投资国与受资国共同分享。

新古典理论引入资本边际生产力的概念，认为资本边际生产力的差异才是决定资本国际流动的因素，较好地解释了资本流动多发生在发达国家的现象。因为资本总是流向资本边际生产力高的国家，而发达国家的资本边际生产力高于不发达国家，因此，资本国际流动并不像古典理论认为的那样，从发达国家流向发展中国家，而是在资本边际生产力相对较高的发达国家之间流动。古典理论只从流通领域考察资本的国际流动，而新古典理论则从资本的生产对流通领域的影响来考察资本的国际流动，这是新古典理论的一个进步。

四、资产选择理论

近年来，国际证券组合投资获得迅猛发展，已迅速成为国际投资的主要形式。而国际证券组合投资的理论与实践活动也成为国际证券界的一个热点。在早期的理论中，经济学家一般都仅致力于对个别投资对象的研究和管理。然而，在现实生活中，投资者面对的是多种类别的证券，而且这些证券的收益率和风险性也各不相同。这就需要在不同资产之间进行选择，以达到最佳配合。传统的做法是投资者自己或组合管理者根据主观意见和直觉判断做出选择。而资产选择理论就是专门研究投资者如何在各种金融资产中进行最佳选择的问题。

资产选择理论是由美国纽约市立大学巴鲁克学院的经济学教授马柯维茨提出的。1952年3月他在《金融杂志》上发表了题为《资产组合的选择》的论文，将概率论和线性代数的方法应用于证券投资组合的研究，探讨了不同类别的、运动方向各异的证券之间的内在相关性，并于1959年出版了《证券组合选择》一书，详细论述了证券组合的基本原理，从而为现代西方证券投资理论奠定了基础。马柯维茨的理论认为，投资者不应将投资的预期收益作为资产选择的唯一准则，而应将投资的收益和投资的风险结合起来考虑。他认为，投资者所购买的任何证券都是一种资产所有权的书面凭证，可以借此从证券发行人处获得一定的收益。然而，市面上所发行和流通的各种证券的性质是不同的。例如国库券、债券、股票等，这些证券的不同点不仅表现在期限的长短和发行人的区别上，更重要的是表现在持有者所获收益稳定性的不同上。有的证券能够提供比较稳定的收益，例如国库券就几乎不存在收益上的风险，但是其收益率也相对较低。有的证券收益是非常不稳定的，例如股票就存在相当大的风险，但是其平均收益率也往往比较高。至于债券，无论从收益率还是从风险度的角度考察，都介于国库券和股票之间。马柯维茨认为，由于证券发行人不能确保投资者获得稳定收益，投资者购买证券后就应做好承担投资风险的准备。他总结性地指出，在一般情况下，证券的收益与风险成正比，即证券的收益越高，风险也越大。因此，投资者在进行投资选择时不应过分看重一个指标，既不能片面地认为证券的收益率越高越好，也不能片面地认为证券的风险度越小越好。正确的选择是把收益与风险结合起来考虑，选择收益相对较大而风险相对较小的投资。马柯维茨在对投资收益与投资风险进行综合分析的基础上，进一步提出了投资组合理论。他指出，投资者不应只购买一种证券，而应同时选择几种证券购买。这些证券的收益率和风险度应各不相同，从而就构成了一组投资组合。投资者应在认真分析各种不同证券的基础上，同时操作若干种有价证券，并不时地调整，这就构建起几组不同的投资组合，然后从中选择适合自己需要的一组。选择的标准是：在投资组合的平均收益率一定时，取其风险性最小的；在投资组合的风险性一定时，取其平均收益率最高的。

马柯维茨还根据风险分散原理，应用二维图规划了一套复杂的数学方法，提出了构建有效投资组合的理论。一个投资组合，如果没有其他组合能在与之同样的风险水平下，提供更高的平均收益率，或者在同样的收益水平之下提供更小的风险，那么该投资组合就被叫作有效投资组合。全部有效投资组合的集合在收益—风险二维图中形成一条曲线，由于该曲线正好是机会群与外界的边界，因此被称为有效边界。如果投资者按照有效边界给出的投资组合进行投资，那么这种投资就属于同等风险条件下收益最高的投资，称为有效投资。由于一个投资组合的风险不仅依赖于不同资产的各个方差，而且还依赖于该组合中的所有资产的协方差，所以投资者可以通过多样化的资产组合来减少风险。通过有效边界模型，马柯维茨证明了通过投资收益不相关或反相关的证券组合，可以降低投资风险并得到更为稳定的收益。

资产选择理论的核心是提示投资者“不要把鸡蛋放在一个篮子里”，分散、混合的资产结构会减少投资风险。只要所投资的各种资产收益不存在完全的相关关系，或者各种资产的相关率较低，那么随着不同类型资产的加入，证券组合的风险便会降低。因此，投资于多个国家的证券比仅投资于一国证券市场，更能有效地分散风险，并保持收益水平不变。各国经济波动周期的差异以及国际证券市场一体化程度不高、相关系数较低，为投资者在不同时期、不同国家分散风险提供了必不可少的条件。通过国外投资，可部分地消除证券组合中来自本国商业循环周期波动的影响，既能在较大程度上消除各种风险（如货币风险、信用风险和国家风险），又能使投资者持续获得局限于一地所无法保持的长期收益。

第二节　垄断优势论和比较优势论

一、垄断优势论

垄断优势论（Monopolistic Advantage Theory）又称所有权优势理论或公司特有优势理论，是最早研究对外直接投资的独立理论，是由美国麻省理工学院的教授史蒂芬·海默（Stephan Hymer）于1960年在他的博士论文中首先提出的。

这一理论主要是回答一家外国企业的分支机构为什么能够与当地企业进行有效的竞争，并能长期生存和发展下去。海默认为，一个企业之所以要对外直接投资，是因为它有比东道国同类企业有利的垄断优势，从而在国外进行生产可以赚取更多的利润。这种垄断优势可以划分为两类：一类是包括生产技术、管理与组织技能及销售技能等一切无形资产在内的知识资产优势；另一类是由于企业规模大而产生的规模经济优势。由于当地企业很难获得跨国企业所拥有的知识资产优势，或者要拥有这种优势必须花费很大的成本，所以投资者就可以凭借自己的垄断优势获取垄断利润；同时，由于跨国公司将生产扩展到海外，可使企业生产达到最适度的规模，最大限度地降低生产成本，从而产生竞争优势。这两种优势决定了对外直接投资的方向，跨国公司应该到知识资产优势相对薄弱的国家或地区投资兴建工业企业。

后来许多西方学者在海默的理论框架下，进一步补充和充实了垄断优势论。金德尔伯格认为，一般来说，直接投资企业不如本地企业所处的环境有利。在东道国，跨国公司是个外来者，它们处于一种不太熟悉、不太和谐的政治、经济、文化和社会环境中，在经营过程中会遇到很多麻烦。因而跨国公司唯有凭借胜过当地企业的强有力的垄断优势，才能成功地进行国际经营活动。约翰逊认为，跨国公司进行对外直接投资的垄断优势，主要来自对知识资产的占有和使用。知识资产的生产过程亦即研究与开发过程，其成本是相当高的。但通过直接投资，使用这些知识资产的成本却相当低，有时接近于零。其原因就在于企业为了创造这些知识资产需要支付大量的研究与开发费用，而现在子公司利用母公司的知识资产就不必花费很多，当地企业要想得到同样的知识资产却要付出全部成本。因此，当地企业就无法同跨国公司竞争。凯夫斯则认为，跨国公司所具有的垄断优势体现在它能够使产品发生异质化的能力上。他认为跨国公司能够根据不同层次、不同地区的消费者偏好，设计并生产出适合不同消费者的产品，并能运用强有力的促销手段说服消费者购买其产品。这正是跨国公司进行直接投资的真正优势所在。

垄断优势论可以较好地解释知识密集型产业对外直接投资这一现象，如美国的石油提炼、制药、化工、农机、计算机、运输设备等技术密集型产业部门的对外直接投资额占美国对外直接投资总额的大部分。同时，这一理论也为解释发达国家之间的双向投资现象提供了理论依据。大多数知识资产优势是被企业所垄断而不是被国家所垄断，这样，公司只要觉得对外投资更有利可图，它就可能不在本国这一行业扩大投资而直接去国外进行生产。赫普曼（Helpman，1984）为此设计出了一个简单的模型，在这个模型中，当一家本地企业的销售技巧、管理技能和研发实力等特定优势也可以在国外应用时，这家企业就会选择到国外投资建厂，生产符合当地需求的非同质产品。

垄断优势是对外直接投资的必要条件，但不是充分条件。在知识资产垄断的基础上还要加上这样一个条件，即公司只能靠在国外进行生产才能从其垄断的知识资产优势中获取最大的利润，而不是通过出口或技术许可证的转让。那么如何解释公司愿意对外直接投资而不通过出口这一现象呢？经济学家赫希对此做了进一步说明。

赫希假定有一家知识密集型公司 F，设在母国 A，产品主要销往 B 国。产品从生产到销售在两国都会有费用发生，生产成本分为两部分 P_a、P_b。知识资产的成本为 K（如用于改进工艺和产品性能的科研费等，在 P_a、P_b 内没有包括）。出口费用与国内贸易的费用差额为 M，包括通讯、运输、保险等方面的成本。如果 F 公司到 B 国去经营，还必须支付一些国内经营所不必要的费用 T。在做了以上假设的前提下，赫希进一步分析了 F 公司如何决定是采用对外直接投资形式还是采用出口形式。如果 K、M、T 值均大于零，则其计算公式如下：

出口：

$$P_a+M<P_b+K,\text{同时 } P_a+M<P_b+T$$

对外直接投资：

$P_b+T<P_b+K$，同时 $P_b+T<P_a+M$

为了使利润最大化，当F公司在A国的生产成本加上用于出口的费用，小于B国的生产成本加上当地公司为获取 K 而付出的代价，且F公司在A国的生产成本与出口费用的总和，小于B国的生产成本与F公司在B国投资的转移成本之和时，F公司应选择出口而不是对外直接投资。当F公司在B国的生产成本与建立子公司的转移成本之和，小于B国的生产成本与当地公司为获取 K 而付出的代价之和，且F公司在B国的生产成本与出口费用之和小于A国的生产成本与出口费用之和时，为实现利润最大化，F公司应选择对外直接投资而不是商品出口。

垄断优势论对企业对外直接投资的条件和原因做了科学的分析和说明。该理论的最大贡献在于将研究从流通领域转入生产领域，摆脱了新古典贸易和金融理论的思想束缚，为后者的研究开辟了广阔的天地。该理论指明了市场结构的不完善是企业对外投资的基础条件，以技术优势为核心和关键的垄断优势在跨国经营中将发挥重要作用。垄断优势论对指导和推动发达国家的企业进行跨国经营起到了积极作用。但该理论无法解释不具有技术等垄断优势的发展中国家为什么向发达国家进行的对外直接投资也日益增多。

二、比较优势论

比较优势论（Theory of Comparative Advantage）是20世纪70年代中期由日本一桥大学的小岛清教授（Kiyoshi Kojima）提出的。1973年，小岛清在研究了日本企业对外直接投资的状况后，发表了《对外直接投资的宏观探讨》一文（后来又将这一理论写入《对外直接投资》一书中）。小岛清认为，曼德尔通过对一般生产要素的国际流动的微观分析所得出的结论，即贸易与投资互相替代，以及海默从强调垄断优势出发分析对外直接投资行为的影响，都重视对海外投资企业进行微观经济分析和公司管理的研究，而忽略了对宏观经济因素的分析，尤其是国际分工原则的作用。

小岛清认为，根据美国对外直接投资企业的实际情况得出的国际直接投资理论，不能解释日本的对外直接投资现象，其原因在于日本企业的对外直接投资与美国不同。美国对外直接投资主要分布在制造业，这种投资是建立在贸易替代型结构的基础上的。正因为这些对外投资的企业是美国具有比较优势的产业部门，根据国际分工的原则，美国应将这类产业部门的生产基地设在国内。但由于这些企业竞相到国外投资设厂，把产品的生产基地转移到国外，结果减少了本国同类产品的出口量，使本国可以通过出口而增加的巨额贸易顺差丧失殆尽，长此以往就会导致国际收支失衡、贸易条件恶化。

而日本的对外直接投资与美国不同，资源开发型投资占有相当大的比重，而在制造业方面的投资则属贸易创造型，即对外直接投资不仅没有取代国内同类产品的出口，反而开辟了新的市场，并带动与此产品相关联的同系列产品的出口，从而将对外直接投资与对外贸易两者结合起来。日本是后起的工业国，许多投资企业与西方老牌跨国公司相比，在技术水平上并不具有绝对垄断优势。日本对外直接投资之所以能够成功，主要是由于对外投资企业能够利用国际分工的原则，充分发挥自己的优势。把生产基地迁移到国外的日本企业，一般都是在日本国内生产已失去比较优势的部门，为了继续维持这些企业的生产规模，就需要到比较优势更大的国家或地区进行投资，以建立新的出口基地。而在日本国内可以集中发展那些具有比较优势的产业，使国内的产业结构更趋合理，这有利于促进对外贸易的发展。日本的对外直接投资实际上是以国际市场为舞台调整产业结构，在对外直接投资与国内产业的调整之间建立起系统的联系，使对外直接投资为本国产业发展服务。因此，日本的对外直接投资实际上是补充日本比较优势的一种手段。

小岛清在比较优势论的基础上，总结出所谓的"日本式对外直接投资理论"，即所谓的"边际产业扩张论"。在对外直接投资的特点上，"边际产业扩张论"认为，对外直接投资不仅是货币资本的流动，也是资本、技术、经营管理知识的综合体由投资国的特定产业部门的特定企业向东道国的同一产业部门的特定企业（子公司、合办企业）的转移，是投资国先进生产力向东道国的转移和普及。在投资主体上，该理论认为对外直接投资应该从本国（投资国）已经处于或即将陷于比较劣势的产业，即边际产业开始依次进行。由于同大企业相比，中小企业更易成为边际性企业，因此中小企业更要进行对外直接投资。在投资方式上，该理论主张应从与东道国技术差距最小的产业或领域依次进行投资，不以技术优势为武器，不搞拥有全部股份的子公司，而采取与东道国合办的形式，或者采用非股权安排的方式。在投资的国别选择上，该理论积极主张向发展中国家的工业投资，并要从差距小、容易转移的技术开始，按次序进行。在小岛清看来，从比较成本的原理角度看，日本向发达国家（美国）的投资是不合理的。他认为，几乎找不出什么正当理由来解释日本要直接投资于美国的汽车产业。如果说有，那也仅限于可以节省运费、关税及贸易障碍性费用以及其他交易费用等等。与其这样，还不如由美国企业向日本的小型汽车生产进行投资，日本企业向美国的大型汽车生产进行投资，即实行所谓的"协议性产业内部交互投资"。

与其他国际直接投资理论相比，比较优势论有以下几个特点。第一，对外投资企业与东道国的技术差距越小越好，这样容易在海外尤其在发展中国家找到立足点并占领当地市场；第二，由于中小企业转移到东道国的技术更适合当地的生产要素结构，为东道国创造更多的就业机会，而且中小企业能够小批量生产、经营灵活、适应性强，因此中小企业投资于制造业比大企业更具有优势；第三，该理论强调无论是投资国还是东道国，都不需要有垄断市场。比较优势论否认垄断优势因素在对外直接投资方面的作用，认为企业比较优势的变迁在对外直接投资方面有决定性作用。小岛清把国际贸易和对外投资的综合理论建立在比较优势（成本）的基础之上，将国际贸易理论和对外直接投资理论融为一体（目前理论界正在探讨这二者间的一体化理论），这在 20 世纪 70 年代中期来说，不能不说是一种理论创新。然而更重要的是，他提出的日本式的对外直接投资与对外贸易之间不是替代关系，而是互补关系，创造和扩大了贸易。这一思想对我们仍有很大的现实意义。

第三节　产品生命周期理论与投资周期论

一、产品生命周期理论

产品生命周期理论（Product Life Cycle Theory）的代表人物是美国经济学家、哈佛大学跨国公司研究中心教授雷蒙德·维农（Raymond Vernon）。产品生命周期理论原先是个市场营销学的概念，是指产品像任何事物一样，有一个诞生、发展、衰退的过程。维农于20世纪60年代中期把这一概念用于分析国际直接投资现象。1966年他在美国《经济学家》季刊上发表了题为《产品周期中的国际投资与国际贸易》的学术论文，从产品技术垄断的角度分析国际直接投资产生的原因，认为产品生命周期的发展规律决定了企业必须为占领国外市场而进行对外投资。

维农首先假定：消费者偏好因收入水平的不同而不同；企业间以及企业与市场之间的沟通或协调成本随着两者距离的增加而增加；产品生产技术和市场营销方法会经历可预料的变化；国际技术转让市场存在不完全性。然后，维农指出，产品在其生命周期的不同阶段有不同的特征。在产品生命周期的第一阶段即产品的创新阶段，创新国本国占有优势。如果这个创新国国内市场不大，那么最有利的是安排国内生产，也可以出口满足国外消费者的需求。产品继而进入产品生命周期的第二阶段即成熟阶段。成熟阶段的主要特征是对产品的需求量急剧增大，产品尚没有实行标准化生产，追求产品的差别仍然是投资者避免直接价格竞争的一个途径，但这时已经开始注重产品的成本。当边际生产成本与边际运输成本之和逐渐超过产品在国外生产的平均成本时，在国外生产就更为有利。在此阶段，国外也出现了竞争者，一些外国厂商开始仿制这种产品，创新国的技术优势出现了丧失的危险。为了继续占有原市场，阻止国外竞争者进入，创新国的厂商就应到海外去建立分公司、子公司或附属机构。产品渐渐进入生命周期的最后阶段即标准化阶段，这时产品的生产已经实现标准化、批量生产，创新国需要通过价格的竞争来维护其产品的国外市场。这时对生产者的劳动技能要求不高，产品的相对优势已经不再是技术而是价格，这样创新国的厂商开始选择在能保证产品价格最低的地区建立子公司，包括到那些具有工资低、劳动密集等优势的国家进行投资，建立子公司或分支机构。

根据产品生命周期理论，企业从事对外直接投资是遵循产品生命周期即产生、成熟、下降的一个必然步骤。假定世界上有三类国家，一是新产品的发明国，通常为发达国家；二是发达程度略低的国家，通常为较发达国家；三是落后国家，通常为发展中国家。维农认为，新产品随其产生、成熟到下降几个阶段将在这三类国家间进行转移，其转移过程是：

（1）产品在发达国家发明或革新，并开始在发达国家销售。在这个阶段内，产品的国内生产和销售持续增长，直至生产能力接近饱和。

（2）发达国家的产品生产和销售继续增长，但是以递减的速度增长。至此，产品的生产均在发达国家进行，但产品开始向较发达国家出口，小部分向发展中国家出口。主要原因有：第一，较发达国家的市场与发达国家的市场相似，这些国家存在着对发达国家产品的需求；第二，由于销售迅速增长，产品价格因大批量生产而下降；第三，较发达国家收入水平较高，购买力水平也较高。

（3）产品在较发达国家的销售开始下降。由于较发达国家对产品进一步熟悉，它们在本国生产该种产品的可能性增大。这一阶段，较发达国家内其他公司已发明类似的产品或替代品，与发达国家的产品展开价格战。其结果是，较发达国家政府提高关税或规定进口限额，鼓励发达国家的企业在国内投资。基于这些原因，发达国家的企业在这一阶段制定了在较发达国家直接投资的决策。于是产品开始在较发达国家生产，发达国家对外出口的速度开始减慢，有时甚至下降。在这一阶段，发达国家继续向没有该产品生产基地的国家，特别是发展中国家出口。

（4）产品在发达国家的销售继续下降，直至停止出口。较发达国家和发展中国家的市场由较发达国家的生产基地（发达国家的子公司）提供，这是因为在同等运输费用和关税条件下，较发达国家的工资水平较低，其产品更具竞争力。

（5）发达国家的国内市场开始面临来自较发达国家进口商品的竞争。这是因为较发达国家的生产也达到足够的规模，成本下降，并开始向发达国家出口。与此同时，较发达国家向发展中国家的出口，开始被发展中国家的生产基地（发达国家的子公司）所代替。

（6）发展中国家的生产代替了较发达国家和发达国家的生产，发展中国家的产品开始向较发达国家和发达国家出口。

然而，随着世界市场的全球化进程的加速，发达国家之间以及发达国家与发展中国家之间对产品的要求或偏好的差别越来越小。新产品已不总是在发达国家市场生产，被发达国家市场淘汰的产品也不一定会在发展中国家畅销。因此，维农在后期修正了他的产品生命周期学说，他将产品生命周期划分为四个阶段，即增加了一个衰减期，这时，该产品在整个国际市场上已逐渐失去销路，直到最后被淘汰。

一些西方学者认为，产品生命周期理论还可以解释清楚对外直接投资主要集中于少数几个国家的跨国公司手中，特别是美国的大公司手中的现象。他们认为，虽然技术财富是属于公司的，但一旦进行对外直接投资，它们也可以很容易转移到其他国家，但公司却不能在真空里创造技术，它的技术离不开母国的环境。美国等发达国家的科学家、工程师、经理人员、市场专家及其他人力资本，是其他国家所不能比拟的，而且一个公司在新产品阶段需要一个高收入、信息灵通的发达市场。因此国际直接投资的策源地总是在美国或欧洲等一些发达国家。

后来美国的一些学者，如哈佛大学教授韦尔斯和利克劳等发展了维农的产品生命周期理论，主张用它来解释发展中国家的对外直接投资行为。他们认为，根据产品生命周期模式，发展中国家的厂商首先为其国内市场进行创新活动，其技术优势是小规模的劳动密集型技术，逐步积累以低成本生产中低档、非异质产品的经验。这种特有的生产技术和产品同样适合于其他发展中国家现有的市场和需求条件。待产品进入成熟期以后，发展中国家的企业为应付出口市场的激烈竞争，保住市场份额，不得不绕过贸易壁垒，在东道国就地生产来取代自己原来出口的产品。这也就是产品生命周期理论中产品成熟期之后所发生的那种贸易替代型投资。这种理论对于发展中国家制造业部门的下游方向的投资具有一定的解释作用。

维农提出的产品生命周期理论与二战后美国企业的国际化历程是相当一致的。1950—1980年期间，美国企业对外直接投资从118亿美元上升到2 000亿美元。在20世纪50年代，这类投资的大部分集中在与美国相邻的拉美国家和加拿大。到了60年代初，投资重心转移至欧洲，欧洲共同体（以下简称“欧共体”）占美国企业对外直接投资的份额从1957年的16%增至1966年的32%。在70年代，投资重心转移至发展中国家，发展中国家吸收的美国对外直接投资份额从1974年的18%增至1980年的25%。

产品生命周期理论的贡献在于它不仅为企业跨国经营的动因找到一种独特的解释视角，而且也是对第二次世界大战后企业跨国经营战略的一种总结。但是，也有不少学者对这一理论提出了质疑。有人认为，这一理论不能很好地解释美国以外其他国家的对外直接投资，如西欧、日本的公司在美国的直接投资，是否也是因为西欧、日本的公司拥有产品的技术优势，随着产品生命周期的变化而选择在生产成本较低的美国投资呢？这并不符合事实。还有人认为，这种理论可以用来解释公司初始的对外直接投资行为，但对于解释已经成为国际生产与销售体系的跨国公司的投资却无能为力。这些全球性的跨国公司可以直接在国外生产新产品，从而省去了出口阶段，这样就把这一理论所说的产品生命周期顺序打乱了。进入20世纪80年代以后，其理论缺陷也逐渐暴露出来：第一，该理论成功地解释了美国企业在第二次世界大战后初期至80年代的跨国经营的动因，但它无法解释在20世纪80年代以前非技术创新主导型企业的跨国经营；第二，该理论无法解释20世纪80年代以来日益增多的发达国家之间的双向投资现象；第三，该理论无法解释那些非标准化产品部门（如石油生产部门）的对外投资；第四，该理论不能解释跨国公司拥有特殊优势的来源。

二、投资周期论

投资周期论是英国经济学家邓宁在20世纪80年代初提出来的，其目的在于进一步说明国际生产折中理论。

邓宁研究了67个国家从1967年到1978年间直接投资和经济发展阶段之间的联系，认为一国的国际投资规模与其经济发展水平有密切的关系。他用人均国民生产总值的水平作为经济发展水平的尺度，从而提出了一个对外净投资的衡量方法。他根据人均国民生产总值水平的差别将上述国家分为四组，处于不同组别的国家的对外投资及其利用外资的地位也不同。第一组是人均国民生产总值为0～400美元的国家。处于该组的国家最贫穷，对外资的吸引力很小，因而利用外资的规模有限，同时由于自身经济落后，几乎没有对外投资，对外投资净值为负值。第二组是人均国民生产总值在400～2 000美元的国家。处于该组的国家对外国资本的吸引力明显增加，外资大量流入，但由于国内经济发展水平有限，对外投资额仍保持在低水平，因此对外净投资是负数，并且负数值仍有增加的趋势。第三组是人均国民生产总值在2 000～4 750美元的国家。这些国家的对外净投资有所增加，但仍然是负数，其原因在于某些拥有知识资产优势的企业开始对外投资，但其中拥有区位优势的企业仍在想方设法吸引外国投资。第四组是人均国民生产总值超过4 750美元的国家。处在该组的国家都是发达国家，它们的企业拥有技术垄断优势，其对外投资的增长速度快于利用外资的增长速度，因此对外净投资是正数。

根据统计分析的结论，邓宁从静态分析的角度提出了“投资周期论”。他认为，一国的国际投资地位与其经济发展水平有关，人均国民生产总值越高，其对外直接投资净额就越大。他将对外投资的发展划分为四个阶段。第一阶段，本国几乎没有所有权优势，也没有内部化优势，外国的区位优势又不能加以利用，本国的区位优势对外国投资者的吸引力很小，因此本阶段的对外投资和外国投资均很少或没有。第二阶段，外国投资开始流入，可能会有少数国家的少量投资，其目的在于取得先进技术或“购买”进入本地市场的权利，净外国投资额逐渐增长。在这一阶段，吸引外资的流入是十分关键的。而要吸引外资就要创造区位优势，例如改善投资环境、疏通商业渠道等。第三阶段，外国投资和对外投资都在增长，但外国投资净额开始下降。这是由于经历了前两个阶段后，本国企业已开始产生自身生产要素创造的某些优势，而且发现充分利用这些优势的最佳途径就是对外直接投资。这一阶段标志着国际投资专业化的开始，即在那些比较区位优势较强、比较所有权优势较弱的地区或部门试图吸引外国直接投资流入，而在那些比较所有权优势较强、比较区位优势较弱的地区或部门发展对外直接投资。第四阶段，直接投资净输出阶段。在这一阶段，利用外资额明显少于其对外投资额。

邓宁还认为，对外直接投资的发展阶段也能够用国际生产折中理论来加以解释。例如，在第一阶段的国家，所有权优势、内部化优势和区位优势三种优势均缺乏，而本国的区位优势对外国投资者的吸引力也较小，因而没有资本流出，资本流入也很小。在第二阶段，随着国内市场的不断扩大，购买力不断提高，直接投资流入开始增大。在第三阶段，国内经济发展水平显著提高，人均资本流入开始放慢，而对外直接投资开始迅速增加。在第四阶段，经济发展水平已经很高，对外投资净额成为正数，这说明该国的垄断优势较强，并且同时具备了内部化和利用外国区位优势的能力。

投资周期论在某种程度上反映了国际投资活动中带有规律性的发展趋势，即经济实力最雄厚、生产力最发达的国家，往往是资本输出最多、对外直接投资最活跃的国家。但是，如果从动态分析的角度出发，就会发现该理论与当代国际投资的实际情况有许多相悖之处。现代国际投资实践表明，不仅发达国家对外投资规模不断扩大，而且不少发展中国家和地区的对外投资也很活跃。如韩国、新加坡、巴西、印度、中国等都在积极开放对外直接投资，发展中国家已成为发达国家不可忽视的竞争对手，登上了国际投资舞台。此外，人均国民生产总值是一个动态数据，仅用一个指标难以准确衡量各国对直接外投资变动的规律性。如一国按人均国民生产总值划分属于第二组，但在对外直接投资方面却不一定处于第二组。

第四节　内部化理论、产业内双向投资理论与国际生产折中论

一、内部化理论

20 世纪 70 年代中后期，西方跨国公司发展迅速，国际生产体系逐步形成。在这一经济背景下，西方的经济学家不满足于海默、维农的特殊投资模型。他们从企业内部资源的配置、交换机制的形成过程出发，提出了市场内部化理论（Internalization Advantage Theory)，使国际投资理论又向前迈进了一大步。

内部化理论又称市场内部化理论，是由英国雷丁大学的经济学家巴克雷和卡森于 1960 年首先在《跨国公司的未来》一书中提出的，主要回答了为什么和在怎样的情况下，到国外投资是一种比出口产品和转让许可证更为有利的经营方式。后来，经济学家罗格曼、吉狄、杨等进一步丰富和发展了该理论。

市场内部化理论的基础实际上是科斯教授的产权经济学理论。科斯在 1937 年发表的《论企业的性质》一文中指出：由于市场失灵等市场属性不完善的原因，导致企业的交易成本增加，企业通过组织形式，组织内部交易来减少市场交易成本。内部化理论认为，由于市场的不完全性，若将厂商所拥有的科技和营销知识等“中间产品”通过外部市场来组织交易，则难以保证厂商获得最大限度的利润，于是将这种“中间产品”置于共同的所有权的控制之下，由企业内部转让，以内部市场来替代原来的外部市场组织交易。所谓“中间产品”，除了包括用以制造其他成品的半成品外，还包括研究与开发、营销技巧、管理才能及人员培训等。

巴克雷和卡森指出，市场的不完全性主要表现在以下几个方面：

（1）在寡占的情况下，买卖双方比较集中，很难进行议价交易；

（2）不存在期货市场时，买卖双方难以签订期限长短不同的期货合同；

（3）不存在可供中间产品按不同地区、不同消费者实行差别定价的市场；

（4）中间产品的价格缺乏可比性，交易双方难以定价成交；

（5）新产品从研究与开发到实际用于产销，所需时间较长，而新技术的应用又有赖于差别定价，因此厂商对新技术的转让适于采用内部转移定价的方法。

同时，内部化理论的建立还依赖于三个假设：

（1）企业在不完全市场上从事经营的目的是追求利润的最大化；

（2）当生产要素特别是中间产品的市场不完全时，企业就有可能以内部市场取代外部市场，统一管理经营活动；

（3）内部化超越国界时就产生了多国公司。

跨国公司为了避免外部市场的不完全性引起的不利因素，通过独占或寡占新技术、半成品等中间产品，积极开展对外直接投资，将这些中间产品通过投资者的内部渠道进行转让，以实现跨国公司总体利益的最大化。

巴克雷认为，决定市场内部化的因素有四个，即产业特定因素、区域因素、国别因素和企业因素。产业特定因素与产品性质有关，也与外部市场的结构和规模经济有关；区域因素指有关区域内的地理和社会的特点，如地理上的距离、文化差异、社会特点等；国别因素指有关国家的政治、经济制度等；企业因素指不同企业组织内部市场的管理能力等。内部化理论把分析的重点放在产业特定因素和企业因素上。巴克雷认为，如果产业部门存在多阶段生产的特点，企业就容易产生“跨地区化”甚至“跨国化”。这是由于在多阶段生产过程中必然存在中间产品，若中间产品的供需通过外部市场来组织交易，则供需双方无论如何协调，也难以避免外部市场的剧烈变化，为了克服这些“中间产品”期货市场的“不完全性”，就可能出现内部化。

吉狄和杨提出的用内部化理论的变形来阐明低收入国家非传统型跨国公司行为的思想也颇有见地。他们力图打破人们对小规模、低技术企业的传统偏见，注重挖掘发展中国家新兴跨国公司赖以对外直接投资的某些优势，如生产性专门知识、低成本和灵活应变能力。他们认为，这类企业在国际直接投资市场上的生存之道是，以权变豁达的企业家为中坚，以花费较少研究与开发费用的技术模仿战略来寻求独特的技术优势，利用市场分割的特点回避大规模批量生产的老牌跨国公司的直接竞争，以市场内部化方式利用二手设备市场和熟练工人市场的不完全性来谋取最大的经济利益。

与其他理论相比，内部化理论属于一般理论，能解释大部分对外直接投资的动因。而其他国际直接投资理论仅从产品或生产要素等某个侧面来分析跨国公司对外直接投资的原因，因此内部化理论不同程度地包含了其他理论。

二、产业内双向投资理论

在20世纪60年代以后的20多年间，国际直接投资活动中的一个重要现象是发达国家之间直接投资发展很快，并且这种投资中的很大一部分都是同一产业内部的双向投资。不少西方学者的统计表明，发达国家之间的相互投资很大一部分发生在同一产业内部。1975年，格雷姆比较了187家英国跨国公司及其在欧洲的子公司和88家欧洲的跨国公司在美国的子公司的产业分布，认为很多在美国进行投资活动的欧洲公司和在欧洲进行直接投资的美国公司，其活动的产业是相同的。邓宁（Dunning）进一步指出，在传统的部门中，产业内双向投资的比例是较低的，而在技术密集型部门这个比例在迅速提高。1984年，邓宁根据187家美国在海外的跨国公司和226家非美国的跨国公司的直接投资的资料，计算产业内双向投资指数，从而论证了他的观点。

怎样解释国际直接投资较多地发生在发达国家的产业内部，而且是技术密集型部门之间这一现象呢？海默认为，仅从资本优势、企业优势、技术优势、国外利润高等因素解释是不够的，必须利用“寡占反应行为”来加以解释。寡占反应行为是指各国寡占垄断组织通过在竞争对手的领土上扩占地盘来加强自己在国际竞争中的地位，产业内交叉直接投资是寡占竞争行为的重要手段。金德尔伯格也认为，在寡头控制的工业中，对外直接投资往往是交叉进行的，其主要目的在于防止少数竞争对手占领潜在的市场而削弱自己的竞争地位。

邓宁认为，直接投资发生在发达国家的同一产业内部，这是因为发达国家之间科学技术水平相近，都拥有研究与开发的实力。在一个产业中没有一个企业拥有独占的“所有权特定优势”，而是几个公司拥有相近或相同的所有权优势，例如在特定的专业化技术、当地的资源或能进入特定市场的能力等方面。因此，没有一家跨国公司对产业具有独占性的控制能力，较普遍的情况是，由几家跨国公司同时享有某种类型的优势、产品特定优势或公司特定优势。

邓宁指出，产业内双向投资除上述优势之外，还可取得垂直联合的优势，即通过前向联系或后向联系，多阶段生产，从而获得规模经济的利益，并可利用东道国成本较低的优势。假定有A、B、C三国，并假定三种中间产品分别在这三个国家中生产具有规模经济的比较优势，生产要素（特别是资本）的转移成本很低，例如C国具有最终产品的广大市场，则决定最后装配阶段在C国进行。同时C国对A国和B国进行直接投资，生产中间产品。假定A国最终装配的产品的中间产品到B国生产较为有利，而A国生产的中间产品为B国的最终产品提供了零部件，这样就会引起A、B两国之间的产业内直接投资。

还有一个引起产业内双向投资的原因是产业内国际贸易。由于发达国家之间的国民收入水平相近，需求结构也基本相似，并且由于对异质产品的需求不断扩大，所以就会产生发达国家之间的产业内国际贸易倾向。但是，一旦产业内贸易受到阻碍而不能顺利进行，或者由于这些商品价格比较低、对运费的吸引能力比较差（如黄沙、水泥、砖石等），产业内的双向投资就会替代产业内贸易而出现。产业内贸易发生在市场障碍比较小的场合，而产业内国际投资则发生在有关税壁垒、政府控制较严等市场不完全的情况下。

三、国际生产折中论

国际生产折中论（Eclectic Theory）又称国际生产综合论，是由英国雷丁大学经济学家邓宁在1977年首先提出的，主要回答了企业利用国外资源和国外市场的方式为什么在不同的国家会有所不同。20世纪80年代初，邓宁又对其理论进行了系统的整理和阐述，形成了对国际直接投资影响最大的理论框架。邓宁认为，自20世纪60年代以来，国际生产理论主要沿着三个方向发展：（1）以垄断优势论为代表的产业组织理论；（2）以阿利伯的安全通货论和罗格曼的证券投资分散风险为代表的金融理论；（3）厂商理论即内部化理论。但上述三种理论对国际生产的解释是片面的，没有把国际生产与贸易或其他资源转让形式结合起来分析。国际生产折中论吸收了上述三种理论的主要观点，并结合区位理论解释跨国公司从事国际生产的能力和意愿，解释它们为什么在对外直接投资、出口或许可证安排这三种参与国际市场的方式中选择对外直接投资。这一理论目前已成为世界上对外直接投资和跨国公司研究领域中最有影响的理论，并被广泛地用来分析跨国公司对外直接投资的动机和优势。这一理论抽象出三个最基本的决定跨国公司行为和外国直接投资的因素：所有权优势、区位优势和市场内部化优势，即 OLI（Ownership-Location-Internalization）模式。

所有权优势指一国企业拥有或能够得到的别国企业没有或难以得到的生产要素禀赋（自然资源、资金、技术、劳动力）、产品的生产工艺、发明创造能力、专利、商标、管理技能等。邓宁把所有权优势分为三类：（1）由于规模、垄断、资源的获得能力等所产生的优势，如接近原料或产品市场、生产规模庞大、寡占某种无形资产等；（2）子公司与其他企业相比可以得到母公司的某些禀赋的优势，如较廉价的投入物、市场情报、管理经验、研究与开发成果等；（3）由于企业的跨国性质所产生的某些所有权优势，如跨国公司所拥有的子公司越多，面临的经济环境差别越大，就越能利用不同的要素禀赋和市场的优势。一般而言，通过对外直接投资的形式来实现这些要素禀赋的效益，要比单项技术专利的转让所实现的效益大得多，因为所有权优势作为一个整体所产生的垄断优势，显然超过了知识资产中个别因素所具有的垄断优势。

内部化优势指企业为避免不完全市场带来的影响而把企业的优势保持在企业内部。邓宁认为，市场的不完全性包括两方面内容：一是结构性的不完全性，这主要是由于对竞争的限制所引起的。在这种情况下，交易成本很高，相互依赖经济活动的共同利益不能实现。二是认识的不完全性，这主要是由于产品或劳务的市场信息难以获得，或者要花很大代价才能获取这些信息。他认为，由于市场的不完全性，企业所拥有的各种优势有可能丧失殆尽，企业本身就存在对优势进行内部化的强大动力。邓宁认为，只有通过内部化在一个共同所有的企业内部实行供给与需求的交换关系，用企业自己的程序来配置资源，才能使企业的垄断优势发挥最大的效用。当企业把这种内部化优势跨越国界扩展时，便引发了国际直接投资活动。

企业是否应跨越国界去扩展自己的内部化优势呢？这还要看东道国是否有区位优势，是否能让跨国公司的优势得到充分的发挥。区位优势是指东道国能为外国厂商在本国投资设厂提供的有利条件。这些有利的条件是东道国特有的，对所有的跨国公司一视同仁。邓宁讲的区位优势包括两个方面的内容：一是要素禀赋性优势，包括自然资源、地理位置、气候条件、土地和劳动力资源及价格等；二是制度政策性优势，包括政治经济制度、贸易金融政策、法律法规的建立与执行情况、行政机构的效率情况以及对外资的优惠条件等。例如，当东道国实施严格的贸易保护措施和推行进口替代政策时，跨国公司向该国推销商品会十分困难，但对该国进行直接投资会比较有利。因为东道国政府这一时期往往会以各种优惠措施吸引外资，借助外资的力量发展自己的进口替代型工业。区位优势不同于前两种优势，它是跨国公司所无法控制的，只能去熟悉和利用。

邓宁认为，上述三个因素各有各的重要性，又相互结合，形成企业对外经营的整体优势。所有权优势是基础，是企业对外直接投资的必要条件；内部化优势是实现这种优势的载体，所有权优势越大，实现内部化的可能性也就越大；区位优势是实现上述两个优势的充分条件。企业在拥有所有权和内部化优势的基础上，可以根据区位优势决定选择参加国际经济活动的方式。如果一国企业拥有所有权、内部化和区位三种优势，可开展对外直接投资；如果企业具有所有权和内部化两种优势，可采用出口形式；如果企业仅拥有所有权优势，则只能选择技术转移的形式。如果一国厂商在甲国投资比在乙国投资可获取更多的利益，那么投资就会由乙国流向甲国。因此对外投资的流向依赖于区位禀赋，即特定国家可提供的各种条件。

邓宁的国际生产折中论克服了传统的对外投资理论只注重资本流动方面的研究的不足，他将直接投资、国际贸易、区位选择等综合起来加以考虑，使国际投资研究向比较全面和综合的方向发展。国际生产折中论是在吸收过去国际贸易和投资理论精髓的基础上提出来的，既肯定了绝对优势对国际直接投资的作用，也强调了诱发国际直接投资的相对优势，在一定程度上弥补了发展中国家在对外直接投资理论上的不足。国际生产折中论可以说是集西方直接投资理论之大成，但它毕竟是一种静态的、微观的理论。例如，它不能说明当代国际投资为什么会在发展规模上比过去大得多、速度上比过去快得多，也不能说明第二次世界大战后国际直接投资格局上所发生的重大变化。尽管如此，邓宁的理论应该说从一个侧面反映了当今国际直接投资理论的更新研究，还是比较贴近现实的，他和其他学者还在不断修正以求完善。

【本章小结】

本章主要介绍了国际投资理论，其中包括国际间接投资理论与国际直接投资理论。第一节对国际证券投资理论进行了深入分析，向读者介绍了国际货币资本投资理论、古典国际证券投资理论、新古典理论与资产选择理论；第二节介绍了一系列国际直接投资理论，分析了垄断优势论和比较优势论，说明了投资周期论与产品生命周期理论；第三节对内部化理论、国际生产折中论和产业内双向投资理论进行了分析。

【本章要点】

- 国际间接投资理论与国际直接投资理论的产生根源
- 国际证券投资理论
- 几大国际直接投资理论

【本章关键术语】

国际证券投资　古典国际证券投资理论　新古典理论　垄断优势论　比较优势论　内部化理论　国际生产折中论　产业内双向投资理论　产品生命周期理论　投资周期论

【本章思考题】

1. 简述国际证券投资理论中的新古典理论。

2. 简述国际直接投资理论中的垄断优势论和比较优势论的区别。

3. 简述国际投资理论中的国际生产折中论。

4. 请根据国际投资理论中的直接和间接理论分析我国引入国际直接投资和间接投资的利弊。

5. 简述西方国际投资理论的局限性。

第四章

国际投资的资金来源

学习目标

- 了解国际投资的资金来源方式
- 认识国际资本市场中的股票与债券市场
- 理解国际信贷的概念及几种典型的信贷方式
- 初窥资本市场融资与信贷融资的联系与区别

国际投资中，资金的筹措是影响成败的关键因素之一。国际投资中使用的资金，主要来自两种融资渠道，一种是以国际资本市场为载体的直接融资渠道，另一种是以国际信贷为载体的间接融资渠道。本章将首先介绍直接融资渠道，即国际资本市场的几种组织形式及相关特点；然后介绍间接融资渠道，即国际信贷的几种形式及相关特点。

第一节　国际资本市场

20 世纪 90 年代以来，随着经济全球化的加速发展，国际资本市场在全球经济发展中扮演着越来越重要的角色，其规模、形式、流量呈现了更多更新的变化模式。因而，有必要系统地研究其变化趋势，以促进其在全球范围内的发展。通常国际资本市场是指营运期限在一年以上的资金融通活动，其职能是促进资金在全球的流通，满足各国资金需求者对长期资金的需求，主要包括国际股票市场和国际债券市场。

一、国际股票市场

国际股票市场是以世界各国的股票市场为基础，通过信息通讯技术将它们互联，形成一个在世界范围内信息共享、互通交易的全球化股票交易网络。尽管股票市场有着数百年历史，但由于各国证券法律法规的限制，并未在世界范围内形成一个完善的股票交易网络。只是进入 20 世纪 90 年代以后，由于经济全球化的浪潮触发了各国经济的互动，从而导致了股票市场的国际化和股票交易的全球化。

（一）国际股票市场的发展历史

股票起源于1600年，由英国东印度公司（British East India Co.）发行。当时，该公司经营航海业，每次出海前向他人集资，等航次终了时即将各人的出资以及该航次的利润交还给出资者。1613年起，该公司改为四航次才派发一次利润，这就是股东和派息的前身。在1602年首先是在荷兰的阿姆斯特丹建立了世界上最早的股票交易所，主要经营英国东印度公司的股票和皇家债券。随后在1773年英国成立了自己最初的股票交易所，美国最早的股票交易所成立于1790年。

在20世纪90年代末期，以美国为代表的主要发达国家经济在经历了20世纪80年代的低迷后进入了快速增长阶段，同期股市也经历了强劲增长，各国公司频繁进入国际股票市场发行股票，甚至包括中国在内的一些发展中国家也纷纷到国际股票市场上发行新股融资。因此主要的国际股票交易所的外国股票数持续上升，到2000年几乎都达到顶点（见表4—1）。但进入21世纪后，由于国际局势发生了较大变化，欧盟一体化没有带来预期的欧洲经济增长，日本经济在经历长期调整后仍不能走出低迷状态，美国不断受到安然、世通类事件以及“9·11”事件等负面因素的影响，经济状况进入了一个调整期。全球经济增长速度放慢，从而整个国际股票市场的发展受到了暂时的影响，从2001年开始在主要国际股票交易所上市的外国股票数呈现下降趋势（见表4—1）。但这种现象不会持续太久，随着全球经济结构和经济格局的不断调整，国际股票市场的繁荣很快就会到来。

表4—1　　主要国际证券交易所外国股票上市数　　单位：只

证券交易所＼年份	2003	2002	2001	2000	1999	1998
纳斯达克	343	381	445	488	429	441
纽约证交所	466	472	461	433	406	392
伦敦证交所	381	419	409	448	448	466
卢森堡证交所	198	197	209	216	226	223
东京证交所	32	34	38	41	43	52
瑞士证交所	130	140	149	164	173	193
法兰克福	182	219	235	241	234	210
总数	1 732	1 862	1 946	2 031	1 959	1 977

说明：截至2003年12月31日。
资料来源：FIBV。

（二）国际股票的概念和种类

从普遍的定义看，国际股票是指股票的发行和交易过程，不是只发生在一国内，而通常是跨国进行的，即股票的发行人和交易者、发行地和交易地、发行币种和发行者所属本币等有至少一种和其他的不属于同一国度内，就可以认为属于国际股票。

这个概念揭示了国际股票的本质特征，即它的整个融资过程的跨国性。实际上也就规定了国际股票的内涵和外延。从这个定义和实际中的运作出发，我们可以把国际股票分为以下几类。

（1）在外国发行的直接以当地货币为面值并在当地上市交易的股票，例如我国在新加坡发行上市的S股，在纽约发行上市的N股。这种股票形式是最近几年在我国公司海外上市中的主要形式。中国企业是自20世纪90年代初开始在国际股票市场上发行股票的，创造了国际股票市场上的中国概念股。截至2010年7月底，已有547家内地企业赴港上市，集资总额超过2.7万亿港元，总市值达10.6万亿港币，占香港上市公司总市值的约6成。

(2) 以外国货币为面值发行，但却在国内上市流通，以供境内外国投资者以外币交易买卖的股票。我国上市公司发行上市的B股就是这类股票。B股是指以人民币标明票面价值，以外币认购，专供外国及我国香港、澳门、台湾地区的投资者买卖的股票，因此又称为人民币特种股票。上海证券交易所（以下简称“上交所”）的B股以美元认购，深圳证券交易所（以下简称“深交所”）的B股以港币认购。

(3) 存托凭证（DR）是指在一国证券市场流通的代表外国公司有价证券的可转让凭证。存托凭证主要以美国存托凭证（ADR）形式存在，主要面向美国投资者发行并在美国证券市场交易。存托凭证最初出现于20世纪20年代末，它是指某国上市公司为使其股份在外国流通，将一定的股份委托给某一中间机构（通常为银行，称为保管银行和受托银行）保管，再由保管机构通知国外的存托银行在当地发行代表该股份的一种替代证券。它通过减少或消除诸如交割延误、高额交易成本以及其他与跨国交易有关的不便之处，来方便美国投资者购买非美国证券以及使非美国公司的股票可以在美国交易。从清算、交割、过户和所有权的角度来看，存托凭证都可以像美国证券一样被买卖。存托凭证中的美国存托凭证和全球存托凭证（GDR），都可以方便跨国界交易和用于面向美国及非美国投资者的全球性股本发售。从法律、运作、技术和管理的观点来看，美国存托凭证与全球存托凭证都是一样的。

(4) 欧洲股票是指在股票面值货币所在国以外的国家发行上市交易的股票。这里“欧洲”的含义就如同欧洲美元中的“欧洲”一样，它可以同时在多个国家发行上市交易，这应该是最具有典型意义的国际股票。这种股票出现时间较晚，直到1983年由英国公司在伦敦证券交易所正式发行第一种欧洲美元股票，这才标志着欧洲股票和欧洲股票市场的初步形成。

（三）国际股票的发行市场

1. 发行市场的定义

发行市场是指进行证券募集以筹集资金的市场，实际上是指新证券的发行人从策划到由投资银行等中介机构承销，直至全部由投资者认购完毕的全过程。它是一个无形市场，不存在具体的固定场所。

发行市场是一种分散的、无固定场所的市场。在该市场中，投资者所购买的股票全部为新发行的股票，并且一般要通过证券承销机构购买。新股票的发行要经过发行所在地国家的证券监管机构的审核批准、认可，或按所在国的有关法律程序进行。倘若公开发行则需有详细的募股说明书，其内容必须符合所在地国家的法律或监管机构的要求。新股票的发行可以与上市相连，也可以不相连，这取决于股票发行量、价格、公众的接受程度以及证券发行监管机构审批的难易程度。一般国际股票的发行与上市是相连的，否则其市场很难维持。

2. 发行方式和发行条件

股票发行是指发行人在一级市场按照法律规定的条件和程序，通过股票承销商向投资者发行股票的行为。

（1）发行方式。

（a）按发行对象的不同，可分为私募发行与公募发行。

私募发行是指仅向少数特定投资者发行股票的一种方式，发行对象一般是与发行人有特定关系的投资者，例如发行机构的员工或与发行机构有密切关系的金融机构、公司、企业等，发行手续比较简单，不必向社会公开各种内部信息，也没有必要取得证券资信级别评定，但私募股票一般不允许上市流通。

公募发行是指向广泛的非特定的投资者发行证券的一种方式，要求发行人提供各种财务报表和有关资料等，手续比较复杂，发行成本较高。但公募发行的股票可以上市流通，能够在较短的时间内筹集到大量资金。通常这种发行方式有利于筹集大额资金的发行人。

（b）按发行过程的不同，可分为直接发行和间接发行。

直接发行是指发行人不通过证券承销机构而自己作为承销人发行股票的一种方式，这种方式多属于私募发行。一般在公司为了调整资本结构或积累资本时，所进行的公积金转增股本、股票分红、股份分割以及债券股票化等发行方式都属于直接发行。

间接发行是指发行人不直接参与股票发行过程，而是委托给一家或几家证券机构承销的一种方式。一般这种方式筹资时间较短，风险较小，但必须支付一定费用。

（2）发行条件。

股票发行条件是指股票发行人在一级市场上发行股票筹集资金时所必须考虑的各种要求和条件。它通常包括初始发行条件、增资发行条件和配股发行条件等，但会因各国证券市场的要求不同而不同。在本书后面介绍几个重要的国际股票交易所时，再分别叙述各国的股票发行条件。

（四）国际股票的交易市场

1. 交易市场的定义

交易市场是指将股票在股票交易所登记注册，并有权在交易所挂牌买卖，是买卖、转让已发行股票的市场，由证券交易所、经纪人、证券商和证券管理机构等组成，通常可分为场内和场外交易市场，其中场内市场主要指股票交易所。

2. 股票交易所（场内市场）

（1）股票交易所的组织形式。

一般分为会员制和公司制。会员制股票交易所是一个由会员自愿出资共同组成，不以营利为目的的法人团体。交易所会员必须是出资的证券经纪商和自营商，交易所由会员共同经营，共担费用，同时也只有会员才能在交易所进行交易。会员制交易所的最高权力机构是会员大会，由会员大会选举产生理事会，作为交易所的管理决策机构。公司制股票交易所是采取股份公司组织形式，以营利为目的的法人团体。交易所由某些特定的证券商作为股东出资建立，为其他证券经纪商和自营商提供交易场所、设施及服务，而交易所股东自身不允许在场内参加股票交易，以保证交易的公正性。其最高决策机构是董事会，董事会由股东大会选举产生。无论是会员制还是公司制，都应以“集中交易，公开竞价”为原则，维持良好的场内秩序，防止诈骗违约、营私舞弊等违法行为的发生。

（2）股票交易所的特征。

股票交易所作为一个以买卖股票为主的金融资产的特殊市场，具有以下特征：

（a）股票交易所本身并不持有、不买卖股票，也不参与制定价格，它只是为双方成交创造条件，提供场所和服务，并进行监督。

（b）交易采用经纪制度方式，即在股票交易所中，只有具备交易所会员资格的证券商才能直接在交易所内进行交易，而一般的买卖者只能委托这些证券商办理股票交易。

（c）交易按公开竞价方式进行，在股票交易所进行股票交易时，是由交易人员代表众多的买者和卖者集中在交易所营业大厅内充分展开竞买竞卖，根据价格优先和时间优先的原则达成交易，形成价格。

（d）股票交易所有严格的规章制度和定型的动作规程。各国股票交易所对于入场交易人员、上市股票资格和股票交易量均有严格的条件限制，并且对交易日期、成交价格和成交后的结算都有特殊的规定。此外，交易所对内部人员利用内部情报、操纵价格、垄断欺诈等行为也都规定了严厉的制裁措施。

（e）股票交易所的买卖完全公开。交易所要求所有申请上市股票的发行人必须定期如实公布其经营情况和财务状况，此外，交易所还定期公布各种上市股票的行情表和经济资料。

（3）股票交易所的功能。

（a）为符合上市标准的股票提供最大可能的流动性，以维持一级市场的存在。

（b）创造连续的市场与连续的价格。如果没有股票交易所的存在，则股票交易难以形成巨大的规模，难以创造巨大的市场，也难以形成均衡的股票交易价格。交易所的存在及其所提供的交易环境和条件为投资者创造了一个随时可以买卖的市场，并提供了价格的连续性。

（c）维护中小投资者的利益。由于股票交易所在股票交易中坚持公开、公平和公正的交易原则，并可以防止欺诈和操纵行为，因而有效地维护了中小投资者的利益。

（d）保持信息的连续性与公开性。股票交易所的信息披露机制使有关上市公司的信息及股票交易的信息能够迅速地传达给投资者，这就为其有效决策提供了充分的信息保障。

3. 场外市场

场外市场包括柜台交易市场（店头交易市场）、第三市场和第四市场，它作为场内市场的有效补充，使得不能在场内交易的股票得以交易，它是一个无形市场，没有固定的交易场所。

（1）柜台交易。

柜台交易是指证券公司、经纪公司、经纪人、投资者等直接在交易柜台上进行面对面的交易，其中不涉及交易所，买卖股票的种类、数量、价格等均由交易双方协商决定。所交易的股票一般是尚未达到交易所上市条件而不能在交易所挂牌交易的股票，但是为了保护投资者的利益，对这些股票也实行登记注册制度，只有经过证券监管机构对其经营、财务等情况进行全面审查合格后，才允许其在柜台市场交易。柜台交易一般分为证券商自营买卖和接受投资者委托买卖，其中自营买卖占大部分。由于柜台交易分散在各个不同的证券商柜台上，所以为保证交易的顺畅进行，一般各国都建有全国性的自动报价系统，通过此系统将各个证券商连接在一起，实时提供交易股票的买卖价格。

（2）第三市场。

第三市场是场内市场向场外的一种特殊延伸，是指已获得在证券交易所上市资格的股票，由非交易所会员的证券商进行场外交易。出现第三市场的原因是因为上市股票实行市场集中原则，非会员证券商若要代客户买卖股票，只能通过会员证券商买卖，而会员证券商将因此收取手续费，因而为了降低交易成本，就出现了第三市场这种使得上市股票可以由非会员证券商在自己的柜台进行交易的方式。第三市场最早于20世纪60年代出现在美国，它的产生反映了美国股票市场的重要变化：随着股票种类、数量的增多，交易方式的日益多样化，股票交易日益出现了分散化的趋势，大宗投资日益增多，为降低交易成本，也使得第三市场的出现成为必然。

（3）第四市场。

第四市场是场内市场向场外的另一种特殊延伸，是指交易双方不通过证券商而直接进行股票交易。这个市场的主要特点有：通过计算机网络进行买卖，交易成本低，因为不需要通过经纪人来交易，无须缴纳佣金；交易不公开，有利于保护交易双方的利益；由于不公开竞价，所以不会影响正常的股票交易市场；这个市场的参与者一般为大的投资机构，所以交易量大。

（五）国际股票市场的功能

在经济全球化的影响下，国际股票市场对推动各国经济迅速增长和世界经济一体化影响巨大，具体有以下功能。

1. 筹集资金

筹集资金是国际股票市场的首要功能。公司通过在国际股票市场上发行股票，把分散在世界各国的闲置资金集中起来，形成巨额的、可供长期使用的资本，用于支持世界范围内的社会化大生产和大规模经营。在国际股票市场上所能形成的筹资规模和速度是企业依靠自身积累和银行贷款所无法比拟的。

2. 转换经营机制

对于发展中的新兴国家来说，这个功能的重要性尤其显著，进入国际股票市场可促进公司转换经营机制，建立现代企业制度。首先，企业要成为上市公司，就必须先改制为股份有限公司，分离企业的所有权和经营权，建立现代公司管理体制。其次，由于上市公司的资本来自世界各国资本市场，公司必须履行各国要求的信息披露义务，这就使企业时时处在各方面的监督之下。一是来自股东的监督，股东作为投资者必然关心企业的经营状况和发展前景，并通过授权关系来实施他们的权利。二是来自国际资本市场的压力，企业经营的好坏影响股价，股价高低牵动企业和投资者，经营不善，股价下滑，可能导致企业被国际投资者收购。三是来自国际社会的各种监督，特别是来自国际著名会计师事务所、律师事务所、证券交易所和国际社会舆论等的监督和制约。所有这些监督和制约必然促使上市公司改善和健全内部运作机制。

3. 优化资源配置

国际股票市场的优化资源配置功能，是通过一级市场筹资、二级市场股票的流动来实现的。投资者通过及时披露的各种信息，选择成长性好、盈利潜力大的股票进行投资，抛弃业绩滑坡、收益差的股票，这就使资金逐渐流向效益好、发展前景好的企业，推动其股价逐步上扬，为该公司利用股票市场进行资本扩张提供了良好的运作环境。而业绩差、前景黯淡的企业股价下滑，难以继续筹集资金，以致逐渐衰落、消亡或被兼并和收购。

4. 分散风险

国际股票市场在给投资者和融资者提供了投融资渠道的同时，也提供了分散风险的途径。从资金需求者来看，通过发行股票筹集了资金，同时将其经营风险部分地转移和分散给国际投资者，实现了风险在国际范围内的分散化。从投资者角度看，可以根据自身承担风险的程度，通过买卖股票和建立投资组合来转移和分散风险。

专栏

世界主要资本市场

目前国际资本市场是以美国、英国、日本三大资本市场为中心，结合以加勒比地区为代表的离岸资本市场、欧洲的 Euronext、苏黎世和法兰克福资本市场，以及亚洲的新加坡、中国香港、巴林等新兴资本市场形成的全球性资本市场。

一、美国资本市场

美国是世界上最大的资本来源，拥有 1 万多个上市公司，每年为新上市公司筹集 2 000 亿美元以上的资金，目前非美国企业已有 500 多家在美国上市。美国资本市场有多重结构，具体分为：

(1) 全国性市场：是指由纽约证券交易所、美国证券交易所、纳斯达克（NASDAQ）三个交易所组成的全国性市场。纽约证券交易所是世界上最大的证券交易所，能在纽约证券交易所挂牌的股份公司都是公众广泛持有其股票并被证明为有生息能力的大公司，而且其收益在 2 000 万美元以上，持有 100 股以上的股东不能少于 2 000 个。一旦公司的股票被列入交易所，则该公司必须每季度向股东做财务报告。如果达不到规定的要求，交易所就可以取消其股票继续上市的资格。发行股票、债券的公司对交易所的业务情况无权过问，而且一家公司要想增发股票，就必须得到交易所的同意，并且每一家公司都必须委托纽约市的一家银行做过户代理，并登记所有股东的名字、住址和拥有的股数。纽约证券交易所不是营利机构。它的最高决策机构是董事会，董事会由 21 名董事组成，其中 10 名代表证券交易所的会员，另外 10 名代表一般投资者，1 名是交易所的董事长。截至 2009 年，纽约证券交易所共有上市公司 2 758 家，全球总市值约 15 万亿美元。

(2) 地区性市场：有太平洋交易所、波士顿交易所、费城交易所等地方性市场，主要交易地区性企业的证券，同时有些本地区在全国性市场上市的公司股票，也在地区性市场交易。

(3) 未经注册的交易所：由美国证券交易委员会依法豁免办理注册的小型地方证券交易所，主要交易地方性中小企业证券。

(4) 全国性的小型资本市场：纳斯达克二板市场（NASDAQ Small Cap Market），是专门为富有经验的机构投资者而设立的市场，目的是为那些中小型高成长的企业提供上市融资服务。

(5) 全国性的场外交易市场：由场外交易市场（OTCBB）和粉红单市场（Pink Sheets）组成。1990 年，NASDAQ 设立了场外交易市场，专门为未能在全国性市场上市的公司股票提供一个交易的场所。其后，场外交易市场独立出来，自主运行，直接由美国证券交易委员会和全美证券交易商协会（NASD）负责监管。粉红单市场是由私人设立的全国行情局于 1911 年成立的，为未上市公司证券提供交易报价服务。需指出的是，全国行情局并没有监管权，粉红单市场的监管也由美国证券交易委员会、全美证券交易商协会负责。纳斯达克二板市场、场外交易市场、粉红单市场之间具有升降的互动关系：NASDAQ 市场规定，公司股票连续30日交易价格低于1美元，警告后3个月未能使该股价升至1美元以上，则将其摘牌，退至场外交易市场报价交易；在场外交易市场摘牌的公司将退至粉红单市场进行报价交易。由此可以看出，美国资本市场体系庞大、条块结合、功能完备、层次多样。既有统一、集中的全国性市场，又有区域性的、小型的地方交易市场；同时市场还具有不同的层次性，使得不同规模、不同需求的企业都可以利用资本市场进行股权融资，获得发展的机会。这无疑有力地推动了美国经济的创新与增长。

在美国多层次的资本市场体系中，特别应该提到的是以芝加哥商业期货交易所（CME）为代表的交易场所提供的各种金融衍生品的交易，它不但为整个社会提供了各种风险不一的投资产品，满足对投资风险有不同偏好的各类投资者的需求（其交易量已大大超过股票、债券的现货交易量），而且它为资本市场提供各种可供选择的避险工具，使得市场在出现单边市（即上涨或者下跌）时，能够在很大程度上化解市场的系统性风险。这也是为什么即使道琼斯指数从12 000点跌到7 000多点、纳斯达克指数从5 000点跌到1 300多点，美国证券市场运行总体上仍能保持稳定、健康态势，甚至1987年股灾都没有摧毁美国金融运行体系的原因。

二、英国资本市场

1. 全国性市场——主要是指伦敦证券交易所

伦敦证券交易所是英国金融体系最重要的部分，是世界上最大的证券交易所之一。伦敦证券交易所的主要交易场地和中央机构在伦敦，但在格拉斯哥、利物浦、曼彻斯特、伯明翰和都柏林等大城市也有交易场地。

伦敦证券交易所由一个50人组成的理事会管理，这些无报酬的理事是从证券交易所的一般成员中选出的。理事会对新公司成员的选择及交易事项的处理行使充分的权力。它负责制定和执行有关市场交易的规章制度，解决管辖范围内的一切纠纷。理事会成员再组成各种委员会，其中最重要的是牌价委员会。如果该委员会认为一个牌价不正当，可以暂停证券交易，甚至可以提议把它从交易所除名。

伦敦证券交易所为买卖有价证券提供了一个有效市场，它不仅提供了一个初级资金市场，通过它来为政府和公司筹集资金，而且还提供了一个二级市场，供国内外的投资者在这里进行证券买卖。伦敦证券交易所的一个重要部分就是有一大批机构，主要是保险公司和养老基金，它们向交易所提供大部分资金。2001年交易所年成交量7 000亿英镑，平均每月600亿英镑，伦敦的金融、证券、投资咨询的从业人员达100余万人，有力地支撑了证券交易所的运营。截至2009年，有68家中国公司在伦敦证交所上市，其中在二板市场上市的有62家。

2. 区域性市场

区域性市场除集中的伦敦交易所外，英国还有伯明翰、曼彻斯特、利物浦、格拉斯哥、都柏林等地方性交易市场，主要交易地方企业股票，同时也可以买卖伦敦交易所的挂牌股票。

3. 全国性的二板市场

与美国不同的是，英国的二板市场（Alternative Investment Market，AIM）由伦敦交易所主办，其运行相对独立。AIM创立于1995年6月19日，是伦敦证券交易所为英国及海外初创的、高成长型公司所提供的一个全国性市场，其目的是为协助广大中小企业，特别是中小型高科技公司通过资本市场获取资金进行投资。自1995年创立以来，有超过

850 家公司通过进入 AIM 而获得巨大的增长，累计筹集资金超过 62 亿英镑，折合近 97 亿欧元。截至 2009 年 3 月 31 日，英国 AIM 市场上市公司数量为 1 478 家，总市值约 382 亿英镑。AIM 直接受伦敦证券交易所的监督与管理，并由交易所组成的专人负责经营。

4. 全国性的三板市场（未上市证券市场）

英国的资本市场中，除了由伦敦证券交易所创办的、为中小企业进行股权融资服务的 AIM 外，还有为更初级的中小企业融资服务的股票交易市场——Off-Exchange，简称 OFEX。它创立于 1995 年 10 月 2 日，其目的是为那些未进入伦敦证券交易所主板市场或 AIM 挂牌交易的公司，建立一个可出售其股票、募集资金的市场。OFEX 与 AIM 非常类似，都是为中小型高成长企业进行股权融资服务的市场，但 OFEX 的市场准入门槛更低、层次更初级。AIM 是由伦敦证券交易所创办，同时又是伦敦证券交易所的一部分，属于正式的市场，而 OFEX 是由在伦敦证券交易所承担做市商职能的一家家族公司——Jenkins 公司创办的，属于非正式市场。2002 年以前，OFEX 的监管是由 Jenkins 公司依据英国法律和伦敦交易所的相关管理规定自己实施监管。从 2002 年起，由于该市场日益发展壮大，已正式纳入英国证监会的监管范围之中，由英国证监会直接监管。在 OFEX 挂牌交易的公司，通过市场的培育可以按照相应的规则，进入 AIM 交易。进入 21 世纪以来，有近百家在 OFEX 挂牌交易的公司已升级到 AIM 或伦敦证券交易所挂牌交易。

英国资本市场同样是条块结合，既有集中，又有分散的多层次市场体系。这样一个结构完整、功能完备的市场体系，有力地支撑和维护了英国在国际金融市场的地位。

从英美资本市场的情况可以看出，全国性的集中市场主要是为大型企业融资服务的；二板市场的上市标准要比集中市场低，同时还设计出几套不同的标准，由不同规模的企业自己选择适合自己的标准进行上市融资；新兴市场（三板）则基本上取消了上市的规模、盈利等条件，把市场监管的重点从企业上市控制转移到以充分信息披露为核心，以管理从业券商为主要手段，以会员制为主要形式，以券商自律为基础的监管模式。这是英美资本市场一个重要的发展变化。

三、日本资本市场

20 世纪 90 年代以来，日本经济持续低迷。在这种背景下，东京国际金融中心的地位正面临着严峻挑战。从东京国际金融中心的象征——东京证券交易所的盛衰变迁，不难看出其国际金融中心的地位正在下降。

日本全国共有东京、大阪、名古屋、京都、福冈、札幌、广岛和新潟 8 家证券交易所（以下简称“证交所”）。在日本二战后的经济复兴和高速增长时期，这些证交所为企业上市、筹资、发展和造就证券投资者做出了很大贡献。截至 2000 年 3 月底，在日本 2 430 多家上市公司中，有 1 854 家在东京证交所上市，382 家在大阪证交所上市，119 家在名古屋证交所上市，在另外 5 家证交所上市的公司总共不到 80 家。从成交额来看，东京占 78.48%，大阪占 16.54%，仅这两家就占 95%以上，而京都、广岛、福冈、新潟和札幌 5 家证交所的总成交额仅占 0.2%。截至 2010 年 8 月，在日本的上市公司中，2 329 家在东京证交所上市，1 317家在大阪证交所上市，884 家在 JASDAQ 上市。日本绝大部分证券交易业务目前都集中在东京证交所。

东京证券交易所发展的历史虽然不长，但却是世界上最大的证券交易中心之一，也是日本最大的证券交易所，在日本它的股票交易量最大，占日本全国交易量的 80%以上。如果按上市的股票市场价格计算，它已超过伦敦证券交易所，成为仅次于纽约证券交易所的世界第二大证券市场。东京证券交易所的前身是1879年5月成立的东京证券交易株式会社。由于当时日本经济发展缓慢，证券交易不兴旺，1943年6月，日本政府合并所有证券交易所，成立了半官方的日本证券交易所，但成立不到四年就解体了。随着日本二战后经济的恢复和发展，东京证券交易所也繁荣发展起来，特别是在20世纪80年代后期的泡沫经济时期，更是达到了鼎盛状态。1989年12月29日，日经股指一度创下了38 915点的最高水平。股价暴涨使得在东京证券交易所上市的企业剧增，股票市值总额超过纽约证券交易所，一度成为全球最大的股票交易所。但进入20世纪90年代之后，日本经济泡沫破灭，股价暴跌、交易量萎缩，导致东京证券交易所在国际证券市场上的地位不断下降。1998年末，东京证券交易所的股票市值仅为纽约证券交易所的20%。由于股市长期低迷，成交量极度萎缩，进一步加大了企业在股市筹资的难度，迫使一些外国企业取消或暂停在东京证券交易所上市。在东京证券交易所上市的外国公司已从高峰期的127家减少到1999年的43家。而现在，在东京证券交易所上市的外国企业数量尚不足30家，占其全部上市公司的1%左右。

日本从2000年10月1日开始全面开放证券市场，不仅实现了证券交易手续费的完全自由化，国内的金融机构可以跨行业经营各种证券、投资信托业务，而且外国资本也可以进入日本证券交易市场，为证券发行和交易提供各种服务。目前，外国公司在东京证券交易所上市的股票被专门安排在外国部交易，导致股票交易十分沉闷，股价长期低迷，维持上市交易的成本很高，影响了外国企业在东京证交所上市的积极性，在东京证交所上市的外国企业数量也不断减少。东京证券交易所2004年4月27日宣布，彻底改革外国公司在该交易所上市交易的制度，取消外国部，对外国上市公司与国内上市公司一视同仁，以促进更多的外国公司在东京证交所上市交易。

为了促进证券市场的发展，日本金融监管当局在改革过程中废除了股票买卖必须集中在交易所进行的法律规定。因此，许多投资公司为了降低成本，尽量通过证券公司在不缴纳交易手续费的场外进行交易。1999年2月份，在场外交易的资金总额已相当于东京证交所2月份成交总额的10%。按照这种发展态势，场外交易量还会大幅增长。场外交易的增长也带来了一定的副作用：场内交易量不断萎缩，大大地影响了东京证交所在日本金融市场的地位。

面对如此挑战，东京证交所借全面实行电子化交易的时机，实施了一系列技术性改革措施，以期吸引更多的海外公司上市，重塑昔日的辉煌。具体措施包括：增加交易的公正性、公平性、自由度和透明度；进一步规范上市公司的信息披露；放宽上市标准与尺度；加强与纽约证交所等海外大交易机构的合作，不断促进资本市场的国际化。

四、欧洲资本市场（Euronext）

欧洲资本市场是在2000年11月22日由阿姆斯特丹、布鲁塞尔和巴黎三个证券交易所合并而成的，并且在2002年初分别收购了伦敦国际金融期权和期货交易所（London International Financial Futures and Options Exchange）以及葡萄牙里斯本交易所。欧洲资本市场的设立有两个主要原因：适应资本市场的全球化日益加强的趋势；为参与者提供更好的流动性和降低交易成本。北京时间2007年4月4日，作为一家完全合并的联合证券公司及第一家真正全球性的证券交易集团，纽约—泛欧交易所集团股票在巴黎和纽约正式挂牌上市，交易代码为“NYX”。时至今日，欧洲资本市场已经成为欧洲主要的跨国交易中心，承担了主要现金产品和衍生品的交易和清算业务。

纽约证券交易所集团和泛欧证券交易所集团成功实现了合并，成为全球规模最大、最具流动性的证券交易集团，纽约—泛欧交易所集团为全球投资者及上市公司提供最多样化的金融产品和服务，在公司上市、现金股票、金融期权与期货、债券、金融衍生品和市场数据等方面处于世界领先地位。

为了更好地管理，欧洲资本市场通过它在比利时、法国、荷兰、葡萄牙和英国的五个子市场开展业务。但在同一营运级别上，它又作为一个整体被分为四个战略业务单元（Strategic Business Units），这四个单元分别为现金市场与上市单元、衍生品市场单元、清算单元和信息服务单元。为使得这四个部门更好地融合在一起，作为欧洲资本市场的管理者，欧洲证券交易所集团（the Euronext Group）设立了融资保险部、人力资源部、法规部、信息部和业务战略部以支持这四个单元的运作。

欧洲资本市场的运作从属于荷兰法，因而它有一个双边监管机构：监管理事会和管理委员会。监管理事会是一个独立的机构，其成员必须是独立的，即不能同时为管理委员会成员。监管理事会监督审查管理委员会的运作和政策实施，管理委员会只能在它的监管范围内实施管理职能。欧洲资本市场的章程规定监管理事会成员不得少于3人但不得多于12人，在这个限制内，监管理事会可以决定它需要几个成员以及指派成员。监管理事会下属有两个委员会：审计委员会和工资委员会。审计委员会协助理事会对有关融资和风险问题进行审查，并向理事会报告审计结果；工资委员会主要是讨论和决定管理委员会成员的报酬问题。

欧洲资本市场作为新成立的跨国交易所，与以往的区域性交易所有着显著的区别：在它运作的几个国家里都设有专门的办公室，为满足客户的需要提供最全面的服务；在各方面都拥有优秀的具有丰富经验和先进技术的专家，从而能为客户提供低成本的运作系统；它拥有的多种系统能够为客户提供各种服务，如NSC专门用于现金产品交易，LIFFE CONNECT™适用于衍生品交易，Clearing 21®用于清算业务等。

五、离岸资本市场

自从20世纪50年代以来，离岸金融中心异军突起，在国际资本流动中的作用日益显著，对许多国家资本管理体制乃至全世界资本流动模式的发展都产生了重大影响。离岸金融市场又称境外金融市场，采取与国内金融市场隔离的形态，使得非居民在筹集资金和运用资金方面不受所在国税收、外汇管制及有关金融法规的影响，是可以进行自由金融交易的市场。

离岸金融业务的发展始于20世纪50年代。当时，一些跨国银行为避免国内对银行发展和资金融通的限制，开始在特定的国际金融中心经营所在国货币以外的其他货币的存放款业务。20世纪70年代，以美元计价的离岸存款急剧增长。到20世纪80年代，随着国际银行业设施和东京离岸金融市场的建立，离岸金融业务也将所在国货币包括进来，而区别在于这种所在国货币的存放仅限于对非居民。由于地理条件、经济环境和历史背景的不同，国际离岸金融市场表现为三种类型：以伦敦、中国香港为代表的内外混合型，以纽约、新加坡、东京为代表的内外分离型和以加勒比地区的巴哈马、开曼、巴拿马为代表的避税型。其中以加勒比地区的离岸资本市场影响最大。2003年，按照实际投资金额排行，加勒比地区的英属维尔京群岛、西萨摩亚、开曼群岛分居我国内地第二、第八、第九大外资来源地。

离岸资本市场能够成为国际重要的资本市场，是因为其有着特殊的优点：

（1）有利于规避资本管制，加勒比离岸金融中心没有任何形式的资本管制，在此注册的国际商业公司资金转移不受任何限制，这对于实行资本管制的国家的企业而言具有很大的吸引力。

（2）有利于融资公司规避贸易壁垒，尤其是关税限制。企业（尤其是发展中国家的企业）向美国等发达国家出口产品，通常需要申请配额及一系列的相关手续，为此需要多花费1～2倍的成本。如果该企业拥有一家海外离岸公司，由企业向离岸公司出口产品，再由离岸公司向美国等发达国家出口产品，就有可能规避关税壁垒和出口配额限制。

（3）有利于企业保持商业秘密，在加勒比地区主要离岸金融中心，对在本地注册的国际商业公司都实行有利于保密的规定。其中包括无须出示经过审计的账目报表或年度审计、允许发行不记名股票、不必拥有在本地的活动记录、不必向公司登记负责人透露董事名字、不必登记股东信息等规定。宽松的法律环境以及对公司业务的高度保密，使离岸公司自身安全得到充分保障，极大地减少了各种风险因素的影响。

（4）有利于避税且可以避免双重征税，加勒比地区离岸金融中心对各类国际商业公司、离岸公司的税负极为轻微，而且几乎所有加勒比地区离岸金融中心都与主要经济大国签署了避免双重征税的条约。

（5）有利于公司注册。因为注册便利，维持成本甚低，离岸公司的注册程序非常简单，甚至可由专业的注册代理机构代为完成，不需要注册人亲自到注册地进行操作，还可以进行网上注册。注册周期很短，通常当天就可以完成。在巴巴多斯注册国际商业公司只需支付初始执照费 10 美元，另外每年支付 100 美元即可。英属维尔京群岛注册离岸公司和维持成本较高，但最低注册费也只有 750 美元，每年费用为 650 美元。

（6）有利于公司经营管理，离岸公司无须每年召开股东大会及董事会，即使召开，其地点也可任意选择，自由度较大。例如，尼维斯岛离岸公司的股东、董事和职员可以是任何国家的公民，并且可以住在任何地方，股东和董事可以不开会就采取一致行动，公司的档案和主要营业场所可以位于任何地方。

二、国际债券市场

国际债券市场的存在已经有几百年历史。在世界经济的发展过程中，国际债券的发行与交易发挥过十分重要的作用。17 世纪的荷兰、18 世纪的英国、第一次世界大战之前的德国和法国均曾以发行债券的方式来为战争筹措资金或向其他国家进行投资。在 19 世纪之前，美国的州政府、联邦政府，以至后来的大公司，都曾用发行债券的方式向荷兰、英国及其他欧洲国家筹资，用来支付战争费用、修建铁路等。例如，美国在 1803 年从法国手中购买路易斯安那的巨款，就是联邦政府通过向荷兰借款而偿付的。到了第一次世界大战之后，美国逐步向海外输出资本，美国的债券市场逐渐成为世界各国进行筹资的最重要场所。

（一）国际债券市场的定义

国际债券市场是指由国际债券的发行人和投资者所形成的金融市场。具体可分为发行市场（一级市场）和流通市场（二级市场）。发行市场是组织国际债券发行和认购的市场。流通市场则安排国际债券的上市和买卖。这两个市场相互联系、相辅相成，构成统一的国际债券市场。但实际上，国际债券的交易是由分散在世界各地主要金融中心的债券市场上的交易所构成的，一笔国际债券的交易可能会涉及几个国家的债券市场，因而通常所说的国际债券市场就是处于世界主要金融中心的债券市场的统称。

（二）主要的国际债券市场

1. 美国债券市场

美国债券市场的主要特点是：债券发行量大，流动性强，其债券交易已经遍布全球。为满足长期资金需求者的需求，发行的债券期限一般比较长，中期的有5～7年，长期的有20～25年。发行方式有公募和私募两种，一般以公募无担保发行为主。在美国债券市场发行债券，发行人必须经过评级机构的评级，一般只有获得AAA级的发行人才有资格发行债券。美国债券市场是世界上最大的债券市场，在这个市场上交易的债券种类繁多，其中以扬基债券最为著名。20世纪90年代以来，由于美国放松了金融监管，制定了很多新的规则，使得债券市场加快了发展。扬基债券的发行地虽在纽约证券交易所，但实际发行区域遍及美国各地，能够吸引美国各地的资金。同时，欧洲货币市场是扬基债券的转手市场，因此实际上扬基债券的交易遍及世界各地。扬基债券的发行人主要为机构投资者，如各国政府、国际机构、外国银行等。购买者主要是美国的商业银行、储蓄银行和人寿保险公司等。

2. 日本债券市场

日本债券市场的优点是：发行量大，一般获得AAA级的发行人都可以无限量地发行债券；发行条件非常宽松，一般只要得到日本或其他国际公认评级机构的评级在A级以上，即可以在日本债券市场发行债券；发行人的范畴较广，很多发展中国家和一些国际机构都允许在日本债券市场上发行债券。其缺点是：发行过程没有灵活性，不易于和美元互换，不如欧洲日元债券便利，发行成本较高等等。日元债券最初是1970年由亚洲开发银行发行的，1981年后数量激增，1985年发行量为63.8亿美元，超过同期的扬基债券，只是在进入20世纪90年代后发行量才落后于扬基债券。目前，发行日元债券的筹资者多是需要在东京市场融资的国际机构和一些发行期限在10年以上的长期筹资者，再就是在欧洲市场上信用不好的发展中国家的企业或机构。发展中国家发行日元债券的数量占总发行量的60%以上。日本债券市场上最著名的债券是武士债券。

3. 瑞士债券市场

瑞士是世界上最大的外国债券市场，其主要原因是：瑞士经济一直保持稳定发展，国民收入持续不断提高，储蓄不断增加，有较多的资金盈余。同时，苏黎世是世界金融中心之一，金融机构发达，有组织巨额借款的经验。瑞士外汇完全自由兑换，资本可以自由流进流出。瑞士法郎一直比较坚挺，投资者购买以瑞士法郎计价的债券，往往可以得到较高的回报。瑞士法郎债券利率低，发行人可以通过互换得到所需的货币。瑞士法郎债券的发行方式分为公募和私募两种。私募发行没有固定的包销团，而是由牵头银行公开刊登广告推销，并允许在转手市场上转让。但是至今为止，瑞士政府不允许瑞士法郎债券的实体票据流到国外，必须按照瑞士中央银行的规定，由牵头银行将其存入瑞士国家银行保管。

4. 欧洲债券市场

欧洲债券市场的特点是：属于境外市场，不受任何国家的监管，也没有任何国家的法律法规的约束；发行成本低，市场容量大；一般采用国际银行辛迪加的形式组织发行，无须申请批准；债券采用无记名方式发行，因而可以保护投资者的利益；市场流动性强，具有较高的安全性。欧洲债券是指一系列的多种货币债券的统称，具体包括欧洲美元债券、欧洲日元债券、以特别提款权为面值的债券等等。

（1）欧洲美元债券是指在美国境外发行的以美元为面额的债券。欧洲美元债券在欧洲债券中所占的比例最大。欧洲美元债券不受美国政府的控制和监督，是一种完全自由发行的债券。欧洲美元债券的发行主要受汇率、利率等经济因素的影响。欧洲美元债券没有发行额和标准限制，只需根据各国交易所上市规定，编制发行说明书等书面资料。和美国的国内债券相比，欧洲美元债券具有发行手续简便、发行数额较大的优点。欧洲美元债券的发行由世界各国的知名公司组成大规模的辛迪加认购团完成，因而较容易在世界各地筹措资金。

（2）欧洲日元债券是指在日本境外发行的以日元为面额的债券。欧洲日元债券的发行不需经过层层机构的审批，但需得到日本大藏省的批准。发行欧洲日元债券不必准备大量的文件，发行费用也较低。欧洲日元债券的主要特点是：债券发行额较大，一般每笔发行额都在200亿日元以上。欧洲日元债券大多与互换业务相结合，筹资者首先发行利率较低的日元债券，然后将其调换成美元浮动利率债券，从而以较低的利率获得美元资金。

（3）以多种货币为面值的欧洲债券。欧洲债券多数以美元、日元、英镑等货币单独表示面值，但也有以多种货币共同表示面值的。由于单一通货的汇率经常变动，风险较大，用多种货币表示面值的欧洲债券呈增加趋势。

（三）国际债券市场的功能

世界上各个成熟的金融市场，无不具有一个发达的债券市场。债券市场在社会经济中占有如此重要的地位，是因为它具有以下几项重要功能：

1. 融资功能

债券市场作为金融市场的一个重要组成部分，具有使资金从资金剩余者流向资金需求者，为资金不足者筹集资金的功能。与股票市场一样，债券市场为资金需求者提供了一个直接融资的渠道。我国政府和企业先后发行多批国际债券，为国家的许多重点建设项目筹集了大量的资金。

2. 资金流动导向的功能

效益好的企业发行的债券因为信用等级高、偿还能力强、风险小，通常较受投资者的欢迎；相反，效益差的企业发行的债券风险相对较大，受投资者欢迎的程度较低。因此，通过债券市场，资金得以向优势企业集中，从而有利于资源的优化配置。

3. 防范金融风险

一个较为完备的债券市场可以有效地降低一国金融系统的风险。一个具有高度流动性的、开放的国际债券市场不仅提供了市场基准利率，同时也是本币国际化的重要支撑。金融债券的发行也可以极大地补充银行的附属资本，尤其是次级债券的发行使得银行不仅获得了中长期资金来源，并且在股东之外还增加了债权人的约束，有利于银行的稳健经营。债券市场上投资者的行为高度市场化，企业债务的不履行将迅速导致债权人“用脚投票”，使得企业过度融资的冲动受到有效遏制。

第二，以特别提款权这种由多种货币加权平均所形成的记账单位表示欧洲债券的面值。特别提款权是国际货币基金组织创造的由美元、日元、欧元、英镑这4种货币加权平均组成的记账单位。由于这种国际货币是多种货币的加权平均，各种货币汇率变动可以互相抵消，因而使得发行人和投资者能减少或避免汇率变动风险。

第二节 国际信贷

一、国际信贷的概念、作用及分类

（一）国际信贷的概念

信贷，是货币持有者将约定数额的资金按约定的利率暂时借出，借款者在约定期限内，按约定的条件还本付息的信用活动。国际信贷则反映了国家之间借贷资本的活动，是国际经济活动的一个重要方面。

通过研究世界经济学可以看出，借贷资本的运动来源于国际资本的输入与输出。在商品经济的发展过程中，资本处于不断流动的状态，流动的目的是尽量使资本增值，哪里有条件使资本增值，哪里利润高，资本就会向哪里流动。如果具有国内外投资机会均等的条件，当国外投资的预期利润比国内高时，投资者就会通过直接、间接以及其他灵活多样的方式使资本流向国外。

在国际经济发展的过程中，一方面是发达国家出现了大量的过剩资本，当这些资本在本国找不到有利的投资环境时，就要突破国界，向资金短缺、生产要素组成费用少，而市场又较为广阔的经济不发达国家或地区输出。另一方面，发展中国家为了加速本国经济发展，需要大量资本，在自己资金匮乏的情况下，就需要引进外资以补不足。也有一些国家，通过国际资本的输入输出来平衡和调节本国的国际收支。

资本的变动、国际分工的发展、生产国际化程度的提高和国际竞争的激化，进一步影响了国际资本的流动，也促进了国际信贷等投资方式的发展。

在商品国际化和资本国际化之前，由于受到历史条件和国际经济交往的局限，国际信贷形式单一、规模较小，其范围也往往局限于资本主义世界体系的内部，并且带有一定成分的经济掠夺性。第二次世界大战后，尤其是近些年来，国际信贷领域发生了许多变化，国际信贷的数量迅速增长，国际信贷对国际经济发展和商品输出的影响日益增大，中长期信贷的作用也明显加强。

国际信贷的发展和变化是世界经济的客观状况和发展的必然趋势，具体表现在以下几个方面：

第一，新的科技革命促进了货币资本的国际化。

第二，发展中国家在国际经济中地位的提高，调整了国际投资的构成，并对国际信贷产生了重要影响。

第三，资本主义经济滞胀，国家垄断资本主义不断发展并对国内外经济起控制调节作用。

第四，社会主义国家实行改革开放，积极发展对外经济。

总之，经济生活国际化的发展、二战后经济一体化的兴起，使不同社会制度国家之间经济交往的障碍大大减少，世界经济市场出现了不同社会制度、不同发展阶段国家之间商品交换、资金融通、科技交流和劳动力流动的崭新局面。国际经济发展的现实和前途，对国际信贷的发展产生着深远的影响。

（二）国际信贷的作用

利用国际信贷间接投资，具有下列作用和优点：

第一，在国际信贷业务中，可以利用世界货币资金市场丰富的资金来源和灵活方便的特点，筹措资金来发展本国的经济建设。

第二，在国际信贷中，各国政府间和国际金融组织的贷款，利率比较优惠，贷款期限也比较长，而且有一定的援助性质。这就为一些发展中国家提供了有利的贷款条件。

第三，借款国可以通过国际银行、各国政府、国际金融机构或非金融机构等多种途径，不受约束地多方面筹措巨额资金。

第四，借款国利用国际信贷引进先进技术和设备，提高本国产品的质量，加强出口商品的竞争力，进一步促进出口贸易的发展。

第五，发达国家利用向发展中国家借贷的机会，实现了商品和资本的输出，调整了国内的生产和就业等经济问题。贷款国通过信贷方式达到对其保值与增值的目的。

但是，因国际信贷要支付利息，所以借款国受债权国财政与货币政策变化的制约和国际金融市场动荡的影响，利率风险很大。信贷也会给借款国加重财政负担。

（三）国际信贷的分类

按贷款的来源和性质可以分为以下几类：

第一类，政府贷款，也叫国家贷款、外国政府贷款、双边官方援助性贷款，是指一国政府利用财政资金以优惠的方式向另一国政府提供的贷款，一般具有援助的性质。按照国际惯例，其贷款的赠与成分一般在25%以上。此贷款多数为建设项目贷款。政府贷款在世界国际资金市场上所占比例较小。

第二类，国际金融组织贷款，也叫国际金融机构贷款，是指从事国际金融业务的机构向借款国（一般是成员国）提供的贷款。国际金融组织的种类很多，有政府出资办的，有私人资本办的，也有政府和私人资本合办的；有世界性的，也有一洲和地区性的。

第三类，国际银行贷款，也叫商业银行贷款，是一国借款人向国际资金市场的外国贷款银行借入的贷款资金，包括短期商业银行贷款、银团贷款和项目贷款等。国际银行贷款一般与其出口项目没有联系，使用灵活，筹措简便，但利率较高，而且利率和汇率受市场波动影响，因而风险也较大。国际银行贷款通常由本国银行来完成，例如我国向国外的银行贷款一般就是通过中国银行来进行的。

除此之外，还有私人银行贷款、联合（混合）贷款等。

二、政府贷款

（一）政府贷款的概念

政府贷款是由一国政府向另一国政府提供财政资金的优惠性有偿借款。

政府贷款属于国家资金收入与支出的信贷，其资金主要来源于国家财政预算收入，通过列入国家财政预算支出的资金进行收付。因此，政府贷款一般由各国的中央政府经过完备的立法手续加以批准。政府贷款往往作为配合外交活动的一种重要的经济手段，许多贷款都是建立在国家间良好的政治关系和友好往来的基础之上的。

（二）政府贷款的性质

政府贷款是属于经济援助类型的贷款，利率低，期限长，条件较优惠。在双边关系比较协调的情况下，贷款双方政府容易达成协议。按照国际惯例，政府优惠性贷款必须含有25%、30%或35%以上的赠与成分。赠与成分一般是依据贷款的利率、偿还期、宽限期和综合贴现率等基本数据综合计算所得。国际上通用的计算公式为：

$$GE=100\times\left(1-\frac{r/a}{d}\right)\times\left(1-\frac{\frac{1}{(1+d)^{aG}}-\frac{1}{(1+d)^{aM}}}{d(aM-aG)}\right) \qquad (5—1)$$

式中，GE——按贷款面值赠与因素所占百分比；

r——年利率；

a——每年偿付次数；

d——贷款期内的贴现率，一般按综合年率的10%计算；

G——宽限期，发展援助委员会的定义是第一次贷款支付期至第一次还款期之间的间隔时间；

M——偿还期。

（三）政府贷款的作用

回顾第二次世界大战后的历史，无论是在西欧各国和日本恢复国民经济，先后独立的发展中国家进行民族经济建设期间，还是在社会主义发展中国家实行对外开放和相互实行国际援助的过程中，都曾先后采用了政府贷款这一投资方式。它对促进国际经济合作和国际经济的发展都起到了积极的作用。

首先，政府贷款有利于发达国家的资本输出和商品输出。在发达国家向发展中国家及其他国家提供政府贷款时，除去现汇贷款外，还必须购买提供贷款国的货物和技术装备，贷款必须与银行出口信贷按一定比例混合使用等条件作为限制，带动并扩大了包括民间资本在内的各种商品出口。

其次，发展中国家通过合理利用发达国家的贷款，开发本国资源，发展生产，提高科学技术水平并提高出口能力。

同时，发展中国家之间相互提供政府贷款，开展经济合作，对促进各自民族经济独立健康地发展和稳定世界经济也都有着重要意义。

（四）政府贷款的特点

（1）政府贷款一般是以两国外交关系良好、有合作诚意为前提条件，为一定的政治外交关系服务，受到借贷两国的政局稳定程度、双方政治立场与信念准则差异、国际局势的变动等因素的制约和影响。

（2）政府贷款是以政府名义进行的双边政府间的贷款，必须经过各自国家的议会（或相应的权力机构）批准并履行法定的批准程序。

（3）发达国家发放援助性贷款，要规定一些附加条件以便得到一定的政治和经济利益。

（4）政府贷款的数量要受到贷款国家的国民生产总值、国家财政及国际收支状况的限制，金额一般不大。

（5）属于中、长期贷款，期限一般为10～30年，宽限期也较长，除赠与部分外，利率为1%～3%的低息或无息。

三、国际货币基金组织贷款

（一）概况

1. 建立的背景

以英美为主的西方国家，接受第一次世界大战后造成的各国币制混乱、国际收支长期失衡的教训，在第二次世界大战将结束的时候，研讨使币制保持稳定、实行国际经济合作和开展正常的国际贸易等问题，发表了《建立国际货币基金组织的联合声明》，并于1944年6月1—22日在美国新罕布什尔州布雷顿森林举行的联合国货币与金融会议上，美、英、法等44国就建立这样一个国际机构的问题达成协议，国际货币基金组织于1945年12月27日正式成立，于1947年3月1日开始办理业务。

2. 成员国

国际货币基金组织规定：凡是愿意遵守该组织有关规定、协定的国家，不论是否为联合国成员国均可加入组织。截至2009年，该组织已有186个成员国。其中有布雷顿森林会议上签字加入的41个创始成员国。我国于1980年4月加入了该组织。

3. 任务和宗旨

（1）国际货币基金组织负责利用国际货币基金向成员国提供中短期贷款，帮助成员国调整或减少国际收支暂时出现的逆差，缩短其国际收支不平衡的时间。

（2）协调成员国的国际货币金融政策，促进国际货币合作。

（3）稳定汇价，维持成员国间有秩序的外汇安排，避免竞争性的外汇贬值。

（4）协助成员国间建立经常交易的多边支付制度，消除妨碍世界贸易发展的外汇管制。

（5）便利国际贸易的扩大和均衡发展，开发生产资源，维持高水平的劳动力就业，增加实际收入。

4. 成员国的义务

（1）每个成员国根据其国民收入、黄金外汇储备、对外贸易额等数额和国际货币基金总金额，与国际货币基金组织商定，认缴国际货币基金。成员国认缴份额每5年核定一次。在认缴份额中，规定25%缴纳黄金（1980年改为以特别提款权缴纳），其余75%缴纳成员国本国货币。

（2）成员国要向国际货币基金组织提供本国存有的黄金、外汇数量、进出口贸易额、国际收支、国民收入、外汇管理情况等资料。

（3）成员国有促进该组织内成员国间的合作和稳定汇率制度的义务。

5. 组织机构

国际货币基金组织设理事会、执行董事会、总裁和工作人员。理事会为最高权力机构，由各成员国指派理事和副理事各1人组成。每年举行一次会议。执行董事会由22名执行董事组成，负责处理基金的日常业务，两年改选一次。总裁1人，由执行董事在理事和执行董事外推选，在执行董事会的指示和监督下负责主持国际货币基金组织的日常业务工作，以及任免工作人员，任期5年。

国际货币基金组织实行加权表决制度，执行董事会下设若干办事机构，总部设在美国华盛顿。

（二）贷款资金

1. 资金来源

(1) 成员国缴纳的货币基金份额。它直接影响到成员国的特别提款权、投票权和取得贷款的最高限额。1945年国际货币基金组织成立时各成员缴纳份额共计76亿美元。

(2) 借款。基金组织有权以借款方式来扩大其资金来源，以满足成员国贷款的要求，按规定总借款额不能超过基金总额的50%～60%。主要是向一些经济发达的国家、石油输出国家以及个别非成员国进行专项借款。

(3) 出售黄金获得的利润及贷款手续费等项收入。

2. 记账货币

开始记账货币为美元，后因美元信用和国际货币体系的变化，1969年改为特别提款权。

特别提款权是基金组织分给成员国的一种使用资金的权利。它不像普通提款权那样，在需要提供贷款时，从预先缴纳的基金中按比例提用，而是在没有预先缴纳的基金中，按照分得的比例份额的权利，向基金组织指定的成员国换取外汇。它实际上是储备资产的一种形式，只能在基金组织成员国间记账结算，不能作为流通手段，也不能兑换黄金。

（三）贷款业务

1. 贷款的对象

国际货币基金组织的成员国政府。

2. 贷款的用途

用于解决成员国国际收支不平衡所造成的困难以及贸易与非贸易的经常性项目支付。

3. 贷款的额度

受成员国缴纳份额的限制，缴纳份额越多，能取得的贷款也越多。

4. 贷款期限

一般为中短期贷款。

5. 贷款方式

由成员国向基金组织申请，用等额的本国货币换购所需的外汇或特别提款权，被称作“购买”或“提款”。在一定期限内，该成员国再用原来购入的外汇或特别提款权重新买回本国货币，被称作“购回”。

6. 贷款计算单位

本息均以“特别提款权”计值支付。

7. 贷款形式

基金组织使用的贷款主要有以下几种：

(1) 普通贷款。也称普通资金提款，是一种最基本的贷款。它是为了满足成员国因国际收支逆差对短期资金的需要而设立的，此项贷款实行分档政策，就是把贷款分为五个档次，每一档的贷款额为该成员国所缴份额的25%，五档累计为其所缴份额的125%。各档贷款条件宽严程度不同，档次越高，条件越严。第一档叫作储备部分贷款，因其未超过成员国所缴份额的黄金或特别提款权，就等于成员国把原缴份额抽回，不需批准，可以自由动用。第二至第五档，叫作“信用”部分贷款，需经审查批准。贷款期限为3～5年，利率随时间的推移递增，第1年为4.375%，第4～5年为6.375%。

(2) 中期贷款。这是基金组织为解决成员国因结构性因素引起的较长期的国际收支逆差，而在1974年9月设立的一种专项贷款。申请国需提出整个贷款期限内有关政策、目标、计划和第一年准备实行的具体措施，基金组织确认申请国的国际收支困难并确实需要较长期限的贷款，再根据借款申请国执行政策的实际情况分期发放。此项贷款额度比普通贷款大，最高可达所缴份额的140%。贷款的期限比普通贷款长，为4～10年，利率也随时间的推移递增。从第1年的4.375%增至第5～8年的6.875%，一般分16次偿还。

(3) 出口波动补偿贷款。这是基金组织为解决初级产品出口成员国因出口收入下降、国际收支困难而在1963年2月创设的一种贷款。借款条件要求为非本国所能控制的因素造成的短期出口收入下降。贷款限额原为缴纳份额的25%，1966年9月提高到份额的50%，经基金组织同意可达到份额的100%，期限为3～5年。

(4) 缓冲库存贷款。该种贷款设立于1969年6月，用于帮助初级产品出口成员国稳定国际市场的初级产品价格，是建立国际缓冲库存所需资金的一种贷款。最高限额为份额的50%，期限为3～5年。

四、世界银行贷款

（一）概述

世界银行即国际复兴开发银行，它和国际开发协会（IDA）、国际金融公司（IFC）组成世界银行集团（即广义的世界银行）。它同国际货币基金组织一样，都是根据1944年《布雷顿森林协定》所设立的机构。它主要是对成员国的战后复兴和欠发达国家的经济开发提供较长期的资金。世界银行于1945年12月27日正式宣告成立，1946年6月25日开始营业。

(1) 目标与任务。世界银行采用提供资金、提供经济和技术咨询、促使其他方面向发展中国家投资的办法，来帮助成员国提高生产能力，改善劳动条件，促进经济发展和社会进步，改善并提高人民生活水平。

国际复兴开发银行主要是以最穷的国家以外的发展中国家为对象；国际开发协会以最穷的国家为援助对象；国际金融公司则以所有发展中国家私营和合营企业为投资对象。

(2) 成员国及其义务。加入世界银行的国家都是国际货币基金组织的成员，每个成员国都应认购一定的股份，其中一部分要实缴，一部分待缴，缴纳股金的数额参照该成员国向国际货币基金组织缴纳的份额，根据银行的财政经济情况协商决定。到1983年6月，世界银行共有144个成员国，中国是世界银行的创建成员国，于1980年5月15日恢复了我国在世界银行集团的合法席位。

（3）组织机构和管理。理事会为银行的最高权力机构，由每个会员国指定理事和副理事各 1 人组成。任期 5 年，可以连任。副理事只有在理事缺席时才有投票权。理事会每年举行一次年会，按例惯一般与国际货币基金组织理事会联合举行。

执行董事会由理事会授权处理日常重大事务，由 21 名执行董事组成，其中 5 名由认缴股金最多的美、英、法、日、德国 5 个成员国各派 1 名，其余 15 名由其他成员国按地区分组推选，每两年改选一次。我国由于拥有一定投票权，可单独推选 2 名执行董事。

世界银行设行长 1 人，副行长若干人（其中高级副行长 2 人）。由执行董事会派选，主持日常工作，行长不能兼任理事和执行董事，主持执行董事会，无权投票，只有在执行董事会表决中双方票数相等时，才可投决定性的一票。世界银行总部设在华盛顿，约有 50 个下属局级办事机构和办事处等分支机构，总部现有员工 25 000 人以上，其中专业人员 2 800 多人。

（二）贷款业务

1. 贷款的政策和方向

世界银行以对成员国提供中长期贷款、促进其经济发展为主要业务，实行以下政策：

（1）只有成员国才能申请贷款。

（2）可以向成员国的政府及其机构、企业贷款，对私营企业贷款必须有政府担保。

（3）只贷给有偿还能力的成员国，贷款要如期归还。

（4）不与其他贷款机构竞争，当确认成员国不能以合理条件从其他来源获得资金时，才考虑给予贷款。

（5）结合申请贷款国的项目计划发放贷款。对申请的项目，必须经世界银行调查审定并与成员国研究商讨，确属经济上优先考虑时，才能提供贷款。在特殊情况下，也发放其他贷款。

（6）对其资助的项目，一般只提供货物和所需全部外汇，通常只贷给项目总投资的一部分（视项目的内容从 20%到 80%不等），但在某些情况下也可以提供部分国内费用。

（7）贷款专款专用，并受世界银行监督。

（8）贷款总额度不得超过足额的已认缴资本、准备金和盈余总额之和。

世界银行贷款主要用于农业及农村发展、能源、交通运输、教育、人口计划及计划生育、城市发展等方面。

2. 贷款的条件

根据条件不同，主要分为国际复兴开发银行的有息贷款和国际开发协会的无息信贷。

有息贷款俗称硬贷款，条件较苛刻、利息较高。贷款期限一般为 15～20 年，宽限期一般为 3～5 年。贷款在签约生效后按贷款总额一次缴纳 0.25%的“先征手续费”（也可以计入贷款额一起滚动计算）。从贷款提用之日起计息。利率从 1982 年起实行浮动利率，利率每半年确定一次。每个利息期的浮动利率，按照该行计划在此利息期向各有关金融机构提取借款的平均利率加上 0.5%计算。对于已生效未提支的部分贷款，从签约之日开始，每年征收 0.75%的承诺费。

无息信贷俗称软贷款、条件优惠。贷款期限为 50 年，含 10 年宽限期。在宽限期内只付手续费。对已签约生效的贷款，已支用部分每年征收 0.75%的手续费，未支用部分每年征收0.5%的承诺费。

3. 贷款使用货币

世界银行的贷款以美元计算，但借款成员国可按其需要的货币支取贷款，银行用支付货币与美元的汇价折合成美元入账。

4. 其他形式的几种贷款

主要有：中间金融机构贷款、非项目贷款、结构调整贷款、联合贷款等。

5. 项目贷款周期

世界银行项目贷款周期由六个环节组成：

（1）项目选定。由借款国与世界银行合作，对借款国初步提出的项目分别进行筛选，然后将合格的项目纳入贷款规划。

（2）项目准备。即项目的前期准备工作。借款国或借款机构对选定的项目从技术、组织、经济、财务、社会等方面进行可行性研究，并编制报告。世界银行只提供指导和财政援助。该阶段时间较长，可能长达一两年之久。

（3）项目评估。由世界银行工作人员对项目的各个方面进行全面系统的审查，并提出贷款额度、借款条件等建议。世界银行工作人员写出书面报告，征求借款人意见进行修正。该报告是谈判的基础。

（4）项目谈判。借款人代表与世界银行代表就贷款协定进行讨论，其中包括贷款的条件、保证项目成功所采取的步骤等，取得一致意见后，将贷款协定草案和评估报告一并提交执行董事会和借款国政府讨论通过，待批准后随即签署贷款协定。

（5）项目执行。由借款国负责项目执行和经营，世界银行则通过借款者报送的项目执行报告和定期现场考察对项目实行监督，并随时提出政策和工作程序的改进意见。

（6）项目评价。项目完成后，由该项目的银行主管人员准备一份项目完成报告，经业务评议局审查，并由其编写一份独立的项目审核报告，送交执行董事会主席做出详细、正确的评价，以利于以后的工作。

（三）贷款财务

1. 贷款的资金来源

（1）成员国缴纳的股金，即成员国认缴股金中的实缴部分。世界银行按股份公司的原则组织建立。初期法定资本为100亿美元，全部资本分为10万股，每股10万美元。凡成员国均需认股，其股份分两部分：一是成员国认购的股份，先缴20%，其中2%要用黄金或美元缴纳，其余以成员国本国货币缴纳。因为1959年世界银行资本增加1倍时，成员国并未相应增加股金，故其缴纳比例也都减少了一半。二是其余80%（1959年后为90%）的股份，列为待缴资本，只有在世界银行需要对外偿付债务时，成员国才以黄金或美元或银行需用的其他货币缴纳。

（2）借入资金。一种是向成员国中工业发达国家和石油输出国借款。1978年借款达190亿美元。另一种是发行债券。其中1/3是向成员国的政府机构和中央银行直接销售，2/3是通过投资银行和商业银行对投资者或国际金融市场发行。在世界银行对外发放的贷款中约70%来源于债券募集的资金。

（3）债权转让和留存的业务净收益。世界银行通过将贷出资本债权转让的办法，收回一部分资金，扩大银行贷款资金的周转能力，也为一些国家扩大资本输出开辟了另外的安全途径。

世界银行通过贷款获取利息，承诺费、启用费、投资收益等业务净收入也是贷款资金的来源。此收益有逐年增长之趋势。历年的净收益一部分以赠款形式拨给开发协会用做信贷，其余作为银行本身的储备金并发放贷款。

2. 贷款的提取（支付）

根据世界银行规定，提取贷款的资金仅能用于偿付采购货物或有关工程项目的实际支出。因此贷款生效后，世界银行并不将全部或一部分贷款支付给借款者，而是全部记入贷款账户，按贷款项目需要支付货物或劳务的金额从账户上提取款项。

支付方式大体有三种：（1）借款者垫付，再向世界银行申请偿还。（2）在货物和劳务需要付款前，借款者提出申请，要求世界银行以“借款者”的名义，直接向供货人付款。（3）世界银行根据借款者的申请，先向供货人所在国的商业银行交付款保证，然后再偿还商业银行根据信用证所垫付的贷款。

3. 贷款的偿还

从 1980 年 7 月 1 日起，世界银行对硬贷款的还本付息采用了“货币总库制”，以便使各贷款国共同分担世界银行所有贷款支付的多种货币的汇兑风险。即把世界银行的所有支付未偿还的贷款额（计 41 种货币）加权计算，还本时按当时混合计算的折合率还款，利息的计算也是如此。

五、国际银行贷款

（一）国际银行贷款概述

国际银行贷款是一国借款者在国际金融市场上向外国贷款银行借入的货币资金。国际银行贷款反映了国家间的信贷关系，是利用信贷进行间接国际投资的一个渠道。

20 世纪 70 年代以来，世界资金市场迅速发展的十几年内，贷款利率平均保持在 1%～2%左右。这就为各发展中国家加强本国经济的独立性，从过多的直接投资逐步转向利用贷款，尤其是国际银行贷款，创造了良好的时机。

各国经济的发展需要借用国外资金，而无论是政府贷款还是国际金融组织贷款等优惠信贷都有条件限制，资金数量有限，也不易争取。于是，各国就积极争取吸收国际资金市场的资金，以便灵活应用，发展生产。

在资本主义经济的发展过程中，国际银行信贷也和其他形式的信贷一样，成为国际经济交往和当代国际贸易中的信用中介，这些信用既促进了国际经济的发展，也逐渐加深了资本主义各种内在的矛盾。

1. 国际银行信贷的表现形式

第一，国际银行信贷是在国际金融市场上进行的。

金融市场是借贷资本的场所，有国内金融市场和国际金融市场之分。国内金融市场是在一国领土之内活动，借贷双方为同一国家的法人或自然人。国际金融市场是在世界或某一地区的资金市场上活动，借贷双方是不同国度的法人或自然人。在国际金融市场中，一些国家的中央银行、商业银行、其他银行和金融机构参加市场的金融活动，充当了最初存款者和最终借款者的中介机构角色。目前，欧洲货币市场已成为世界上规模最大的国际金融市场。

第二，国际银行信贷有债权和债务的双重性。

虽然国际银行信贷是在一国借款者与外国贷款银行之间进行的，但作为银行信贷当事人，它占有债务和债权两个方面。对提供资金的外国银行或银团来说，国际银行是债务人；对世界各国的借款者来说，国际银行又成为债权人。因此形成了最初存款者与国际银行之间和国际银行与最终借款者之间的双重债权债务关系。

第三，国际银行的信贷关系表现为货币资本（借贷资本）的形态。

目前，几乎每一个国家都发行自己的货币，在本国充当法定的流通手段。但是，大多数国家的货币不能自由兑换，因此无法充当国际信贷使用的货币。现今世界上可以自由兑换的国家货币有40多种，其中在国际经济往来中经常使用的有美元、欧元、英镑、日元等十几种。国际银行就是通过这些货币资本的交换来完成信贷过程的。

2. 国际银行信贷的特点

与其他国际信贷相比，国际银行信贷有如下特点：

首先，其资金使用比较自由，不受贷款银行的制约。政府贷款一般有采购商品的限制，借款国往往需要全部或部分地采购贷款国的商品，再用自己的初级产品（如煤、石油等）来偿还贷款。国际金融机构的贷款也都与特定建设项目相联系，要求专款专用。项目贷款也是与特定的建设项目联系在一起的。国际银行信贷没有贷款用途的限制，借款者可以根据自己的需要自行安排使用，因此又称其为自由外汇贷款。

其次，国际银行中长期信贷资金供应充分，借取方便，每笔贷款可以有较大金额。

最后，国际银行中长期信贷条件苛刻，属于市场利率，受供求影响其利率水平较高。贷款期限一般为3～5年（独家银行贷款）和5～10年（银团贷款）。

3. 国际银行信贷的种类

国际银行信贷可分为短期信贷和中长期信贷两种。

短期信贷，包括银行之间的信贷和银行对非银行客户的信贷。银行之间的信贷被称为银行同业拆放，在整个短期信贷中占主导地位。这种拆放往往要经过多次，时间不超过1年，每笔贷款交易额为10万美元或10万美元以上。这种辗转式的拆放使银行获取了利息差额的收益。银行对非银行客户的信贷主要指银行以政府机构、公司、企业等为信贷对象，是此信贷的最终体现。该信贷使国家政府利用短期资金弥补了国际收支短期逆差和其他短期支付，使公司、企业解决了流动资金问题，同时也给投机者套汇、套利、牟取暴利提供了可能。

中长期信贷期限在1年以上，一般为2～5年或5～10年，信贷不限定用途，由借款人自由应用。借款人是指银行、公司、企业、政府机构和国际机构等。此种信贷的期限长、数额大，所以风险也大。为了增强贷款事务的可靠性，每项贷款的双方都要签订协议并规定有关事项，而且必须由借款者所属国家的政府提供贷款担保。为了加强资金的供应能力并分散贷款的风险，除一般额度贷款可由一家银行承揽外，对金额庞大、期限较长的贷款则需要多家银行筹集资金，共同提供。

（二）国际银行贷款条件

国际银行贷款条件是为保障借贷双方的权益、促成贷款协议，规定利息、费用、偿还期限和选择货币等方面的权利和义务。

1. 贷款利率

利息是贷款者获取报酬的主要来源，利息的多寡又取决于利率的高低。银行贷款的利率受世界经济中平均利润水平和国际金融市场变化与发展的影响，处于经常的变动之中。国际银行贷款的利息比国家贷款、国际金融组织等贷款都要高，它是按国际金融市场的利率来调整的，依据贷款市场、贷款货币种类及贷款期限的不同而有所差异。

下面以美元为主，介绍几种货币贷款的利率。

因经济发展的过程、状况和地域不同，有欧洲美元和亚洲美元之分。在整个欧洲货币市场中，欧洲美元市场一直占主导地位，伦敦则是该市场的中心，伦敦银行同业拆放利率（LIBOR）是欧洲美元信贷利率的计算基础。

在短期信贷中，有资格的各主要银行（如英国清算银行、海外银行等）根据金融行情分别报出自己的利率，各银行间报价差距很小，约在0.06%。以此为依据，各银行向存款人提交存款利率，又向拆借银行或借款人收取贷款利率，并以0.25%～0.5%的利差获得利润。短期信贷利率因风险相对较小，多采用固定利率，除以此收取利息外，一般不加收其他费用。根据隔夜、7天、1个月、3个月、6个月、1年等不同时间范围分成不同的档次，一般是时间越短利率相对越低，反之则越高。欧洲美元短期信贷采取贴现法收取利息，即利息先付的方法。

对于中长期信贷，多采用加息的办法，就是在LIBOR的基础上加一定幅度的利率差。附加利率一般较为固定，其大小则视贷款金额的多少、期限的长短、贷款的货币风险、资金的供求情况和借方的资信，由双方商定。中长期信贷利息在计息期末（每3个月或6个月的期末）支付一次，所以这种分期付息的方法是一种复利，而且计息期越短，利息越高。

亚洲美元的贷款利率与欧洲美元大体相同，其中长期信贷利率是以新加坡银行同业拆放利率（SIBOR）或中国香港银行的同业拆放利率（HIBOR）为基础，加上附加利率构成的。而SIBOR和HIBOR的水平与变化都要受到LIBOR的影响。

在日本，有的银行贷款采用固定利率，按国内优惠利率增减一定比率，也有一些银行实行浮动利率。

2. 各项费用

（1）管理费。在银团贷款中，由牵头银行向借款人收取的一种费用，费率一般是贷款金额的0.25%～0.5%。

（2）代理费。由于牵头银行在整个贷款期内，需要与借款人、参与行联系，在联系过程中需要借款人支付的电报、电传费及办公费等，叫作代理费。代理费的收取标准不一，计算方法是按年计算。在贷款期内每年由借款人支付一笔固定金额给牵头银行。目前，国际上最高的代理费是1年5万～6万美元。

（3）杂费。指某银行作为牵头银行与借款人之间进行联系、谈判，直至签订贷款协议前所发生的费用。这种费用包括牵头银行为贷款协议的达成而发生的差旅费、律师费等。一般的支付方法是牵头银行提出账单，由借款人一次支付。杂费的收取标准不一，高的可达10万美元。

（4）外国银行贷款除收取利息外，往往还收取承担费，一般按0.125%～0.25%的年利率计算。在签订借款协议前，都要规定承担期，在承担期中一般又分为两部分，前一段为不收承担费时期，后一段为计收承担费时期。

3. 贷款期限

国际银行采取吸收存款的方式（主要是吸收非银行客户存款）来筹措资金。短期贷款的期限有隔夜、周、月、季至1年不等。中期贷款期限为1～5年，额度在1亿美元左右，常常是银行间的信贷。长期贷款期限为5～10年，额度在1亿美元以上，常以银团方式提供，以便增加资金能力和分担风险。所谓“辛迪加贷款”就是银团贷款的一个别名。

4. 贷款偿还

（1）偿还。对于期限较短或金额相对较少的中期贷款，一般实行本金到期一次偿还。对于期限长、金额较大的贷款，实行有限期的分次等额偿还或无限期的逐年分次等额偿还。

（2）提前偿还。是借款人为了避免市场货币汇率上浮，为了能够充分利用本国外汇和多种筹措资金的渠道，在与外国银行签订贷款协议时所争取到的一种还贷方式。

（三）国际银行贷款实务

1. 国际银行贷款形式

（1）独家银行贷款（也叫双边中期贷款）是金额在1亿美元以下的一国银行对另一国银行、政府、企业、公司的贷款。此种贷款成本费用较低，期限为3～5年，借款双方需签订贷款协议。

（2）银团贷款（也叫辛迪加贷款）金额为1亿～10亿美元，是由牵头银行出面、多家银行联合组成的对另一国银行、政府、公司、企业的贷款，其成本较高，期限一般为5～10年，双方需签订协议。

（3）项目贷款是用于特定大型工程项目的贷款，多以将来该项目的收益来偿还。这种方式可以扩大那些财力不足国家的借债能力，手续比较繁杂，也是国际贷款的一种形式。

2. 贷款协议

贷款协议是为了保证信贷的实现，借贷双方当事人相互做出的约定和保证。随着经济局势和国际金融市场的变化，银行贷款协议条文也变得日趋复杂。贷款协议的内容主要有以下几个方面：

（1）贷款选择和使用的货币。

（2）贷款使用期限。

（3）贷款金额的大小。

（4）贷款利率。

（5）附加费用。

（6）提前偿还条款。

（7）违约处置。

（8）保证条件和消极保证条件。

（9）适用法律条款。

（10）资金交接的地点、时间、方式等规定。

（11）资金用途限定条款。

（12）税收条款。

3. 银行贷款的风险

银行贷款的风险体现在借贷双方。对于银行一方而言，风险主要表现为商业风险和国家风险，商业风险来自借款方不能按时偿还贷款本金和支付利息的情况，国家风险主要是由贷款国政治、经济和社会等方面的变动因素所引起的。

为了充分估计、预防和补救因风险带来的损失，就要求银行或银团的牵头银行在贷款前对借款国的政治、经济、社会、国情和借款者的资金力量、生产能力、经营管理水平、信誉等进行全面的调查和综合研究，注意信贷偿还的办法，确定借款业务的风险率，以便制定贷款的多项条件，并按照规定的条件要求借款人向银行提交偿付的借据。这种借据除作为担保依据外，也可以作为有浮动利率的证券发行。

对于借款者来说，银行贷款带来风险的原因主要是汇率和利率的影响。因此在借款时既要考虑自身借款的宏观效益和目的，又应采取择优实用和简便的原则。根据国际市场状况，尽可能地选择有利的货币，灵活接受联合融资等提供贷款的方式，正确地运用货币的折算率，加强和提高汇率预测水平，选择可信赖的稳定的国际银行贷款，以防范和避免贷款所带来的风险。

【本章小结】

本章第一节围绕国际资本市场的发展、现状、趋势和结构进行了介绍，阐述了国际股票市场与国际债券市场的发展与现状、种类、特点以及功能，并在专栏中介绍了在世界上有着重要影响的资本市场。第二节首先介绍了国际信贷的概念、作用及分类，继而讲述了几种形式的国际信贷：政府贷款、国际货币基金组织贷款、世界银行贷款和国际银行贷款的背景、概况、贷款条件及操作实务等。

【本章要点】

- 国际股票市场
- 国际债券市场
- 国际信贷
- 政府贷款、国际金融组织贷款与国际银行贷款
- 直接融资方式与间接融资方式的区别

【本章关键术语】

国际股票　场内市场　场外市场　第三市场　第四市场　国际债券　欧洲债券　外国债券　欧洲美元债券　欧洲日元债券　欧洲资本市场　离岸资本市场　国际信贷　政府贷款　国际金融组织贷款　国际银行贷款　国际货币基金组织　世界银行

【本章思考题】

1. 简述国际股票的种类。

2. 简述国际债券的种类。
3. 简述国际信贷的种类。
4. 简述政府贷款的性质、特点与操作实务内容。
5. 简述国际货币基金组织贷款的操作实务内容。
6. 简述世界银行贷款的操作实务内容。
7. 简述国际银行贷款的形式、特点与操作实务内容。

第五章

国际投资中的主体：跨国公司

学习目标

- 掌握跨国公司的概念和类型
- 掌握跨国公司的特点
- 掌握跨国公司的作用
- 熟悉跨国公司的形成与发展过程
- 了解跨国公司对外投资的参与方式
- 熟悉跨国公司的全球经营战略和风险管理

第二次世界大战后，随着科学技术的进步和生产社会化程度的提高，国际分工和生产国际化得到扩大和加强，跨国公司得到迅速发展，并成为重要的国际投资主体。二战后跨国公司对外直接投资规模的扩大，大大加强了各国间生产领域的相互依赖和相互渗透，从而对整个世界经济的发展产生了广泛而深刻的影响。跨国公司在当代科学技术、国际经济和国际贸易中已成为最具影响力、最活跃的经济力量。

第一节　跨国公司概述

一、跨国公司的概念

跨国公司一般是指大型企业或集团，依赖其雄厚的资本和先进的科学技术，通过对外直接投资等方式，在国外设立分公司或控制东道国当地企业，使之成为其子公司，并从事国际化生产、销售和其他经营活动，以获取高额利润为目的的国际性企业。

跨国公司也称多国企业、国际企业、环球公司或宇宙公司，这些不同的名称旨在强调其"多国性"，区别于那些只在一个国家内经营的"单国性公司"。1972 年，联合国经济与社会理事会通过决议，由联合国秘书长指定一个知名人士小组研究"多国公司的作用及其对发展过程，尤其是发展中国家的发展过程和国际关系的影响”，在知名人士小组1973年提交的题为《多国公司对发展和国际关系的影响》的报告中使用的是“多国公司”。但是在1974年联合国经社理事会第57届会议上讨论知名人士小组报告时，一些代表尤其是拉美国家代表提出，在拉美国家，“多国公司”特指那些在安第斯条约组织（the Andean Group）帮助下由该组织成员共同创立与经营的公司；而那些主要以一国为基地，从事跨国生产经营活动的公司应称为“跨国公司”。联合国经社理事会采纳了上述建议，并决定将各种名称统一为“跨国公司”，并设立政府间的跨国公司委员会和跨国公司中心，作为永久性机构。

二、跨国公司的类型

按照不同的角度和划分标准，可以将跨国公司划分为以下不同类型：

（一）按经营项目分类

1. 资源开发型跨国公司

资源开发型跨国公司以获得母国所短缺的各种资源和原材料为目的，对外直接投资的项目主要涉及种植业、采矿业、石油业和铁路等领域。在跨国公司早期积累时期多采用这种形式，比如在19世纪，处于资本原始积累时期的英、法、荷等老牌殖民国家的特许公司，在向美国、加拿大、澳大利亚和新西兰等经济落后而资源丰富的国家进行直接投资时，其投资就主要集中在种植业、采矿业和铁路。现代的资源开发型跨国公司主要集中于采矿业和石油开采业，如著名的埃克森-美孚公司（Exxon-Mobil）、英荷壳牌公司（Royal Dutch Shell）。

2. 加工制造型跨国公司

加工制造型跨国公司以巩固和扩大市场份额为主要目的，在东道国从事机器设备制造和零配件中间产品的加工业务。这类跨国公司的经营范围以生产加工为主，生产各种消费品供应东道国或附近市场，或者对进口原材料进行加工后再出口。这类跨国公司主要生产和经营诸如金属制品、钢材、机械及运输设备等产品，随着当地工业化程度的提高，公司经营逐步进入到资本货物部门和中间产品部门。加工制造型跨国公司是当代一种重要的公司形式，为大多数东道国所欢迎。美国通用汽车公司（General Motors）作为世界上最大的汽车制造公司，是加工制造型跨国公司的典型代表。

3. 服务提供型跨国公司

服务提供型跨国公司主要是指向国际市场提供技术、管理、信息、咨询、法律服务以及营销技能等无形产品的公司。这类跨国公司主要包括跨国银行、保险公司、咨询公司、律师事务所以及注册会计师事务所等。20世纪80年代以来，服务业开始迅猛发展，已逐渐成为当今最大的产业部门，而服务提供型跨国公司也逐渐成为跨国公司的一种重要形式。

（二）按经营结构分类

1. 横向型跨国公司

横向型跨国公司是指母公司和各分支机构从事同一种产品的生产和经营活动的公司。在公司内部，母公司和各分支机构之间在生产经营上的专业化分工程度很低，生产制造工艺、过程和产品基本相同。这类跨国公司的主要特点就是母子公司之间在公司内部可以相互转移生产技术、营销经验和商标专利等无形资产，有助于增强各自的竞争优势与公司的整体优势、减少交易成本，从而产生强大的规模经济效应。横向型跨国公司的地理分布区域十分广泛，通过在不同的国家和地区设立子公司与分支机构就地生产与销售，以克服东道国的贸易壁垒，巩固和拓展市场。

2. 垂直型跨国公司

垂直型跨国公司是指母公司和各分支机构之间实行纵向一体化专业分工的公司。纵向一体化专业分工又有两种具体形式：一是指母子公司生产和经营不同行业的相互关联产品，如自然资源的勘探、开发、提炼、加工制造与市场销售等；二是指母子公司生产和经营同行业不同加工程序和工艺阶段的产品，如专业化分工程度较高的汽车行业与电子行业等的关联产品。垂直型跨国公司把具有前后衔接关系的社会生产活动国际化，母子公司之间的生产经营活动具有显著的投入产出关系。这类公司的特点是全球生产的专业化分工与协作程度高，各个生产经营环节紧密相扣，便于公司按照全球战略发挥各子公司的优势；而且由于专业化分工，每个子公司只负责生产一种或少数几种零部件，有利于实现标准化、大规模生产，获得规模经济效益。

3. 混合型跨国公司

混合型跨国公司是指母公司和各分支机构生产和经营互不关联产品的公司。混合型跨国公司是企业在世界范围内实行多样化经营的结果，它将没有联系的各种产品及其相关行业组合起来，加强了生产与资本的集中，规模经济效果明显；同时，跨行业非相关产品的多样化经营能有效地分散经营风险。但是由于经营多种业务，业务的复杂性会给企业管理带来不利影响，因此具有竞争优势的跨国公司并不是向不同行业盲目扩展业务，而是倾向于围绕加强核心业务或产品的竞争优势开展国际多样化经营活动。

（三）按决策行为分类

1. 民族中心型公司

民族中心型公司（ethnocentric corporations）的决策哲学是以本民族或本国为中心，其决策行为主要体现母国与母公司的利益。公司的管理决策高度集中于母公司，对海外子公司采取集权式管理体制。这种管理体制强调公司整体目标的一致性，优点是能充分发挥母公司的中心调整功能，更优化地使用资源，但缺点是不利于发挥子公司的自主性与积极性，且东道国往往不太欢迎此模式。在跨国公司发展的初期，一般采用这种传统的管理体制。

2. 多元中心型公司

多元中心型公司（polycentric corporations）的决策哲学是多元与多中心，其决策行为倾向于体现众多东道国与海外子公司的利益，母公司允许子公司根据自己所在国的具体情况独立地确定经营目标与长期发展战略。公司的管理权力较为分散，母公司对子公司采取分权式管理体制。这种管理体制强调的是管理的灵活性与适应性，有利于充分发挥各子公司的积极性和责任感，且受到东道国的欢迎。但这种管理体制的不足在于母公司难以统一调配资源，而且各子公司除了自谋发展外，完全失去了利用公司内部网络发展的机会，局限性很大。在跨国公司迅速发展的过程中，东道国在接受外来投资的同时逐渐培养起民族意识，经过多年的积累和发展，大多数跨国公司的管理体制从集权和本民族为中心转变为多元中心型。

3. 全球中心型公司

全球中心型公司（geocentric corporations）既不以母公司也不以分公司为中心，其决策哲学是公司的全球利益最大化。相应地，公司采取集权与分权相结合的管理体制，这种管理体制吸取了集权与分权两种管理体制的优点，事关全局的重大决策权和管理权集中在母公司的管理机构，但海外子公司可以在母公司的总体经营战略范围内自行制定具体的实施计划、调配和使用资源，有较大的经营自主权。这种管理体制的优点是在维护公司全球经营目标的前提下，各子公司在限定范围内有一定的自主权，有利于调动子公司的经营主动性和积极性。

三、跨国公司的特点

跨国公司是从事国际化生产的企业组织，它要对产品的生产、运销、资金筹措及资金投放等各种经济活动进行国际化的安排。因而它与一般国内企业以及其他国际经济组织相比，有以下几方面的特点：

（一）生产经营活动的跨国化

这是跨国公司经营方式最基本的特征。跨国公司不同于国际卡特尔，后者的经济活动只限于再生产周期的完成阶段，即仅是瓜分世界商品销售市场的国际垄断同盟。而跨国公司则对再生产周期所有的环节都进行国际化的安排。跨国公司通过对外直接投资，在海外几个甚至几十个国家或地区新建或收买现有企业，利用当地资源和廉价劳动力，就地进行生产、销售和其他经营活动，从而使再生产过程在很大程度上都在国际范围内实现。

（二）实行全球性战略

跨国公司以全球作为其活动的舞台，以世界市场作为其角逐的目标。它们通过对公司所处的竞争环境和公司本身条件的分析，进行多种可能的论证和抉择，制定全球性经营战略，确定产品方向和子公司的发展规模，以及向新地区、新领域扩张的步骤等。跨国公司的全球性战略目标在于使整个公司取得最大限度的利润和长远的利益。因此，跨国公司在制定经营决策时，不是孤立地考虑某一子公司所在国的市场、资源等情况和某一子公司的局部得失，而是从多国或全球角度考虑整个公司的发展。有时甚至让某子公司亏本，以便在总体上取得最大利润。跨国公司在制定经营决策时，不仅要考虑当前的利益，而且要考虑未来的发展。它往往按照合理的规模布设营业点，组织跨国界的生产线，实行定点生产、定点销售。

（三）公司内部一体化原则

跨国公司实现其全球战略的关键在于实行公司内部一体化。公司内部一体化原则要求实行高度集中的管理体制，即以母公司为中心，把遍布世界各地的分支机构和子公司统一为一个整体。所有国内外分支机构和子公司的经营活动都必须服从总公司的利益，在总公司的统一指挥下，遵循一个共同的战略，合理利用人力和财力资源，实现全球性经营活动。近几年来，跨国公司日益向混合型多种经营方向发展，使国外经营业务更为复杂，这就更加要求跨国公司的经营管理权高度集中在母公司手中，由母公司的最高决策机构总管理处掌握整个公司的产权、财权和人权。各分支机构和子公司的生产组织、产品销售、利润分配、资金筹措与运用以及人事安排等方面的决策，都必须经过总管理处才能做出决定。

（四）利用先进技术保持竞争优势

跨国公司在世界市场上，若要保持优势，或从一种优势转向另一种优势，必须在研究与开发新技术、新工艺、新产品中始终保持领先地位；否则，它将在激烈的国际竞争中败北。因此，跨国公司对外投资以开发新技术为主要经营手段，并以此影响所在国有关的产业部门。跨国公司欲保持技术优势，必须依赖巨额的研究与开发投资以及其特有的技术战略。所以，跨国公司都将研究与开发工作视为企业的未来，视为企业竞争力的核心所在。通常此类费用在跨国公司销售总额中要占5％～10％；同时跨国公司始终牢牢控制新技术部门的生产和销售。

（五）综合性多种经营发展

综合性多种经营是指母公司和子公司各自生产不同种类的产品，甚至经营彼此毫不相干的行业，根据生产、销售过程内在的需要，将有关联的生产联系起来，进而向其他行业渗透，形成生产多种产品的综合体系。跨国公司通过多种经营发展，将全球战略目标、产品多样化战略和技术转让战略有机地结合起来，从而获得最大经济利益，如美国杜邦公司、联合化学公司、德国巴登苯胺苏打公司等化学工业公司，除了经营化学工业产品以外，还兼营制药、食品、化妆品、首饰工艺品、纺织、冶金、电子、化肥、农药、运输和旅馆业等各种行业。

四、跨国公司的作用

跨国公司作为当今世界经济体系中的一个重要力量，在全球经济的发展和世界一体化的推进过程中都发挥了巨大的作用。跨国公司在世界经济体系中的主要作用和贡献有以下几个方面：

（一）跨国公司推动了世界经济的增长

近年来，以对外直接投资为主要经营方式的跨国公司已经发展成为世界经济增长的引擎，其通过对研究与开发的巨大投入，推动了现代科技的迅猛发展；跨国公司的发展也促进了生产的国际分工，推动了新的全球性生产专业化协作体系；同时，跨国公司的内部化市场促进了全球市场的拓展和延伸，深化了世界各国之间的生产、交换、流通、消费、技术与产品研发等许多方面的协作和互动，从而建立起一个联系紧密的全球生产体系和全球联网的新市场。由跨国公司推动形成的这种全球生产体系和世界市场，极大地促进了世界经济的快速增长和生产效率的快速提高。

（二）跨国公司推动了国际贸易规模的扩大

国际贸易的总量和增长速度在二战后经历了快速的发展，这与跨国公司的发展和参与是密切相关的。跨国公司通过直接投资推动了商品的输出和输入，也带动了大量的技术、服务和原材料的进出口。许多跨国公司不仅是单纯的生产者和销售者，很多情况下还是国际贸易的直接参与者。大型跨国公司通常都设有专门的国际贸易机构，利用其全球网络进行商品的销售和服务。此外，跨国公司不仅通过外部市场促进国际贸易的发展，跨国公司内部的贸易也对世界贸易的发展做出了巨大的贡献。跨国公司内部各个分支机构之间的各种设备、原材料以及其他中间产品的流通和贸易，不仅扩展了国际贸易的原有范畴，也使得当今的国际贸易逐渐向中间投入品和知识产品转型，所以跨国公司不仅促进了国际贸易的发展，也促进了国际贸易结构的转变。

（三）跨国公司促进了科技的创新和发展

为了在激烈的竞争中保持优势，跨国公司往往都十分重视科技研究与开发（R&D）活动。当前约有五分之四的世界民用研究与开发和一半左右的世界商用发明都是在跨国公司体系内进行的。很多大型跨国公司都将研发活动放在最重要的战略地位，投入巨大的人力、物力以及资金来进行研发活动，而这种巨大的研发投入使得跨国公司具有明显的创新优势。跨国公司通常通过内部和外部这两种方式转移其创新成果，这种新技术和新工艺的转移与使用，有力地促进了新技术在世界范围的传播和扩散。

（四）跨国公司优化了资源配置效率

跨国公司通过进行一体化的国际生产和贸易，可以形成配置和交换各国不同生产要素的最佳途径与方式。以价值增值链为纽带的跨国生产体系的建立和跨国公司间的内部贸易的进行，已经成为跨国公司提高资源配置效率的有效手段。对于整个世界经济而言，跨国公司的发展有效地推动了各种生产要素在国际间的转移和组合，扩大了国际直接投资和国际贸易的规模，促进了各国之间的合作与交流，使世界经济的联系越来越紧密，从而减少资源配置过程中的摩擦和阻力，不断提高资源流转和配置的效率。

（五）跨国公司促进了国际资本流动

以跨国公司为主体的国际资本流动贯穿了全球的商业、金融和贸易等领域的各个环节，对世界经济产生了巨大的影响。一方面，跨国公司的对外直接投资促进了资金的跨国流动。跨国公司在海外建立的全资或控股的子公司与母公司之间有大量的经常性资金流动；另一方面，跨国公司通过债券、股票等金融工具所进行的间接投资也带动了巨额的资金跨国流动。

（六）跨国公司推动和加快了经济全球化的进程

第二次世界大战结束以来，世界经济一体化的进程与跨国公司的发展相伴而行、互相促进。跨国公司所进行的跨国投资、生产、销售、研发等各种经营活动，无论是起到上述的促进国际贸易、优化资源配置还是加速资本流动的作用，最终都促进了经济全球化的进程。随着经济全球化和一体化的不断发展，跨国公司将在其中扮演越来越重要的角色。

第二节　跨国公司的形成与发展趋势

跨国公司是科学技术和生产力发展的结果，是垄断资本主义的产物。跨国公司的雏形可以追溯到19世纪60年代中期，至今已有150年的历史了，当时西欧和美国的一些大企业开始在海外设立生产性分支机构，从事制造业跨国经营活动，已初具跨国公司的雏形。第二次世界大战后，特别是20世纪50年代后，随着西方发达国家垄断资本的大规模对外扩张和生产的进一步国际化，对外直接投资迅猛增加，跨国公司得到了迅速发展。

一、跨国公司的形成

"跨国公司"这个词虽然在20世纪60年代才出现，但是企业跨国经营的萌芽最早可以追溯到400多年以前。早在16世纪末、17世纪初的时候，著名的英国东印度公司建立，这家公司拥有英国国王的特许状，从而可以进行跨国的特权贸易。之后在1711年英国又成立了以开发南太平洋为主要目的的南海公司。在整个17世纪和18世纪，随着国际贸易的增加、海外殖民地的开拓以及国际金融业与实业的分离，国际资本流动也有了较为明显的发展，而在这一时期陆续跨入到帝国主义阶段的西方国家开始将资本输出作为其争夺势力范围、掠夺资源的重要手段。

现代意义上的跨国公司是垄断资本主义发展的产物。19世纪60年代，资本主义从自由竞争逐渐向垄断阶段过渡，"过剩资本"的大量形成直接成为资本国际流动的动力和源泉，西方国家的一些大企业开始向海外投资，资本输出成为这一阶段的重要特征。垄断组织通过资本输出把资本主义生产方式扩大到殖民地与半殖民地国家，使得传统的垂直分工体系进一步深化，与此同时，资本输出实现了世界范围的生产国际化和社会化，加强了世界各国的相互依赖及各国对国际分工的依赖。这时的资本输出主要是英、法、德、美等资本主义强国的企业向海外进行以证券投资为主的间接对外投资，至于对外直接投资，其数额和比重都很小，并且主要是投资到殖民地和附属国的资源开发项目（如采煤、采油、开矿）以及农业种植园等，只有极少数企业在海外从事制造业生产性投资。从制造业来看，直接投资的流向主要是比较发达的国家和地区。例如，1914年英国制造业对外直接投资中近90%是投向发达国家，其中对美国的投资占70%之多。从投资主体来看，制造业投资以美国为主体，但美国当时还是接受外国投资的主要债务国，其全部对外投资的比重排在英、法、德之后。

二、跨国公司的发展历程

（一）第一次世界大战之前的萌芽阶段

19世纪下半叶到20世纪初，资本主义国家发生了第二次科技革命。科学技术的进步和工业生产的发展，引起了资本主义生产关系的变化，使主要资本主义国家由自由资本主义进入垄断资本主义阶段，形成了垄断资本主义集团的统治地位。国内垄断统治的形成，使有利可图的投资场所日益缩小。伴随着统一的世界市场逐渐被开拓出来，为了争夺市场和获得原材料，一些国家的垄断资本集团开始进行对外投资，除了投资海外证券，还在经济落后的国家和地区投资设厂，建立分支机构，从而形成早期的跨国经营企业的雏形。但是，直到第一次世界大战前，跨国公司的经营业务相对于整个经济活动来说比重还很小，功能也不健全，在国际经济领域中所起的作用很有限。这主要与当时资本输出的状况和特点有关。当时资本主义国家对外投资主要采取间接投资的形式，直接投资所占比重很小。

美国的第一家跨国公司是胜家缝纫机公司（Singer），它于1867年首先在英国的格拉斯哥建立了一家缝纫机装配厂，其产品供应欧洲和其他地区，1880年又在伦敦和汉堡设立了负责欧、亚、非业务的销售机构。在欧洲，德国的拜耳化学公司（Bayer）于1865年在美国纽约州的奥尔班尼开设了一家苯胺制造厂；瑞典的诺贝尔公司（Nobel）于1866年在德国汉堡设立了生产炸药的分厂。上述三家公司在海外设立生产性分支机构，从事跨国经营活动，已初具跨国公司的雏形，因此它们通常被看作是早期跨国公司的代表。后来，欧美不少大企业通过对外直接投资，在海外设厂从事跨国经营，如美国的国际收割机公司、国际收银机公司、西方联合电机公司以及英国的尤尼来弗公司和瑞士的雀巢公司等都先后到海外投资设厂，它们成为现代意义的跨国公司的先驱。据估计，到第一次世界大战之前，美国在海外拥有的制造业子公司已达122家，欧洲大陆国家为167家，英国有60家。

（二）两次世界大战之间的缓慢发展阶段

在这个阶段，发达国家对外直接投资增长缓慢，特别是欧洲的对外直接投资由于战争的原因，几乎处于停滞状态，因而这一时期的跨国公司的发展也受到了一定的限制。这主要是由于以下几方面原因：第一，战争造成的损失和巨额的战后重建费用使欧洲大陆由债权国变为债务国，难以筹措资金进行对外直接投资；第二，1929—1933年爆发的经济危机使资本主义世界受到重创，生产力遭到严重破坏，而且主要发达国家纷纷实行贸易保护政策，对外资进行限制与歧视；第三，世界性经济危机后国际货币秩序混乱，资本主义各国从自身利益出发，纷纷组成货币集团，实行外汇管制，限制国际资金自由流通，直接影响了对外直接投资。因此，两次世界大战期间，对外直接投资发展缓慢，虽然较战争之前有所增加，但主要集中在资源开发性行业，且具有明显的地域局限性。但是，这一阶段，美国的跨国公司由于没有直接受到战争的影响，有了较快的发展，其对外直接投资增长快于世界整体水平，在世界直接投资总额中的比重逐渐超过英国而成为世界首位，一些大型跨国企业也向欧洲和世界其他地区积极扩张，建立起遍布世界各地的生产与销售网络，跨国公司在海外的分支机构也从第一次世界大战前的100多家增加到二战爆发前的700多家。

（三）二战结束后的迅猛发展阶段

二战以后，特别是从20世纪50年代后期起，国际环境相对稳定，世界经济一体化程度不断提高，跨国公司得到迅速发展，无论是从数量还是规模上都得到了迅速提高，国际直接投资的规模也急剧增长，其作用和影响程度也超过了间接投资。这一时期跨国公司的发展可以分为三个阶段：战后初期至20世纪60年代末为第一阶段，美国跨国公司占绝对优势地位；70年代初开始至80年代末为第二阶段，国际直接投资格局逐步由美国占绝对优势向多极化方向发展；90年代初期至今为第三阶段，跨国公司在全球经济一体化时代获得长足发展。

1. 第一阶段：战后初期至20世纪60年代末

这一阶段的显著特征是：跨国公司对外直接投资在战后初期具有恢复性质，后得到迅速发展，美国跨国公司在其中居主导地位。

第二次世界大战使西欧国家经济受到重创，对外直接投资锐减。而美国在二战期间利用各种有利条件加速进行对外直接投资，二战结束时已成为世界最大的对外直接投资国，战后初期，美国垄断资本利用其他国家被战争削弱的机会，凭借在战争期间大大膨胀起来的政治、经济和军事实力攫取了世界经济霸主地位。从战后初期到20世纪60年代末，美国通过实施“马歇尔计划”，参与欧洲和国际经济重建，这为美国跨国公司大规模对外直接投资创造了极好的条件。在战后20余年间，美国的对外直接投资迅速增长，跨国公司也获得空前发展。1945 年，主要资本主义国家对外直接投资总额为 200 亿美元，其中美国占 42%，到 1967 年，对外直接投资总额达 1 050 亿美元，其中美国占 50.5%。据统计，1956 年世界最大的 200 家跨国公司中，美国有 144 家，占 70%以上。因此，这一时期美国公司几乎成为跨国公司的同义词。

2. 第二阶段：20 世纪 70 年代初至 80 年代末

这一阶段的特征是：国际直接投资规模继续扩大，西欧和日本的经济实力增强，跨国公司迅速崛起，美国跨国公司的地位相对受到削弱，国际直接投资格局逐步由美国占绝对优势向多极化方向发展。

西欧和日本经济在二战后得到迅速恢复与发展，在 50 年代初工业生产就几乎接近战前水平，它们的对外直接投资也很快发展起来，跨国公司迅速增加。70 年代，西欧和日本的跨国公司积极对外扩张，在全球范围内与美国公司展开了激烈的竞争，对外直接投资年增长率均为 20%左右，远远高于同期美国 11.1%的年均增长率。西欧跨国公司同美国公司相比，不仅数量增加，而且规模扩大，经济实力和竞争能力迅速增强，在资本、技术、管理和研发方面的差距日趋缩小，日本跨国公司的力量也在不断加强。因此，尽管美国公司在 70 年代对外直接投资增长较前期迅速，仍处于领先地位，但其相对优势已大大下降。另一方面，从 70 年代开始，随着石油大幅度涨价和某些原材料价格上涨，发展中国家经济实力大大加强，在经济发展的同时，一些发展中国家开始对外直接投资，从事跨国经营。80 年代后，亚洲“四小龙”以及巴西、墨西哥等新兴工业化国家和地区涌现了一批有相当规模与实力的跨国公司，使国际直接投资呈现出多元化、多极化的新格局。当然，与发达国家相比，发展中国家对外直接投资的资金规模与地域分布还相当有限。

3. 第三阶段：20 世纪 90 年代初期至今

这一阶段的特征是：对外直接投资持续大幅度增长，跨国公司数目空前增加，在全球经济一体化时代获得长足发展。

进入 90 年代以来，随着世界经济加速走向市场化和自由化，跨国公司的全球影响力越来越大，而作为国际直接投资载体的跨国公司成为了连接发达国家的资金、技术和管理经验与发展中国家的资源、劳动力和市场的纽带，在世界经济发展的过程中发挥了巨大的作用。据联合国贸发会议历年《世界投资报告》统计，90 年代以来国际直接投资保持持续大幅增长，远远超过同期世界贸易增长率，尤其是 90 年代中期以来增长势头更为迅猛，1996—2000 年平均增幅超过 40%，2000 年全球外国直接投资流入流量达到创纪录的 12 710 亿美元。值得注意的是，跨国并购在 90 年代特别是 90 年代中期以来交易急剧扩大，已成为国际直接投资的主要方式及其增长的主要推动力量。国际直接投资的迅速发展扩大了国际生产在世界经济中的作用，跨国公司得到空前发展，成为世界经济一体化的主力。据联合国贸发会议统计，1990 年世界跨国公司总数超过 3.5 万家，在海外设立分支机构 15 万多家，全球销售额达 5.5 万亿美元，有史以来第一次超过世界贸易总额。到了 2010 年，全世界有约 8.2 万家跨国公司，在海外拥有约 80 万家分支机构，全球销售额达约 33 万亿美元，跨国公司海外分支机构的雇员总数达到了 6 821.8 万人。但是，跨国公司的地区与行业分布很不平衡，以海外资产衡量的世界最大 100 家跨国公司中大约有 90 家的总部设在所谓“三极”国家或地区，即美国、欧盟与日本，这些公司一半以上集中在电气和电子设备、汽车以及石油勘探与分销行业。发展中国家的跨国公司虽然在 90 年代获得长足发展，但其总体实力与发达国家差距较大，其中最大的与世界最大 100 家跨国公司中最小公司的规模相当。发展中国家跨国公司在地区与行业分布上也较为集中，最大的50家跨国公司基本上来自大约13个亚洲和拉丁美洲国家和地区以及南非，它们主要集中在建筑、食品与饮料以及多样化经营的行业。

三、跨国公司二战后迅速发展的原因

第二次世界大战后跨国公司的迅速发展，有其深刻的政治和经济根源。主要因素有：

1. 二战后的科学技术革命为跨国公司的大发展提供了雄厚的物质基础

二战后以科学技术革命为内容的生产力的高度发展，使生产社会化愈益跨越国界，客观上促进了跨国公司在世界范围内的迅速发展。众所周知，二战后发生的第三次科技革命对社会经济生活的影响，远远超过历史上的前两次技术革命。它遍及各个科学领域，出现了许多新技术、新产品和新产业部门，使国际分工和生产国际化在广度和深度上都大大向前迈进了一步。

2. 发达资本主义国家的生产和资本高度集中，以及资本过剩是跨国公司发展的主要原因

二战后，主要资本主义国家出现过多次大规模的企业合并浪潮。例如美国从20世纪50年代中期以来就已经历了三次大的合并浪潮，使原有公司规模不断扩大；西欧国家和日本的生产和集中程度原本就很高，二战后这些国家的生产和集中度进一步加强。这些生产经营规模不断扩大的企业在垄断了国内市场之后，要进一步发展，就必须走出国界，寻找新的投资场所和销售市场。一般情况是，企业规模越大，某一行业的生产能力超出有支付能力需求的程度就越大，使国内有利可图的投资场所越显狭小，资本过剩问题越显尖锐，它们就越迫切要求向国外扩张，以谋取高额利润。

3. 现代化的交通运输工具和通讯设备的出现，是保证跨国公司迅速发展不可缺少的物质条件

由于采取了新型的国际交通和通讯工具，大大缩短了国与国之间的空间距离，并为加强各国之间的经济联系起了重要作用。跨国公司规模比较大，一家大的跨国公司，有几十家甚至上千家子公司分布在世界各地。如果没有现代化的交通工具和通讯设备，要管理好这样庞大的公司是相当困难的。有了电传电视和电子计算机信息系统，可把公司各部分紧密联结起来，构成一个整体，并由母公司对相隔数千里的子公司的生产、销售、财务活动等及时进行指导、控制和协调，以保证跨国公司的集中管理。

4. 二战后殖民体系瓦解，发展中国家发展民族经济的要求促进了跨国公司的发展

二战后，亚非拉国家民族解放运动蓬勃发展，殖民地附属国纷纷独立，殖民体系瓦解。帝国主义为了在新的条件下继续维持其统治，就利用跨国公司作为工具来保住在发展中国家原有的经济利益和政治地位。同时，一方面，发展中国家政治独立后，要发展民族经济，但是又遇到资金不足、技术落后和缺乏管理经验等困难，它们希望在尊重国家主权的基础上、在一定范围内、在平等互利的原则下引进跨国公司的资本和技术。这就给跨国公司的发展提供了机会，推动了跨国公司的发展。另一方面，为参与国际分工，发展生产力，发展中国家的跨国公司也迅速地发展起来，从而在世界范围内促进了跨国公司规模和速度的发展。

四、当前跨国公司发展的新特点和新趋势

经历了整整一个多世纪的漫长岁月，跨国公司由小到大、由少到多，获得了举世瞩目的

发展。二战后，由于整个世界的政治、经济环境发生了变化，生产力水平不断提高，技术更新速度不断加快，运输、通讯条件不断改善等诸多因素，使跨国公司获得了迅速的发展。特别是 20 世纪 90 年代以来，跨国公司发展更加迅速，其数量、规模、经济实力、科研开发能力都达到空前水平，成为国际资本运动的载体和主体，成为世界经济发展、经济全球化和一体化过程中的支柱力量。面对现今区域化、全球化的发展，发达国家跨国公司对经营原则、经营方式、参与形式进行了调整，表现出新的特点和发展趋势。

（一）跨国并购成为跨国公司投资的主要方式

“新建投资”与“跨国并购”是跨国公司对外直接投资的两种基本方式。20 世纪 90 年代以前，国际直接投资主要通过在东道国的新建项目来形成生产能力，进入目标市场。而 20 世纪 90 年代以后，随着经济全球化的快速发展，跨国公司的经营战略也开始倾向于全球化，由此导致的新趋势是跨国公司开始以全球市场为目标来争取行业领先地位，在本行业的经营发展过程中追求规模的扩大，从而提高全球市场的占有率和取得全球利润。由于跨国并购方式具有能够迅速扩大企业规模、快速进入目标市场、扩大市场份额等优点，所以跨国公司在对外直接投资中开始更多地选择跨国并购的方式。特别是 1995 年以来，国际并购成为跨国公司对外扩张的主要方式，交易额急剧增长，在世界对外直接投资流出和流入总额中的比重迅速上升（见表 5—1）。

表 5—1　　国际直接投资与全球跨国并购

年份	国际直接投资总流量（亿美元）	全球跨国并购交易额（亿美元）	全球跨国并购交易额占国际直接投资的比重（%）
1995	3 287	2 290	69.7
1996	3 589	2 750	76.6
1997	4 643	3 420	73.7
1998	6 439	4 110	63.8
1999	8 655	7 200	83.2
2000	13 000	11 430	87.9
2001	7 350	6 010	81.8
2002	6 510	3 570	54.8
2003	5 600	2 970	53
2004	6 480	3 810	58.8
2005	9 460	7 160	75.7
2006	13 070	8 800	67.3
2007	18 330	16 370	89.3

资料来源：联合国贸发会议跨国公司与投资公司：《世界投资报告》，1996—2008 年。

从表 5—1 可以看出，1995 年以来，跨国并购交易额占国际直接投资的比重都超过了 50%。2007 年，跨国公司并购总额更是高达 16 370 亿美元，占国际直接投资的 89.3%。因此，可以说“跨国并购”已取代“绿地投资”方式成为跨国公司投资的主要方式。

（二）服务业成为跨国公司投资的主要产业

当今以发达国家为领头羊的世界经济正在向服务型产业发展。随着科技的发展，由于服务业能在生产、就业、贸易和消费等方面发生良性效应，使其在各国特别是发达国家国民经济中的地位和作用不断上升，发达国家逐步形成以服务业为主的产业结构。产业结构的这种变化也使服务业成为西方发达国家跨国公司进行国际投资的主导产业，并且发达国家跨国公司之间服务业相互投资也日益增加。根据联合国贸发会议统计，20 世纪 50 年代服务业对外投资占国际直接投资总额的 20%，70 年代上升到 25%，80 年代中期达到 40%，90 年代则超过 50%。进入 21 世纪，随着发达国家经济自由化的推行以及金融和证券市场的成熟，必将为发达国家服务业的对外直接投资提供更为有利的条件，因此服务业对外投资的比重将会进一步上升。值得一提的是，在服务业对外投资中有相当大的部分来自跨国公司的金融子公司，跨国银行在服务业跨国经营中发展最快。另外，保险业、贸易和广告业也占较大比重。

（三）跨国公司研究与开发趋向国际化

从历史看，即使是一些国际化程度很高的跨国公司，其研究与开发机构也主要是设在母国。因为传统的跨国公司投资理论认为，研究与开发关系到跨国公司的经营战略，而研究与开发又具有一定的集聚和规模效应，要求研究机构之间分布相对集中。这样，由于经营战略常常由公司总部决策，所以研究与开发机构自然就设在公司母国。但国际竞争的加强，促使跨国公司注重核心竞争力的培育。从核心竞争力出发，最能体现“核心”二字的应该是企业的核心技术，核心技术的研究与开发必须有相关的知识资源的支撑。而随着知识经济的兴起，许多与知识经济相关的资源是跨国界存在的，跨国公司要获得相关的知识资源，就必须接近知识资源的区位设立研究与开发机构，从而促使跨国公司研究与开发趋向国际化。

就美国跨国公司而言，其拥有多数股权的外国子公司在这些跨国公司全部研发中所占的份额从 1994 年的 11%增长到了 2002 年的 13%。在 20 世纪 90 年代，德国跨国公司建立的国外研发单位比过去 50 年都多。瑞典跨国公司全部研发中的国外份额在 1995—2003 年期间从 22%增加到了 43%。在研发国际化扩大的过程中，外国子公司在许多东道国的研发活动中发挥了较为重要的作用。贸发会议在 2004—2005 年期间对世界研发活动开支最大的公司所作的调查，也显示出了研发活动新地点的重要性正在不断提高。所调查的跨国公司有半数以上已经在中国、印度或新加坡开展研发活动。在同一项调查中，高达 69%的公司认为，国外研发的份额将会增长。

（四）跨国战略联盟成为跨国公司的重要发展模式

跨国战略联盟将成为跨国公司发展的新趋势，反托拉斯法约束的削弱为跨国集团间的强强联合创造了条件，同业跨国公司之间组成跨国联盟，以提高在全球范围内的竞争力，或把相关跨国公司联合起来以合作求发展。20 世纪 80 年代中期以后，随着科技创新步伐的不断加快和国际市场竞争的加剧，世界上大型的跨国公司越来越多地采用缔结战略联盟的方式来保持和扩大自身的竞争力。目前，跨国公司战略联盟涉及的领域十分广泛，主要集中于竞争较为激烈的半导体、信息技术、生物工程、食品饮料、航运和银行等技术或资本密集型行业，并且这种联盟式的合作贯穿了研发到生产、销售和服务的全部过程。

（五）跨国公司的经营战略转向本土化

20 世纪 70 年代以前，跨国公司凭借强大的实力，一切从母国利益出发，对东道国特别是发展中国家实行掠夺式经营，导致东道国政府纷纷制定法律和政策，对外国资本的活动范围及方式等加以明确限制，甚至采取没收手段将外资企业收归国有，从而使跨国公司在东道国的经营活动处处受阻。20 世纪 90 年代以来，特别是进入 21 世纪后，随着跨国公司经营全球化趋势的加强，跨国公司一改过去无视东道国利益的经营战略，注重使其经营活动同东道国社会经济环境相融合，采用本土化经营战略。这种入乡随俗式的经营方式有助于跨国公司在东道国树立良好的公司形象和口碑，从而减少来自东道国国内的各种抵触情绪，同时对降低综合生产成本从而提高收益率也很有帮助。具体的本土化的经营战略主要有：

（1）在产品方面，努力适应当地消费需求，提高产品的国产化率。

（2）在生产方面，将一些高附加值且有出口创汇能力的产品安排在东道国生产，满足东道国对先进技术的需求。

（3）在经营管理上，一方面使其管理人员更多地了解当地文化和思维方式，从而更好地与东道国政府及社会沟通与协调。另一方面，在经营管理权上也不失时机地推行当地化政策，选用东道国员工担任某些高层领导职务。

第三节 跨国公司的全球经营战略

跨国公司的全球经营战略是其区别于国内企业的根本特征之一。跨国公司以全世界市场为角逐目标，在世界范围内实施生产力配置，充分利用各国的优势，以保证总公司的最佳经济效益。全球经营战略的意义在于，使得跨国公司拥有统一性、灵活性和有效性，享有资源和商品销售的全球统一调配的好处，最有效地使用人、财、物和技术，达到全球一体化的效果。公司全球经营战略主要包括：公司增长战略、进入新市场战略、市场选择战略、产品战略、所有权战略、技术转让战略、转移定价战略等。

一、公司增长战略

跨国公司增长战略主要有三种类型：

（一）密集型增长战略

当公司的生产和销售尚有发展潜力时，采取积极措施，开辟新领域，增加新品种，使企业经营多样化，从而全面扩大生产和销售。该战略又被称为集中型发展战略或集约型成长战略，是一种较为普遍的公司增长战略。具体有三种战略形式：（1）市场渗透战略。该战略是指以现有产品在现有市场范围内通过更大力度的营销努力提高现有产品或服务市场份额的战略。（2）市场开发战略。该战略是指密集型发展战略在市场范围上的扩展，是将现有产品或服务打入新市场的战略。（3）产品开发战略。该战略是指企业在现有市场上通过改造现有产品或服务，或开发新产品或服务而增加销售量的战略。

（二）一体化增长战略

一体化增长战略是指企业在充分利用自身产品或服务在生产、技术和市场等方面的优势，通过不断拓展其生产销售的产品链，来扩大其经营规模，提高销售收入的战略。一体化增长战略有三种具体形式：(1) 向前一体化战略。将过去销售的产品，不再直接销到市场，而是作为自己生产另一类产品的原料，从而扩大经营业务。(2) 向后一体化战略。由过去从市场购买原料改为自己生产提供原料，以此扩大经营。(3) 水平一体化战略。收买或合并同类企业，以扩大规模。

（三）多样化增长战略

多样化增长战略又称多元化发展战略或多角化发展战略，是指企业为了占领更多的市场、开辟新市场，或者避免单一经营而产生的风险，而选择进入新的业务领域的战略。其具体形式是跨国公司通过创建新厂或兼并其他企业，经营与公司原有业务没有联系或联系不大的跨行业业务，形成生产多种产品的综合体系，使企业能够保持持续的开创力和应变力。

二、进入新市场战略

在制定全球战略时，公司要对进入新的国外市场或建立新的供应来源进行认真的选择。公司进入新市场的方式由低级到高级可分为五种：(1) 技术授权；(2) 商品出口；(3) 为直接销售业务建立海外仓储设施；(4) 就地包装或装配；(5) 就地直接投资。

在保障供应来源方面，公司可从最低到最高的承诺中选择。最低承诺是在当地建立一个供应办事处，最高承诺是投资建立一个由公司经营的生产组织。

在选择最佳进入方式时，要考虑公司的生产能力、技术特点、管理资源及公司长远目标等内部因素，还要考虑东道国的政策、政治风险的大小及竞争对手的情况等外部因素。

三、市场选择战略

跨国公司选择市场目标，以此目标决定投资、供应和生产所在地，并将其纳入全球战略。

首先，要进行市场评估。其任务是对各个市场的需求和竞争情况进行预测，指出市场的发展方向。它一般包括两项内容，即对市场潜力的研究和市场的机会分析。

其次，制定市场选择战略。西方的管理学家认为，市场选择战略可以有三个方面的变化：(1) 由市场集中向市场分散变化；(2) 由防御性竞争姿态向进攻性竞争姿态变化；(3) 争夺的市场目标可在公司的母国市场、中立地区市场、竞争对手的母国市场三者之间变化。

四、产品战略

在技术日新月异的今天，产品生命周期越来越短，产品战略在公司全球战略中的位置也日显重要。

跨国公司的产品战略主要有出口带动投资策略、产品多样化策略、按产品生命周期扩展策略和国际生产专业化策略。

（一）出口带动投资策略

跨国公司首先在国内发展新产品，随着生产的发展逐渐增加产品出口数量。由于产品出口业务扩大，公司必须在国外设立一系列为销售产品服务的机构。随着国外市场的扩大，企业之间竞争日益加剧，各国政府的贸易壁垒也日益增多。这样，公司为保持原来靠出口打开并占领的市场，在竞争中降低产品成本，选择到国外投资，就地生产、就地销售。

（二）产品多样化策略

这种策略是指随着资本高度集中和竞争进一步加剧，跨国公司为确保销售市场，在竞争中取得优势，改变过去只生产一两种产品或几种性质相近产品的做法，而采取生产经营多种产品的方法。

（三）按产品生命周期扩展策略

这种策略是指对于实行单一产品的跨国公司来说，它在国外地区的投资随着其产品生命周期的各个不同阶段而逐步扩展。在产品的成长期，跨国公司只进行不做规定的小额投资。如果有成功的可能，就决定进行第二阶段，即选择关键部门、关键市场进行活动，但还有一定限度。在产品成熟期，企业才能到国外集中投资，进行大规模生产。当产品处在其生命周期的末期时，跨国公司就不再进行投资，甚至把资金抽到新的部门进行投资。

（四）国际生产专业化策略

这是近年来西方跨国公司普遍采用的一种生产经营策略。其主要内容是，从全球经营目标出发，依据国际分工和生产专业化原理，合理分配资源，采用现代化生产和运输手段，进行大规模国际性专业化生产活动。采用这种策略的跨国公司，可以把各子公司分别配置在对专业化生产最有利的国家和地区，使其子公司的地区分布适应产品和零部件的合理化生产和流转，以最大限度地降低生产成本，提高生产效率和经济效率。

五、所有权战略

所有权问题是跨国公司业务中较为棘手的问题，处理得好坏直接关系到企业的成败。所有权战略的关键是跨国公司希望拥有国外子公司所有权的程度，所有权与控制权不同，跨国公司拥有子公司的所有权并不意味着拥有其绝对控制权。

影响所有权战略的，既有公司内部因素，也有公司外部因素。

内部因素包括：（1）公司的技术、产品、管理以及销售等方面的优势。优势越大，对所有权问题就拥有越大的发言权。（2）公司的产品战略。例如执行多产品战略，就易于搞合资企业。反之，如果经营的产品比较集中，为了避免出口产品在市场上“撞车”，公司更倾向于搞独资经营。（3）母公司的财力及管理资源是否充裕。如果不充裕，那么采用合资企业的形式更便于利用当地资源。

外部因素有：（1）东道国对外资的政策、法律、法令及东道国的民族主义情绪。（2）东道国合作者的合作能力及经营效率。（3）东道国合作者在当地市场上筹集资金的能力。（4）当地的竞争者及竞争情况。（5）母国政府对跨国公司海外业务的政策是鼓励还是限制。

六、技术转让战略

跨国公司要想在国际竞争中立于不败之地，就必须在研究与开发新技术、新工艺、新产品方面始终保持领先地位，并有一套合适的技术转让战略。统计资料表明，二战后跨国公司始终在新技术部门占有统治地位。

随着科学技术的飞速发展，国际技术贸易亦不断扩大。1965 年世界技术贸易总额为 30 亿美元，1975 年达到 110 亿美元，20 世纪 80 年代初期为 160 亿美元，20 世纪 80 年代中期猛增到 400 亿～500 亿美元。而技术贸易的绝大部分为跨国公司掌握，技术转让的策略在其全球战略中的地位亦越来越重要。

跨国公司有其特殊的技术转让战略。首先，把研究与开发的专利、技术应用于母国的国内生产以垄断国内市场，并通过产品出口满足国外市场的需要。其次，经过若干年后，再将该技术转让给发达国家的子公司，取得当地市场的优势。当然，跨国公司对其竞争对手是非常警惕的，它一方面竭力封锁自己的技术，另一方面又通过技术互换来获取对方的技术。最后，又经过若干年，才将该技术转让给发展中国家的子公司。在转让中还要综合考虑生产能力、投资能力及革新能力。发展中国家往往接受技术的能力有限，通常采用产业移植的方式，即将技术、管理和资本成套引进。这种分期分批的技术转让战略会延长技术独占的时间，带来最大利益。

七、转移定价战略

随着跨国公司的不断发展，其内部交易在国际贸易中的比重越来越大。目前世界贸易中约有 1/3 是在公司内部进行的。美国进口的 50%、技术出口的 80%是在母公司和国外子公司之间进行的内部贸易。这种交易价格不由国际市场供需来定，而由公司内部自定。这就涉及转移定价。

转移定价是跨国公司独有的一种经营策略。它是指跨国公司内部、母公司和子公司之间、各个子公司之间出售或采购商品、劳务和技术时相互约定的价格。这种定价在一定程度上不受市场供求法则制约，而是由公司上层决策者根据公司的全球战略制定的。

跨国公司运用转移定价的特点是随意性和机密性。作价过程中，可根据不同类型商品采用不同的定价方法。对有形商品有两种定价体系：一种是以内部成本为基础加减的转移定价体系；另一种是以外部市场价格为基础加减的转移定价体系。无形商品的转移定价主要取决于谈判时掌握信息的情况和讨价还价的能力。

恰当地运用转移定价可使跨国公司达到下述目的：

1. 减轻公司税负

例如利用区域性关税同盟的优惠规定进行逃税、避税；运用转移定价将公司利润由高税区转向低税区，减少公司的所得税。

2. 调拨资金

运用转移定价可使国外子公司分担母公司的研发与管理费用；运用转移定价还可提前收回投资。

3. 增强子公司在世界市场上的竞争力

在子公司创建之初，低价卖给子公司产品及劳务，高价收买子公司产品，进行积极扶植。

4. 减免各种风险

包括政治风险和经营风险。

5. 避免子公司利润太高引起的一系列麻烦

例如当地工人要求提高工资福利，若是合资企业，会造成合作者分红太多，引发东道国政府提高谈判条件等。

第四节 跨国公司对外投资的参与方式

跨国公司是国际直接投资的主体，所以跨国公司对外投资的参与方式与国际直接投资基本相同，也分为股权参与和非股权参与两种形式。

一、股权参与

股权参与是指跨国公司在其子公司中占有股权的份额。主要资本主义国家跨国公司股权参与的类型有四种：（1）全部拥有，即母公司拥有子公司股权的100%；（2）多数占有，即母公司拥有子公司股权的50%以上；（3）对等占有，即母公司拥有子公司股权的50%；（4）少数占有，即母公司拥有子公司股权的50%以下。全部占有股权称为跨国公司独资经营，其他三种形式即为合资经营，其差别在于对企业的控制程度。跨国公司在子公司中持有股权的比重越高，就越能控制这家子公司的活动。所以跨国公司一般都力图通过占有全部股权或占有多数股权对国外子公司进行直接控制，从而把子公司完全纳入它的全球经营体系。

（一）股权参与的影响因素

跨国公司股权参与类型的选择并不完全由跨国公司单方面决定，而要受许多因素的制约，如跨国公司自身的条件（经济实力、技术先进程度等）以及东道国的有关立法措施等。从目前跨国公司的发展状况看，影响股权参与的因素主要有以下两个方面。

1. 跨国公司母公司所属国家的不同类型

以发达资本主义国家为例，美国和欧洲的跨国公司历史比较悠久，规模比较大，技术比较先进。它们投资的重点地区一般是经济发达国家，投资的重点部门是制造业，尤其是技术密集型产业部门。所以，这些国家跨国公司国外子公司的所有权结构是以全部股权和多数股权拥有为主。20世纪70年代末以前，日本跨国公司在股权策略上与欧美跨国公司不同。日本跨国公司相对欧美跨国公司来说，规模比较小，在国外的经营活动中中小企业占很大部分，对外直接投资以确保原料供应和占领市场为主要目的，制造业投资主要投向技术比较成熟的行业，投资的重点地区是发展中国家。所以，日本跨国公司的海外子公司中，全部股权和多数股权拥有的比重较小，而少数股权拥有的比重较大。随后的十几年中，少数股权拥有所占比重有所下降，但仍占相当比重。但20世纪70年代末以后，日本跨国公司在股权策略上基本与欧美跨国公司相似，多数股权拥有的子公司集中分布在发达国家。

2. 跨国公司子公司所在国的国情

一般来说，在发达的资本主义各国之间，由于经济发展及工业技术水平差距不大，资本可以相互渗透、相互利用，且彼此之间既是跨国公司的母国，又是跨国公司的东道国，故对外资采取比较宽松的政策。例如意大利、比利时、瑞典等国的政府在对外国投资方面几乎没有什么限制，也没有专门的跨国公司法律和机构。大多数发达资本主义国家东道国对跨国公司投资的股权比例也没有特殊规定，允许外国公司在当地举办独资企业，即使是在合资企业中，股权份额的分配也由双方当事人商定，政府机构不予干涉。所以跨国公司在发达国家的投资，多半以全部股权拥有和多数股权拥有为主。而许多发展中国家，由于自身经济发展状况及历史原因，一般对外资都采取鼓励与限制相结合的政策，特别是那些曾经受帝国主义长期控制和掠夺的发展中国家，对外国投资的股权限制就更严。这些国家通常规定，只允许在个别部门设立独资企业，在合资企业中外国投资股权所占比重必须在49%以下。鉴于这种情况，跨国公司在发展中国家的投资，多数采用股权参与形式中的少数股权拥有和非股权安排形式。

（二）独资企业与合资企业

独资企业与合资企业是跨国公司拥有国外子公司所有权的两种基本形式。独资企业是指全部占有股权，而其他三种股权参与类型均属合资企业。

1. 独资企业

独资企业股权全部由母公司掌握，子公司完全受母公司控制。早期发达资本主义国家跨国公司大都采用这种形式，它们一般有较强的经济实力，具有丰富的管理经验，因而在国际生产中保持垄断优势。例如，在20世纪50年代初，美国180家跨国公司在发展中国家设立的214家子公司中，独资企业为125家，占子公司总数的58.4%。根据美国哈佛大学跨国公司研究中心的资料，美国跨国公司一向偏好全部股权拥有。因此自20世纪50年代以来，独资企业一直占半数以上。

发达资本主义国家的跨国公司偏好拥有全部股权、设立独资企业的原因是：

（1）独资企业有利于对子公司实行严密控制。跨国公司为了保证全球战略目标的实现，有时要求子公司为全公司的整体利益“牺牲”自己暂时的获利机会，而这只有独资企业才有可能做到。

（2）独资企业便于保守技术或技术“诀窍”秘密。跨国公司掌握的新技术或技术“诀窍”是其争夺市场、获取高额垄断利润的重要武器，唯恐为外人所窃取。但为了增强国外子公司的竞争能力，母公司必须向它不断提供专利技术或其他新技术。在这种情况下，如果子公司是独资企业，则可以防止技术向外扩散，有利于保持竞争优势。

（3）独资企业还可以减少在母公司和子公司之间围绕经营方针、利润分成等问题而不断发生的矛盾和冲突。

2. 合资企业

合资企业通常是指一个或两个以上的外国公司、企业或个人与东道国的公司、企业或个人共同投资，在当地或在第三国创办的非全部股权拥有的子公司。

这类企业的主要特点是：

（1）企业的股权由双方或多方共同占有。

（2）在企业经营上的突出特点是股东各方共同投资、共同经营、共负盈亏、共担风险。所有股权的各方共同商定投资比例，并以现金、设备、地产、厂房、工业产权等作为投资股权，然后在此基础上按参与比例分取利益。

（3）企业的管理机构可设在某一国，也可分别设在几个国家。合资企业中，各方所占股权的比重是举办合资企业时争论的焦点。合资企业股权形式有三种：多数股权占有、对等股权占有和少数股权占有。就当前发展趋势看，多数股权占有和对等股权占有的比重变化不大，少数股权占有的比重逐步上升。

少数股权占有比重上升幅度较大的主要原因在于：近 20 年来，跨国公司同东道国之间的矛盾不断加深，特别是发展中国家对取得股权的要求日益强烈，因此跨国公司为缓和其矛盾，不再坚持全部占有或多数占有股权。但事实上，即使是少数占有股权，跨国公司对公司仍未失去控制能力，因为知识和技术"诀窍"成为越来越重要的控制手段。例如，美国向在拉丁美洲地区的子公司提供的资金往往不到全部资金的 20%，而技术和经营管理方面的项目却有 95%以上来自母公司。

二、非股权参与

非股权参与是 20 世纪 70 年代以来广泛采用的形式，主要指跨国公司在东道国的公司中不参与股份，而是通过与股权没有直接联系的技术、管理和销售渠道，为东道国提供各种服务。跨国公司通过提供各种服务的合同，与东道国的公司保持密切联系，从中得到各种利益，并扩大其对东道国公司的影响和控制。非股权参与主要是跨国公司面对发展中国家国有化政策和外资逐步退出政策而采取的一种灵活措施，也是它们在发展中国家继续保持其地位的重要手段。因此，20 世纪 70 年代以来，跨国公司的这种非股权安排的活动方式日益发展，运用范围也更为广泛。

非股权安排的形式很多，具体形式也在不断发展，其中最常见的形式有：许可证合同、管理合同、交钥匙合同、产品分成合同、技术协作合同以及经济合作等。

（一）许可证合同

许可证合同又称技术特许，指跨国公司通过与东道国的公司签订合同，转让已经注册的商标、专利或未经注册的技术"诀窍"。转让的方式一般是由转让方除提供技术资料和技术情报外，还负责有关技术人员的培训、派遣专家进行现场指导等，保证受让方达到预期的使用目标。受让方除支付报酬给供方外，还可能依照合同规定承担某些义务，例如保证技术的使用不超过规定的范围，不将技术向第三方泄露等。如果使用供方的商标，则还要接受供方的质量监督，以保证商标的信誉。因此，受让方的经营活动就必然在一定程度上受到供方的控制。

（二）管理合同

管理合同又称经营合同，指跨国公司通过签订合同，派遣管理人员到东道国的企业担任总经理等高层职务，负责经营管理方面的日常事务，企业的所有权仍属于东道国，企业的董事会也仍由东道国的政府代表组成。跨国公司通过与东道国企业签订管理合同，一方面可以获得管理费收入，另一方面，可以对参与的企业进行一定的控制，有利于自己全球业务的开展。

管理合同又可分为两种类型：

1. 技术管理

指跨国公司仅委派技术人员来管理东道国企业的技术工作（如担任技术副总经理或总工程师等），企业的主权和其他方面的管理权仍属于东道国一方。

2. 全面经营管理

全面经营管理的管理范围同时包括技术管理、供销管理（采购与销售）和行政管理三个方面。这种管理合同通常用于东道国新产业部门的企业、产品专供外销的企业和大型国际旅游企业等。

（三）交钥匙合同

这是指由跨国公司负责整个项目从设计、建筑施工和安装、提供必要的技术和专门知识、供应成套设备和设施、建造厂房到全部设施的交付使用和工厂开工的整个过程。东道国则以项目的产品或其他产品作为对跨国公司的偿付。传统的交钥匙合同规定，随着成套设备的建成和移交，并经过试验运转证明技术功能良好，该项目的合同义务就算结束。交钥匙合同的新形式不仅要求承包方对项目的建设负责，而且应保证工厂在初期阶段能顺利运转。在通常情况下，合同还要求承包方保证工厂生产出来的产品符合一定的质量标准，转让广泛的有效技术（包括工厂设计和培训专门人才），以使东道国能在合同项目全部结束后具备独立经营和管理该厂的能力。对发展中国家来说，采取交钥匙合同形式的好处是跨国公司对整个项目负全部责任，有利于东道国吸收外资和引进国外先进技术。缺点是代价太高，尤其是采取交钥匙合同的新形式比传统形式所付的费用要昂贵得多，而且跨国公司转移的有可能是即将淘汰的技术或环境污染严重的企业，会给东道国经济发展带来不利的影响。

（四）产品分成合同

这种合同基本上与自然资源部门的管理合同相似，跨国公司也是起相当于承包商的作用。不同之处在于：这类合同中规定，东道国与跨国公司在一个预先商定的分配方案的基础上分享企业的产品，外国公司购买的全部设备在一定期限后最终归东道国政府所有。

（五）技术协作合同

技术协作合同是发展中国家政府和跨国公司之间非股权安排形式中具有重要意义的一种形式。在这类合同中，跨国公司不提供任何资本或为项目提供任何方式的金融筹款，跨国公司不享有产品的所有权和购买权，也不承担销售责任，跨国公司只是为完成工程的各个方面提供各种技术服务。东道国享有企业的全部自主权，跨国公司提供的技术人员在东道国主管下进行工作，跨国公司以取得特别费作为报酬。特别费包括在企业生产开始前就规定的费用以及自商品生产开始后在一定时期内按产品销售额、按规定的百分比提取的费用。

（六）经济合作

经济合作又称工业合作。这种形式主要是在跨国公司与前苏联和东欧地区国家开展所谓

“东西方工业合作”的基础上发展起来的。在 20 世纪 80 年代末以前，因为前苏联和东欧地区国家严格控制跨国公司建立全部股权拥有的子公司，使跨国公司在前苏联和东欧地区缺乏直接投资的机会，加之这些国家缺少硬通货，所以跨国公司主要采取工业合作形式以打开在通常情况下无法进入的市场。

工业合作是一种长期合同，其合作方式多种多样，主要有以下几种。

1. 提供成套项目或出租工厂

这是最常见的形式。一般由跨国公司负责提供工厂的全部设备，并负责施工，工厂建成后交东道国，即前面所述的所谓交钥匙的办法，东道国以工业产品或其他产品（原料）作为对跨国公司的偿付。

2. 承包合同或转包

由跨国公司提供设备或在东道国建立生产线，东道国生产跨国公司指定的产品，在一定期限内，东道国与跨国公司分享产品和利润，设备和生产线最终归东道国。

3. 生产协作和专业化

跨国公司与东道国确定各自生产的部件或元件，进行专业分工生产，然后交换部件或元件，使彼此的产品系列逐步完善。

4. 联合销售

由跨国公司提供技术，在东道国生产。生产的产品一部分返销母国，其余产品在其他市场销售，或通过跨国公司自己的分配网销售，双方共同分享销售利润。

5. 联合投标

双方都有技术，对联合投标感兴趣，就可采取联合投标的方式向第三方投标。合作双方指定一个主承包商，另一个作为合作承包商。它们对第三方既有各自独立的责任，又有共同的义务，按时间进度分工完成。

第五节 跨国公司的风险管理

跨国公司作为一个在全球范围内进行资源配置的国际企业，它面对的是复杂多变、激烈竞争的国际环境，其生产经营活动会时刻遇到各种风险。如何及时识别、衡量和控制风险，关系到企业的生存与发展，风险管理因此成为跨国公司管理的重要组成部分。

一、风险的基本概念

所谓风险，主要是指在进行某项行动时，事先不能完全肯定会产生哪种后果，只知道可能产生的几种后果及每一种后果出现的概率。

风险与危险不是等同概念，危险是指可能出现的坏的后果，风险则意味着可能出现坏的后果，也可能出现好的后果。如果跨国公司的经营者在把新产品投放市场以前，就肯定地知道会盈利或亏损，那么在这种确定情况下做选择就不会冒风险，只要不存在这种确定情况，只要在同一条件下既存在盈利的可能性，又存在亏损的可能性，那么公司做出的任何选择都面临着风险。

二、跨国公司风险的种类

跨国公司在其经营活动中可能遭遇的风险十分广泛和复杂，主要有以下几种。

（一）汇率风险

汇率风险是指跨国公司在其经营活动中，因外汇汇率变动而使公司的负债和支出增加、资产和收入减少的可能性。汇率风险的表现形式主要有以下三种。

1. 会计折算风险

即由于汇率变动，使折算后公司的资产和收入减少、负债和费用增加而形成利益损失的风险。折算是指会计上把最初以外币计价的国外资产、负债、收入、费用和损益以及存放在国外的存款等，按现行汇率折算为用本国货币表示的一种会计处理方法。

2. 交易风险

即跨国公司用某种外币对一笔交易进行结算时，由于在从成交到收付款的过程中汇率发生了变化，使得用本国货币或另一种外币计算的收入、支出发生变化的风险。这种风险的主要表现是当以信用方式购买或销售商品或劳务，用外币计价时，在货物装运或劳务提供后，货款或劳务费用支付前这一期间，由于外汇汇率变化所产生的风险。这种商品或劳务购销中的风险通常涉及两个方面的业务，一是以外币结算的延期付款交易，从签订外币交易合同开始，到收进或支付外币时为止，交易者将承担外汇风险；二是以外币计价的出口、非贸易收汇超过以外币计价的进口和非贸易付汇等业务。此外，在合同签订与结算中，有时买卖双方还会为各自的利益拖延或催促交易的完成，这些都会给当事人带来风险。

3. 经济风险

即指由于意料之外的汇率变动对公司的产销数量、价格、成本等所产生的影响，使公司未来一定时期的收益减少的一种潜在风险。这种潜在风险主要表现在影响公司未来现金流量的现值，一般来说，经济方面的风险比上述的另外两种风险更值得重视，因为它的影响作用是长期性的，而会计折算风险和交易风险都是一次性的。通常，经济风险要通过一定的经济分析过程以后才可以被发现。

（二）利率风险

利率风险是指跨国公司在资本的筹集和运用过程中，由于各种不确定因素引起利率的变化，直接或间接地造成公司投资价值或收益损失的风险，主要包括跨国公司的借款和贷款活动中利率的变化、不同国家金融市场利率的变化，以及不同金融市场不同货币利率的变化所产生的风险。主要表现在以下几方面：

（1）证券投资的利率是相对固定的，市场利率却是变化的，其变化与证券价格的变化方向相反。当市场利率上升时，证券价格必然表现为下跌，如果这时投资者需要现金而出售证券，将会遭受资本利得损失。

（2）当公司发行新债券时市场利率上升，新债券的利率随之提高，原来发行的利率较低的债券价格必将出现波动，从而影响投资者的收益。

（3）股票投资的收益取决于企业的经营成果，当企业由于经营管理不善或外部因素的影响，致使当年盈利低于市场平均利率时，投资者将承担利率损失。

（4）市场利率提高时，企业的筹资成本相应增大，将导致经营效益下降，盈利减少，从而使投资者收益下降。

（三）经营风险

经营风险有广义和狭义之分，所谓广义的经营风险，是指跨国公司在生产经营过程中遇到的所有风险，包括政治风险和经济风险。其中经济风险又包括外汇风险、利率风险、生产销售与竞争等市场风险。狭义的经营风险是指跨国公司在以市场为中心的生产经营活动中所可能遇到的经济风险，也即市场风险。这里指的是狭义上的经营风险，又可分为宏观市场经营风险和微观市场经营风险。

1. 宏观市场经营风险

宏观市场经营风险主要有以下几种具体表现形式：

（1）市场供求风险。市场供求是指市场供给与需求之间的比例与适应关系及其发展趋势。所谓市场供求风险就是指由于市场供求状况的变动而导致的风险。如果供大于求，市场价格就会下降；反之，市场供小于求，市场价格就会上升，企业就可能获得较多的利润。

（2）市场竞争风险。它是指由于市场竞争实力的变化而引起的经营风险。市场竞争实力大体上有五种：1）供方的讨价还价能力；2）买方的讨价还价能力；3）潜在的参加竞争者的威胁；4）来自替代产品或服务的威胁；5）行业竞争者，即现有厂商的竞争。

（3）市场开放度风险。它是指因市场开放程度大小而产生的经营风险。市场开放度包括市场开放的广度和深度两个方面。市场开放广度指市场开放的范围大小，深度是指市场行为选择自由度的大小。一般来说，市场开放度越大，市场的不可控因素就越多，从而市场风险也就越大，反之越小。

（4）市场秩序风险。它是指企业在一个混乱市场秩序中所面临的风险。所谓市场秩序是指在各种法律规范、经济制度、行政管理制度影响下的一种市场经济行为状态。它是由无数经济行为构成的，包括政府、企业、个人的经济行为，也包括生产、交换、分配、消费等经济行为，它们的总和构成一定的经济秩序。一般来说，混乱的经济秩序会带来很大的经营风险。

2. 微观市场经营风险

跨国公司的经营风险其实主要是微观市场经营风险。它的生产经营活动是在特定的市场上进行的，每个特定的市场都有其特殊的风险因素，从而形成不同种类的市场风险。

（1）生产风险。企业的生产是其生存与发展的基础。对于跨国公司来说，由于它从事跨国界的生产和经营，是在国际分工的基础上进行的，所以它的生产经营情况更复杂，面临的风险也比一般性企业更大。跨国公司在生产方面的风险主要体现在以下几个方面：

1）成本风险。它是指构成企业生产成本的许多不可控因素的变化而给企业带来的生产风险。这些不可控因素包括原材料价格上涨、销售费用提高、劳动力价格提高、技术成本增加等，它们的变化引起产品成本的变化。

2）质量风险。这是指由于产品质量变化而形成的风险。由于跨国公司机构庞大，经营范围日益拓宽，经营品种不断增多，这势必给跨国公司的产品质量管理带来很大困难。

3）效益风险。这是指企业生产效益的变化给企业带来的风险。效益是企业的生命，效益优劣是衡量企业竞争与发展水平的关键因素。

（2）销售风险。销售是企业经营活动的关键一环，也是最后一环。它直接面向市场，直接反映企业经营成果、企业生产经营活动都是以销售活动和销售目标为中心的。企业许多风险都集中体现在销售活动中。销售风险主要表现在以下方面：

1）销售环境风险。它是指销售环境状况变化而产生的风险。销售环境状况主要包括总的经济形势状况、供求状况、竞争状况、政策变动状况等，这些状况的总和构成了企业的销售环境。

2）销售渠道风险。它是指跨国公司生产的产品从生产领域转移到消费领域的过程中，由于主客观条件的变化而给企业带来的风险。

3）销售形式风险。它是指跨国公司在销售产品时采取不同的销售形式而引起的风险。

4）销售策略的风险。它是指企业制定销售策略、运用销售策略时可能会产生的风险。

5）市场消费需求风险。它是指由于市场消费需求状况的变化而给公司销售带来的风险。

（3）价格风险。产品价格高低直接影响到公司的利润状况，反映公司经营成果的好坏。高于产品成本的价格，给公司创造盈利；低于或等于产品成本的价格，给企业带来损失或保本，这就直接影响到公司的生存和发展。跨国公司价格风险主要由市场供求状况、各国政府的价格干预和定价策略等因素引起。

（4）信誉风险。信誉是企业的资源和财富，因为它直接关系到企业形象，从而会影响到企业的经营状况。一个经营良好的企业，它必须树立良好的企业形象，必须首先拥有良好的信誉。信誉良好的企业形象，会给企业经营创造许多机会。信誉较差或信誉低劣的企业形象，会给企业经营造成各种经营威胁，形成企业经营中的信誉风险。

（5）竞争风险。商品经济是一种竞争性的经济，跨国公司的经营风险主要来自市场竞争的风险。主要表现在以下几个方面：

1）竞争环境风险。市场竞争环境风险主要由市场结构、市场透明度、市场竞争程度、市场干预程度等因素组成，这些因素的变化及构成状况直接给公司带来风险。

2）竞争实力风险。企业的竞争实力是指资金实力、技术实力、管理实力、人力实力等形成的综合竞争力。

3）竞争策略风险。竞争策略是指跨国公司为在竞争中取胜，而采取的定价、促销等策略的有机组合。这些策略的正确与否，直接关系到公司竞争的成败。

4）竞争成本风险。竞争成本是指公司在参与国际市场中花费的费用总和。如果公司的竞争成本超过了竞争利益，就可能给公司带来损失，或者公司付出了竞争成本而没有获得相应的竞争利益，也会导致公司遭受可能的经济损失。

（四）国家风险

国家风险主要是指东道国政治、法律及各种社会不确定因素给跨国公司经营活动带来的风险。例如，具有经贸关系的目标市场国家政治局势突然紧张，社会发生急剧变革，外交政策改变，有关法律条例出现重大变化，甚至与跨国公司母公司所在国中断一切关系，撤销一切经济合同等。这种国家风险难以预测，往往会使跨国公司的经营活动陷入困境。一般来说，发展中国家的国家风险大于工业发达国家。

在国家风险中，政治因素所引起的风险处于关键地位，这是因为它具有普遍的影响，在国家风险中往往处于主导地位。政治风险不仅会发生于发展中国家，也可能会发生于那些工业发达国家。不仅如此，政治风险同样也会发生于跨国公司母公司所在国。例如，1980年密特朗当选法国总统后，由于他推行扩大产业国有化的政策（其对象包括含有外国资本的工业），给法国的经营环境带来了根本性的变化。同年，加拿大政府采取了新的能源政策，将外国资本在能源方面的参与率从75%降低到50%，大幅度地改变了该国在石油工业中欢迎外国投资的传统做法。

通常，政治风险主要具有以下特点：（1）使该国经营环境急剧变化，具有不连续性；（2）难以预测经营环境的变化，具有很大的不确定性；（3）整个社会中的各种政治力量的权力与权威关系极为复杂；（4）由于上述原因，使跨国公司的利润或其他目标的实现受到显著影响。

政治风险对跨国公司经营活动的影响主要有两种形式：一是“国有化”，即东道国政府没收跨国公司在当地投资的资产，给予一定赔偿金，数额由东道国确定；或将跨国公司在当地的资产全部充公，不付赔偿金，以此来控制和影响跨国公司在其国家的所有权。二是变相“没收”，即东道国通过限制跨国公司的经营活动（如资金封锁，不准将经营所得汇出东道国），要求提高在该国生产的产品的“国产化”，进行购买国货的宣传等，以影响跨国公司在当地企业的收益状况，从而迫使跨国公司退出该国。

三、跨国公司的风险管理

跨国公司在生产经营活动中面临的上述诸种风险，对其财务状况、经营稳定乃至公司成败起着非常重要的作用，所以跨国公司采取许多措施来减少或避免风险，进行风险控制，确保公司实现最大收益。

（一）经营风险管理

跨国公司的经营活动涉及面广，风险种类多，对跨国公司经营风险管理可采取以下几种风险管理策略，以此规避风险。

1. 风险适应策略

风险适应策略是指跨国公司的经营活动以风险为中心进行，使公司经营活动尽量适应风险环境。在这种策略指导下，企业的管理、企业目标、企业投资等方面都注重风险防范与风险适应，而不是与风险抗衡。

（1）在企业管理上，侧重企业风险管理，运用一套灵活的管理体制和管理方式，根据企业经营风险状况的变化随时调整管理行为。

（2）在企业目标上，企业的目标并不是固定不变的，而是随着经营状况的好坏随时变化的，具有很大的弹性。

（3）在企业投资上，首先注重投资风险，一般采取分散投资，以便分散投资的风险。

风险适应策略能事先充分估计企业经营中的风险，因而能较好地防止或减少企业风险损失。但采用这种策略，往往使企业失去许多机会，束缚了企业的手脚，使企业不敢冒险、创新。

2. 风险控制策略

风险控制策略是指针对发生的风险及时采取措施进行控制。这种策略侧重过程中的控制，即针对企业生产经营的每一环节上的风险进行控制。这种控制方法密切跟踪企业的每一个行为，根据不同行为风险、行为特点采取不同的风险管理方法。因此，这种风险控制成本较高，而且风险一旦发生，一般都难以完全控制，会给企业带来较大的经济损失。

3. 风险分散策略

这种策略是指将企业总的经营风险分散到各个局部，利用各个局部风险状况不一而实行风险弥补，以减少风险的一种策略。企业风险分散策略可以采取多种形式。例如，可实行多元化经营、多条销售渠道、多种价格策略、多种促销形式，通过各种形式风险的互补性，来抵补风险损失。

4. 风险回避策略

这种策略是指尽量回避经营中的风险，而不与风险抗衡。这种策略特别适合那些中小企业，它们一般难以承受风险损失，只能采取谨慎的回避风险对策。风险回避策略的实行，关键在于对风险的预期和辨识。

5. 风险对抗策略

这种策略是指企业直接面临的风险抗衡，从风险中寻找发展的机会。因为风险与机会并存，风险越大，机会越多。这种策略一般多见于风险企业中。一般企业不宜采用此种策略。

（二）汇率风险管理

汇率风险主要有会计型、交易型和经济型三种，前两种多为短期性，后者则是长期性的且影响范围广。因此，使会计型和交易型风险极小化的技术主要是保值，即为预防汇率变化造成的损失而采取某些措施或安排。

1. 利用远期外汇市场

如果企业有应收应付外汇资金项目，预计汇率可能有不利变动、可能引起损失，就可以利用远期外汇市场减少损失的风险。

2. 向外国银行贷款

向外国银行贷款的方法可用于减少潜在的外汇损失。

3. 进行外币掉期交易

利用外币掉期交易也可以减少汇率变动带来的损失。外币掉期交易是指在期货市场上同时进行即期和远期交易，用远期购买来保证即期交易。

4. 提前或推迟支付

跨国公司可以通过提前或推迟支付的方法来减少可能的外汇风险。这种方法主要用于跨国公司内部母公司与子公司、子公司与子公司之间，也可以用于独立的公司之间，其指导性原则是使流动资金能充分地为公司的综合利益服务。减少外汇风险的目的可以通过软货币国家对硬货币国家的加速支付实现，也可以通过硬货币国家对软货币国家的推迟支付来实现。

经济型外汇风险的影响面较广，需要预测意外的汇率变动对未来现金流量的影响，并采取必要的措施。如果企业使它的跨国经济活动和财务活动多样化，就有可能避免风险，减少损失。因此，经济型外汇风险管理的重要方法是采取多元化的策略，不仅是财务上的多元化，更主要的是经营上的多元化。

（1）经营方面的多元化。这是指企业在全球范围内分散其投资和生产地址、生产设施和销售市场等，这样，意料之外的汇率变化对企业现金流量的影响，就可能会因多元化经营而减少和分散。

（2）财务方面的多元化。这主要包括以下几种方式：1）筹集资金多元化、多渠道进行；

2）投资多元化、多地区分布；3）使外汇收与付相结合。财务方面的多元化不仅对避免外汇风险有帮助，而且可以提高资金获得率并降低资金成本，同时还可以减少政治风险。

（三）政治风险管理

政治风险是一种国家风险，可控性差，它带有相当客观的因素，一旦风险发生，就难以回避。因此，政治风险管理十分重要且比较复杂，管理手段和方法比较被动。政治风险管理的主要措施有两种：

1. 正确评价投资经营的政治环境

跨国公司进行国际经营，首先需要进行国际投资。而进行国际投资经营则必须对其投资经营环境进行认真的考察和评价。作为国际投资经营环境的重要组成部分的政治环境，主要包括政局稳定状况、对外政策状况和法律状况等。

政治局势稳定，其标志是长时期内不会发生革命、内战，政府首脑人物更替正常，经济政策比较稳定，人民安居乐业，经济逐渐发展等。如果一个国家革命、内战时有发生，首脑人物更替不正常，人民怨声载道，就预示政局会动荡不安，风险就较大。

一国对外政策的好坏也直接影响投资经营的政治环境。如果一个国家积极欢迎和鼓励国外投资经营，实行较开放、优惠的政策，就有利于跨国公司的国际投资经营活动。反之，若一国采取限制或排外政策，那么风险就较大，不利于投资经营。

法律状况是指跨国公司欲投资经营的国家法律是否健全，执法是否严格，是否能做到有法可依、执法必严。一个法律健全的国家，投资经营者利益有所保障，就会减少许多政治风险。

2. 投资分散化策略

跨国公司通过调整政策，将投资分散，从而降低政治风险。投资分散的核心思想是将公司单独承担风险转变为多个公司共同承担风险，或将不同国家的利益联结在一起共同承担风险。它可以采用以下几种方式：

（1）与东道国的不同利益者建立利益联系。例如子公司向当地出售公司股权、有价证券，扶植当地利益相关者，建立合作关系等，这样就可以使不同利益者共同分担风险。

（2）将各子公司所在国的市场联结在一起，使其紧密依赖。例如，将某产品的零部件分设在各国的子公司之间生产，这样就可以避免国有化风险。此外，母公司垄断技术市场，而将具体生产放在子公司，这在一定程度上也可以避免风险。

（3）寻找国际合作伙伴，共同投资经营。这样，一旦发生风险，就可能得到国际保护，避免或减少风险损失。

此外，跨国公司还可通过与东道国政府签订有关投资保护协定等方式来避免风险损失。

（四）利率风险管理

由于利率在不同市场和不同币种中的变化对投资效果影响程度各不相同，利率变化所带来的影响是不易被人察觉的，跨国公司在国际投资中必须要分析多国货币市场利率的变化，进行综合分析，规避利率风险。在规避利率风险中，运用金融衍生工具进行对冲是较为常见的方法。为了达到规避风险的目的，投资者可以签订一份利率远期合约。在金融市场上，交易双方约定保证以合约规定的利率水平在未来的一个确定的日期交易金融工具。这样就可以避免利率的变动给跨国公司带来的影响。同时，期货和现货市场上交易的有效结合同样可以很好地规避利率风险。跨国公司既可以进行空头套期保值也可以进行多头套期保值。除了利用期货进行套期保值之外，期权的交易也是一个很好的选择。期权是一种赋予其持有者以给定的价格购买或是卖出指定金融工具的权利的金融合约。这种权利并不强制其持有者购买或是卖出。它给予持有者极大的权利，他们可以自由选择是否卖出。正是期权的这一特征，使得期权交易能够很好地帮助跨国公司规避利率风险。

【本章小结】

跨国公司是当代科学技术、国际经济和国际贸易中最具影响力、最活跃的经济力量。本章第一节介绍了跨国公司的概念、类型、特点和作用。第二节介绍了跨国公司形成发展的过程和二战后迅速发展的原因，以及当前的发展趋势。接下来的第三节介绍了跨国公司的全球经营战略，包括公司增长战略、进入新市场战略、市场选择战略、产品战略、所有权战略、技术转让战略、转移定价战略等。第四节介绍了跨国公司的对外投资方式。最后本章第五节介绍了跨国公司风险管理的相关内容。

【本章要点】

- 跨国公司的概念和类型
- 跨国公司的特点及其发展
- 跨国公司的全球经营战略
- 跨国公司对外投资的参与方式
- 跨国公司的发展趋势
- 跨国公司的风险管理

【本章关键术语】

跨国公司　经营战略　市场选择　转移定价　股权参与　非股权参与　跨国公司并购　风险管理　汇率风险　利率风险　经营风险

【本章思考题】

1. 简述跨国公司的发展历程及发展现状。
2. 简述跨国公司当前发展的新特点和新趋势。
3. 跨国公司的全球经营战略有哪些？分别加以叙述。
4. 跨国公司有哪些对外投资的参与方式？与其他类型公司有何区别？
5. 如何强化跨国公司的风险管理，降低风险水平？

第六章

国际直接投资

学习目标

- 掌握国际直接投资的概念和特征
- 了解国际直接投资的动机
- 掌握国际直接投资的分类
- 了解国际直接投资项目评估的概念和主要内容
- 了解国际直接投资项目管理的概念和内容

国际直接投资是国际投资的基本形式之一。二战前，生产和资本国际化主要表现在流通领域，对外直接投资在资本主义国家对外投资总额中所占比重很小。二战后，发达资本主义国家在科学技术革命的推动下，生产和资本国际化趋势日益加强，对外直接投资的规模迅速扩大，并且日益在国际投资中占据主导地位。国际直接投资已成为二战后世界各国经济相互联系、相互渗透的重要纽带和方式，成为推动世界经济发展的重要动力。

第一节　国际直接投资概述

一、国际直接投资的概念

国际直接投资（international direct investment），通常又被称为外国直接投资、对外直接投资（foreign direct investment），是指一国的投资者以控制企业经营管理权为核心，投入资金、机器设备、工业产权等有形或无形资产，并在另一国设立公司从事生产经营活动。

国际直接投资是与国际间接投资相对应的概念，是一种为了在国外获取长期投资收益，并拥有对公司的控制权和企业经营管理权而在国外直接建立企业或公司的投资行为。判断一项跨国投资活动是国际直接投资还是国际间接投资，从理论上来说，首先要看投资者对一个外国企业是否具有控制权，但是在实际中很难做出准确的界定。在这种情况下，世界各国以及国际组织目前大多从投资方所占的股权数量来判断是否为国际直接投资。比如，国际货币基金组织将国际直接投资定义为："直接投资者进行投资的公司型或非公司型企业，直接投资者是其他经济体的居民，拥有（公司型企业）的10%或10%以上的流通股或投票权，或拥有（非公司型企业）相应的股权或投票权"。美国商务部则规定：若某外国公司股权的50%由一群相互无关的美国人掌握，或25%由一个有组织的美国人集团拥有，或10%由一个美国人（法人）拥有，则对该公司的投资即可视为美国的国际直接投资。其他的国际机构和国家大多都认为国际直接投资与国际间接投资的根本区别在于是否获得被投资企业的控制权，因为国际直接投资所形成的无形资产处于核心地位，而货币资本则处于非常次要的地位，只能进行直接投资，所以，国际直接投资不仅直接参与经营管理，而且其直接目标就是获得被投资企业的控制权。

二、国际直接投资的特点

国际直接投资与国际间接投资形式相比，具有以下几个特点：

（1）投资周期长、风险性大。国际直接投资一般都要参与企业的具体生产经营活动，通过投资取得对企业生产经营活动的控制权，因而它必须与具体的投资项目联系在一起。一个项目的投资与项目的生命周期有关，一般来说，其生命周期较长，少则几年，长则达十几年甚至几十年。因此，直接投资的周期较长，从而加大了投资者的投资风险。

（2）国际直接投资是取得对企业经营的控制权，不同于间接投资，它通过参与、控制企业经营权获得利益。因而，具有控制经营权是国际直接投资的基本特征之一。国际直接投资有时虽然也会参与金融交易（比如跨国并购活动），但其目的是为了获取对企业的控制权，从而进行长期的经营管理来获取投资回报。只有控制企业的经营权，才能有效地对企业生产要素进行配置和使用，进而实现投资收益。

（3）可以带动技术出口和管理经验的国际传播。由于国际直接投资一般都要参与企业的生产和经营，因而可以带动投资国的技术出口。对投资接受国来说，国际直接投资则有利于促进其技术进步，并且由于国际直接投资带来了先进的企业管理经验，从而有利于投资接受国管理水平的提高。

（4）对于投资接受国，直接投资形式便于管理和控制，并且可以逐步改善出口商品结构。外商在东道国兴办企业，必须遵守东道国的有关法律规定，这样便于引导投资方向，改善投资结构。同时，国际直接投资可以改善出口商品结构，增强其出口竞争能力。发展中国家出口以初级产品为主，吸引外商投资后，可重点发展产品出口企业并运用先进技术，提高出口产品的档次，推动制造业产品出口及其他先进行业产品出口的发展。

（5）无论从投资阶段还是获取收益阶段，国际直接投资都没有明显的中介或中间环节。从投资资金进入投资对象的阶段来看，国际直接投资中的投资主体将资金直接投入到生产领域，而间接投资的资金往往是分步到位，即资金先经过金融市场，再流入到生产领域。从获取投资收益的阶段来看，直接投资通过企业的经营控制权来获取经营收益，其经济利益与投资主体所控制的企业经营状况直接相关。而间接投资以投资债券利息或股息为目的，不直接参与经营，投资收益并非与自己的经营状况直接相关。

三、国际直接投资的动机

国际直接投资的动机是投资者在进行投资决策时考虑的主要因素和目的，即投资者进行国际直接投资的原因。一般情况下，投资者在进行国际直接投资之前通常要考虑所投资企业本身的特有优势（比如资金、技术、市场占有率、管理层等等），以及受资企业所处的客观社会经济环境（自然资源、市场规模、经济发展水平、政策环境、产业结构、劳动力成本等等）。由于不同的国家在这两方面的情况差异巨大，所以投资者在进行国际直接投资时的动机往往不尽相同。国际直接投资的动机主要有以下几种：

（一）市场导向型动机

这一类型的国际直接投资主要以开辟、巩固和扩大市场为目的，具体有以下几种情况：

(1) 投资企业本来为出口企业，原本在本国生产商品，出口到国外市场销售，但现在由于东道国或区域性经济体实行了贸易保护政策，影响了商品的正常出口。这种情况下，投资企业为了维持原有市场或开辟新市场，会在东道国当地建立企业，就地生产商品。

(2) 投资企业对国外某一特定市场的开发和占有已经达到一定程度，为了进一步扩大市场占有份额，投资企业会选择在当地直接投资企业而进行生产和销售，或者在当地建立维修和零部件生产企业。

(3) 对于不宜长期储存或者不耐长途运输的商品，比如食品、饮料等商品，投资企业为了能够更好地接近或维持国外市场，往往会选择在当地投资设立企业进行直接生产。

(4) 当企业在本国内市场中所占有的比例接近饱和或者受到其他企业的有力竞争，从而导致该企业在本国的发展受到限制和阻碍，为了进一步发展，企业会选择对外投资，开发新的国外市场，从而提高自身收益。

总之，市场导向型动机往往在投资企业进行国际直接投资决策时占据最主要的地位。

（二）降低成本导向型动机

投资企业为了降低生产成本，提高经营收益，倾向于利用国外相对廉价的劳动力和各种生产要素，从而选择进行国际直接投资。具体有以下几种情况：

(1) 出于利用廉价劳动力的考虑。对于劳动密集型的企业，往往会对具有廉价劳动力的发展中国家进行直接投资，从而降低自身的生产成本。如果东道国的劳动力成本上升，投资方也可能会将企业进一步转移到劳动力成本更低的国家。

(2) 出于降低运输费用的考虑。如果企业生产一件商品的原料来自某一国家，而最终商品又销往原料来源国，则企业会出于节省进口原料和出口商品的运输费用的考虑，选择在原料产地设立企业直接进行生产。

(3) 出于避免汇率变动的考虑。出口商品的价格会受到汇率变动的影响，当一国的货币升值时，其出口的商品以外币表示的价格会升高，从而影响其在国外的销售。所以为了规避汇率变动对商品的影响，企业往往会选择在国外进行直接投资，以避免汇率波动带来的风险。

(4) 出于规避关税来降低成本的考虑。如果一个国家对某一产品征收较高的关税，那么其他国家生产该产品的企业为了降低商品在该国的销售成本，提高商品竞争力，往往会选择在该国进行直接投资。

（三）技术与管理导向型动机

这种投资动机是指一国企业为了获取和利用国外先进的技术、生产专利和先进管理知识，而在国外进行直接投资。通常情况下，先进的技术和管理知识难以通过公开购买的方式取得，所以企业往往会通过在国外设立合资企业或者通过并购当地企业来获取这些资源，从而提高自身的竞争力。这种目的的国际直接投资具有较强的趋向性，一般多集中于发达国家和地区。

（四）优惠政策导向型动机

这种投资动机是指投资者利用东道国政府相关的优惠政策或鼓励性政策而选择进行国际直接投资。在许多发展中国家和地区，政府为了促进经济发展，往往会制定一些优惠政策来吸引外资，比如税收优惠、融资优惠，以及优惠的土地使用政策等；同时，许多政府还会尽可能地提高行政服务水平来创造良好的投资软环境。许多国外企业往往会受到这些优惠和鼓励政策的吸引，从而在该国进行直接投资。

除了以上几种主要的国际直接投资动机外，还有许多不太普遍的动机，比如全球战略方面的动机、个人偏好方面的动机，以及政治方面的动机等等。值得注意的是，在现实的国际直接投资中，不同动机之间的界限其实并不明显，许多动机都是相互交叉的，一国企业选择进行国际直接投资的动机可能同时有多方面的考虑。但是不管出于何种动机，对于大多数企业来说，进行国际直接投资的最根本动机和目的还是寻求利润最大化。

此外，不同国家的企业选择进行直接投资的主要动机也不尽相同。一般来说，发达国家之间出于市场导向型动机的相互投资比较多；发展中国家的直接投资之间多出于市场导向型和降低成本导向型动机；发达国家向发展中国家投资的动机多为市场导向型和降低成本导向型，以及优惠政策导向型；发展中国家往往出于技术与管理导向型动机而向发达国家进行投资。

第二节　国际直接投资的分类

在国际直接投资的过程中，由于投资主体、投资动机、投资方式、投资目标等方面存在各种差异，因而国际直接投资的内容十分丰富，也有很多方式可供投资者选择。不同的国际直接投资方式具有各自的特点和流程，其所要求的投资环境和条件也不尽相同，因而会产生不同的投资效益。按照不同的划分标准和角度，国际直接投资一般有以下几种分类：

一、按照子公司与母公司的生产经营方向划分

从子公司与母公司的生产经营方向是否一致看，可分为三种类型：横向型国际直接投

资、纵向型国际直接投资和混合型国际直接投资。

1. 横向型国际直接投资

也称水平型国际直接投资，是指企业到国外建立与国内生产和经营方向相一致的子公司或附属机构，同时国外分支机构或子公司能够独立地完成产品的全部生产与销售。它一般适用于机器制造业和食品加工业。

2. 纵向型国际直接投资

也称垂直型国际直接投资，它一般指企业到国外建立与国内的产品生产有关联的子公司，并在母公司与子公司间实行专业化协作。纵向型国际直接投资又可细分为两种形式：一种是子公司和母公司从事同一行业产品的生产，但分别承担同一产品生产过程的不同工序；另一种是国内与国外企业从事不同行业，但它们互相衔接、互相关联。前一种形式多见于汽车子行业，后一种形式在资源开采和加工行业中较多出现。

3. 混合型国际直接投资

是指企业到国外建立与国内生产和经营方向完全不同、生产不同产品的子公司。目前世界上有相当数量的巨型跨国公司采用这种形式。例如美国的埃克森-美孚石油公司，不仅投资于石油开采、精炼和销售，而且还投资于石油化学工业、机器制造业、商业和旅游业等。

二、按照投资者是否创办新企业来划分

从投资者是否投资创办新企业的角度，可分为绿地投资和跨国并购两种形式。

（一）绿地投资

绿地投资（greenfield investment），又称新建投资，是指跨国公司等投资主体在东道国境内依照东道国的法律设置的部分或全部资产所有权归外国投资者所有的企业，从事生产与经营活动。在创办的新企业中，外国投资主体既可以以全部股权参与，即设立独资公司；也可以以部分股权参与，即设立合资公司。绿地投资包括开办新厂矿或设立分支机构、附属机构、子公司，同东道国或第三国联合创办合资企业，收买外国现有企业等。

绿地投资是国际直接投资的传统形式，早期的跨国投资主体经常采用这种方式。虽然近年来随着跨国并购等其他投资方式的兴起，绿地投资在国际直接投资中的比重有所下降，但其仍然是国际直接投资的重要方式之一。

目前很多跨国投资者在进行绿地投资时，多选择以股权参与的方式进行，这样做的优点是投资者在投资项目、投资地点以及投资规模等问题上具有较高的主动性和灵活性，不易受到外界的干扰，从而可以有效降低投资的风险。

一般情况下，发展中国家比较欢迎国外投资者来本国进行绿地投资。因为绿地投资可以直接带动东道国生产能力、产出和就业的增长，增加东道国的资本存量，提高技术和管理水平。

不过绿地投资本身也存在一定的缺陷，比如绿地投资的前期筹建时间较长，跨国投资者在筹建工作中需要花费大量的时间、精力和金钱；同时，对于一些大型项目而言，其建成后产生收益的周期也较长。因而如果在建设阶段或者建成后尚未盈利阶段，东道国出现政治经

济等方面的变动，将可能给投资者带来巨大的损失。

（二）跨国并购

跨国并购（cross-border mergers acquisitions），是指一国跨国性企业为了某种目的，通过一定的渠道和支付手段，将另一国企业的一定份额的股权甚至整个资产收买下来，从而拥有对该外国企业进行控制的股权。这里所说的渠道，包括并购的跨国性企业直接向目标企业投资，或通过目标国所在地的子公司进行并购两种形式，这里所指的支付手段，包括支付现金、从金融机构贷款、以股换股和发行债券等形式。目前，国际上对控股率达到多少时才算直接投资，尚无统一的标准。按国际货币基金组织的定义，只要拥有25%的股权，即可视为直接投资。

1. 跨国并购概述

为了完整地理解企业跨国并购的概念，我们将依次论述企业并购的含义、跨国并购的含义、跨国并购的形成和发展过程及其特点。

（1）企业并购的一般概念。

企业并购是兼并和收购的合称，往往作为一个固定的词组来使用。因为兼并和收购实质上都是一个公司通过产权交易取得其他公司一定程度的控制权，包括资产所有权、经营管理权等，以实现一定经济目标的经济行为。它们产生的动因以及在经济运行中所产生的作用是基本一致的，而且在许多企业兼并和收购的实际操作过程中，它们的区别是很难划分的。在西方公司法中，把企业并购分成吸收合并、新设合并和购受控股权益三种形式。

1）吸收合并。即兼并，是指两个或两个以上的公司在合并中，其中一个公司因吸收了其他公司而成为存续公司的合并形式。合并中，存续公司仍然保持原有公司的名称，有权获得其他被吸收公司的资产和债权，同时承担其债务，被吸收公司从此不再存在。

2）新设合并。又称创立合并或联合，是指两个或两个以上的公司通过合并同时消亡，在新的基础上形成一个新设公司。

3）购受控股权益。即收购，是指一家企业购受另一家企业时达到控股百分比股份的合并形式。在理论上，A公司持有B公司51%的股权，即取得绝对控股权，可直接对B公司的经营业务行使决策权，而B公司的法人地位并不消失。但在股份分散的情况下，A公司只需取得30%，或更少的股份，就可以达到控股的目的。

收购有纯粹意义上的收购（take over），有公开收购要约或标购（tender offer），也有获得特定财产所有权的行为（acquisition）。take over 和 acquisition 所表现的都是一家公司通过购买另一家公司的资产以取得一定的控制权和经营权的行为；tender offer 则主要表现为证券市场上的收购，即一家公司直接向另一家公司的股东提出购买该公司股份的要约。

（2）兼并与收购的区别。

为了更详细地了解企业兼并和收购的形式和特征，我们对兼并和收购的区别做如下分析：

1）兼并是兼并企业获得被兼并企业的全部业务和资产，并承担全部债务和责任，被兼并企业作为经济实体已不复存在；而收购企业则是通过购买被收购企业的股票达到控股，对被收购企业的原有债务不负连带责任，只以控股出资的股金为限承担风险，被收购企业的经济实体依然存在。

2）兼并是以现金购买、债务转移为主要交易条件的；而收购则是以所占有企业股份份额达到控股为依据，来实现对被收购企业的产权占有的。

3）兼并范围较广，任何企业都可以自愿进入兼并交易市场；而收购一般只发生在股票市场中，被收购企业的目标一般是上市公司。

4）兼并发生后，其资产一般需要重新组合、调整；而收购则是以股票市场为中介，收购后，企业变化形式比较平和。

2. 跨国并购的一般概念

跨国并购的基本含义是：一国企业为了某种目的，通过一定的渠道和支付手段，收购另一国企业的全部或者部分股份或资产，从而对后者的经营管理拥有实际的或完全的控制权。可见，跨国并购是国内企业并购的延伸，是企业跨越国界的并购活动，涉及两个或两个以上的国家，“一国企业”是并购发出企业或并购企业，也可称为并购方或进攻企业，“另一国企业”是被并购企业，也叫目标企业。

从本质上说，跨国并购是公司产权的交易行为，并非一种简单的买卖关系，而是一种在国际范围内的直接投资。投资者进行外资并购时，必须按照其拥有的一定数量的股权或资产，对其所投资的目标企业的经营管理拥有一定的控制权。至于拥有多少股份才能构成直接投资，各国的立法并不一致，但多数国家认为持股数必须达到一定比例。

跨国并购除了具有上面所述的国内并购的基本含义外，还具有一些与国内并购所不同的特点：

(1) 尽管跨国并购是国际上的习惯提法，从字面上看包括跨国兼并和跨国收购两层含义，但从法律形式上看，主要是指跨国收购而不是跨国兼并。因为跨国收购的目的和最终结果并不是改变公司（即法人）的数量，而是改变目标企业的产权关系和经营管理权关系。而跨国兼并则意味着两个以上的法人最终变成一个法人，不是母国企业的消失，就是目标国企业的消失。这种情况在跨国并购中是十分罕见的，也是与跨国公司的全球发展战略不相吻合的。但有两种情况需要进行鉴别：第一种情况是跨国公司在目标公司所在国并没有子公司，但为了获得目标国对并购活动的税务优惠或减免对目标企业承担的债务责任等目的，就先设立一个“空壳子公司”，然后用这个“空壳子公司”去兼并目标公司，“空壳子公司”随之成为存续公司，目标公司就此消失。这种情况从形式上看是国内兼并，但实质上是跨国收购，因为目标国的公司数量、市场结构和市场份额并没有发生实质性的变化。第二种情况是跨国公司以其自己原来就拥有的在目标国的子公司来兼并目标国的目标企业。这种情况从广义（即经济效应）上说，也可以属于跨国兼并，但从狭义上看，又可被认为是一种国内并购，因为两个企业都是注册在同一个国家内，都属于同一个国家的法人，那么从法律上说，就属于在同一个国家内的企业并购。

(2) 基于跨国并购的跨国性，其发生的原因与国际因素具有更大的相关性。这些国际因素包括世界市场的竞争格局、全球范围的私有化进程、贸易和投资自由化进程、世界经济一体化进程、区域集团化趋势、跨国投资的国际协调等。因此，对跨国并购的分析和研究必须将其放在世界经济范围内进行。

(3) 跨国并购在对市场影响的方式和范围方面也具有显著的特点。国内并购非常直观地表现为市场份额的改变和市场力集中程度的提高；而跨国并购就并购母国和并购目标国市场而言，并未直接表现为市场份额和市场力的改变，而是表现为并购者对市场份额的占有程度和市场竞争能力的扩展，表现为世界市场份额和市场力集中程度的改变，对国内市场的影响则是潜在的，即通过两国或两国以上比较优势的组合和各类资源的配置，对国别市场的份额和市场力的未来变化起作用。

（4）跨国并购的主体更多的是跨国公司，而跨国公司实施并购计划更多的是从全球发展战略的角度来考虑经济利益的得失问题。这就使跨国并购理论与一般并购理论有了显著的不同。

（5）跨国并购具有比国内并购更多的进入障碍，使得跨国并购的实施更为复杂。这些障碍包括并购母国和并购目标国之间在经济利益及竞争格局、公司产权及管理模式、外资政策及法律制度、历史传统及文化语言等方面的差异。

作为一种极为复杂的跨国经营行为，跨国并购可以分为横向跨国并购、纵向跨国并购和混合跨国并购。

（1）横向跨国并购。横向跨国并购是指两个以上国家生产或销售相同或相似产品的企业之间的并购。这种跨国并购的目的通常是扩大世界市场的份额或增加企业的国际竞争、垄断或寡占实力，且风险较小，并购双方比较容易整合，进而形成规模经济、内部化交易而导致利润增长。横向跨国并购是跨国并购中经常采用的形式。但由于这种并购（尤其是大型跨国公司的并购）容易限制竞争，形成垄断局面，许多国家都密切关注并限制这类并购的进行。

（2）纵向跨国并购。纵向跨国并购是指两个以上国家处于生产同一或相似产品但又处于不同生产阶段的企业之间的并购。并购双方一般是原材料供应者或是产成品购买者，所以对彼此的生产状况比较熟悉，并购后容易融合在一起。并购的目的通常是低价扩大原材料供应来源或扩大产品的销路或使用。

（3）混合跨国并购。混合跨国并购是指两个以上国家不同行业的企业之间的并购。这种并购方式是同跨国公司的全球发展战略和多元化经营战略密切联系在一起，以减少单一行业经营的风险，降低生产成本，增强企业在世界市场上的整体竞争实力。这种并购方式与前两种并购方式的不同之处在于，前两种并购的目的往往表现得十分明显，因而容易受到限制，而混合跨国并购的目的往往是隐蔽的，所以不易为他人发现和利用。

3. 跨国并购的融资方式

跨国并购的融资方式主要有股票替换、债券互换、现金收购以及这三种方式的综合使用。

（1）股票替换是并购公司重新发行本公司股票，以新的股票替换目标公司的原有股票，以此完成股票收购。股票收购的特点是目标公司的股东并不因此而失去所有权，而是被转移到并购公司，并随之成为并购公司的新股东。

（2）债券互换是增加发行并购公司的债券，用以代替目标公司的债券，使目标公司的债务转换到并购公司。债券的类型包括担保债券、契约债券和债券式股票等。

（3）现金收购，凡不涉及发行新股票或新债券的公司并购都可以被认为是现金收购，包括以票据形式进行的收购。现金收购的性质很单纯，购买方支付了议定的现金后即取得目标公司的所有权，而目标公司的股东一旦得到其所有股份的现金，即失去所有权。

4. 跨国并购的形成与发展趋势

企业之间的并购现象，最初是从国内市场展开的。西方国家从自由竞争进入垄断阶段，实际上是资本逐步积聚、逐步集中的过程，其中企业并购是最重要的方式。而跨国并购作为跨国直接投资的一种方式，是伴随着跨国直接投资一起形成和发展的，但其真正作为一种世界经济现象而受到关注，则远远晚于跨国直接投资的传统方式——绿地投资，即直接办厂。

从 19 世纪末 20 世纪初发展至今，企业并购已经经历了五次浪潮。从 19 世纪 70 年代起发生的第一次并购浪潮，到 1916 年起发生的第二次并购浪潮，企业并购主要在国内市场上展开，即资本或资产存量的流动还仅局限于本国。虽然当时西方国家占领了众多殖民地，并有资本的输出，但主要还是投资办厂的跨国投资方式。二战以后，旧的国际政治经济秩序被打破，这为各国的经济发展和竞争创造了相对平等与和平的国际环境。科技革命的兴起和发展，推动了国际分工的深化，引发了大规模的资本跨国流动，跨国公司在这一阶段得到了迅猛发展。跨国并购也开始作为一种传统跨国投资的替代方式，为跨国公司所运用。结合美国和欧洲主要国家的政府对跨国直接投资的统计分析，可以认为，跨国并购作为一种直接投资的普遍方式起始于二战以后，即 20 世纪 60 年代末发生的第三次并购浪潮。而发生于 20 世纪 70 年代末的第四次并购浪潮中，西方发达国家的资本输出发生了重大变化，除了在海外以创建方式从事直接投资外，还开始大规模并购海外他国企业。总的来说，在前四次大企业跨国并购浪潮中，基本上形成了以美国企业为主、英国企业也参与其中的局面。而其他西方跨国公司，例如日本、德国和法国等企业都持谨慎态度，它们更加重视增强公司的长期竞争力，而不仅仅是规模扩张的经济效应。

在 20 世纪的最后几年里，以美国为首的跨国公司在世界市场上又一次掀起了并购狂潮，这次跨国并购的规模之大、范围之广、资本之巨，震惊了全世界。在第五次企业并购浪潮中，跨国并购已成为跨国公司进入东道国市场的主要方式，在国际直接投资中所占的比重也日益上升。根据联合国贸发会议发表的《2000 年世界投资报告》，在此前 10 年中，国际生产的增长主要是由跨国并购而不是由新建投资推动的，已完成的跨国并购的价值从 1990 年的不到 1 600 亿美元增加到 1999 年的 7 200 亿美元。除此之外，这次并购浪潮还表现出以下几个特点：

(1) 大型跨国公司成为当前跨国并购中的亮点。20 世纪 90 年代以来，发生在大型跨国公司之间的以强强联合、增强整体竞争实力为目的的跨国并购案逐年上升，并购交易金额巨大、范围广泛，涉及了几乎所有的重要行业。

(2) 横向跨国并购是跨国并购的主流，大大提高了行业市场集中度。在新一轮的跨国并购浪潮中，无论是从并购企业数还是从并购值看，横向跨国并购均占第一位，其次是混合跨国并购，最后是纵向跨国并购。1990 年横向跨国并购值占总值的 55%，到 1999 年上升为 70%。混合跨国并购在 20 世纪 90 年代中期企业多元化经营战略的影响下曾经很活跃，但到 20 世纪 90 年代后期，随着国际市场竞争日益激烈，公司经营战线开始收缩，混合跨国并购所占份额开始下降，1999 年占跨国并购总数的 27%。纵向跨国并购的比重在 20 世纪 90 年代一直处于 10%以下。

(3) 股本互换已成为并购特别是大型并购普遍采用的融资方式。换股方式是指并购方增发新股换取被并购企业的旧股，它不仅比现金并购方式节约交易成本，而且在财务上可合理避税并产生股票预期增长效应，此外在两国的国际收支平衡表上可以相互冲销，不涉及巨额现金的国际流动。因此，随着 20 世纪 90 年代以来国际金融环境的日趋宽松，特别是金融服务贸易自由化的发展，以换股进行并购交易的方式风行全球。1990 年现金交易在全球跨国并购项目总数中占 94%，占总金额的 91%。可见当时的跨国并购仍以现金支付为基础。到了 1999 年，虽然现金交易在全球跨国并购中占项目总数的比率高达 98%，但交易金额占总额的比重下降到了 64%。尤其值得注意的是，发达国家以换股方式进行并购交易的越来越多，其占总额的比重显著提高，1999 年换股金额占总金额的 68%。2000 年，美国以股票或股票加现金方式支付的部分占到 72%，而日本的这一比例也上升为 67%。

（4）目标市场发生了变化。随着跨国并购的浪潮不断涌起，跨国公司越来越倾向于向市场化程度较高的国家和地区直接投资，特别是向西欧、北美、日本、亚洲、拉美等地区直接投资，而欠发达或市场化程度不高的地区和国家如非洲、中东欧、俄罗斯等国际直接投资流入量则相对较少或只有微量增加，而且跨国并购主要发生在欧美之间，美国和英国的跨国公司是其中最为活跃的参与者。

（5）产业投资方向发生转移。跨国并购在产业方面由传统制造业向服务业和高科技产业转移的倾向日益增强，这主要是由新科技革命的影响和全球经济一体化进程的加快所引起的。此外，全球跨国并购在银行、保险和其他金融服务业、电信设备和服务、公用事业、制药等行业的比例逐年上升，趋势明显，前几年都超过了50%。

（6）发展中国家跨国公司的跨国并购逐步增加。伴随着发展中国家跨国公司的逐步成长壮大，跨国并购的重要性和必要性逐步显示出来，由发展中国家跨国公司从事的跨国并购也在逐年增加。这不仅表现在发展中国家和新兴工业化国家与地区相互间的跨国并购，还表现在发展中国家对发达国家的并购。

进入21世纪，跨国并购在2000年达到11 438亿美元的峰值后，自2001年起便开始逐年呈现大幅度的下降趋势，相比2000年，2001年的并购规模骤降48%（降至5 940亿美元），到了2002年又再次下降了40%（降至3 698亿美元），之后的2003年再次下降了20%（降至2 970亿美元）。2001—2003年，跨国并购从20世纪90年代下半期的增长期转入低迷期，其主要原因是：美国经济从2000年下半年开始趋于减速，2001年起欧、美、日经济全面衰退，世界股市价格趋向下跌，国际市场信息技术产品需求疲软，各国的消费与投资信心普遍下跌等。2003年下半年起随着美国经济出现复苏特征，世界跨国并购投资的下降幅度有所减缓，出现走出低谷、趋向回升的征兆。进入2004年之后，伴随着世界经济的复苏加速，企业利润率逐渐上升，跨国公司开始调整投资战略，世界跨国并购的投资额也从下降趋势转向回升，2004年比2003年增长了28%，增至3 806亿美元，这是自2001年来的首次增长。

此后的2005—2007年，跨国并购投资额稳步增长，特别是2007年，世界跨国并购投资额达到16 370亿美元，相比2000年的创纪录水平增长了21%，世界跨国并购投资进入新一轮的高增长期。尽管在2007年发生了美国次贷危机，但是对2007年世界跨国并购没有产生明显的负面影响。相反，2007年下半年出现了一些很大的交易，包括银行业历史上规模最大的交易——苏格兰皇家银行、富通银行和西班牙国际银行组成的银团以980亿美元收购荷兰银行控股公司，以及力拓矿业集团（联合王国）收购加拿大铝业集团（加拿大）。大型跨国企业购并投资件数（投资额在10亿美元以上的投资件数）的增多及其平均投资规模的增大是2004年以后跨国公司并购投资大幅度回升的重要动力，反映了国际跨国公司在新一轮国际直接投资增长期争夺国际市场竞争的加剧。大型跨国公司并购投资的投资件数、投资金额与平均投资规模均有两个转折点，以2000年为转折点在2001—2003年期间趋于下降，而以2004年为转折点转趋回升。

在1999—2001年和2004—2007年这两个世界跨国并购投资增长期，世界跨国公司并购投资的产业与行业分布结构有了一些变化。后一个时期的初级产业部门的投资比重较高（特别是采掘业），初级产业部门在世界直接投资中所占的比重回到了20世纪80年代末期的水平。但是，初级产品部门的跨国并购金额在后一个时期也逐渐趋向于稳定，从2005年的156美元下降到2006年的109美元，在2007年出现小幅回升，达到110亿美元。服务业则继续在跨国并购中占有最大比重，服务业中占有最大投资份额的仍然是贸易、金融服务和商业活动。随着发展中国家对基础设施产业的逐步开放，其他的服务包括基础设施行业从20世纪90年代起，吸引了越来越多投资者的目光。

但是，到了2008年，随着次贷危机逐渐发酵并引发世界金融危机，导致了许多发达国家的货币和债券市场出现流动性危机，跨国并购活动因此明显减速。2008年上半年的跨国并购交易金额比2007年下半年下降了29%，公司利润和银团贷款也有所下降。跨国并购规模在2008年和2009年这两个全球金融危机最为严重的年份出现了严重的下跌。危机过后，伴随着世界经济复苏，跨国并购规模连续两年保持大幅增长态势，但仍低于危机前的水平。2011年跨国并购额达到5 850亿美元，同比增长70%。跨国并购的增加，主要是因为发达国家和转型经济体在石油天然气、采矿业、制药业等领域的巨额并购交易大幅上升，以及跨国公司之间并购重组及剥离非核心业务所致。当年欧盟和日本企业开展的跨国并购交易金额合计达到4 010亿美元，大幅增长79%，占全球总额的68.5%。

当前，世界经济正处于金融危机后的缓慢复苏阶段，欧元区经济发展前景不明，发达经济体复苏缓慢，新兴经济体增长减速。这些都将对全球资本流动产生较大影响。尽管全球经济发展不确定性、不稳定性因素增加，生产收益率下降，全球绿地投资可能继续萎缩，但是由于国际资产价格下降，会对跨国并购产生有利的影响，从而使跨国并购的规模逐渐扩大。

5. 跨国并购的动因与效益分析

要解释跨国并购的动因，首先必须解释跨国公司对外直接投资的动因，即跨国公司为什么进行对外直接投资。对这一方面的内容，我们已经在第三章做了专门的理论介绍。但对外直接投资理论只解释了跨国公司为什么要进行跨国界的经营活动，既然跨国公司对外直接投资既可以通过跨国并购来实现，也可以通过绿地投资来实现，那么跨国公司为什么要选择前者而不选择后者呢？在这一部分，我们将解释跨国并购的动因问题，即跨国公司在对外直接投资时不采取绿地投资，而采取跨国并购的原因。

一般来讲，在一个外国投资者看来，与直接投资办厂相比，跨国并购作为对外直接投资的一种方式主要有两点优势：效率和市场控制权。毫无疑问，在现代企业运营中效率是极其重要的。跨国并购通常能使企业以最快的速度在新市场中确立起自己的地位，成为市场领导者，并且最终赢得市场主导权，从而扩大公司规模，分散公司风险。此外，跨国并购还能将有关各方的资源和管理经验集合起来，创造出静态和动态的效率收益。

（1）并购能使企业迅速获得新市场并增强市场力量。

一方面，企业通过并购可以迅速获得新的市场机会，在不增加行业生产能力的情况下达到临界规模。通过接管一家公司可以立即利用现成的当地供应商与客户网络，并获得相应的技能。这种动机对跨国公司具有特别重要的意义，因为离开母国市场时，它对当地市场状况知识的需求增加了。

另一方面，并购能给企业带来市场权利效应。在具有寡占特征的市场上，追求市场力量和市场支配地位也是进行并购的推动力量。通过横向并购活动，跨国公司可以提高市场占有率，凭借竞争对手的减少来增加对国际市场的控制力；跨国公司的纵向并购可以通过对大量关键原材料和销售渠道的控制，有力地控制竞争对手的活动，提高企业所在领域的进入壁垒和企业的差异化优势。

（2）通过并购能产生协同效应，提高效率。

追求协同效应可以是静态的（例如某一时点上降低成本或增加收入），也可以是动态的

（例如加强创新）。前者包括管理资源的整合，例如合并后办公设施与人员的减少；利用彼此的营销和分销网络来增加收入；采购协同，即加强讨价还价的实力；生产中的规模经济导致成本下降；避免重复进行生产、研发或其他活动。动态协同可能涉及互补性资源和技能的配合，以提高跨国公司的创新能力，从而对销售额、市场份额和利润产生长期的积极影响。对诸如汽车等竞争压力强、价格下降、生产能力过剩的行业，追求静态的协同效果具有特别重要的意义。而在技术变化迅速的行业和由创新驱动的行业，例如信息技术、制药业等，动态协同的作用可以说是至关重要的。

（3）在较短时间内发挥规模效应。

这主要体现在两个方面：一是企业的生产规模经济效应。跨国公司可以通过并购对企业的资产进行补充和调整，达到最佳经济规模，降低企业的生产成本；并购也使跨国公司有条件在保持整体产品结构的前提下，集中在一个国家或地区工厂中进行单一品种生产，达到专业化水平；并购还能解决专业化生产带来的一系列问题，使各生产过程之间有机地配合，以产生规模经济效益。二是企业的经营规模效应。跨国公司通过并购可以针对全球不同的市场进行专门的生产和服务，满足不同消费者的需求；可能集中足够的经费用于研究、设计、开发和生产工艺改进等方面，迅速推出新产品，采用新技术；此外，跨国公司规模的扩大使得其融资能力大大提高。

（4）通过并购重组加快培育核心竞争力。

核心竞争力的概念与理论是美国学者普拉哈拉德（C. K. Prahalad）和英国学者哈梅尔（Gary Hamel）首次提出来的。通过研究可以发现，核心竞争力具有独创性、不断更新性、系统性、难以模仿性等特征，这保证了企业在所处行业及领域能够长期具有竞争优势。

跨国公司培育核心竞争力有两种途径：一是在跨国公司内部通过长期的自身知识积累和知识学习，逐步培育起来；二是通过外部并购具有核心竞争力或具有相应资源的企业，经有效重组、整合而得。与自我发展构建企业核心竞争力相比，跨国并购具有时效快、可得性和低成本等特点。尽管要完成从搜寻对象到实现并购、进行资源重组、构建企业的核心竞争力的过程需要一定的时间和费用，但这比通过自我发展构建核心竞争力还是要快得多。当跨国公司需要的某种知识和资源专属于另一企业时，并购就成为跨国公司获得这种知识和资源的唯一途径。

三、按照投资者的参与方式进行划分

按投资者对外投资的参与方式的不同，可分为股权参与和非股权参与两种形式。

（一）国际直接投资的股权参与方式

股权参与是参与制的基本方式，母公司通过持有国外子公司具有投票表决权的股票份额，从而达到控制其生产经营活动的目的，这也是典型的国际直接投资形式。股权参与方式具体又可以分为独资经营、合资经营、合作经营和合作开发等形式。

1. 独资经营

独资经营是指完全由外商出资并独立经营的一种国际直接投资方式，它是历史最悠久的企业形式。独资经营类型的企业在现代经济社会中的数量仍占绝大多数，如在美国，独资企业约占整个企业总数的79%。早期以跨国公司为主体的国际投资者在国外设立的分支机构基本上都采取这种形式。目前跨国公司在制造业，尤其是高技术行业、国际运输行业和国际服务行业中，仍相当普遍地采取这种形式。在我国，将外商以这种形式设立的分支机构称为外商独资企业。

独资经营有如下特点：

(1) 由外国投资者提供全部资本，自主独立地经营，自己承担风险。因此，一方面，它可以充分发挥外国投资者在资金运用上以及在采用先进技术、先进管理方法方面的主动性和积极性；另一方面，它又能避免合资经营过程中投资双方在经营、出资、利益分配等方面产生的矛盾，从而提高了企业的管理效能。

(2) 独资经营企业常常能引进比较先进的技术、设备和管理方法，从而能生产出竞争力较强的产品。它可以充分利用企业所在国丰富的资源、广阔的市场和廉价的劳动力，从而获得高于国际平均水平的利润。

(3) 对于东道国来说，独资经营既吸引和利用了外资，自己又不必出资，不承担投资风险、经营风险，而且东道国政府可以通过各种税收、土地使用费、公共基础设施管理费等方式增加净收入。

(4) 对于东道国来说，通过独资经营方式引进外资可以引进国外先进技术、先进管理经验，通过“示范作用”，可以提高国内的技术水平和管理水平。独资经营企业还可以增加东道国的劳动就业机会，并能带动本国的原材料生产、半成品加工、商业、运输等行业的发展。

(5) 由东道国政府经过法律程序批准，外方单独在东道国境内取得法人资格，能够完善地行使法人权利和义务。经营的利润和风险全部由外国投资者自己承担，东道国不参与生产经营管理活动，所以东道国对独资企业的审批尺度较为严格。

第二次世界大战后，西方主要资本主义国家为实现资本转移自由化，允许外国投资者进入本国投资设厂，包括兴办各种类型的独资经营企业，由投资者独立经营。例如，美国、日本、英国及西欧的其他一些国家，除一些国民经济的主要部门或行业限制独资经营方式外，其他行业一律允许兴办独资企业。一些发展中国家也允许兴办独资企业，例如印度，为了鼓励出口，允许外国投资者在其任何地方兴办全部产品出口的或具有国际先进技术的独资企业。许多国家和地区专设一些出口加工区、自由贸易区及经济特区，鼓励兴办独资经营企业。目前，在吸收外国私人直接投资中，独资经营的占多数。在大多数国家和地区，外国投资者建立的中小企业中，独资经营的占多数。

2. 合资经营

合资经营是国际直接投资中常见的一种方式。它是指两国或两国以上的企业、其他经济组织或个人，在平等互利的原则基础上共同商定各自的投资股份，根据东道国的法律，通过签订合同创立共同投资、共同经营、共担风险、共负盈亏的股权式合营企业。投资各方除以资金作为投资股本外，亦可以将生产设备、原材料、场地使用权、厂房、基础设施、劳务、工业产权、技术等折价作为股本，并按股份的份额比例分取收益或分摊经营亏损。我国的中外合资企业就属于这种类型。

合资经营企业是根据东道国法律组建的一种拥有独立资产的法定实体。因此，它是具有法人地位的有限责任公司或股份有限公司，在遵守和执行东道国有关法律、法令、条例的前提下，应受到东道国法律的保护和管辖，即应依法保护国外合资者在合资经营企业中的投资及应分得的利润和其他合法权益。

合资经营企业出资比例涉及合营各方在企业中的权益，对东道国来说，外国投资者在合资经营企业中所占的股本比例直接决定其对企业的支配权和利润分配比例。按照国际惯例，外国投资者在合资经营企业注册资本中的比例一般不得低于25%。发达国家对于外国投资比例限制较少，合资经营企业中各方投资比例多少，由当事人协商决定而不在法律中加以规定。发展中国家为了保证本国投资者在合资经营企业中占绝对优势，对外国投资比例一般控制较严，但大部分国家对附带先进技术或以出口为主的合资经营企业，以及开发新工业门类的外国投资，在外资所占比例的规定上都比较灵活。为使外国资本的投资符合本国经济发展的需要，任何一个主权国家，在制定投资法的时候，都要规定外国资本的投资范围和行业，发展中国家一般鼓励外国资本在有利于发展国民经济、改善国际收支的行业投资，而禁止（或限制）在国防军事以及支配国家经济命脉的行业投资。

合资经营在正式组建之前，投资比例是谈判中的一个核心问题。投资比例表示投资各方在合资企业中拥有股权的大小。一般来说，一方合资者在企业中投资比例越大，其对企业的控制权就越大。因此，各东道国在本国投资法中对外国投资者在合资经营企业中的投资比例限额都有明文规定。投资比例限额的大小，要视东道国经济发展的需要而定。一些国家，特别是经济比较落后的国家，为了吸引更多的外资，通常允许外国投资者对优先部门或地区合资企业的投资比例超过50%；一些经济发展程度较高的国家和一些非优先发展的部门和地区创建合资经营企业，一般规定外国投资者在企业中的投资比例不得超过50%。对外国投资者在企业中的投资比例定得过高，东道国容易失去对合资企业的控制权，而且还会使大部分收益外流；若定得太低，则不利于吸收和利用外资。大多数国家直接利用外资举办合资企业的实践表明，对外国合营者的投资比例规定在50%较为适宜，既体现了平等互利原则，维护了东道国的合法权益，又有利于调动外国合营者的投资积极性。按照国际上通行的做法，参与合资经营的各方依其出资的股权比例分享利润，也对风险和亏损分担责任，其责任以各自认缴的股份为限。合资企业的董事会成员由股东大会选举产生或由合资各方委派。拥有多数股权的一方可以委派较多的董事并从中产生董事长，因而在董事会也就拥有较多的表决权和支配权。但这并不是说拥有多数股权的一方可以无视拥有少数股权的一方的权益和意见。公司章程通常都规定有保护少数的原则，有些重大问题（如注册资本的增加、转让等）必须由董事会一致通过方可做出决议。此外，跨国公司一方拥有的经验较丰富的经营管理人员在一般情况下都受聘为总经理或其他高级主管，这就保证了投资一方拥有的股权较少，其实际控制权仍可能比较大。

3. 合作经营

合作经营是指以跨国公司为主体的投资者与另一方签订契约共同经营企业，但各方出资不采取股份形式，风险的分担和盈亏的分配也不一定与出资比例挂钩，而是依据契约中规定的比例分成。合作经营是一种比合资经营更简便灵活的参与方式，尤其适用于投资少、周期短、见效快的投资项目。这种合营实体可以组成法人，也可以不组成法人。由于出资方式不是采取拥有股权的形式，所以它不能算作严格意义上的股权参与，但在分享所有权这一基本形式方面，又与股权式合营企业有许多相似之处，故可看作是股权参与的一种变形。我国的中外合作经营企业属于这种类型。

合作经营企业的资产投资方式，一般都在契约中规定：外方合营者必须首先以外汇等资金作为主要投资资本；其次以设备、工业产权、专有技术和技术“诀窍”以及生产原材料等折价作为投资资本。根据企业生产经营情况，或实行产品分成，或从待分配的利润中提取使用费，以逐年回收投资本金。外方投资的固定资产部分，通过逐年提取折旧费方式回收其折价资本。而东道国的合营者原则上不投或少投外汇现金，主要以提供场地使用权、厂房、资源、公用设施以及部分设备和劳务等折价作为投资。

合作经营的组织管理形式比较灵活，主要有以下几种形式：

（1）董事会管理制。

采取这种管理制度的合作经营企业，一般都属于具有独立法人资格的经济实体，董事会为最高权力机构，董事会下设经营管理机构，任命总经理负责企业经营管理。总经理对董事会负责而不是对各自的股东负责。企业有组织章程和管理制度，与合资经营企业相似。

（2）联合管理制。

不具有法人形式的合作经营企业，一般采取联合管理的领导体制，即由合作各方选派代表组成统一的联合管理机构，或称联合管理委员会，作为企业的最高领导和决策机构，决定企业的重大问题，任命或选派总经理对合作项目进行管理。这类合作经营企业各方都把其参加合作项目的财产交联合管理机构管理和使用，与此同时，它们仍可分别对这些财产具有所有权。委员会下设若干职能机构，委员会委员名额和职能机构人员分配是对等的，不按股权比例分配。委员会下设的职能机构配置是对称的，由对称机构之间协商处理所分担的业务，并向联合管理委员会报告工作。因此，采取联合管理体制的合作经营企业，合作各方对企业的管理具有相等的决定权。

（3）委托管理制。

除上述两种组织管理形式外，还有一种较常见的组织管理形式——委托管理制。它是由合作经营企业委托合作一方或合作双方以外的第三方对合作经营企业进行管理。

1）由委托合作一方进行管理。一般是由双方商定后将企业交由合作一方管理，合作另一方基本上不参与管理。接受委托的一方必须按委托书规定，定期向委托方报告经营状况，遇有重大问题时必须经委托方同意后方能处理。受托方可以自己任命经理人员，管理费用按委托方规定支付。

2）委托第三方管理。一般是由合作经营企业出面委托第三方管理，合作双方都不参与管理。委托方和受托方签订管理合同，由受托方独立行使企业管理权。受托方按企业经营利润分成，管理人员由受托方聘请，管理制度由委托方制定，管理费用由委托方承担。合作经营的双方只收取投资利润。

4. 合作开发

合作开发是合作经营的一种特殊形式，是指资源国通过招标方式与中标的一家或几家外国投资开发公司签订合作开发合同，明确各方的权、责、利，联合组成开发公司对资源国石油等矿产资源进行开发的一种国际经济技术合作的经营方式。它适用于自然资源的大型开发及生产项目，尤其是海洋石油开采等风险大、投资多、技术要求高、建设周期长的项目。合作开发的特点是整个过程分两阶段进行：第一阶段由从事开发的公司经东道国批准后进行地球物理勘探，所需的资金、设备、技术等全部由从事开发的公司提供，风险也由其承担。通过勘探，如果未发现具有商业开采价值的资源，已经耗费的一切费用均成为该公司的无偿损失；如果发现具有商业开采价值的资源，则根据合同进入第二阶段，即资源开发阶段。在这一阶段，从事开发的公司与东道国共同投资，进行合作开发资源。第一阶段所耗的费用及第二阶段的投资回收与收益分配均可以用所开发的资源（如石油）进行补偿。

合作开发是一种勘探开发工程庞大且技术复杂的合作经营。一般根据合同由资源国和国外合作者各指派相等人数组成管理委员会，作为最高权力机构进行管理并负责处理日常事务，根据协商一致的原则解决有关问题。为维护资源国的国家主权和经济利益，管理委员会在主持开发海洋石油资源的一切活动中，都必须遵守资源国的有关法律、法令和条例，参与合作开发的外国公司或个人必须受资源国法律约束并接受资源国政府有关部门的检查、监督，但外国合作者的投资、合作开发活动以及应得利润及其他合法权益，均应受资源国法律保护与管辖。

随着现代化大工业的发展，世界发达工业国对能源及其他矿产资源的需求量日益增长，同时，矿产资源丰富的发展中国家又迫切需要外国资金、技术对资源进行开发，出于双方的需要，合作开发已经成为一种重要的国际直接投资方式。

（二）国际直接投资的非股权参与方式

非股权参与是指以跨国公司为主体的国际投资者并不持有在东道国的企业的股份，而只是通过与东道国的企业建立某些业务关系来取得某种程度的实际控制权，实现本公司的经营目标。

第二次世界大战后，非股权参与的方式日益多样化，它在跨国公司海外经营活动中所占的比重也不断增加。由于非股权参与也同样可以达到“控制”的目的，而且常常与股权参与相辅相成，有时还可以在一定条件下互相转化，因此，非股权参与是国际直接投资活动的重要组成部分。

非股权参与的主要形式有：国际工程承包、国际租赁、补偿贸易、国际加工装配贸易、许可证合同、管理合同、技术援助或技术咨询协议、销售协议、特许营销等。

1. 国际工程承包

国际工程承包是国际劳务合作的主要形式，它是指一国承包商按照国外业主提出的条件，同意承担某项工程建设任务并取得一定报酬的跨国经济活动。国际承包工程既涉及工程技术、管理及法律方面的问题，又涉及国际贸易、国际金融、国际投资等国际经济关系的诸多方面，具有集耗资多、获利多、竞争性强为一体的特征。

国际工程承包可以分为以下四类：

（1）启钥工程的承包。

它是从设计到施工的全部过程均由承包商来承担的一种承包方式，也叫一揽子或总体承包，即项目竣工后，业主从承包商方面得到“钥匙”即可开工生产。整个工程的主要内容包括工程方案选择、规划、勘测、设计、供应和安装设备、建筑施工、试车运转及人员培训，甚至包括办理工业产权的转让和资金融通等。这种方式对双方都有好处，承包商能承包更多业务，赚取更多利润，业主既能节省时间、简化手续，又能保证工程达到设计要求。一般发展中国家采取这种方式发包的工程较多。

（2）分项合同。

又叫分别承包，是指业主在将整个工程分为若干部分的情况下，承包商仅就自己负责的部分与业主签订合同，实行分项的工程承包。

（3）分包合同。

它是总承包商将工程的一部分分给其他承包商所签订的合同。分包商与项目业主没有直接的联系，只向总承包商负责。分包方式对发挥承包商各自的优势、减少风险起着重要作用。

（4）设计和监督施工。

这种方式是由承包商负责项目的工程设计，在东道国施工期间提供专家技术指导并监督施工质量。由于工程由东道国自行施工，采用这种方式发包能够节省工程费用，在技术和设备选购上也有自主权，同时在工程建设中也能学到不少技术。

2. 国际租赁

国际租赁是指位居不同国家的出租人和承租人之间的租赁，亦称跨国租赁。出租人通过国外厂商购买承租人所需要的设备，根据双方签订的租约，承租人向出租人缴纳租金而获得设备使用权。它是国际信贷和国际贸易相结合的新型的融资和融物合为一体的业务。国际租赁对于出租人来说，能起到既输出资本，又输出设备的双重作用；而对承租人来说，既能利用外资，又能引进国外先进设备。

国际租赁作为一种新发展起来的跨国投资参与方式，已成为世界许多国家参与国际投资的一种重要形式。出租的设备通常有飞机、船舶、石油钻机、大型电子计算机、起重机和某些成套的生产设备等。

3. 补偿贸易

补偿贸易是一国企业在外汇短缺的情况下，以不支付现汇为条件，从另一国引进技术、设备及其他制成品，待工程建成投产后用生产的产品分期偿还其价款的一种投资与贸易相结合的、灵活的国际投资方式。

补偿贸易是在易货贸易基础上发展起来的，其偿付方式比较灵活，主要有以下几种形式：

（1）直接产品偿付。

即进口方用引进的设备或技术生产的直接产品来抵偿价款，这是当前补偿贸易中最常见的偿付方式。

（2）非直接产品偿付。

在出口方不需要直接产品时，可以用双方商定的不是以进口设备和技术生产的产品，即非直接产品偿付。这种方式给出口方选择偿付产品提供了较大余地。

（3）收入偿付。

即进口方用投产后的货币收入来抵偿国外厂商的设备或技术价款。该方式适用性和灵活性更大。

（4）混合偿付。

这是上述三种偿付方式的综合应用，即进口方用一部分直接产品、一部分其他商品、一部分货币偿还应付价款。这种形式更为灵活，适用于单用一种偿付方式不易达成协议的情况。

4. 国际加工装配贸易

国际加工装配贸易是集国际贸易与国际投资于一体的、比较灵活的新型的国际直接投资形式。由于它不需要东道国的投资，并可利用现有的厂房、土地、劳动力等达到引进先进技术和利用外国投资的目的，因此特别适合缺少外汇、技术相对落后的发展中国家和地区。

国际加工装配贸易形式主要有四种：进料加工、来料加工、来件装配和来样加工。

（1）进料加工。

指一个国家或地区进口原材料、辅料或零部件，经加工成成品后再出口。其基本特点是以进养出、以进促出。

(2) 来料加工。

指一个国家或地区的厂商（承接方）承接国外厂商（委托方）的原材料、辅料和包装物料，必要时也提供某些设备，按照委托方的品种、规格、款式、技术等要求进行加工生产。成品按规定时间交给委托方，规定承接方只收取工缴费，不负责销售盈亏。

(3) 来件装配。

指由外国厂商提供元件、零部件，由东道国按外国厂商的规格、款式要求进行装配，然后交给对方销售，并收取工缴费。

(4) 来样加工。

指由委托方提供产品的样品，受托方按委托方的样品加工成成品后交给委托方。

5. 许可证合同

详见第五章第四节相关内容。

6. 管理合同

详见第五章第四节相关内容。

7. 技术援助或技术咨询协议

这种参与方式与管理合同及工程承包的不同之处在于，协议上并未规定给予跨国公司以技术上的管理权。技术援助是指应东道国业主的要求，为解决某一技术上的困难进行帮助和指导，直到问题获得解决。技术咨询与技术援助略有不同，它只是由跨国公司派遣专家充当顾问，为东道国业主解决某一技术问题提供一些参考性的建议，这些建议是否被采纳，则完全由业主自行决定。

8. 销售协议

这是跨国公司利用东道国的销售机构来扩大自身的产品销售能力的方式。

销售协议可分为三种：

(1) 分销。

指跨国公司与东道国的商业机构签订协议，由后者按照跨国公司规定的价格在东道国销售其产品。分销商从跨国公司进货时，可获得有利可图的折扣优待。

(2) 商业代理。

指跨国公司委托东道国的商业机构为其商品找寻买主。代理商本身不直接从事该产品的购销活动，而是由卖方与买方直接成交。代理商按成交额的一定比例收取佣金。

(3) 寄售。

指跨国公司将商品运交给东道国的商业机构，委托后者代为销售，该商品在市场出售以后，再由寄售商交还货款，并从货款中扣除佣金。

跨国公司通过上述各种销售协议，可以在其他国家建立起自己的销售网，为本公司的产品开辟市场。销售协议与通常的出口贸易的作用不同，表现在：通常的出口贸易在商品交货后，商品的所有权即转移给买方，买方对这些商品如何进一步处置，卖方再无权过问；而销售协议则不然，在商品最终在市场出售以前，跨国公司有权对商品的售价、售后的维修服务等进行控制，从而更有利于占领和扩大市场。

跨国公司有时还利用已建立的销售网销售第三方的产品，从中赚取利润。这通常是在第三方的产品与本身的产品不存在竞争关系，甚至可以与本公司的产品配套，进一步扩大销路时采用。

9. 特许营销

这是商业和服务行业中跨国公司比较流行的一种参与方式。特许营销的一个重要特点是，营销总店都是一些在客户中已享有较高声誉的企业，其产品质量和服务水平都很高。营销总店允许营销分店使用它的商号名称，并对分店的经营活动给予协助。但分店的所有权并不归总店所有，而是独立的经济实体。分店只按销售额或利润的一定百分比（也有的按固定金额）向总店缴纳特许权使用费。

第三节 国际直接投资的项目评估

一、项目评估的概念

项目评估就是在国际直接投资活动中，在对投资项目进行可行性研究的基础上，从企业整体的角度对拟投资建设项目的计划、设计、实施方案进行全面的技术经济论证和评价，从而确定投资项目未来发展的前景。这种论证和评价从正反两方面提出意见，为决策者选择项目及实施方案提供多方面的告诫，并力求客观、准确地将与项目执行有关的资源、技术、市场、财务、经济、社会等方面的数据资料和实况真实、完整地汇集，呈现于决策者面前，使其能够处于比较有利的地位，实事求是地做出正确、合适的决策，同时也为投资项目的执行和全面检查奠定良好的基础。

二、项目评估的基本原则

项目评估的基本原则，是指国际直接投资项目评估中的通用法则，是投资项目评估的纲领性要求，或者说是判断和取舍项目的一般性准则。基本原则既是具体的，又是抽象的，具有典型意义和代表性，是评估工作必须遵循的原则。项目评估原则的正确性，对投资项目本身的生命力和经济效益等有着较大影响，在进行项目评估时应该遵守以下基本原则。

（一）客观、科学、公正的原则

投资项目评估必须真实、全面、客观地反映项目的全貌，去粗取精，去伪存真。这就要求评估人员必须站在企业整体和全局的角度，客观地、科学地、公正地进行评估，并要对项目评估的可靠性、准确性负责。客观就是要求评估人员对投资项目可行性研究报告进行客观的分析，讲究实事求是，搞好调查研究，不能主观地、仓促地下结论。科学就是要求评估人员采用科学的评估方法和计算公式来评估每一项内容、计算每一个数据，使评估结论准确可靠。公正就是要求评估人员站在企业全局的角度对投资项目进行评估，真实地反映项目的本来面目。

（二）综合评价、比较择优的原则

投资项目评估要求对不同项目或同一项目的不同投资方案进行全面的分析评价，从中选择最优项目或方案。这就要求运用较为精确的数学模型和严谨的逻辑推理以及行为科学和社会科学等方面的知识和方法，分析各个投资项目或方案实施后可能产生的经济效果、社会效果、生态效果及其综合效果，最后再以经济效益为中心，进行综合考虑，全面评价，选择出最优的项目或方案。

（三）项目之间的可比性原则

只有投资项目之间可以进行比较，才能够选择最优项目，否则评估的结果就会令人质疑。因此，项目评估必须处理好项目之间的可比性问题。具体来说，用实物形态指标进行比较，则要以不同项目产品的使用价值相同为前提；用价值形态的指标进行比较，则要保证不同项目产品在价值计算过程中所采用的价格是可比的。此外，项目指标要统一。不同的投资项目，用不同的指标进行评价，其结果大不一样。指标的统一不但在项目的最终评价中起标准尺度作用，而且也是项目选优的依据。最后要保证时间上的可比性，这涉及货币的时间价值问题，也就是在项目评估中必须把不同时间的价值转换为相同时间的价值，从而使不同时期、不同种类的项目支出和收入能够进行比较。

（四）定量分析与定性分析相结合的原则

定量分析是根据调查材料，运用数学手段，针对投资项目建设和生产过程中的诸多因素及其相互关系进行精确的量的分析，用数据得出结论的一种分析方法。定性分析则是根据一些直观材料，依靠相关理论和个人经验，对投资项目建设和生产过程中的诸多因素及其相互关系，从性质和发展趋势上进行推断，从而得出结论的一种分析方法。在项目评估中，应该坚持定量分析与定性分析相结合的原则来扬长避短。

（五）技术分析和经济分析相结合的原则

投资项目的技术分析是对拟投资项目的设计方案、生产工艺、设备选型等技术因素进行分析，其目的主要在于确定项目在技术上的可靠性、安全性、适应性。投资项目的经济分析则是对拟投资项目的技术方案所能带来的经济效果进行分析，其目的在于分析拟投资项目所采用的技术方案是否能带来最佳经济效益。技术分析提供了技术方案在技术上的可行性材料，而经济分析则从经济角度考虑采用哪种技术方案才能带来最好的效益。因此，需要将技术分析和经济分析结合起来进行综合比较分析，选择能带来最大效益的技术方案。

（六）微观效益分析与宏观效益分析相结合的原则

微观效益分析一般是指对企业或投资项目本身的财务评价，主要包括盈利能力分析和偿还能力分析，借以判断投资项目的财务可行性；宏观效益分析是评价项目对增加国民收入和其他经济目标的贡献，以确定项目的可行性。两者都属于项目的经济评价范畴，是分析评价项目经济上是否合理的两个方面。

三、项目评估的主要内容

国际直接投资的项目评估是一项经济技术性较强而又复杂的工作，评估内容主要包括以下几个方面。

（一）投资必要性的评估

（1）项目是否符合行业规划。

（2）通过国际市场调查和预测，对产品市场供需情况及产品国际竞争力进行分析比较。

（3）对投资项目在企业发展中的作用进行评估。

（4）拟投资规模经济性分析。

（二）建设条件评估

（1）资源是否充足，以矿产资源为原料的项目，是否具备相关机构批准的有关资源储量、品位、开采价值的报告。

（2）工程地质、水文地质是否适合投资建厂。

（3）原材料、燃料、动力等供应是否有可靠来源，是否有供货协议。

（4）交通运输是否有保证，运输距离是否经济合理。

（5）协作配套项目是否已落实。

（6）环境保护是否有治理方案。

（7）购进成套项目是否经过多方案比较，是否选择的是最优方案。

（8）投资厂址选择是否合理。

（三）技术评估

（1）投资建设项目采用的工艺、技术、设备在经济合理条件下是否先进、适用，是否符合相关国家的技术发展政策，是否注意节约能源和原材料以获得最大效益。

（2）购进的技术和设备是否符合投资实际，是否配套并进行了多方案的比较。

（3）投资项目所采用的新工艺、新技术、新设备是否经过科学的试验和鉴定，检验原材料和测试产品质量的各种手段是否完备。

（4）产品方案和资源利用是否合理，产品生产纲领和工艺、设备选择是否协调。

（5）技术方案的综合评价。

（四）项目经济数据的评估

（1）投资估算。

（2）生产规模及产品方案数据。

（3）各项技术经济指标。

（4）产品生产成本估算。

（5）销售收入及税金估算。

（6）利润预测。

（五）投资项目财务评价

根据预测的经济数据，可以对投资项目的财务效益进行分析。

（1）财务盈利能力分析。主要计算分析全部投资回收期、投资利润率、投资利税率、资本金利率、财务净现值、财务净现值率、财务内部收益率等评价指标。

（2）项目清偿能力分析。主要计算分析借款偿还期、资产负债率、流动比率、速动比率等评价指标。

（3）财务外汇效果分析。主要计算分析财务外汇净现值、财务换汇成本等评价指标。

（六）国民经济效益评价

（1）国民经济盈利能力分析，即对经济内部收益率、经济净现值等指标进行计算分析。

（2）经济外汇效果分析，即对经济外汇净现值、经济换汇成本等指标进行分析。

（3）辅助经济效益分析，主要计算分析投资项目的就业效果和节能效果，以及相关项目的经济效益。

（4）对环境保护做一般评估。

（七）不确定性分析

分别从企业经济评估和国民经济评估两个方面进行以下分析：

（1）盈亏平衡点分析。

（2）敏感性分析。

（3）概率分析（即风险分析）。

（八）总体评估

在以上各项评估的基础上，结合投资对象国的政治、经济和社会状况对投资项目进行总体评价。

四、项目评估的基本程序

国际直接投资项目评估应该采取科学的工作程序，有计划、有步骤地进行，一般按照组织安排、收集资料、审查分析和编写报告四个步骤来进行。

（一）组织安排

组织安排是项目评估工作的第一步，即组织力量、制订计划。

（1）组织力量。对小型投资项目的评估，指定专人负责即可；对规模较大的投资项目，应组织评估小组，包括经济分析人员、技术人员、市场分析人员等，并确定负责人，明确分工；对规模特大或技术特别复杂的投资项目，可会同相关企业和部门组成联合评估小组，以便加深、加快评估工作。

（2）制订计划。凡成立评估小组的项目，都应制订评估工作计划。工作计划应包括评估目的、评估内容和时间进度。

（二）收集资料

收集资料是项目评估的基础工作。评估所需的基本资料数据，在进行可行性研究时大部分已经具备，但在评估的收集资料阶段还应该做好以下工作：

（1）为国际直接投资提供咨询服务的投资银行机构应收集这些资料数据，加以查证核实，并做进一步的分析研究。

（2）投资银行还应根据评估内容和分析要求，通过企业调查和项目调查，进一步收集必要的数据和资料。

（3）根据查证发现的问题和疑问，通过调查，进一步核实清楚。

（4）根据收集的大量资料，加工整理，汇总归类，以供评估中审查分析以及编制各种调查表和编写文字说明之用。

（三）审查分析

审查分析是在收集到必要的资料以后开始的，主要包括基本情况审查和财务分析两个方面。具体内容包括：

（1）企业和项目概况审查。

（2）市场和规模分析。

（3）技术和设计分析。

（4）财务预测。

（5）财务效益分析。

（6）经济效益分析。

（四）编写报告

根据调查和分析结果，编写投资评估报告。评估报告要对可行性研究中提出的多种方案加以比较评估，确定一种最优方案，并提出对投资项目的评估结论。评估报告要按规定程序送交企业最高投资决策机构审批。

第四节　国际直接投资的项目管理

一、项目管理的概念和特征

（一）项目管理的概念

项目管理，是在国际直接投资中，跨国公司等投资主体为实现其投资目标，在有限的资源约束下，运用系统、科学的观点、方法和理论，对投资项目涉及的全部工作进行有效的管理。即对从项目的投资决策开始到项目结束的全过程进行计划、组织、指挥、协调、控制和评价，以实现投资项目的预定目标。

（二）项目管理的特征

由于项目的一次性、独特性与不确定性等特点，项目管理必须通过不完全确定的过程，在确定的期限和预算限制内完成不完全确定的产品和服务。项目管理具有如下特点：

1. 项目管理的方式是目标管理

项目管理是一种多层次的目标管理方式。项目所涉及的领域往往十分宽泛，任何一个项目管理者都无法成为通晓各个领域的专家，即使有所了解也不可能像专门研究者那样深刻。因此，项目管理者只能以综合协调者的身份，通过授权，向有关人员讲明所承担工作的意义，协商确定管理目标，以及时间、费用、质量标准等限定条件。具体工作则由被授权者独立处理，项目管理者发挥检查、督促和协调的作用，并及时给予必要的支持。可见，项目管理只要求在一定条件下实现管理的目标，而其实现的过程具有灵活性。

2. 项目管理的组织具有特殊性

项目管理的突出特点是项目本身作为一个组织单元，从而产生了“项目组织”的概念。项目组织往往是临时性的，项目完成之时，组织的使命也就完成了。项目组织具有柔性，也即是可变的。可以根据项目生命周期的各个阶段的具体需要适时地调整组织的配置，以保障组织的高效运行和项目管理目标的顺利实现。

3. 项目管理的过程贯穿着系统工程的思想

大多数项目包含诸多工作层次，项目的工作层次可分为大型项目、项目群（program），项目（project），任务或活动（task of activity），工作包（work package），工作单元（work，unit）。项目管理把项目看成一个完整的系统，同时将系统分解为许多责任单元，既强调项目是一个有完整生命周期的过程，又强调部分对整体的重要性。

4. 项目管理的体制是一种基于团队管理的个人负责制

一方面，由于系统管理的要求，需要集中权力以控制工作正常进行，项目经理具有重要作用；另一方面，注重管理团队内部的协作与沟通。

5. 项目管理体现以人为本

项目管理可以创造和保持一种环境，使置身于其中的人能在集体中和谐相处，一道工作以完成预定的使命和目标。项目管理注重知识挖掘与整合，注重文化培育与创新，体现出参与者各显其能、共同发展、共创价值的精神和特点。

二、项目管理的内容

国际直接投资项目管理是一项复杂的、经济技术性要求很高的工作，一般包括决策、实施和评价阶段的各方面管理。

（一）投资项目决策阶段的管理

投资项目决策阶段的管理，主要是对投资项目建设的必要性和可行性所进行的分析和论证，从企业的发展方向和投资规划角度，对投资项目的投资规模、投资结构等重大问题做出决策。这个阶段要熟悉有关国家的产业政策、投资政策和法律法规，同时还要熟悉相关国家各部门、各地区的发展规划、市场状况及决策的理论和方法，以便做出正确的投资决策。

投资项目决策阶段工作的具体内容，包括以下几个方面：

1. 投资项目的提出

它是通过投资项目建议书的方式来表达的。投资项目的提出是投资项目决策的开始，也是整个投资项目管理的开端。其内容包括：（1）投资项目提出的必要性和依据。（2）产品方案、拟投资规模和投资地点的初步设想。（3）资源情况、建设条件、协作关系和有关国别、厂商的初步分析。（4）投资估算和资金筹措设想。（5）项目投资建设进度设想。（6）经济效益的初步估计。

2. 项目规划

它是指具体拟定项目投资建设方案，对投资项目在技术、工程、经济和外部协作条件等方面进行全面研究，并进行多方案比较以供选用。对国际工业投资项目，项目规划一般有以下几项：(1) 国际市场调查与预测。(2) 资源、原材料的来源情况和保证程度。(3) 工艺流程设计、主要设备选型及相应的技术经济分析。(4) 投资建厂条件和厂址选择方案。(5) 投资项目实施条件和实施方案。(6) 投资估算和资金筹措。

3. 项目评价

进行多方案评价、选择，评价主要是经济评价，包括企业财务评价和国民经济评价。除经济评价外，还应结合投资对象国的政治、经济、社会等状况进行分析，以供投资决策者参考。

4. 投资项目的选定

根据前面各阶段的研究分析，对投资项目在技术、经济上进行全面的评价并总结，提出项目选定的结论性意见。

(二) 投资项目实施阶段管理

这是投资项目管理的主要工作阶段，整个投资项目管理工作大部分在这一阶段完成，这一阶段的主要内容包括：

1. 项目范围管理

这是为了实现投资项目的目标，对项目的工作内容进行控制的管理过程。包括范围的界定、范围的规划、范围的调整等。

2. 项目时间管理

这是为了确保投资项目最终按时完成的一系列管理过程。包括具体活动界定、活动排序、时间估计、进度安排及时间控制等项工作。

3. 项目成本管理

这是为了保证完成投资项目的实际成本、费用不超过预算成本、费用的管理过程。包括资源的配置，成本、费用的预算以及费用的控制等项工作。

4. 项目质量管理

这是为了确保投资项目达到客户所规定的质量要求所实施的一系列管理过程。包括质量规划、质量控制和质量保证等。

5. 人力资源管理

这是为了保证所有投资项目关系人的能力和积极性都得到最有效的发挥和利用所实施的一系列管理措施。包括组织的规划、团队的建设、人员的选聘和项目班子建设等一系列工作。

6. 项目沟通管理

这是为了确保投资项目的信息合理收集和传输所需要实施的一系列措施。包括沟通规划、信息传输和进度报告等。

7. 项目风险管理

这涉及投资项目可能遇到的各种不确定因素，包括风险识别、风险量化、制定对策和风险控制等。

8. 项目采购管理

这是为了从投资项目实施组织之外获得所需资源或服务所采取的一系列管理措施。包括采购计划、采购与征购、资源的选择以及合同的管理等项目工作。

9. 项目干系人管理

这是指对项目相关的人员的需求和期望进行识别分析，并通过沟通等方式来满足其需求，从而解决项目中可能产生的各种问题。

（三）后评价阶段管理

投资项目建成投产后，还要进行后评价。后评价是投资项目投产、运营一段时间后，再对项目的投资决策、设计施工、竣工验收、生产运营等各方面进行系统的评价以改进工作，不断提高项目决策水平和投资效果。后评价内容包括：投资决策评价、设计施工评价、生产运营评价和投资效益评价。

三、项目管理的重要方面

国际直接投资项目管理贯穿从项目论证决策到实施、评估的全过程，涉及诸多不同方面，其中有几方面值得专门介绍一下：组织控制、产品控制、流动资金管理和外汇风险管理。

（一）组织控制

组织控制就是在国际直接投资活动中，对为实现投资项目的最终目标而进行的一切有关组织活动进行调节和管理。

组织控制的功能主要有三个：规定投资项目相关当事人的责任；规定各当事人之间的关系；调动积极性，确保投资项目顺利实现。

国际直接投资是一项复杂的工作，为保证投资目标的实现，需要建立组织控制系统。而投资项目组织机构的设置是关键一环。组织机构应该本着高效精干、管理跨度与管理分层相统一、业务系统化管理与协作一致、项目组织弹性灵活的原则设置。此外，投资项目组织机构的设置还应视投资项目性质、投资资金来源、投资规模大小、技术复杂程度等因素有所区别，以确保投资项目的成功。

（二）产品控制

产品控制是国际投资项目中产品计划、产品质量、产品工艺、流程等有关产品方面的管理控制系统。

国际投资项目中的产品控制是非常重要的一个方面，企业应当根据国际市场需求情况、产品结构情况、质量管理要求情况，并结合自身的技术资源、控制能力来设置。一个适当的、运作良好的产品控制系统可以确保投资项目达到预定的计划目标。

（三）流动资金管理

流动资金是企业生产经营过程中的周转性资金，参与货币循环的周期较短。加强流动资金管理有着重要意义：可以加速流动资金周转，减少流动资金占用；促进企业生产经营的发展；有利于促进企业加强经济核算，提高生产经营管理水平。

国际直接投资项目一般所需资金数额都很大，既包括投资建设资金投入，也包括为使投资项目正常运转所必需的流动资金。而投资企业的自有资金经常不足，需要从企业外部筹措各种资金，而筹措资金的多少和成本的高低在一定程度上可以决定投资项目的成败，所以加强投资项目流动资金管理非常重要。在投资项目的流动资金管理中，既要保证生产经营需要，又要节约、合理地使用资金，要使得资金管理和资产管理相结合、资金使用和物资运动相结合，以最大化投资收益。

（四）外汇风险管理

外汇风险即汇率风险，是指在不同币种的货币的相互兑换或折算中，因汇率在一定时间内发生始料未及的变动，致使有关国际投资主体的实际收益与预期收益或实际成本与预期成本发生背离，从而蒙受经济损失的可能性。

外汇风险因素是在一定时间内不同币别的货币的相互兑换或折算中发生的，而根据风险究竟源于货币兑换还是折算，外汇风险可分为交易风险和折算风险。交易风险是指在以外国货币作为媒介或载体的经济交易所引致的不同币别货币的相互兑换中，因汇率在一定时间内发生始料未及的变动，致使有关国际投资主体的实际收益与预期收益或实际成本与预期成本发生背离，从而蒙受实际经济损失的可能性。折算风险是指在由跨国公司的母公司与海外子公司合并财务报告所引致的不同币别货币的相互折算中，因汇率在一定时间内发生始料未及的变动，致使跨国公司蒙受账面经济损失的可能性。

在国际直接投资活动中，由于投资和产品销售涉及不同的国家，汇率风险是普遍存在的，而且意外的幅度较大的汇率波动有可能使投资企业蒙受严重的财务损失，甚至关系到投资项目的成败。所以投资项目的外汇风险管理十分重要，要采取各种措施来防范外汇风险。这些措施包括货币保值、计价货币选择、多种货币法、远期外汇交易、外汇期货、期权交易等。通过外汇风险管理，可以防止投资项目受外汇波动的较大影响，确保投资收益的实现。

【本章小结】

国际直接投资是国家之间或境外发生的投资活动，是与国际间接投资相对应的一个概念。本章第一节为国际投资概述，对国际直接投资的概念、投资动机，以及特点进行了详细的介绍。第二节将国际直接投资根据不同的角度进行了分类，对其中各种分类进行了详细的阐述，并列举了不同分类下的国际直接投资的主要方式及其相应特点。第三节阐述了项目评估的概念、基本原则、主要内容和基本程序。第四节介绍了项目管理的概念，阐述了项目管理中决策阶段、实施阶段和后评价阶段的管理内容，并就组织控制、产品控制、流动资金管理和外汇风险管理等重要方面进行了单独讨论。

【本章要点】

- 国际直接投资的概念

- 国际直接投资的动机
- 国际直接投资的特点与种类
- 绿地投资和跨国并购的概念和特点
- 股权参与的方式及其相应特点以及非股权参与的各种方式
- 项目评估的基本原则、主要内容和基本程序
- 项目管理的三个阶段及其相应内容
- 项目管理中应当重点关注的几个问题及其相应措施

【本章关键术语】

国际直接投资　横向型国际直接投资　垂直型国际直接投资　混合型国际直接投资　绿地投资　跨国并购　国际直接投资的股权参与　许可证合同　国际直接投资的非股权参与　销售协议　补偿贸易　国际加工装配贸易　项目后评价　管理合同　特许营销　项目评估　项目管理

【本章思考题】

1. 简述国际直接投资的特点与种类。
2. 简述跨国并购的动因。
3. 简述股权参与的方式及其相应特点。
4. 简述项目评估的基本原则。
5. 简述项目评估的主要内容和基本程序。
6. 简述项目管理的三个阶段及其相应内容。
7. 列举项目管理中应当注意的几个重要问题并讨论相应的措施。

第七章

国际间接投资

学习目标

- 掌握国际间接投资的概念和特征
- 掌握国际股票投资的概念和动机
- 掌握股票价格的决定方法
- 了解主要的股价指数和国际股票种类
- 掌握国际债券的概念和分类
- 了解债券的评级方法
- 掌握债券的定价原理和期限结构
- 了解国际金融衍生产品的概念和分类

第一节　国际间接投资概述

一、国际间接投资的概念

国际间接投资也被称作国际证券投资，是指通过国际金融市场，以购买国外股票和其他有价证券为内容，以实现货币增值为目标而进行的投资活动。从资本流动的角度来看，国际间接投资是指通过证券这一介质或手段实现的国际资本流动，即在国家或地区之间自由进行的证券发行、交易和投资，购买国际证券意味着资本流出，发行国际证券则意味着资本流入。随着经济全球化的不断发展，国际资本流动愈加频繁，越来越多的国家的证券市场开始趋向于国际化，也使得国际间接投资成为国际投资和国际资本流动的新潮流。

二、国际间接投资的种类

（一）国际股票

国际股票（international stock）是指股票的发行和交易过程，不是只发生在一国内，而通常是跨国进行的，即股票的发行人和交易者、发行地和交易地、发行币种和发行人所属本币等有至少一种和其他的不属于同一国度。股票作为企业收集社会和民间资金为其发展业务的重要手段，是企业筹集资金的一种重要途径，也是企业资本的基础。股票市场被誉为宏观经济的晴雨表，而股票价格高低则是企业经营状况的晴雨表。在国际股票交易场所，任何国家的经济实体和个人都可以委托交易所的经纪人进行股票交易。大公司的股票成为国际投资的对象，各国的投资者对各种股票进行交易就形成了实质意义上的国际股票市场。国际股票市场是随着西方国家资本输出和输入的迅速发展，并随着跨国公司和跨国银行的发展而逐步建立起来的。跨国公司促进了国际股票市场的发展，而跨国公司的一步一步扩大又是国际股票市场活跃的结果。

（二）国际债券

国际债券（international bonds）是一国政府、金融机构、工商企业或国家组织为筹措和融通资金，在国外金融市场上发行的、以外国货币为面值的债券。国际债券的重要特征，是发行人和投资者属于不同的国家，筹集的资金来源于国外金融市场。国际债券的发行和交易，既可用来平衡发行国的国际收支，也可用来为发行国政府或企业引入资金从事开发和生产，是国际长期资本市场的重要组成部分。

（三）金融衍生工具

金融衍生工具（financial derivative），又称“金融衍生产品”，是与基础金融产品相对应的一个概念，指建立在基础产品或基础变量之上，其价格随基础金融产品的价格（或数值）变动的派生金融产品。这里所说的基础产品是一个相对的概念，不仅包括现货金融产品（如债券、股票、银行定期存款单等等），也包括金融衍生工具。衍生金融工具虽然种类繁多，但是每种衍生金融工具都有两大基本特征：首先，它们是高度杠杆化的信用交易。其次，它们总是以某种或某几种传统的金融商品作为基础。

三、国际间接投资的特征

由于国际间接投资活动主要在金融领域内进行，目标是实现货币增值，故又称金融性投资。这种以资本证券为对象的国际间接投资活动具有以下基本特征：

1. 收益性特征

证券的收益性是指持有证券本身可以获得一定数额的收益，这是投资者转让资本使用权的回报。收益性是证券投资最基本的特征，投资者无论是投资于股票、债券还是金融衍生品，其目的都是获得收益。证券代表的是对一定数额的某种特定资产的所有权或债权，而资产是一种特殊的价值，它要在社会经济运行中不断运动、不断增值，最终形成高于原始投入价值的价值。由于这种资产的所有权或债权属于证券投资者，投资者持有证券也就同时拥有取得这部分资产增值收益的权利，因而证券本身具有收益性。收益的多少通常取决于该资产增值数额的多少和证券市场的供求状况。

2. 流动性特征

证券的流动性又称变现性，是指证券持有人可按自己的需要灵活地转让证券以换取现金。流动性是证券的生命力所在。证券的期限性约束了投资者的灵活偏好，但其流动性以变通的方式满足了投资者对资金的随机需求。证券的流动是通过承兑、贴现、交易实现的。证券流动性的强弱，受证券期限、利率水平及计息方式、信用度、知名度、市场便利程度等多种因素的制约。股票具有永久性特征，是一种永不偿付的证券，但是债券是有期限的。当债券持有人在希望收回本金时，只能在证券流通市场上转让或作为抵押品。因此，为了保证证券的流动性，在大力发展证券发行市场的同时，也要不断完善证券的流通市场，从而有利于促进社会资金的有效配置和有效利用。

3. 风险性特征

证券投资的风险性是指证券持有者面临着预期投资收益不能实现，甚至使本金也受到损失的可能。这是由证券的期限性和未来经济状况的不确定性所致。在现有的社会生产条件下，未来经济的发展变化有些是投资者可以预测的，而有些则无法预测，因此，投资者难以确定他所持有的证券将来能否取得收益和能获得多少收益，从而就使持有证券具有风险。不同类型的证券，其风险的大小程度也不尽相同，通常情况下，风险和收益是正相关的，即风险越大，收益越大。

第二节 国际股票投资

一、国际股票的概念

股票作为一种投资工具，是由股份公司发给投资者用以证明投资者对公司的净资产拥有所有权的凭证。投资者凭此有权分取公司的股息和红利，并承担公司的责任和风险。股票是资本主义商品经济发展到一定阶段的产物。企业作为独立的商品生产者和经营者，其组织形式由独资、合伙发展到股份公司，是适应工业化大生产要求的结果。随着社会化大生产程度向国际范围深入，股票的发行与流通也超出了各国的国界，国际股票由此产生。

国际股票是指世界各国大企业公司按照有关规定，在国际证券市场上发行和参加市场交易的股票。这些公司往往是信誉卓著、实力雄厚的跨国公司，例如美国的通用汽车公司、IBM公司等。随着世界经济的发展，越来越多的国家的企业开始在国际上发行股票筹集资金。

二、国际股票投资的动机

从企业的角度来讲，发行国际股票的动机大致有以下几点：

第一，国际股票可以在更具深度和广度的国际资本市场上筹集资金。国内的金融市场有时会因资金规模有限，而无法提供所需的巨额资金。或者国内金融市场虽然能提供所需资金，但融资成本太高。而随着国际股票市场的发展和完善，各国企业可以在全球范围内实现股本资金来源多样化，降低融资成本，实现融资目标。

第二，发行国际股票能够扩大投资者的分布范围和数目，分散股权。这不仅可以提高公司股票的流动性，有利于股价的稳定和提高，而且可以减弱国内机构投资者的控制。

第三，有些外国证券市场的股票发行和上市的管制较松。各国证券市场对股票发行和上市的管制，集中反映在对发行公司文件披露的规定上。管制程度的松紧，与要求发行公司披露文件的数量多寡成正比。有些公司由于国内证券市场管制较严，因此担心过多披露公司的内部文件会造成泄密，从而损害其在同行业竞争中的地位，所以这些公司会选择外国股票市场发行和上市自己的股票。

第四，发行国际股票可在世界范围内提高公司的知名度，从而有利于企业未来的发展。

从投资者的角度来讲，买卖外国公司股票的动机主要还是为了使自己的证券组合中的证券种类增加。此外，由于发行这些股票的是外国公司，而同一时期内各国经济又处于经济周期的不同阶段，所以在投资者的证券组合中，持有的外国公司股票的收益率与持有的本国公司股票的收益率之间的相关度就会降低。投资者买入外国公司股票，可以使投资者证券组合的风险降低。

三、股票价格的决定

从本质上讲，股票仅仅是一种凭证，其作用是用来证明股东对股份公司的所有权，而不像普通商品那样包含有使用价值，所以股票自身并没有价值，也不可能有价格。但当股东持有股票后，股东不但可以获得公司的股息和红利，还可参加股东大会并行使自己的权利，参与公司剩余财产的分配。所以股票又是一种虚拟资本，只是凭借着它所代表的资本额和股东权益在股票市场上进行着独立的价值运动。股票之所以有价值，是因为它代表着收益权，能给它的持有者带来经济利益。而股票交易实际上是对未来收益权的买卖，因而股票的价值就是对股票预期未来收益的现值的评定。这种价值也被称为“股票的内在价值”，相对应的股票价格也就是一种“理论价格”。

另一方面，股票的市场价格则是指股票在交易过程中交易双方达成的成交价格，这也是我们平常所说的股票价格。股票的市场价格由股票的价值决定，同时受许多其他因素的影响。其中供求关系是最直接的影响因素，其他因素都是通过作用于供求关系而间接影响股票价格的，而且这些因素的影响程度几乎是不可预测的。正是由于影响股票价格的因素是复杂多变的，所以股票价格也是经常起伏波动、变化不定的。

（一）股票市场价格的计算方法——市盈率估价法

市盈率又称价格收益，是每股价格与每股收益之间的比率，即每股价格＝市盈率×每股收益。如果我们能分别估计出股票的市盈率和每股收益，那么我们就能由此公式估算出股票价格。这种评价股票价格的方法，就是“市盈率估价法”。

（二）贴现现金流模型

1. 基本模型

贴现现金流模型是运用收入的资本化定价方法来决定普通股票的内在价值的。按照收入的资本化定价方法，任何资产的内在价值是由拥有这种资产的投资者在未来时期中所接受的现金流决定的。一种资产的内在价值等于预期现金流的贴现值。贴现现金流模型的一般公式如下：

$$V=\sum_{t=1}^{\infty}\frac{D_t}{(1+k)^t} \tag{7—1}$$

式中，V 为股票的内在价值；D_t 为在未来时期以现金形式表示的每股股利；k 为在一定风险程度下现金流的合适的贴现率。

在这个公式里，假定在所有时期内，贴现率都是一样的。由该公式我们可以引出净现值这个概念。净现值等于内在价值与成本之差，即：

$$NPV=V-P=\sum_{t=1}^{\infty}\frac{D_t}{(1+k)^t}-P \tag{7—2}$$

式中，P 表示 $t=0$ 时购买股票的成本。

如果 $NPV>0$，就意味着所有预期的现金流入的现值之和大于投资成本，即这种股票价格被低估，因此购买这种股票可行。

如果 $NPV<0$，就意味着所有预期的现金流入的现值之和小于投资成本，即这种股票价格被高估，因此不可购买这种股票。

在股票内在价值的计算中，贴现率的计算是最困难的。每个证券所用的贴现率应当能反映其所承担风险的大小，因而通常可用资本资产定价模型（CAPM）中的证券市场线来计算各证券的预期收益率，并将此预期收益率作为计算内在价值的贴现率。

在了解了净现值之后，我们便可引出内部收益率这个概念。内部收益率就是使净现值等于零的贴现率。

$$NPV=\sum_{t=1}^{\infty}\frac{D_t}{(1+k)^t}-P=0$$

$$\Rightarrow P=\sum_{t=1}^{\infty}\frac{D_t}{(1+k^*)^t} \tag{7—3}$$

式中，D_t 为在未来时期以现金形式表示的每股股利；k^* 为内部收益率；P 为股票买入价，则由此方程可以解出内部收益率 k^*。把 k^* 与具有同等风险水平的股票的必要收益率（用 k 表示）相比较：如果 $k^*>k$，则可以考虑购买这种股票；如果 $k^*<k$，则不要购买这种股票。

2. 零增长模型

零增长模型假定股利增长率等于零，即 $g=0$，也就是说未来的股利按一个固定数量支付。根据这个假定，我们用 D_0 来替换贴现现金流模型公式中的 D_t，得出零增长模型公式：

$$V=\sum_{t=1}^{\infty}\frac{D_0}{(1+k)^t}=D_0\times\frac{\frac{1}{1+k}}{1-\frac{1}{1+k}}=D_0\times\frac{1}{k} \tag{7—4}$$

式中，V 为股票的内在价值；D_0 为在未来无限时期支付的每股股利；k 为到期收益率。

公式（7—4）也可用于计算投资于零增长证券的内部收益率。首先，用证券的当前价格

P 代替 V，用 k^*（内部收益率）代替 k，代入公式后，得出：

$$k^* = D_0 \cdot \frac{1}{V} = D_0 \cdot \frac{1}{P} \tag{7—5}$$

利用这一公式，计算出公司股票的内部收益率后，与必要收益率进行比较，即可表明该公司的股票价格是否被高估或低估了。

零增长模型的应用似乎受到相当的限制，毕竟假定对某一种股票永远支付固定的股利是不合理的。但在特定的情况下，在决定普通股票的价值时，这种模型也是相当有用的，尤其是在决定优先股的内在价值时。因为大多数优先股支付的股利不会因每股收益的变化而发生改变，而且由于优先股没有固定的生命期，预期支付显然是能永远进行下去的。

3. 不变增长模型

如果我们假设股利永远按不变的增长率增长，那么就会建立不变增长模型。t 时点的股利为：

$$D_t = D_{t-1}(1+g) = D_0(1+g)^t \tag{7—6}$$

用 $D_t = D_0(1+g)^t$ 替换公式（7—1）中的分子 D_t，得出：

$$V = \sum_{t=1}^{\infty} \frac{D_0(1+g)^t}{(1+k)^t} = D_0 \sum_{t=1}^{\infty} \frac{(1+g)^t}{(1+k)^t} \tag{7—7}$$

即

$$V = D_0 \times \frac{\frac{1+g}{1+k}}{1-\frac{1+g}{1+k}} = D_0 \times \frac{1+g}{k-g} \tag{7—8}$$

通过公式（7—8），我们可以解出不变增长模型的内部收益率。用股票的当今价格代替 V，用 k^* 代替 k，可得出：

$$k = k^* = \frac{D_0(1+g)}{V} + g = \frac{D_0(1+g)}{P} + g = \frac{D_1}{P} + g \tag{7—9}$$

同样，利用这一公式，计算出公司股票的内部收益率后，与必要收益率进行比较，即可表明该公司的股票价格是否被高估或低估了。

零增长模型实际上是不变增长模型的一个特例，此时不变增长模型的增长率 $g=0$。从这两种模型来看，虽然不变增长的假设相比零增长的假设有较少的应用限制，但在许多情况下仍然被认为是不现实的。但是，不变增长模型却是多元增长模型的基础，因此这种模型极为重要。

4. 多元增长模型

多元增长模型是被最普遍用来确定普通股票内在价值的贴现现金流模型。这一模型假设股利的变动在一段时间 T 内并没有特定的模式可以预测，在此段时间以后，股利按不变增长模型进行变动。因此，股利流可以分为两个部分。第一部分包括在股利无规则变化时期的所有预期股利的现值。用 V_{T-} 表示这一部分的现值，它等于：

$$V_{T-} = \sum_{t=1}^{T} \frac{D_t}{(1+k)^t} \tag{7—10}$$

第二部分包括从时点 T 来看的股利不变增长率时期的所有预期股利的现值。因此，该种股票在时间 T 的价值（V_T），可通过不变增长模型的公式（7—8）求出：

$$V_T=D_{t+1}\times\frac{1}{k-g} \tag{7—11}$$

但目前投资者是在 $t=0$ 时刻，而不是在 $t=T$ 时刻来决定股票现金流的现值。于是，在 T 时刻以后 $t=0$ 时的所有股利的贴现值是：

$$V_{T+}=V_T\times\frac{1}{(1+k)^T}=\frac{D_{T+1}}{(k-g)(1+k)^T} \tag{7—12}$$

根据公式（7—10），我们得出直到 T 时刻为止的所有股利的现值，根据公式（7—12），得出 T 时刻以后的所有股利的现值，于是这两部分现值的总和即是这种股票的内在价值。用公式表示如下：

$$V=V_{T-}+V_{T+}=\sum_{t=1}^{T}\frac{D_T}{(1+k)^t}+\frac{D_{T+1}}{(k-g)(1+k)^T} \tag{7—13}$$

零增长模型和不变增长模型都有一个简单的关于内部收益率的公式，而对于多元增长模型而言，不可能得到如此简洁的表达式。

在公式（7—13）中，用 p 代替 V，用 k^* 代替 k，可得：

$$p=\sum_{t=1}^{T}\frac{D_t}{(1+k^*)^t}+\frac{D_{T+1}}{(k^*-g)(1+k^*)^T} \tag{7—14}$$

虽然我们不能得到一个简洁的内部收益率的表达式，但是仍可以运用试错方法，计算出多元增长模型的内部收益率。即在建立公式（7—14）之后估计 k^*，当代入一个假定的 k^* 后，如果公式右边的值大于 p，说明假定的 k^* 太小；相反，如果代入一个选定的 k^* 值，公式右边的值小于 p，说明选定的 k^* 太大。继续试选 k^*，最终能找到使等式成立的 k^*。

不变增长模型是多元增长模型的特例。如果假定开始时 $T=0$，那么：

$$V_{T-}=\sum_{t=1}^{T}\frac{D_t}{(1+k)^t}=0 \tag{7—15}$$

$$V_{T+}=\frac{D_{T+1}}{(k-g)(1+k)^T}=\frac{D_1}{k-g}$$

多元增长模型表述为 $V=V_{T-}+V_{T+}$，当 $T=0$，$V=D_1/(k-g)$ 时，这个公式实际上就是不变增长模型。

有时投资者会使用二元模型和三元模型。二元模型假定在时间 T 以前存在一个 g_1 的不变增长速度，在时间 T 以后，假定有另一个不变增长速度 g_2。三元模型假定在 T 时间前，不变增长速度为 g_1，在 T_1 和 T_2 时间之间，不变增长速度为 g_2，在 T_2 时间以后，不变增长速度为 g_3。设 V_{T+} 表示在最后一个增长速度开始后的所有股利的现值，V_{T-} 表示这以前所有股利的现值，可知这些模型实际上是多元增长模型的特例。

5. 有限期持有股票条件下股票内在价值的决定

无论是零增长模型、不变增长模型还是多元增长模型，它们都是对所有未来的股利进行贴现，即假设投资者接受未来的所有股利流。如果投资者只计划在一定期限内持有该种股票，那么该股票的内在价值该如何变化呢？

如果投资者计划在一年后出售这种股票，他所接受的现金流等于从现在起一年内预期的股利（假定普通股每年支付一次股利）再加上预期的出售股票价格。因此，该股票的内在价值的决定是用必要收益率对这两种现金流进行贴现，其表达式如下：

$$V=\frac{D_1+p_1}{1+k}=\frac{D_1}{1+k}+\frac{p_1}{1+k} \tag{7—16}$$

式中，D_1为$t=1$时的预期股利；p_1为$t=1$时的股票出售价格。在$t=1$时股票出售价格的决定是基于出售以后预期支付的股利，即：

$$p_1=\sum_{t=2}^{\infty}\frac{D_t}{(1+k)^{t-1}} \tag{7—17}$$

把公式（7—17）代入公式（7—16），得到：

$$V=\sum_{t=1}^{\infty}\frac{D_t}{(1+k)^t} \tag{7—18}$$

公式（7—18）与公式（7—1）完全相同，说明对未来某一时刻的股利和这一时刻原股票出售价格进行贴现所得到的普通股票的价值，等于对所有未来预期股利贴现后所得的股票价值，这是因为股票的预期出售价格本身也是基于出售之后的股利的贴现。因此，在有限期持有股票的条件下，股票内在价值的决定等同于无限期持有股票条件下股票内在价值的决定。或者说，贴现现金流模型可以在不考虑投资者计划持有股票时间长短的条件下来决定普通股股票的内在价值。

（三）影响股票投资价值的主要因素

1. 经济因素

宏观经济走向和相关政策是影响股票投资价值的重要因素。经济周期、国家的财政状况、货币和财政政策、金融环境和国际收支状况等都会对股票的投资价值产生影响。

经济周期是由经济运行内在矛盾引发的经济波动，是一种不以人们的意志为转移的客观规律。经济周期的循环、波动与股价之间存在着紧密的联系。在经济复苏阶段，投资逐步回升，资本周转开始加速，利润逐渐增加，股价呈上升趋势。在繁荣阶段，生产继续增加，设备的扩充、更新加速，就业机会不断增多，工资持续上升并引起消费上涨，同时企业盈利不断增加，投资活动趋于活跃，股价进入大幅度上升阶段。在危机阶段，由于有支付能力的需求减少，造成整个社会的生产过剩，企业经营规模缩小，产量下降，失业人数迅速增加，企业盈利能力急剧下降，股价随之下跌；同时，由于危机到来，企业倒闭增加，投资者纷纷抛售股票，股价更急剧下跌。在萧条阶段，生产严重过剩并处于停滞状态，商品价格低落且销售困难，而在危机阶段中残存的资本流入股票市场，股价不再继续下跌并逐渐趋于稳定状态。不难看出，股价不仅是伴随着经济周期的循环波动而起伏的，而且其变动往往在经济循环变化之前出现。

当国家的财政状况出现较大的通货膨胀时，股价就会下挫；而财政支出增加时，股价就会上升。

金融环境放松，市场资金充足，利率下降，存款准备金率下调，很多游资会从银行转向股市，股价往往会出现升势；国家抽紧银根，市场资金紧缺，利率上调，股价通常会下跌。

一般情况下，国际收支处于逆差状况，对外赤字增加，进口大于出口。此时，政府为扭转这类状况，会控制进口，鼓励出口，并相应地提高利率，实行紧缩政策，或降低汇率使本国货币贬值，从而造成股价下跌；反之，国际收支发生顺差，刺激本国经济增长，会促使股价上升。

2. 政治因素

政治因素泛指会对股票价格产生一定影响力的国际政治活动、政府的法令、政治措施等，例如国家领导人更迭、国际政治风波、在国际舞台上较为重要的国家政权转移、战事、劳资纠纷或罢工风潮等。这些政治因素由于会对股票投资者的心理产生影响，因此会间接地影响股价。例如，战争使各国政治经济不稳定，人心动荡，股价下跌，这是战争造成的广泛影响。但是战争对不同行业的股票价格影响又不同，例如战争使军需工业兴盛，那么凡是与军工业相关的公司的股票价格必然上涨。

3. 公司自身因素

股票自身价值是决定股价的最基本因素，而这主要取决于发行公司的经营业绩、资信水平以及连带而来的股息红利派发状况、发展前景、股票预期收益水平等。

公司经营业绩是判断股价的关键。从表面上看，似乎股价与公司业绩之间没有直接关系，但从长远的眼光来看，公司的经营效率、业绩提高，可以带动股价上涨；效率低下、业绩不振，股价也跟着下跌。“股价随业绩调整”是股市不变的原则，时间能证明，只有业绩是股价最强烈的支持力量。公司业绩好坏集中表现在盈利的水平高低上。在一般情况下，公司盈利增加，可分配的股利也会相应增加，购入该公司股票的人就会越来越多，股票的市场价格上涨；公司盈利减少，可分配的股利相应减少，投资者就会纷纷售出所持股票，股票的市场价格下降。

公司的股利政策也会直接影响股票投资价值。通常股利高，股价涨；股利低，股价跌。公司的盈利增加，为投资者增加股息提供了可能性。但股利的增加与否，还需取决于公司的股利政策。因为增加的盈利除了可能被用于派发股利外，还可能被用于再投资。股利政策不同对股价影响则很大，有时甚至比公司盈利的影响更为直接、迅速。一般情况下，在公司宣布发放股利的短期内，股价马上出现升势，而取消股利则股价即刻下跌。此外，公司对股利的分配方式也会对股价产生影响。一般来说，股利的种类包括现金股利、财产股利（实物股利）以及股票股利（俗称“红股”）三种。在不同的情况下，采取不同种类的股利形式有明显的影响作用。例如在股价看涨的情况下，按同样的股利率，以股票股利形式派发会明显影响股价，其原因在于，在上述情况下，股票股利可以比现金或财产股利获得更多的经济效益。当然，支付股票股利对于发行公司而言，可以防止资本外流，有利于扩大公司资本总额。但是，由于增加了股份，也加重了股利派发的负担，尤其在公司经营状况与利润不能与资本额同步增长的情况下，将导致股价下跌。

公司资产重组总会引起公司价值的巨大变动，因而股价也随之产生剧烈的波动。但要视公司重组对公司是否有利、重组后是否会改善公司的经营状况，这是决定股价变动方向的决定因素。

4. 行业因素

相关行业在国民经济中的地位、行业发展前景和发展潜力以及上市公司在行业中所处的位置等都会影响相关股票的价格。如果企业属于电子工业、精细化工产业等成长型产业，其发展前景比较好，对投资者的吸引力就大，股价就会上升；反之，如果公司属于煤炭与棉纺业等夕阳产业，其发展前景欠佳，投资收益就相应要降低。

5. 市场因素

投资者的动向、大户的意向和操纵、公司间的合作或相互持股、投机者的套利行为等，均可能对股价形成较大影响。上面所述的股价与上市公司经营业绩、股价与公司利润的关系都是股价变动的理性动因。正因为这些动因，股民才会调动资金买入股票或抛售股票以追求更高的投资收益。但在更多的日常情况下，股价的涨跌是纯粹的资金运动的结果，投资者买进或者卖出，引起供求关系的变化，从而导致股价的涨跌。

6. 心理因素

证券市场上投资者对股票走势的心理预期会对股票价格走势产生重要的影响。市场中的散户投资者往往有从众心理，对股市也会产生助涨助跌的作用。

四、主要国际股价指数

股票价格指数是由证券交易所或金融服务机构编制，反映一定时期内某一证券市场上股票价格的综合变动方向和程度的动态相对数。由于政治、经济、市场及心理等各种因素的影响，每种股票的价格均处于不断变动之中，投资者必然面临市场价格风险。对具体某一种股票的价格变化，投资者容易了解；而对多种股票的价格变化，投资者要逐一了解，既不容易，也不胜其烦。为了从纷繁复杂的股票价格变动中判断和把握整个股票市场的价格变动水平与变动趋势，一些金融服务机构就利用自己的业务知识和熟悉市场的优势，编制出股票价格指数，公开发布，作为市场价格变动的指标。投资者据此可以检验自己的投资效果，并将其用以预测股票市场的动向。如今，世界各国股票市场几乎都编有股票价格指数，较有影响的有美国的道琼斯股票价格指数、标准普尔股票价格指数、纽约证券交易所股票价格指数、纳斯达克股票价格指数、英国《金融时报》股票价格指数、日经股价指数以及香港恒生股票价格指数等。在我国内地，主要有上证指数和深证指数。编制股票价格指数是为了综合反映股票市场价格的变动方向和变动程度，投资者和分析师不仅可据此分析各只股票价格对股市价格总水平的影响程度，分析股价在长期内的变动趋势，还可在宏观上预测国民经济景气情况和企业经营业绩。

（一）道琼斯股票价格指数

道琼斯股票价格指数是目前世界上历史最悠久、最具权威性的股票指数，由美国道琼斯公司编制并在该公司出版的《华尔街日报》上发布。道琼斯股票指数的前身，是 1884 年根据 11 种具有代表性的铁路公司的股票，采用算术平均法进行计算编制而成的。1928 年，道琼斯公司发明了调整简单平均股价的除数调整法，即不直接用基期的股票指数作除数，而是先根据成份股的变动情况计算出一个新除数，然后用该除数除报告期股价总额，得出新的股票指数。因此，道琼斯股票指数均以 1928 年 10 月 1 日为基期，基期指数为 100。

目前，道琼斯股票指数共分为四组：第一组是工业股票价格平均指数，由 30 种有代表性的大工商业公司的股票组成，且随经济变化而发展，大致反映了各个时期美国整个工商业股票的价格水平；第二组是运输业股票价格平均指数，包括 20 种有代表性的运输业公司的股票；第三组是公用事业股票价格平均指数，由 15 家公用事业公司的股票组成；第四组是综合指数，是用前三组的65种股票加总计算得出的。人们常说的道琼斯股票指数通常是指第一组，即道琼斯工业股票价格平均指数。

道琼斯股票指数是目前世界上影响力最大、最有权威性的一种股票价格指数，原因之一是道琼斯股票指数采样使用的股票都很有代表性，这些股票的发行公司在本行业中的地位举足轻重，各国投资者都极为重视其股票行情。为了保证这一点，道琼斯公司经常调整股票指数所选用的股票，不断用更富有代表性的公司股票去替代那些失去代表性的公司股票。原因之二是，公布道琼斯股票价格平均指数的《华尔街日报》是世界金融界最有影响力的报纸。该报每天详尽报道其每个小时计算一次的采样股票平均指数、百分比变动率以及每种采样股票的成交数额等，并注意对股票分股后的股票价格平均指数进行校正。原因之三是，这一股票价格平均指数自编制以来从未间断，可以用来比较不同时期的股票行情和经济发展情况，因此成为最能反映美国股市行情变化的股票价格平均指数，是广大投资者的主要参考对象。

（二）标准普尔股票价格指数

标准普尔股票价格指数是另一个在美国极有影响力的股价指数，它由美国的标准普尔公司编制。该指数从1923年开始编制，最初采选了纽约证券交易所中的233种普通股股票。1957年，这一股票价格指数的范围扩大到500种股票，其中工业股425种，铁路股15种，公共事业股60种。从1976年7月1日开始，其成份股改由400种工业股票、20种运输业股票、40种公用事业股票和40种金融业股票组成，这种样本构成一直延续至今。几十年来，虽然有股票更迭，但始终保持在500种。因此，标准普尔股票价格指数又称标准普尔500指数。

标准普尔股价指数以1941—1942年为基期，基期指数定为10，采用加权平均法计算，以股票上市量为权数，按基期进行加权计算。故从计算方法上看，标准普尔股价指数属于综合指数，与道琼斯工业平均股票指数相比，标准普尔股价指数虽然在显示每日短期变化方面不如道琼斯指数灵敏，但它既考虑了不同股票的数量对股价的影响，又无须对拆股股票进行调整，而且采样面广、代表性强，因此长期以来被普遍认为是能全面地反映股市动态的指数。

（三）纽约证券交易所股票价格指数

纽约证券交易所股票价格指数由纽约证券交易所编制并发布。纽约证券交易所从1966年开始编制自己的股票价格指数，其样本股票包括在纽约证券交易所上市的1 570种普通股，共分成四组：工业股票价格指数、金融业股票价格指数、运输业股票价格指数、公用事业股票价格指数。其中最大和最广泛的是工业股票价格指数，由1 093种股票组成；金融业股票价格指数包括投资公司、储贷协会、分期付款融资公司、商业银行、保险公司和不动产公司的223种股票；运输业股票价格指数包括铁路、航空、轮船、汽车等公司的65种股票；公用事业股票价格指数则包含有美国电话电报公司、煤气公司、电力公司和邮电公司的189种股票。纽约证券交易所股票价格指数以1965年12月31日为基期，确定50点为基数，计算方法为加权平均法，以样本股票报告期在纽约证券交易所内的交易量为权数，每隔半小时公布一次，采用的是综合指数形式。虽然纽约证券交易所编制股票价格指数的时间不长，但采样股种多，发布速度快，且按交易量加权计算，能比其他股价指数更好地显示纽约股市的变化，因而也非常受投资者欢迎。

（四）纳斯达克股票价格指数

纳斯达克是英文缩写“NASDAQ”的音译名，全称是美国“全国证券交易商协会自动报价系统”。它建于1971年，是世界上第一个电子化证券市场。纳斯达克的发展与美国高技术产业的成长是相辅相成的，被奉为“美国新经济的摇篮”。纳斯达克指数主要有两个：纳斯达克综合指数和纳斯达克100指数。被誉为全球高科技和网络概念股晴雨表的纳斯达克综合指数包括了在纳斯达克上市的所有美国公司和非美国公司，该指数按市值加权编制。每一家公司的股票通过其市值在综合指数中的比例来影响纳斯达克综合指数。今天，纳斯达克综合指数包括5 000多家公司，超过了其他证券市场指数。由于有如此广泛的基础，它已成为最有影响力的证券市场指数之一。

纳斯达克100指数是由在纳斯达克市场中美国国内最大的100家非金融类股票按市值加权平均编制而成，主要反映了纳斯达克市场中成长最快的主要非金融公司的情况。在这些股票中，包含了几只交易最活跃的股票，例如微软、英特尔等知名股票。而它与纳斯达克综合指数的相关性高达94%，因而使得纳斯达克100指数也在市场中成为广泛使用的基准。同时，纳斯达克100指数的股票数量使得该指数成为套利交易和证券交易的有效载体。1993年10月，纳斯达克100指数开始在芝加哥期权交易所公布。1996年4月10日，芝加哥商品交易所开始根据该指数交易期货和期货期权。

（五）《金融时报》股票价格指数

《金融时报》股票价格指数是“伦敦《金融时报》工商业普通股票价格指数”的简称，由英国金融界著名报纸《金融时报》编制并公布。它既是反映伦敦证券交易所行情变动的最权威指数，也是国际上公认的重要股价指数之一。《金融时报》股价指数主要有三种：第一种是从英国工商业中挑选出来的具有代表性的30家公开挂牌企业的普通股价格指数。由于样本股票均为英国工商业中财力雄厚的大公司所发行，发行量大，在整个股市中所占份额大，具有一定的代表性，因而这个指数也就成为通常所指的英国《金融时报》指数。该指数最初以1935年7月1日为基期，后来调整为以1962年4月10日为基期，基点为100点，采用几何平均法计算。第二种是根据伦敦证券交易所内交易较频繁的100家大公司股票计算的价格指数，以1984年1月3日为基期，基期指数为1 000，该股票指数是许多期货和期权合约的标的。它通过伦敦股票市场自动报价系统随时采样，3分钟计算一次，能迅速灵敏地显示股市行情的即时变动。第三种则是代表性更广泛的由500种股票组成的价格指数。

（六）日经股票价格指数

日经股票价格指数是由日本经济新闻社编制并公布，用以反映日本股市价格变动的股票价格平均指数。日经指数的编制始于1950年9月，样本股票最初为在东京股票交易所第一组挂牌的225家公司股票，并以当日为基期，当日的平均股价176.2日元为基数。1975年，日本经济新闻社正式向美国道琼斯公司买进商标，采用修正的道琼斯公司股票价格平均数的计算方法计算，股票指数也就相应地改称为“日经道琼斯股票平均价格指数”。1985年5月在合同满10年时，经两家协商，将名称改为“日经平均股价指数”。现在，日经指数通过主要国际性媒体加以传播，并且被各国广泛用来作为代表日本股市的参照物。按计算对象的采样数目不同，该指数分为两种：一种是日经225种平均股价指数，该指数所选采样股票分别来自制造业、建筑业、运输业、电力和煤气业、仓储业、水产业、矿业、不动产业、金融业及服务业等行业，覆盖面极广，而且样本选定后原则上不再改动。日经225种平均股价指数选取的股票虽只占东京证券交易所第一类股中20%的股数，但该指数却代表第一类股中近60%的交易量以及近50%的总市值。此外，由于日经225种平均股价指数从1950年一直延续下来，因而其连续性及可比性较好，已经被看作日本最有影响和代表性的股价指数。通过它可以了解日本的股市行情变化和经济景气变动状况，传媒日常引用的日经指数就是指这个指数。另一种是日经500种平均股价指数，它是从1982年1月起开始编制的。由于其采样包括有500种股票，其代表性就更为广泛，但它的样本是不固定的，每年4月份要根据上市公司的经营状况、成交量和成交金额、市价总值等因素对样本进行更换。

（七）香港恒生股票价格指数

恒生股票价格指数是香港恒生银行于1969年11月24日开始编制的、用以反映香港股市行情的一种股价指数，它也是香港股市上影响最大、代表性最强的股价指数。恒生股票价格指数的样本股票定为33种，分别代表着香港各主要行业中经济实力雄厚的大公司、大企业。这些样本股票按以下四条标准来选择和更新调整：在整个股市交易量中占有重要地位；发行量足以应付旺市需求；成交额对投资者的影响较大；公司业务以香港为基地。自创设以来，该指数已对样本成份股进行过10次调整。目前使用中的33种样本股票的构成为：工商业14种、地产业9种、公共事业6种、金融业4种。这些股票涉及香港的各个行业，并占香港股票市值的70%左右，具有较强的代表性。恒生股票价格指数最初以1964年7月31日为基期，基数为100，以成份股的发行股数为权数，按加权平均法计算。后由于技术原因改为以1984年1月13日为基期，基期指数定为975.47。恒生指数现已成为反映香港政治、经济和社会状况的主要风向标。

（八）上海证券交易所指数系列

上海证券交易所指数系列是一个包括上证综合指数、上证180指数、A股指数、B股指数、分类指数、债券指数、基金指数等的指数系列。其中，上证综合指数的全称是“上海证券交易所股票价格综合指数”，由我国上海证券交易所编制和发布，是国内外普遍采用的反映中国证券市场表现的权威统计指标。它的前身是工商银行上海信托投资公司静安证券业务部于1987年11月2日开始编制的“静安指数”。“静安指数”于1990年3月19日首次在上海信托投资公司编发的未公开发行的《股票年报》上发表。1990年12月19日上海证券交易所正式开业以后，该指数改称现名。上证综合指数以1990年12月19日为基准日，基期指数值为100，1991年7月15日正式开始发布。采样对象为在上海证券交易所上市的所有股票（包含A股及B股），其中新上市的股票在挂牌的第二天纳入股票指数的计算范围。指数计算方式以指数股报告期的股本数作为权数加权计算，由于B股交易为美元报价，因此指数计算时B股价格以中国外汇交易中心每周最后一个交易日人民币兑换美元的中间价折算成人民币。

为推动长远的证券市场基础建设和规范化进程，2002年6月，上海证券交易所对原上证30指数进行了调整并更名为上证成分指数（简称“上证180指数”）。上证成份指数的编制方案，是结合中国证券市场的发展现状，借鉴国际经验，在原上证30指数编制方案的基础上做进一步完善后形成的，目的在于通过科学、客观的方法挑选出最具代表性的样本股票，建立一个反映上海证券市场的概貌和运行状况，能够作为投资评价尺度及金融衍生产品基础的基准指数。

上证指数系列从总体上和各个不同侧面反映了上海证券交易所上市证券品种价格的变动情况，可以反映不同行业的景气状况及其价格整体变动状况，从而给投资者提供不同的投资组合分析参照系。随着证券市场在国民经济中的地位日渐重要，上证指数也将逐步成为观察中国经济运行的“晴雨表”。

（九）深圳证券交易所的指数

深证综合指数的全称是“深圳证券交易所股票价格综合指数”，是由深圳证券交易所于1991年4月4日开始编制发布的。该指数的前身为深圳证券交易所1991年4月3日开始编制的深证股价指数。由于深圳证券交易所当时没有B股上市，因此当时的深圳股价指数即等于深证A股指数。1992年2月28日深圳证券交易所第一只B股挂牌后，深圳股价指数改名为深证综合指数，并分别编制深圳证券A股指数及深圳证券B股指数，其中，深证综合指数和A股指数以1991年4月3日为基期，B股指数以1992年2月28日为基期，基期指数值均为100，以基期的总股本为权数。当有新股上市时，在其上市后第二天纳入采样股计算。

前些年，深圳证券交易所的股票交易不如上海证券交易所那么活跃，现在深圳证券交易所已增加了股票指数的编制方法，采用成份股指数。深证成份股指数是从上市的所有股票中抽取具有市场代表性的40家上市公司的股票作为计算对象，并以流通股为权数计算得出的加权股价指数，综合反映深交所上市A、B股的股价走势。

五、国际股票的种类

一般来说，国际股票可大致分为直接海外上市的国际股票、存托凭证和欧洲股权三类。以下将分别进行介绍。

（一）直接海外上市的国际股票

在国际股票市场上，较早在国外股票市场进行股票发行并上市的是加拿大的一些公司。例如，1975年，加拿大贝尔公司的股票同时在欧洲六家证券交易所上市（伦敦证券交易所、苏黎世证券交易所、法兰克福证券交易所、巴黎证券交易所、布鲁塞尔证券交易所和阿姆斯特丹证券交易所）。从此以后，许多大企业都在成熟的海外证券市场上直接发行股票上市。企业的股票要在海外直接上市，必须符合当地证券市场的要求，遵守当地证券管理机构的规章制度。以我国企业在香港联合交易所（以下简称“联交所”）和美国纽约证券交易所上市为例，其对境外企业上市条件的规定分别介绍如下。

1. 香港联合交易所的上市条件

根据联交所制定的《香港联合交易所有限公司证券上市规则》，香港联交所对公众公司主板上市需要满足的基本条件大致规定如下：

(1) 公司上市时的股票总市值不少于2亿港元，而由公众持有的股票的市值不少于

5 000万港元。

（2）上市时，股东的总数不得少于 300 名。

（3）除非公司的股票总市值高于 100 亿港元，公众持有的股份至少要占总股本的 25%。

（4）公司必须在实质相同的管理层人员的经营管理下，有不少于 3 年的足够和合适的业绩。

（5）公司及其业务须具备联交所认为适合的上市条件。

（6）公司需委任至少 3 名独立于控股股东的董事，以代表公众股东的利益。

（7）公司应有足够的管理层人员常驻香港，一般来说，至少有两名执行董事通常在香港居住（对于来港上市的中国内地企业，有一定程度的豁免）。

（8）公司秘书必须通常居住于香港，有足以执行公司秘书职务的知识和经验，并具有规定的专业资格。

联交所对来香港上市的中国内地企业，除了满足上述基本条件外，还有以下一些特殊要求：

（1）中国发行公司必须是在中国正式注册或以其他方式成立的股份有限公司，公司必须受中国法律、法规的制约。

（2）中国发行公司在上市后，从上市之日起至首个完整会计年度的结算日为止必须聘用合格顾问，保荐人除了要确定该公司是否适合上市之外，还要向该公司提供有关持续遵守联交所上市规则和其他上市协议的专业意见。

（3）中国发行公司必须委托两名授权代表，作为上市公司与联交所之间的主要沟通渠道。

（4）中国发行公司可依循中国会计准则及规定，但在联交所上市期间，必须在会计师报告及年度报表中采用香港或国际会计标准，上市公司的申报会计师必须是联交所承认的会计师。

（5）中国发行公司必须委任一人于其股票在联交所上市期间代表公司在香港接受传票及通告。

（6）中国发行公司必须为香港股东设置股东名册，只有在香港股东名册上登记的股票才可在联交所交易。

（7）中国发行公司在联交所上市前要与联交所签署上市协议；另外，每个董事和监事需向联交所做规定的承诺，招股书披露的资料必须是香港法律规定披露的资料。

2. 美国纽约证券交易所的上市条件

纽约证券交易所是目前世界上规模最大、组织最健全、设备最完善、管理最严密的证券交易所。纽约证券交易所的上市条件相当严格，能在该交易所上市的股票都属于绩优股，而外国公司在纽约证券交易所挂牌的要求就更加严格了，必须达到的最低标准有：有形净资产要求达到 1 亿美元；在过去 3 年中连续盈利，且在最后一年不少于 250 万美元，前两年每年不少于 200 万美元或最后一年不低于 450 万美元，3 年累计不少于 650 万美元；拥有 100 股以上的股东不少于 2 000 名，公众持有的股票超过 250 万股；公开发行的股票市值不低于 1 亿美元。另外，对公司所属行业的相对稳定性、公司在本行业的地位、产品市场和公司发展前景及管理水平均有较高的要求。

（二）存托凭证

存托凭证（Depository Receipt，DR）又称存股凭证、预托凭证、存券收据等，是某国企业在外国证券市场发行股票时，为了避免发行股票所在国证券管理机构的管制，而把股票寄存在发行股票所在国的某保管银行（custodian）手中，然后，由保管银行通知外国的存托银行以发行人的股票作抵押，在外国发行代表该股份的一种有价证券。之后，存托凭证便开始在外国证券交易所或柜台市场交易。存托凭证的当事人，在本地有证券发行公司、保管机构，在国外有存托银行、证券承销商及投资者。从投资者的角度来说，存托凭证是由存托银行签发的一种可转让股票凭证，证明一定数额的某外国公司股票已寄存于该银行在外国的保管机构，而凭证的持有人实际上是寄存股票的所有人，其拥有的权利与原股票持有人相同。

存托凭证最初出现于20世纪20年代末，它通过减少或消除诸如交割延误、高额交易成本和其他与跨国交易有关的不便之处，使投资者第一次有机会方便地购买外国股票。从清算、交割、过户和所有权的角度来看，存托凭证都可以像本国的证券一样被买卖。如今，购买外国证券的投资者已经越来越意识到存托凭证是十分实用的投资工具。

存托凭证按发行或交易地点的不同，被冠以不同的名称，例如美国存托凭证（American Depository Receipt，ADR）、欧洲存托凭证（European Depository Receipt，EDR）、全球存托凭证（Global Depository Receipts，GDR）等。下面以美国存托凭证为例进行介绍。

美国存托凭证是面向美国投资者发行并在美国证券市场交易的存托凭证。美国存托凭证解决了美国与国外证券交易制度、惯例、语言、外汇管理等不尽相同所造成的交易上的困难，是外国公司在美国市场上筹资的重要金融工具，同时也是美国投资者最广泛接受的外国证券形式。美国法律为了保护国内投资者的利益，规定法人机构以及私人企业的退休基金（其资金仍来源于普通市民）不能投资于美国以外的公司股票，但对外国企业在美国发行的存托凭证则视同美国的证券，可以投资。第一张美国存托凭证出现于1927年，由摩根银行发行。到1961年，有150家外国公司在美国发行了美国存托凭证。由于20世纪80年代以来美国金融管制的放松，美国存托凭证数量大增。到2002年底，共发行了1 436种美国存托凭证，其中英国占13%，澳大利亚和日本分别占9%和11%。在所有美国存托凭证中，有553种可以在美国三大证券交易系统（纽约证交所、美国证交所、纳斯达克证交所）挂牌交易，2002年交易量达320亿股，交易金额达5 500亿美元。其余未上市美国的存托凭证在场外交易市场上流通。

美国存托凭证以美元计价，投资者收取的股息也以美元支付。因此，对美国投资者来说，可以节省货币兑换的成本，不必向发行公司的所在国政府纳税，无须承担发行国实行外汇管制带来的投资风险；对发行美国存托凭证的外国公司来说，可以不受美国证券交易委员会的管制，能够比较自由地在美国融资。但美国存托凭证，或更确切地说，它所代表的美国存托股票（ADS），则必须在美国证券交易委员会登记后方可在美国的柜台市场交易，或在全国性证券交易所交易，这取决于满足美国的披露和登记要求的程度。

对于发行公司而言，可以很容易地建立美国存托凭证计划，从而为自身带来许多好处，这些优势包括：

（1）发行美国存托凭证可以让美国的公众了解公司及其证券。公司可借此提高知名度和形象。此外，发行美国存托凭证后，公司可尝试通过与分析师、基金经理、经纪人和存托凭证的美国持有人建立联系来提高其在美国市场上的透明度。

（2）美国存托凭证可以为公司扩大投资者市场，从而扩大股东基础。更广泛的股东基础可为公司的证券带来更大的交易量，从而也可能使股票价格稳定或上涨。一般来说，虽然公司将一部分在外流通股数分散于海外，短期内对股价有助涨助跌的影响力，但长期来看相对可以提高股价的稳定性与市场反应度。

（3）通过美国存托凭证，可以使公司股票得到某些美国机构投资者的投资。机构投资者持有美国最大的证券投资组合。这些投资者正在扩大它们对国外股票的持有量。国外的股票对这些投资者很有吸引力，因为它们越来越寻求通过利用全球范围内的各种机会将投资组合的增长潜力扩至最大。最近的一项研究表明，拥有外国股票的美国机构中，有 2/3 是全部以美国存托凭证的形式拥有这些外国股票的，而且由于美国法律对一些机构投资者购买某些外国证券有所限制，因此事实上，许多美国机构投资者被要求以美国存托凭证的形式持有在美国境外发行的股票。外国上市公司可通过发行美国存托凭证来寻找到强大的美国机构买家。

（4）美国存托凭证可以豁免美国证券法律的某些规定，为公司未来在美国上市和筹集资本建立平台。美国拥有世界上最全面的证券制度。这些由美国证券交易委员会执行的法律和条例通常要求企业在登记公开交易股票和保持证券继续上市时，对其业务进行充分的披露。因而，许多外国上市公司不愿在美国资本市场发行股票。美国存托凭证却可以允许外国上市公司在美国交易其证券时，只披露该公司在其成立国或其证券的交易地被要求披露的财务和运作方面的资料。因此，美国存托凭证可以成为公司在美国的证券交易所上市筹集资本的跳板。

（三）欧洲股权

欧洲股权（European equity）是 20 世纪 80 年代产生于欧洲的特殊的国际股票形式，是指在面值货币所属国以外的国家或国际金融市场上发行并流通的股票。因此“欧洲”的含义同欧洲货币、欧洲债券一样，不是地理学的意义，而是国际金融学意义上的“欧洲”。最早的欧洲股权是英国于 1983 年在伦敦证券交易所发行的欧洲美元股权。

欧洲股权的产生与欧洲债券市场的发展密切相关。20 世纪 80 年代初欧洲债券市场出现了与股权相联系的债券，这种债券可在一定期限内按一定条件转化为股权。这直接促成了欧洲股权的产生。此外，欧洲股权在 20 世纪 80 年代的发展还具有一定的时代背景。当时以英国撒切尔政府为代表的西欧各国奉行自由化、私有化的经济政策，这需要大量的资金和分散的股权。由于各国积极采用了欧洲股权的方式，从而促进了其发展。据统计，1986 年上市的欧洲股权已有 444 种，到 1987 年又扩大到 582 种（当年的欧洲股权发行总额达 155 亿美元）。英国成为欧洲股权的中心市场。之后，欧洲股权市场曾伴随着全球股市的涨落经历了衰退或繁荣。根据世界经济的总体发展趋势和西欧的一体化进程，欧洲股权的发展前景仍然非常广阔。

与直接在海外上市的国际股票相比，欧洲股权的发行具有自己的特点。一般来说，前者往往是在企业在国内股票市场上市的基础上，选择某一国外金融中心的证券交易所上市国际股票部分；而后者则一般在多个国家的市场上同时发行，由跨国投资银行组成的国际承销团进行跨境承销。

与国内股票相比，欧洲股权的发行方式也有所创新。前者所使用的传统方法是固定价格发行，目的在于保证现有的股权持有人的优先购股权。这种方法在一定程度上限制了股票真实市场价格的实现及投资者结构的变化。因此，欧洲股权的发行采用了在国际范围内竞价发行的方式，即按估计的市场状况预定发行底价，由各国投资者自行出价，报价在最终确定的认购价格以上的投资者即可获得欧洲股权。

第三节 国际债券投资

一、国际债券的概念和特点

国际债券指的是由国际机构、外国政府及外国法人所发行的债券。与国内债券不同的是，国际债券的发行人和认购者分属于不同的国家。而且国际债券一般都在有影响的国际金融市场上发行，比如许多国家或国际机构在美国纽约债券市场、英国伦敦债券市场、德国法兰克福债券市场、瑞士苏黎世债券市场、日本东京债券市场上发行的美元债、瑞士法郎债、日元债等。

由于国际债券的发行通常涉及两个或两个以上的国家，所以除了拥有收益性、安全性、流动性等普通债券的特点，还具有一定的特殊性，具体有以下几种：

1. 资金来源广泛

由于国际债券是通过国际证券市场来进行筹资的，发行对象一般是来自国际市场上众多国家的投资者，因此其投资资金来源要比普通国内债券广泛许多。

2. 发行规模庞大

首先，国际债券发行人要想进入国际债券市场，必须要先得到国际权威的资信评估机构对其信誉的肯定，而这种肯定也使发行人筹集巨额资金的可能性提高；其次，债券发行人选择到国际债券市场上发行债券的重要原因之一就是希望利用国际市场上充裕的资金来满足自身的大量需求。因而在这两个因素的作用下，国际债券通常的发行规模都十分巨大。

3. 存在汇率风险

对于普通的国内债券来说，由于筹措的资金和还本付息的资金都是本国货币，所以不存在汇率风险。但是对于国际债券来说，由于筹措到的是外国货币，且在还本付息时还需要偿付外国货币，如果这时汇率发生波动，那么发行人和投资者都可能会蒙受损失。

4. 放大信用风险

投资者在进行国际债券投资时，由于筹资者来自国外，所以投资者对筹资者的生产经营活动和资金运用等情况的了解相对困难，这种情况下就加大了无法还本付息的信用风险。特别是投资一些没有得到国家主权保障的国际债券时，存在的信用风险可能更大。

二、国际债券的分类

按照发债货币种类与发行债券市场所在国的关系，国际债券主要分为外国债券和欧洲债券两种。

（一）外国债券

所谓外国债券，是指某一国的发行人（包括政府、企业、银行等法人）在另一国债券市场上发行的、以市场所在国的货币标明面值的债券。例如1982年1月，中国国际信托投资公司在日本东京发行的100亿日元债券就是外国债券。如果不考虑债券承销商等中间环节的因素，外国债券的发行只涉及两个国家：债券发行国和市场所在国。但由于债券的发行货币是市场所在国货币，为了减轻外国债券对本国货币供应量的影响，市场所在国的货币当局往往对外国债券的发行控制较严，发行的申请手续远比一般的债券要复杂得多。

根据债券发行的市场和发行币种的不同，外国债券可以分为扬基债券、武士债券、龙债券等。

1. 扬基债券

所谓扬基债券就是美国以外的政府、金融机构、工商企业和国际组织在美国债券市场上发行的、以美元为面值货币的外国债券。扬基债券的特点是期限长、数量大。扬基债券的期限通常为5～7年，一些信誉好的大机构发行的扬基债券期限甚至在20～25年。近年来扬基债券发行额平均每次都在7 500万～15亿美元之间，有些大额的甚至可以达到几亿美元。扬基债券存在的时间已经很长，但在20世纪80年代以前，扬基债券的发行受到美国政府十分严格的控制，发行规模不大。20世纪80年代中期以来，为了适应经济全球化和金融市场改革的潮流，美国国会通过了证券交易修正案，简化了扬基债券的发行手续。之后，扬基债券的市场有了较大的发展，成为资金实力最强、发展最成熟的外国债券市场，在这个市场上能进行10年以上的超长期巨额筹资。

2. 武士债券

武士债券是在日本债券市场上发行的外国债券，是日本以外的政府、金融机构、工商企业和国际组织在日本国内市场上发行的以日元为计值货币的债券。武士债券一般是无担保发行，典型期限为3～10年，一般在东京证券交易所交易。第一笔武士债券是亚洲开发银行在1970年12月发行的。早期的武士债券的发行人主要是国际机构。1973—1975年，由于受到世界石油价格暴涨的影响，日本的国际收支恶化，武士债券的发行相应中断。20世纪80年代以后，日本贸易出现巨额顺差，国内资金充裕，日本放宽了对外国债券的发行限制，武士债券发行量大幅度增加，1996年达到了355亿美元。此外，日本还有一种将军债券，指的是在日本市场上用其他国家的货币发行的债券，属于下面即将介绍的欧洲债券的范畴。

3. 龙债券

龙债券是以非日元的亚洲国家或地区货币发行的外国债券。龙债券是东亚经济迅速增长的产物。随着亚洲特别是以“四小龙”、“四小虎”为代表的东亚国家及地区经济的逐渐崛起，它们逐渐由资金的净输入地区变为资金的净盈余地区，使它们开始有条件将暂时富余的资金借给外国借款人，于是龙债券市场应运而生。从20世纪80年代末90年代初起，龙债券市场得到了迅速发展。龙债券在亚洲地区的中国香港、新加坡等地挂牌上市，其典型期限一般为3～8年。龙债券对发行人的资信要求较高，一般为政府及相关机构。龙债券的投资人包括官方机构、中央银行、基金管理人及个人投资者等。

（二）欧洲债券

欧洲债券是指国外借款人在欧洲金融市场上发行的，不是以发行所在国货币，而是以另一种货币计值并还本付息的债券。欧洲债券除了可以用单独货币发行外，还可以用综合性的货币单位发行，例如欧洲货币单位、特别提款权或指定的一揽子货币等。这里需要指明的是，欧洲债券的“欧洲”两字，并不是地域上的概念，而是有着丰富内涵的，它指的是一国借款人在国际金融市场上以第三国的货币发行的债券，即发行债券的计值货币与发行市场所在国货币不同，这就是欧洲债券。

欧洲债券最初主要以美元为计值货币，发行地以欧洲为主，故名“欧洲债券”。20 世纪 70 年代以后，随着美元汇率波动幅度增大，以德国马克、瑞士法郎和日元为计值货币的欧洲债券的比重逐步增加。同时，发行地也突破欧洲地域的限制，在亚太、北美以及拉丁美洲等地发行的欧洲债券日渐增多。欧洲债券自产生以来，发展十分迅速。1996 年的债券发行量为 5 916 亿美元，在国际债券市场上，欧洲债券所占比重远远超过了外国债券。

欧洲债券之所以对投资者和发行人有如此大的魅力，既要归功于欧洲债券市场低廉的发行费用，又源于欧洲债券灵活的机制：（1）欧洲债券市场是一个相对比较开放和自由的市场，债券的发行较为自由灵活，既不需要向任何监督机构登记注册，又无利率管制和发行数额限制，还可以选择多种计值货币。（2）发行欧洲债券筹集的资金数额大、期限长，而且对财务公开的要求不高，方便筹资者筹集资金。（3）欧洲债券通常由几家大的跨国金融机构办理发行，发行面广，手续简便，发行费用较低，因此很受筹资者的青睐。（4）欧洲债券的利息收入通常免交所得税，并且以不记名的方式发行，可以保存在国外，适合一些希望保密的投资者的需要。由于这些优点，使得欧洲债券自 20 世纪 60 年代出现以来，迅速成为国际债券市场中的重要组成部分。

三、国际债券的评级

发行外国债券及欧洲日元债券，一般都需要获取评级资格。所谓债券评级是指测定发行人履行偿还本金和支付利息的可靠性，其目的在于把测定债券还本付息的清偿力的可靠程度公之于投资者。对于投资者来说，债券的信用等级即为按时还本付息的相对可能性指标。对于发行人来说，债券评级的真正意义在于，等级是关系到发行人支付利息多少的最重要因素，级别越高，债券还本付息的可靠性就越好，所需支付的利息也就越低；相反，级别越低，风险性也越大，所需支付的利息也就越高。

目前国际公认的资信评定机构主要有：穆迪投资者服务公司（Moody's Investor's Service）、标准普尔公司（Standard & Poor's Corporate）、达夫与费尔普斯公司（Duff & Phelps）、惠誉评级公司（Fitch）和麦库尼公司（Mikuni）。这些机构中最受普遍认同的是穆迪投资者服务公司和标准普尔公司。两个公司的等级结构都显示在表 7—1 中。穆迪公司用数字表示从 Aaa 到 C 的等级，而标准普尔公司则用加减号系统表示从 AAA 到 C 的等级。有些评级机构还用 D 等级来显示发行人已处于违约状态。

表 7—1　资信评定机构投资等级概览

	穆迪公司	标准普尔
投资等级	高→低	高→低
最高级	Aaa，Aaa1，Aaa2，Aaa3	AAA，AAA－，AA＋
高级	Aa，Aa1，Aa2，Aa3	AA，AA－，A＋
中上级	A，A1，A2，A3	A，A－，BBB＋
中级	Baa，Baa1，Baa2，Baa3	BBB，BBB－，BB＋

续前表

	穆迪公司	标准普尔
投机等级	高→低	高→低
有问题	Ba，Ba1，Ba2，Ba3	BB，BB－，B＋
糟糕	B，B1，B2，B3	B，B－，CCC＋
非常糟糕	Caa，Caa1，Caa2，Caa3	CCC，CCC－，CC＋
极其糟糕	Ca，Ca1，Ca2，Ca3	CC，CC－，C＋
最低级	C	C

债券评级先由发行单位或其代理人向评级机构提出评级申请，并为接受评级准备以下资料：

(1) 债券发行概要。

(2) 发行债券所筹集资金的用途。

(3) 长期债务与自有资本的内容。

(4) 企业概况：

1) 企业的沿革；

2) 经营目标；

3) 组织机构；

4) 经营者；

5) 事业内容；

6) 销售；

7) 财务管理政策。

(5) 财务资料（近5～10年的财务实际数据和今后5年的预算、财务报表、资本结构、债务偿还计划、筹措资金计划等）。

(6) 发行条件的要点。

如果发行人是外国的公司或企业，则还必须提供以下三方面资料：

(1) 说明会计准则与会计处理方法。

(2) 与国家的关系：

1) 贷款计划内容；

2) 其他：由政府直接出面借款还是通过金融机构向外借款，政府补助金，税款和限制的优惠措施，进入资本市场的优先许可证，关于增加分红和资本的政府态度等等；

(3) 与发债国同行业企业之间的经营比较。

根据以上资料，评级机构主要从以下方面对债券级别进行分析和评定：

(1) 产业分析。

(2) 企业在同行业中竞争能力分析。

(3) 财务分析：

1) 收益性——销售利润率、投资盈利率、支付利息能力；

2) 负债状况——长期负债比率、负债构成比率、负债比率；

3) 财务弹性——流动资金比率、流动比率、营运资金比率、应收账款周转率；

4) 清算价值。

(4) 信托证书分析：

1）财务限制条款；

2）债券的优先顺序。

（5）国家风险分析：

1）政治风险（政治制度、社会情况、国际关系）。

2）经济风险（外债、国际收支、经济结构与增长、总体经济实力）。债券评级所需评级费用因评级机构、债券种类、发行金额、评估难易程度以及是否首次评级等因素而有所变化。表7—2提供的穆迪投资者服务公司的评级费用可作参考。

表7—2　　债券评级费用

	第一次评级的债券	评过等级的债券
企事业债券	发行总额×0.03%	发行总额×0.02%
商业票据及大额可转让存单	发行总额×0.015%	发行总额×0.015%
地方政府债券	发行总额×0.02%	发行总额×0.02%
外国债券	发行总额×0.045%	发行总额×0.045%

四、债券的定价原理

（一）影响债券定价的内部因素

债券有六个方面的基本特性影响着其定价：

（1）期限长短。一般来说，债券的期限越长，其市场变化的可能性就越大，其价格的易变性也就越大。

（2）息票利率。债券的息票利率越低，债券价格的易变性也就越大。在市场利率增加的时候，息票利率较低的债券的价格下降最快，并且在市场利率很高的时候，其价格会下降到很低的水平。但是当市场利率下降时，它们增值的潜力也最大。

（3）提前赎回规定。提前赎回条款是债券发行人所拥有的一种选择权，它允许债券发行人在债券发行一段时间以后，按约定的赎回价格在债券到期前部分或全部偿还债务。这种规定在财务上对发行人是有利的，因为发行人可以发行较低利率的债券，取代原始发行的利率较高的债券，从而减少融资成本。而对于投资者来说，他的再投资机会受到限制，再投资利率也较低，这种风险是要补偿的。因此，具有较高提前赎回可能性的债券应具有较高的息票利率，也应具有较高的到期收益率，其内在价值也就较低。

（4）税收待遇。一般来说，免税债券的到期收益率比类似的应纳税债券的到期收益率低。此外，税收还以其他方式影响着债券的价格和收益率。例如，任何一种按折扣方式出售的低利率附息债券提供的收益有两种形式：息票利息和资本收益。在美国，这两种收入都被当作普通收入进行征税，但是对后者的征税可以推迟到债券出售或到期时才进行。这种推迟就表明大额折价债券具有一定的税收利益。在其他条件相同的情况下，这种债券的税前收益率必然略低于高利附息债券，也就是说，低利附息债券比高利附息债券的内在价值要高。

（5）市场性。市场性是指债券可以迅速出售而不会发生实际价格损失的能力。如果某种债券按市价卖出很困难，持有者会因该债券的市场性差而遭受损失，这种损失包括较高的交易成本以及资本损失。这种风险也必须在债券的定价中得到补偿。因此，市场性好的债券与市场性差的债券相比，具有较低的到期收益率和较高的内在价值。

(6) 拖欠的可能性。拖欠的可能性又被称为违约风险，是指债券发行人不能按期履行合约规定的义务，无力支付利息和本金的潜在可能性。一般来说，除政府债券以外，一般债券都是有违约风险的，只不过风险大小有所不同而已。拖欠可能性越大的债券，其到期收益率就越高，其债券的内在价值也就越低。

（二）影响债券定价的外部因素

(1) 银行利率。银行利率是债券定价过程中必须考虑的一个重要因素。银行作为一种金融机构，其信用度极高，这就使得银行存款的风险极低。因此债券的收益率可参照银行存款利率来确定。一般来说，政府债券由于没有风险，收益率要低于银行的利率，而一般公司债券的风险较大，其收益率要高于银行利率。

(2) 市场利率。利率风险是各种债券都面临的风险。在市场总体利率水平上升时，债券的收益率水平也应上升，从而使债券的内在价值降低；反之，在市场总体利率水平下降时，债券的收益水平也应下降，从而使债券的内在价值增加。而且市场利率风险与债券的期限相关，债券的期限越长，其价格的利率敏感度也就越大。

(3) 其他因素。影响债券定价的外部因素还有通货膨胀水平以及外汇汇率风险等。通货膨胀的存在，可能会使投资者从债券投资中实现的收益不足以抵补由于通货膨胀而造成的购买力损失。当投资者投资于某种外币债券时，汇率的变化会使投资者的未来本币收入受到贬值损失。这些损失的可能性也都必须在债券的定价中得到体现，使债券的到期收益率增加、债券的内在价值降低。

（三）债券的定价原理

(1) 如果一种债券的市场价格等于其面值，则到期收益率等于息票利率；如果债券的市场价格低于其面值（当债券贴水出售时），则债券的到期收益率高于息票利率；如果债券的市场价格高于其面值（当债券升水出售时），则债券的到期收益率低于息票利率。总之，债券价格、到期收益率与息票利率之间的关系可用以下等式概括：

息票利率＜到期收益率⇔债券价格＜票面价值
息票利率＝到期收益率⇔债券价格＝票面价值
息票利率＞到期收益率⇔债券价格＞票面价值

(2) 如果一种债券的市场价格上涨，则其收益率必然下降；反之，如果债券的市场价格下降，则其收益率必然提高。

【例 7—1】 债券 A 的期限为 5 年，面值为 1 000 元，年息为 80 元。由于其现行售价为 1 000 元，所以其收益率为 8%；如果其价格提高到 1 100 元，则收益率将下降到 5.76%；如果其价格下跌到 900 元，则其收益率将提高到 10.68%。

(3) 如果债券的收益率在整个期限内没有发生变化，则价格折扣或升水会随着到期日的接近而减少，或者说其价格日益接近面值。

【例 7—2】 债券 B 期限为 5 年，面值为 1 000 元，年息为 60 元，现行市价为 883.31 元，说明其收益率为 9%。一年后，若收益率仍为 9%，其价格将提高到 902.81 元，其价格折扣从 116.69 元（＝1 000－883.31）减少至 97.19 元（＝1 000－902.81），减少了 19.50

元。这一原理也可以表述为：如果两种债券的息票利率、面值和收益率都相同，则期限较短的债券的价格折扣或升水会较小。

（4）如果一种债券的收益率在整个期限内没有变化，则其价格折扣或升水会随着债券期限的缩短而以一个不断增加的百分比减少。

【例 7—3】 仍以债券 B 为例。两年后若其收益率仍为 9%，则其售价为 924.06 元，其价格折扣减少至 75.94 元（=1 000－924.06）。债券从 5 年期到 4 年期时价格折扣变动的货币金额为 19.50 元，相当于面值的 19.50%；债券期限从 4 年期减至 3 年时，价格折扣减少额为 97.19－75.94=21.25（元），相当于面值的 21.25%。

（5）债券收益率的下降会引起债券价格提高，债券价格提高的金额在量上会超过债券收益率以相同幅度提高时所引起的价格下跌的金额。

【例 7—4】 债券 C 期限为 5 年，息票利率为 7%，售价等于面值，都为 1 000 元，收益率因此也为 7%。如果收益率提高 1%，为 8%，则售价为 960.07 元，价格下降金额为 39.93 元。如果债券收益率下降 1%，为 6%，则售价将为 1 042.12 元，价格上升 42.12 元，即收益率下降 1%时引起的价格上升变动在数量上大于债券收益率上升 1%时所引起的债券价格下跌额。

（6）如果债券的息票利率较高，则因收益率变动而引起的债券价格变动百分比会较小（注意：这一原理不适用于一年期债券或终生债券）。

【例 7—5】 债券 D 息票利率为 7%，比债券 C 高 2%，但两者期限相同（5 年）、收益率相同（7%）。因此，债券 D 的现行价格为 1 082 元。如果这两种债券的收益率都提高到 8%，则它们的市场价格将分别等于 960.07 元和 1 039.93 元。债券 C 的价格减少了 39.93 元(=1 000－960.07)，为原价格的 3.993%；债券 D 的价格下降 42.07 元（=1 082－1 039.93），比原价格下降了 3.888%。由于债券 D 的息票利率较高，所以其价格变动的百分比较小。

（四）债券的基本价值评估

1. 假设条件

要正确理解债券估价的基本方法，首先应对那些肯定能够全额和按期支付的债券进行考察。此类证券的典型即是政府债券。虽然该种债券肯定可以按期支付约定金额，但就该约定金额的购买力而言，却存在着某种程度的不确定性，也就是说会有通货膨胀的风险。因此，在评估债券基本价值前，我们假定各种债券的名义和实际支付金额都是确定的，尤其是假定通货膨胀的幅度可以精确地预测出来，从而使对债券的估价可以集中于时间的影响上。完成这一假设之后，影响债券估价的其他因素就可以纳入考虑之中。

2. 货币的时间价值、未来值和现值

由于债券投资的实质在于投资者在未来的某个时点可以取得一笔已发生增值的货币收入，因此，债券的价格实际上表现为投资者为取得这笔收入目前希望投入的资金。如果计算出来的价格高于当前市场价格，则投资是合算的。根据这一思路，首先需要引进货币的时间价值、未来值和现值等概念。

货币的时间价值是指使用货币按照某种利率进行投资的机会是有价值的，因此一笔货币投资的未来价值高于其现值，多出的部分相当于投资的利率收入。而一笔未来的货币收入（包含利率）的当前价值（现值）必须低于其未来值，两者相差的部分也相当于投资的利率收入。因此，货币投资的现值实际上是对未来值做逆运算的结果。

(1) 未来值的计算。

如果知道投资的利率为 r，若进行一项为期 n 年的投资，到第 n 年时的货币总额为：

$$p_n = p_0(1+r)^n \tag{7—19}$$

或

$$p_n = p_0(1+rn) \tag{7—20}$$

式中，p_n 为从现在开始 n 个时期后的未来价值；p_0 为本金；r 为每期的利率；n 为时期数。

公式（7—19）是按照复利计算的未来值，公式（7—20）是按照单利计算的未来值。

【例 7—6】 某投资者将 1 000 元投资于年息 10%、为期 5 年的金融工具（按年计算），此项投资的未来值为：

$$p = 1\,000 \times (1+10\%)^5 = 1\,610.51(\text{元})$$
$$p = 1\,000 \times (1+10\% \times 5) = 1\,500(\text{元})$$

可见，用单利计算的未来值比用复利计算的未来值略低。

(2) 现值的计算。

根据现值是未来值的逆运算，运用未来值计算公式，就可以推算出现值。

从公式（7—19）中求解，得出现值公式：

$$p_0 = \frac{p_n}{(1+r)^n} \tag{7—21}$$

从公式（7—20）中求解 p_0，得出现值公式：

$$p_0 = \frac{p_n}{1+rn} \tag{7—22}$$

式中，p_0 为现值；p_n 为未来值；r 为每期利率；n 为时期数。

公式（7—21）针对的是按复利计算未来值的现值，公式（7—22）针对的是按单利计算未来值的现值。

【例 7—7】 某投资者面临以下投资机会：从现在起的 7 年后收入 500 万元，其间不形成任何货币收入，假定投资者希望的年利为 10%，则投资现值为：

$$p_0 = 5\,000\,000 \times \frac{1}{(1+10\%)^7} = 2\,565\,791(\text{元})$$

或：

$$p_0 = 5\,000\,000 \times \frac{1}{(1+10\% \times 7)} = 2\,941\,176.5(\text{元})$$

可见，在其他条件相同的情况下，按单利计息的现值要高于用复利计算的现值。根据未来值求现值的过程，被称为贴现。现值一般有两个特征：(1) 当给定未来值时，贴现率越高，现值就越低；(2) 当给定利率时，取得未来值的时间越长，该未来值的现值就越低。

3. 一次还本付息债券的现值

收入的资本化定价理论的持有者认为，任何资产的内在价值都是在投资者预期的资产可获得的现金收入的基础上进行贴现决定的。运用到债券上，债券的价格即等于来自债券的预期货币收入的现值。在确定债券价格时，需要知道以下信息：（1）估计的预期货币收入；（2）投资者要求的适当收益率，即必要收益率。

债券的预期货币收入有两个来源：息票利息和票面额。债券的必要收益率一般是比照具有相同风险程度和偿还期限的债券的收益率得出的。在最简单的债券价格决定中，也就是对于一次性还本付息的债券来说，其预期货币收入是期末一次性支付的利息和本金，必要收益率可参照可比债券得出。因此，如果债券按单利计算，并一次性还本付息，则其价格决定公式为：

$$p=\frac{M(1+in)}{1+rn} \tag{7—23}$$

如果债券按复利计算，并且一次性还本付息，则其价格决定公式为：

$$p=\frac{M(1+i)^n}{(1+r)^n} \tag{7—24}$$

式中，p 为债券的价格；M 为票面价值；i 为每期利率；n 为所余时期数；r 为必要收益率。

4. 债券的基本估价公式

（1）一年付息一次债券的估价公式。

对于普通的按期付息的债券来说，其预期货币收入有两个来源：到期日前支付的息票利息和票面额。其必要收益率也可参照可比债券确定。因此，对于一年付息一次的债券来说，若用复利计算，其价格决定公式为：

$$\begin{aligned}p&=\frac{c}{1+r}+\frac{c}{(1+r)^2}+\cdots+\frac{c}{(1+r)^n}+\frac{M}{(1+r)^n}\\&=\sum_{t=1}^{n}\frac{c}{(1+r)^t}+\frac{M}{(1+r)^n}\end{aligned} \tag{7—25}$$

如果该债券按单利计算，其价格决定公式为：

$$p=\sum_{t=1}^{n}\frac{c}{1+tr}+\frac{M}{1+nr} \tag{7—26}$$

式中，p 为债券的价格；c 为每年支付的利息；M 为票面值；n 为所余年数；r 为必要收益率；t 为第 t 次。

（2）半年付息一次债券的估价公式。

对于半年付息一次的债券来说，由于每年会收到两次利息支付，因此，在计算其价格时，要对公式（7—25）和公式（7—26）进行修改：（1）年利率要被每年利息支付的次数除，即由于每半年收到一次利息，年利率要被 2 除；（2）时期数要乘以每年支付利息的次数，在期限到期时，其时期数为年数乘以 2。用公式表示即为：

$$p=\sum_{t=1}^{n}\frac{c}{(1+r)^t}+\frac{M}{(1+r)^n} \tag{7—27}$$

或：

$$p=\sum_{t=1}^{n}\frac{c}{1+tr}+\frac{M}{1+nr} \tag{7—28}$$

式中，c 为半年支付的利息；n 为剩余年数乘以 2；r 为必要收益率；p 为债券的价格。

公式（7—27）是用复利计算的半年付息一次债券的价格公式，公式（7—28）是用单利计算的半年付息一次债券的价格公式。

(3) 收益率的计算。

对于息票债券来说，计算收益率最合适的方法就是使用内生到期收益率。内生到期收益率在投资学中被定义为，把未来的投资收益折算成现值，使之成为价格或初始投资额的贴现收益率。内生到期收益率假设每期的利息收益都可以按照内生收益率进行再投资，即假设市场利率不变，对半年付息一次的债券来说，其计算公式为：

$$p=\frac{c_1}{1+Y}+\frac{c_2}{(1+Y)^2}+\cdots+\frac{c_n}{(1+Y)^n}+\frac{F}{(1+Y)^n} \tag{7—29}$$

式中，p 为债券价格；c 为每半年的利息收益；F 为到期价格；n 为时期数（年数×2）；Y 为周期性利率。就半年付息一次的债券来说，将周期性利率 Y 乘以 2 得到到期收益率，这样得出的年收益因低估了实际年收益而被称为债券等价收益。若要得到精确收益率，可利用下面的公式：

$$\text{实际年收益}=(1+\text{周期性利率})^m \tag{7—30}$$

式中，m 为每年支付利息的次数。

对于一年付息一次的债券来说，可直接用下列公式得出到期收益率：

$$p=\frac{c_1}{1+Y}+\frac{c_2}{(1+Y)^2}+\cdots+\frac{c_n}{(1+Y)^n}+\frac{F}{(1+Y)^n} \tag{7—31}$$

式中，p 为债券价格；c 为每年的利息收益；F 为到期价格；n 为时期数（年数）；Y 为到期收益率。

五、债券的收益率曲线与利率的期限结构

（一）收益率曲线

为了更好地了解债券的收益率，我们引进收益率曲线这个概念。收益率曲线反映的是在一定时点不同期限的债券的收益率与到期期限之间的关系，坐落在以期限为横轴、以到期收益率为纵轴的坐标平面上。收益率曲线主要包括三种类型（见图 7—1）。

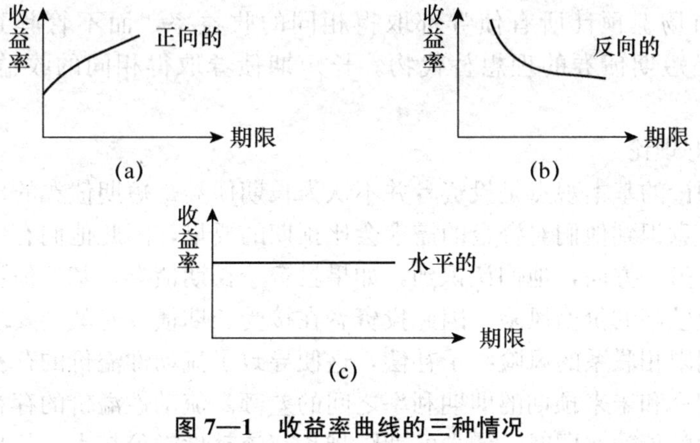

图 7—1　收益率曲线的三种情况

收益率曲线是一种时点图，其上的每一点都代表了一种特定种类的债券，表示在该时点该种债券的到期收益率和到期期限之间的关系。

（二）利率期限结构

债券的利率期限结构就是指债券的到期收益率与到期期限之间的关系。该结构可通过利率或期限结构图表示，该图中的曲线即为上面所说的收益率曲线。或者说，收益率曲线表示的就是债券的利率期限结构。

在图 7—1 中，我们给出了三种类型的收益率曲线，图（a）显示的是一条向上倾斜的收益率曲线，即当到期期限变长时其收益上升，这种曲线形状被称为“正向”的收益率曲线。图（b）显示的是一条向下倾斜的收益率曲线，即当到期期限变长时其收益率降低，这种曲线形状被称为“相反的”或“反向的”收益率曲线。图（c）显示的是一条“水平的”收益率曲线，其到期收益保持不变，并不随着到期期限的变化而变化。从历史观点来看，在经济周期的不同时期可以观察到所有这三条收益率曲线。那么，如何对它们的形状做出解释呢？

实际上，在任一时点都有三种因素可以影响期限结构的形状：(1) 对未来利率变动方向的预期。(2) 债券预期收益中可能存在的流动性溢价。(3) 市场效率低下或者资金从长期（或短期）市场向短期（或长期）市场流动可能存在的障碍。下面的利率期限结构理论就是分别基于上面这三种因素。

（三）利率期限结构理论

1. 市场预期理论

市场预期理论，又称“无偏预期”理论，它认为利率期限结构完全取决于对未来利率的市场预期。如果预期利率上升，则利率期限结构会呈上升趋势；如果预期未来利率下降，则利率期限结构会呈下降趋势。

在市场预期理论中，远期利率（指某种债券从现在起到一定时间之后的收益）在量上等于未来相应时期的即期利率，根据这一断定，如果期限越长而即期利率越高，即利率期限结构呈上升趋势，则表明投资者对未来即期利率的预期上升；如果随期限增加而即期利率降低，即利率期限结构呈下降趋势，则表明投资者对未来即期利率的预期下降。

要注意，在市场预期理论中，某一时点各种期限的债券的即期利率是不同的。但是在某特定时期内，市场上预计所有债券都取得相同的收益率，而不管其到期期限的长短，即说明长期债券是短期债券的理想替代物。长短期债券取得相同的收益率，即说明市场是均衡的。

2. 流动性偏好理论

流动性偏好理论的基本观点是投资者并不认为长期债券是短期债券的理想替代品，这一方面是由于投资者意识到他们对资金的需求会比预期的要早，因此他们有可能在预期的期限前被迫出售债券；另一方面，他们认识到，如果投资于长期债券，基于债券未来收益的不确定性，他们要承担较高的价格风险。因此投资者在接受长期债券时就会要求对与他们接受的债券较长的偿还期限相联系的风险给予补偿，这便导致了流动性溢价的存在。在这里，流动性溢价便是远期利率和未来预期的即期利率之间的差额。流动性溢价的存在，使得投资者愿意购买风险性较大的债券；同时，债券的期限越长，流动性溢价越大，体现了期限越长的债券拥有越大的价格风险。因此，在流动性偏好理论中，远期利率不再是对未来即期利率的无偏估计，它还包含了一种流动性溢价。因此收益率曲线的形状也是由对未来利率的预期和延长偿还期所必需的流动性溢价共同决定的（见图 7—2）。

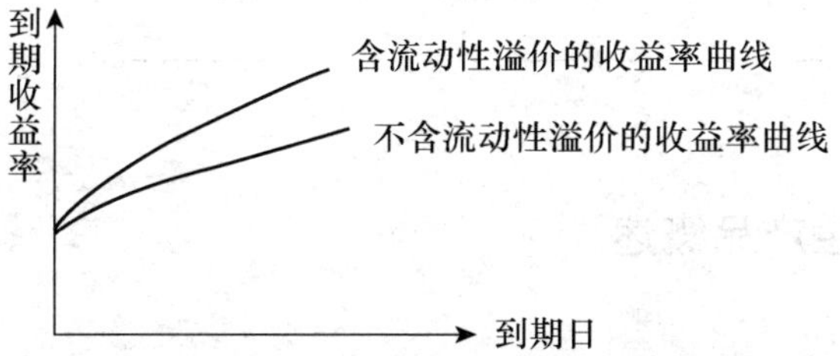

图 7—2　流动性偏好下的期限结构

由于流动性溢价的存在，在流动性偏好理论中，如果预期利率上升较大，其利率期限结构则可能是向上倾斜的；如果预期利率是下降的，其利率期限结构则可能是向下倾斜的，甚至是持平的；如果预期利率下降的幅度较小，其利率期限结构则是向上倾斜的。按照该理论，在预期利率水平上升和下降的时期大体相当的条件下，期限结构上升的情况要多于期限结构下降的情况。

3. 市场分割理论

市场预期理论和流动性偏好理论都假设市场参与者会按照他们的利率预期，从债券市场的一个偿还期部分自由地移到另一个偿还期部分，不受任何阻碍。市场分割理论的假设却恰恰相反，该理论认为，在贷款或融资活动进行时，贷款者和借款者并不能自由地在利率预期的基础上，将证券从一个偿还期部分替换成另一个偿还期部分，或者说认为市场是低效的，在市场上存在着分割的情况，投资者和借款者由于受到了法律、偏好或者某种投资期限习惯的制约，他们的贷款或融资活动总是局限于一些特殊的偿还期部分，而且在其最严格的限制形式下，即使现行的利率水平说明如果他们进行市场间的转移会获得比实际要高的预期收益率，投资者和借款者也不会离开自己的市场而进入另一个市场。

这样的结果使市场划分为两大部分：一部分是短期资金市场；另一部分是长期资金市场。因此，利率期限结构在该市场分割理论下，取决于短期资金市场供求状况与长期资金市场供求状况的比较，或者说取决于短期资金市场供需曲线交叉点的利率与长期资金市场供需曲线交叉点的利率的对比。如果短期资金市场供需曲线交叉点的利率高于长期资金市场供需曲线交叉点的利率，利率期限结构则呈现向下倾斜的趋势；如果短期资金市场供需曲线交叉点的利率低于长期资金市场供需曲线交叉点的利率，利率期限结构则呈现向上倾斜的趋势。

总而言之，从这三种理论看来，一般来说，认为期限结构的形成主要是由对未来利率变化方向的预期决定的，流动性溢价可起一定作用。但期限在一年以上的债券的流动性溢价大致相同，使得期限在一年或一年以上的债券虽然价格风险不同，但预期收益率却大致相同。有时，市场的不完善和资本流向市场的形式也可能起到一定作用，促使期限结构的形状暂时偏离按对未来利率变化方向进行估计所形成的形状，这也正是投资的好机会。

第四节　国际金融衍生产品投资

一、国际金融衍生产品概述

（一）金融衍生产品的概念

金融衍生产品（derivatives）是指其价值依赖于基础资产（underlyings）价值变动的合约（contracts）。这种合约可以是标准化的，也可以是非标准化的。标准化合约是指其标的物（基础资产）的交易价格、交易时间、资产特征、交易方式等都是事先标准化的，因此此类合约大多在交易所上市交易，如期货。非标准化合约是指以上各项由交易的双方自行约定，因此具有很强的灵活性，比如远期协议。

金融衍生产品是与金融相关的派生物，通常是指从原生资产派生出来的金融工具。其共同特征是保证金交易，即只要支付一定比例的保证金就可进行全额交易，不需实际上的本金转移，合约的了结一般也采用现金差价结算的方式进行，只有在满期日以实物交割方式履约的合约才需要买方交足货款。因此，金融衍生产品交易具有杠杆效应。保证金越低，杠杆效应越大，风险也就越大。

金融衍生产品的产生和发展是世界金融史上的重要创新之一，金融衍生产品的前身是农产品的期货合约，到后来发展出以金融资产为标的的金融衍生产品，并迅速成为国际金融市场的主角。在国际投资领域，随着浮动汇率制度的逐渐发展，各国的投资者面临着较大的汇率和利率风险，而金融衍生产品的出现，不仅可以帮助风险规避的投资者回避投资风险，还可以为风险偏好的投资者提供新的投资机会，因而国际金融衍生产品市场在近年来发展十分迅速。

（二）金融衍生产品的特点

与原生性金融工具相比，金融衍生工具有如下特点：

（1）金融衍生工具的价格由其所依附的原生性资产的价格被动确定。

（2）金融衍生工具的交易有杠杆效应。衍生金融工具一般采用保证金制度，投资者只需缴纳少量资金即可获得数额巨大的交易合约。这种杠杆效应，一方面提高了资金的运用效率，另一方面也增加了交易风险。

（3）金融衍生工具设计灵活、变化无穷、种类繁多。金融衍生工具的创造具有很大的灵活性，可以根据不同原生性资产、原生性资产组合创造衍生工具，同时也可以以衍生工具为原生性资产，创造再衍生金融工具，如期货期权、期权期货等。一般称专门从事设计不同衍生金融工具的投资银行家为“火箭科学家”。

（三）金融衍生工具的分类

1. 根据交易形式分类

（1）远期合约。

所谓“远期合约”（forward contract），是指由交易双方自行协议在某一特定日期，买方（卖方）可以特定价格买进（卖出）某资产的契约。契约规定将来交易的资产、交易日期、交易价格和数量。远期合约不是标准化的契约，一般在柜台市场（OTC）或交易双方私下协议交易。远期合约一般有远期外汇交易合约和远期利率合约。由于远期合约是同特定交易对手达成的，因此存在交易对手风险（counterpart risk）。

（2）期货合约。

期货合约（future contract）是由契约双方在有组织的交易所内以公开竞价的形式达成的，约定在未来特定时点以约定价格来买卖特定金融工具的契约。主要的期货有货币期货、利率期货和指数期货。

期货合约与远期合约的异同：第一，两者都是在未来的特定时点上执行合约，但是期货对于交易标的有明确的规定，如数量、品质、交割日期等，而远期的这些条款则由双方自行协议，合约没有明确格式；第二，在交易方式上，期货合约通过集中市场交易，而远期合约则是交易双方私下协议或是通过柜台来进行交易的；第三，期货在交易后，由结算所（Clearing House）做履约保证，几乎没有违约风险（单方违约交易所会赔偿），而远期则存在交易对手违约的可能；第四，买卖期货合约时，交易所为控制风险，交易双方都必须缴纳交易保证金（margin），以此来保证到期合约得到顺利履行，远期则没有此制度，全靠双方的信用；第五，期货因为是标准化的契约，因此到期只要进行交易头寸的对敲（offset）即可，而远期由于其规格不一，对敲一般不容易。其区别见表7—3。

表7—3　期货合约与远期合约的区别

比较项目	期货合约	远期合约
合约大小	固定	由双方协议
交割日期	特定日期	由双方协议
交易方式	在交易所竞价	由双方电传协议
商品交割方式	很少为实物交割	多为实物交割
交易管理	有专门管理机构	由双方自我约束
交易风险	低	高
保证金要求	买卖双方都需要	不需要

一般可将期货分为商品期货和金融期货：

1）商品期货，主要有农产品期货、金属期货和能源期货。

2）金融期货，主要有利率期货、外汇期货和股指期货。

（3）期权。

期权（option），是一种“选择的权利”，即合约买方付出期权费（premium）后，可以在特定时期内向合约卖方，依合约规定的执行价格（exercise price）买入或卖出一定数量的标的物（underlying assets）的权利。如果期权的执行是卖出标的物，则称为卖出期权（put option）；若为买进，则称为买入期权（call option）。

（4）互换。

互换（swap）是两个及以上的当事人按共同商定的条件，在约定的时间内，交换一系列款项支付的金融交易。互换主要有货币互换和利率互换。

（5）复合衍生金融工具。

复合衍生金融工具是在期货、期权、远期、互换的基础上组合创造的新型金融工具。

2. 根据原生性资产分类

原生性资产一般可分为四类，即股票（股指）、利率、汇率和商品。衍生金融工具按原生性资产的分类见表 7—4。

表 7—4　　按原生性资产分类

对象	原生性资产	金融衍生工具
利率	短期国库券	利率期货、利率远期、利率期权、利率互换等
	长期债券	债券期货、债券期权合约等
股票	企业股票	股票期货、股票期权等
	股票指数	股指期货、股指期权等
货币	各类现汇	汇率远期、汇率期货、汇率期权、外汇互换等
商品	实物商品	商品远期、商品期货、商品期权、商品互换等

3. 根据交易场所分类

根据交易场所分类，可将衍生金融工具分为场外交易金融衍生工具和场内交易金融衍生工具。其区别如表 7—5 所示。

表 7—5　　场内交易市场与场外交易市场的区别

比较项目	场内交易市场	场外交易市场
交易对手	交易所	交易所之外，交易者之间
主要交易品种	期权、期货等	远期、互换、期权及复合金融衍生工具
交易规则	交易所统一制定规则	不定型，自由商定
保证金	有	一般无，以信用为保证
原生性产品	只限于某些上市的证券和通行的货物	不限
定价方法	公开竞价	双方议价
合同文件	按当地法要求和交易所规定的统一格式	参照有关国际性条约，由双方自由商定

国际金融衍生产品的种类十分丰富，而且由于金融创新活动的快速发展，属于这个范畴的东西也越来越多，金融衍生产品市场也得到了进一步的扩大。下面具体介绍金融期货、金融期权和金融互换这几种最为常用的国际金融衍生产品。

二、金融期货

金融期货（financial futures）是指交易双方在金融市场上，以约定的时间和价格，买卖某种金融工具的具有约束力的标准化合约。金融期货一般分为三类：外汇（汇率）期货、利率期货和股票指数期货。金融期货作为期货中的一种，具有期货的一般特点，但与商品期货相比较，其合约标的物不是实物商品，而是传统的金融商品，如证券、货币、利率等。金融期货产生于20世纪70年代的美国市场，目前，金融期货在许多方面已经走在商品期货的前面，占整个期货市场交易量的80%，成为西方金融创新成功的例证。

（一）金融期货的主要种类

金融期货基本上可分为三大类：外汇（汇率）期货、利率期货和股票指数期货。

1. 外汇（汇率）期货

外汇（汇率）期货是指协约双方同意在未来某一时期，根据约定价格——汇率，买卖一定标准数量的某种外汇的可转让的标准化协议。外汇（汇率）期货包括以下币种：日元、英镑、加拿大元、美元、澳元等。

2. 利率期货

利率期货是指协议双方同意在约定的将来某个日期按约定条件买卖一定数量的某种长短期信用工具的可转让的标准化协议。利率期货交易的对象有长期国库券、政府住宅抵押证券、中期国债、短期国债等。

3. 股票指数期货

股票指数期货是指协议双方同意在将来某一时期按约定的价格买卖股票指数的可转让的标准化合约。最具代表性的股票指数有美国的道琼斯股票指数和标准普尔500种股票指数、英国的《金融时报》工业普通股票指数、香港的恒生指数、日本的日经指数等。

（二）金融期货交易的特征

金融期货交易（financial futures transaction）作为买卖标准化金融商品期货合约的活动是在高度组织化的有严格规则的金融期货交易所进行的。金融期货交易的基本特征可概括如下：

(1) 交易的标的物是金融商品。这种交易对象大多是无形的、虚拟化了的证券，不包括实际存在的实物商品。

(2) 金融期货是标准化合约的交易。作为交易对象的金融商品，其收益率和数量都具有同质性、不交性和标准性，如货币币别、交易金额、清算日期、交易时间等都作了标准化规定，唯一不确定的是成交价格。

(3) 金融期货交易采取公开竞价方式决定买卖价格。它不仅可以形成高效率的交易市场，而且透明度、可信度高。

(4) 金融期货交易实行会员制度。非会员要参与金融期货的交易必须通过会员代理，由于直接交易限于会员之间，而会员同时又是结算会员，交纳保证金，因而交易的信用风险较小，安全保障程度较高。

(5) 交割期限的规格化。金融期货合约的交割期限大多是3个月、6个月、9个月或12个月，最长的是两年，交割期限内的交割时间随交易对象而定。

(6) 期货合约的买卖双方可在交割日之前采取对冲交易结束其期货头寸，无须进行最后的实物交割。大多数期货都是通过平仓来结清头寸。

(7) 期货交易实行每日清算制。每日交易结束后，清算公司都要根据期货价格的升降对每个交易者的保证金账户进行调整。

（三）国际金融期货市场的主要功能

金融期货市场有多方面的经济功能，其中最基本的功能是规避风险和价格发现。

1. 规避风险

20 世纪 70 年代以来，随着金融自由化的不断推进，汇率、利率的频繁、大幅波动，全面加剧了金融商品的内在风险。面对影响日益广泛的金融自由化浪潮，广大投资者在客观上就要求规避利率风险、汇率风险及股价波动风险等一系列金融风险。国际金融期货市场正是顺应这种需求而建立和发展起来的。因此，规避风险就成了金融期货市场的首要功能。

投资者通过购买相关的金融期货合约，在金融期货市场上建立与其现货市场相反的头寸，并根据市场的不同情况采取在期货合约到期前对冲平仓或到期履约交割的方式，实现其规避风险的目的。

从整个金融期货市场来看，其规避风险功能之所以能够实现，主要有三个原因：

其一是众多的实物金融商品持有者面临着不同的风险，可以通过达成对各自有利的交易来控制市场的总体风险。例如，进口商担心外汇汇率上升，而出口商担心外汇汇率下跌，他们通过进行反向的外汇期货交易，即可实现风险的对冲。

其二是金融商品的期货价格与现货价格一般成同方向的变动关系。投资者在金融期货市场建立了与金融现货市场相反的头寸之后，金融商品的价格发生变动时，则必然在一个市场获利，而在另一个市场受损，其盈亏可全部或部分抵消，从而达到规避风险的目的。

其三是金融期货市场通过规范化的场内交易，集中了众多愿意承担风险而获利的投机者。他们通过频繁、迅速的买卖对冲，转移了实物金融商品持有者的价格风险，从而使金融期货市场的规避风险功能得以实现。

2. 价格发现

金融期货市场的价格发现功能，是指金融期货市场能够提供各种金融商品的有效价格信息。

在金融期货市场上，各种金融期货合约都有着众多的买者和卖者。他们通过竞价的方式来确定期货交易价格。这种情况接近于完全竞争市场，能够在相当程度上反映出投资者对金融商品价格走势的预期和金融商品的供求状况。因此，某一金融期货合约的成交价格，可以综合反映金融市场各种因素对合约标的商品的影响程度，具有公开、透明的特征。

由于现代电子通讯技术的发展，在全球都可以即时看到最新的期货产品价格。因此，金融期货市场上所形成的价格不仅对该市场的各类投资者产生了直接的指引作用，也为金融期货市场以外的其他相关市场提供了有用的参考信息。各相关市场的职业投资者、实物金融商品持有者通过参考金融期货市场的成交价格，可以形成对金融商品价格的合理预期，进而有计划地安排投资决策和生产经营决策，从而有助于减少信息搜寻成本，提高交易效率，实现公平合理、机会均等的竞争。

三、金融期权

金融期权（financial option）是以期权为基础的金融衍生产品，指以金融商品或金融期货合约为标的物的期权交易。具体地说，其购买者在向出售者支付一定费用后，就获得了能在规定期限内以某一特定价格向出售者买进或卖出一定数量的某种金融商品或金融期货合约的权利。金融期权是赋予其购买者在规定期限内按双方约定的价格（协议价格（striking price）或执行价格（exercise price））购买或出售一定数量某种金融资产（潜含金融资产（underlying financial assets）或标的资产）的权利的合约。

（一）金融期权的种类

场内交易的金融期权主要包括股票期权、利率期权和外汇期权。股票期权与股票期货分类相似，主要包括股票期权和股指期权。股票期权是在单个股票基础上衍生出来的选择权，股指期权主要分为两种：一种是股指期货衍生出来的股指期货期权，例如新加坡交易所交易的日经225指数期权，是从新加坡交易所交易的日经225指数期货衍生出来的；另一种是从股票指数衍生出来的现货期权，例如大阪证券交易所日经225指数期权，是从日经225指数衍生出来的。两种股指期权的执行结果是不一样的，前者执行得到的是一张期货合约，而后者则进行现金差价结算。

（二）金融期权的特征

金融期权的主要特征在于它仅仅是买卖双方权利的交换。期权的买方在支付了期权费后，就获得了期权合约所赋予的权利，即在期权合约规定的时间内，以事先确定的价格向期权的卖方买进或卖出某种金融工具的权利，但并没有必须履行该期权合约的义务。期权的买方可以选择行使他所拥有的权利；期权的卖方在收取期权费后就承担着在规定时间内履行该期权合约的义务。即当期权的买方选择行使权利时，卖方必须无条件地履行合约规定的义务，而没有选择的权利。

（三）金融期权与金融期货的区别

1. 标的物不同

金融期权与金融期货的标的物不尽相同。一般来说，凡可作期货交易的金融商品都可作期权交易。然而，可作期权交易的金融商品却未必可作期货交易。在实践中，只有金融期货期权，而没有金融期权期货，即只有以金融期货合约为标的物的金融期权交易，而没有以金融期权合约为标的物的金融期货交易。一般而言，金融期权的标的物多于金融期货的标的物。

随着金融期权的日益发展，其标的物还有日益增多的趋势，不少金融期货无法交易的东西均可作为金融期权的标的物，甚至连金融期权合约本身也成了金融期权的标的物，即所谓的复合期权。

2. 投资者权利与义务的对称性不同

金融期货交易的双方权利与义务对称，即对任何一方而言，都既有要求对方履约的权利，又有自己对对方履约的义务。而金融期权交易双方的权利与义务存在着明显的不对称性，期权的买方只有权利而没有义务，而期权的卖方只有义务而没有权利。

3. 履约保证不同

金融期货交易双方均需开立保证金账户，并按规定缴纳履约保证金。而在金融期权交易中，只有期权出售者，尤其是无担保期权的出售者才需开立保证金账户，并按规定缴纳保证金，以保证其履约的义务。至于期权购买者，因期权合约未规定其义务，其无须开立保证金账户，也就无须缴纳任何保证金。

4. 现金流转不同

金融期货交易双方在成交时不发生现金收付关系，但在成交后，由于实行逐日结算制度，交易双方将因价格的变动而发生现金流转，即盈利一方的保证金账户余额将增加，而亏损一方的保证金账户余额将减少。当亏损方保证金账户余额低于规定的维持保证金时，他必须按规定及时缴纳追加保证金。因此，金融期货交易双方都必须保有一定的流动性较高的资产，以备不时之需。

而在金融期权交易中，在成交时，期权购买者为取得期权合约所赋予的权利，必须向期权出售者支付一定的期权费；但在成交后，除了到期履约外，交易双方均不发生任何现金流转。

5. 盈亏的特点不同

金融期货交易双方都无权违约，也无权要求提前交割或推迟交割，而只能在到期前的任一时间通过反向交易实现对冲或到期进行实物交割。而在对冲或到期交割前，价格的变动必然使其中一方盈利而另一方亏损，其盈利或亏损的程度取决于价格变动的幅度。因此，从理论上说，金融期货交易中双方潜在的盈利和亏损都是无限的。

相反，在金融期权交易中，由于期权购买者与出售者在权利和义务上的不对称性，他们在交易中的盈利和亏损也具有不对称性。从理论上说，期权购买者在交易中的潜在亏损是有限的，仅限于所支付的期权费，而可能取得的盈利却是无限的；相反，期权出售者在交易中所取得的盈利是有限的，仅限于所收取的期权费，而可能遭受的损失却是无限的。当然，在现实的期权交易中，由于成交的期权合约事实上很少被执行，因此，期权出售者未必总是处于不利地位。

6. 套期保值的作用与效果不同

金融期权与金融期货都是人们常用的套期保值的工具，但它们的作用与效果是不同的。

人们利用金融期货进行套期保值，在避免价格不利变动造成的损失的同时也必须放弃若价格有利变动可能获得的利益。人们利用金融期权进行套期保值，若价格发生不利变动，套期保值者可通过执行期权来避免损失；若价格发生有利变动，套期保值者又可通过放弃期权来保护利益。这样，通过金融期权交易，既可避免价格不利变动造成的损失，又可在相当程度上保住价格有利变动带来的利益。

但是，这并不是说金融期权比金融期货更为有利。这是由于如从保值角度来说，金融期货通常比金融期权更为有效，也更为便宜，而且要在金融期权交易中真正做到既保值又获利，事实上也并非易事。

所以，金融期权与金融期货可谓各有所长、各有所短，在现实的交易活动中，人们往往将两者结合起来，通过一定的组合或搭配来实现某一特定目标。

四、金融互换

金融互换是约定两个或两个以上的当事人按照商定条件，在约定的时间内，交换一系列现金流的合约。主要有货币互换和利率互换两种。

（一）货币互换

货币互换（currency swap）是指以一种货币标价的债务或资产与以另一种货币标价的

债务或资产进行交换。利率互换（interest rate swap）是指固定利率债务或资产与浮动利率债务或资产的交换（或浮动利率与固定利率的交换）。如果互换包括以一种货币标价的固定利率债务或资产与以另一种货币标价的浮动利率债务或资产的交换，那么这既是利率互换又是货币互换。

互换代表了在国际金融市场上一项新的重要制度上的发展。但是，人们在阅读新闻报道里的互换行为时，应该仔细。很多这样的报道具有“免费的午餐”（free lunch）的味道：它们暗示人们可以凭空得到些什么，指互换包括没有物与物的交易。

大部分货币和利率互换可以用如下三种方式来简要解释：风险分担、套汇或市场完成。很多货币和利率互换表示简单的风险分担。一家公司（或另一方）拥有以外币表示的或以与可变利率负债相称的可变利率资产的比率表示的未相称现金流动。这家公司找到一种补充性货币的另一方，并且以与其外币现金流动更为密切相配（货币互换）或其可变利率资产和负债更为密切相配（利率互换）的方式，安排了互换。然而在有些情况下，可以用套汇或市场完成来解释货币或利率互换。套汇机会只要存在，就可以发生互换。这些套汇机会可以来自外汇或资本管制、税法规定，或来自不同货币的资产或固定对浮动利率资产的市场定价上的简单的不一致性。最后，如果互换表明由于风险分担而出现了新的市场，从经济上讲，其所产生的有益的交易是那些市场上有关的交易成本所不能给予的，互换也可以称为“市场完成”。

实际上，一些货币和利率互换就包括套汇，这是显而易见的。假设一家日本公司要求得到以日元标价的债务，那么要得到日元债务至少有两种（或两种以上）途径：

（1）发行日元债券。

（2）发行美元债券，互换为日元债券。

为什么公司可能采取发行美元债券的第二种途径呢？答案是：发行美元债券和日元债券互换，比直接发行日元债券时获得日元债券更便宜。如果是这样的话，那么这家日本公司就是在利用套汇机会。

同样，在一些情况下，先发行浮动利率债券，然后互换为固定利率债券，以这种方式获得固定利率债券要相对便宜些。例如，市场为与另一家公司固定利率债券相对应的一家公司的固定利率债券定价，所按照的比例可能不同于市场为这两家公司浮动利率债券定价的比率。如果是这样的话，那么这两家公司就可安排债券互换，以期利用现行市场定价的不一致性。如果不一致性大到足以支付银行使这两家公司联系起来的费用，那么银行也会获益，随后债券互换发生。

在有些时候，互换表明市场完成。希望发行英国英镑债券的公司可以不用进入英国市场。互换的方法是：它可以与拥有英国英镑债券的第二家公司打交道，它可以承担这家公司支付以英国英镑标价的息票和本金的义务，而这家公司承担支付以不同货币标价的息票和本金的义务。通常情况是这两家公司彼此不熟识，银行业务中介人可以安排交易，并为互换交易的双方担保。

在说明一种类型的交易或另外一种类型的交易方面，“互换”这个词有相当宽的含义，以下交易类型通常被认为是货币互换。

1. 长期远期合同

这些合同与银行同业市场上的外汇远期合同没有什么不同。但是在银行同业市场上，某些较少交易货币的远期合同不易得到，甚至广泛交易的货币的远期合同偿还期也是相当短的。对于某些货币和某些偿还期的远期交易来说，市场存在失误。因此，长期远期合同实质上是易物交易。一家公司或机构寻找可以与它安排在将来某个时候交换两种货币的合同的一方，交易是以今天双方同意的价格进行的。市场在这个时候的失误可能是很小的。商业银行或投资银行可以充当经纪人，代表公司寻找合作方。它们将细心列出特定机构，这些机构是特定交易的可能的配合一方。通过经纪人的中介作用，这些机构集合构成了市场。

2. 直接货币互换

直接货币互换是以现行货币汇率交换两种货币，并带有协议，在将来某个规定日期以同样的汇率反换回货币。交易中一方可能支付另一方年息，这些利息的支付常常是在利息平价关系的基础上商定的。如果以货币 A 标价的资产的利率高于以货币 B 标价的资产的利率，那么用 B 换 A 一方就交付给对方利息差额。例如，如果 100 万美元可以互换 2.4 亿日元，美元利率高于日元 5%；得到美元一方要支付给对方 5 万美元年息。

3. 背对背贷款和平行贷款

背对背贷款是不同国家中两个公司间的贷款，每个公司都以本币向对方发放贷款。平行贷款包括不同国家中的两个公司，每个公司都在对方国家有子公司，每个公司都向对方公司的子公司发放贷款。例如，一家美国公司可能向一家巴西公司的美国子公司发放美元贷款，而这家巴西公司向美国公司在巴西的子公司发放克鲁赛罗贷款。平行贷款起始的原因与欧洲美元起始的原因是相同的——英格兰银行的规定。如果英国的公司进入伦敦外汇市场，为了给它们在外国的子公司融资，它们就得支付高于市场汇率的费用购买美元，为了逃避购买美元的税收，它们安排其外国子公司从美国公司获得美元贷款。与此同时，英国的公司向美国的公司在英国的子公司发放英镑贷款。

平行贷款中每项贷款利息的定期支付与本金的再支付，其时间通常在两国是一致的。每个公司都有权利从自己应向对方支付的金额中扣除对方未支付的金额。贷款协议通常包括期货合同：如果一种货币对另一种货币贬值，那么贬值货币的贷款人就应增加贷款，以抵消由于汇率变化而引起的贷款价值的变化。然而，这种情况下的典型的期货合同不包括由于汇率每一次小变化而引起的现金流动。不过，这是阶段作用：只有在汇率移动超出某些限度时，附加贷款或再支付才会发生。

4. 债券支付的互换

在这种类型的货币互换中，每个公司（或另一方）以适用货币发行固定利率债券，然后这两个公司互换债券发行的金额，并承担另一方支付利息和本金的义务。一家公司发行价值为 1 000 万美元的债券，而另一家公司发行价值为 8 000 万英国英镑的债券。这两个公司互换货币，并承担对方支付利息和再支付本金的义务。美元债券发行公司将以英国英镑定期支付息票，英国英镑债券发行公司将以美元定期支付息票。支付息票的日期由双方商定。支付可以直接在这两家公司中进行，也可以通过商业银行或投资银行业务中介人转给对方。中介人可以为交易的一方或双方担保，也可以不为他们担保。中介人在把支付转给对方之前，可以提取一部分，也可以不提取。英国英镑债券发行公司收到美元债券发行公司的息票支付后，随即转给英国英镑债券持有人。同样，美元债券发行公司收到英国英镑债券发行公司的美元息票支付后，随即也付给美元债券持有人。双方公司的债券持有人常常不会意识到货币互换安排。

(二) 利率互换

在利率互换中，一方发行了固定利率债券，另一方发行了浮动利率债券，双方交换各自的利息支付义务。例如，一家银行可能需要浮动利率美元债券，而一家公司需要固定利率美元债券。假设这家银行能够以 11.5%的固定利率或伦敦银行同业拆放利率借款，而这家公司能够以 14%的固定利率或以高于伦敦银行同业拆放利率 1%的利率借款。这家银行与这家公司就可以达成包括如下条款的利率互换协议：银行以 11.5%的利率发行 5 000 万美元的固定利率债券，公司以高于伦敦银行同业拆放利率 1%的利率发行 5 000 万美元的浮动利率债券。随后，公司以 12%的利率向银行支付息票，银行以伦敦银行同业拆放利率向公司支付。公司对其债券的净利息费用是：

伦敦银行同业拆放利率＋1%＋12%－伦敦银行同业拆放利率＝13%

银行的净利息费用是：

11.5%－12%＋伦敦银行同业拆放利率＝伦敦银行同业拆放利率－0.5%

双方都减少了各自的借款费用：银行以（伦敦银行同业拆放利率－0.5%）的利率获得浮动利率资金，而不是以伦敦银行同业拆放利率；公司以 13%的利率获得固定利率资金，而不是以 14%的利率。

在以上交易中没有什么不可思议的魔术。例如，如果公司对其支付违约（在这种情况下，银行也要停止对公司的利息支付），银行就只能以 11.5%的利率发行固定利率债务，而不能以它所要求的浮动利率发行债务。因此，如果银行是以伦敦银行同业拆放利率借款，它就会处于风险更大的位置。这样，把银行资金费用从伦敦银行同业拆放利率减至（伦敦银行同业拆放利率－0.5%）可能只能带来更大的资金风险。只有在资金费用减少 0.5%的数额超过足以补偿更大风险的数额时，银行的境况才能好一些。这就是说，对套汇交易，公司的固定利率债券（相对于银行债券）的费用风险不能与公司的浮动利率债券的费用风险相同。

我们知道利率和利率预期的变化能够产生诸如长期债券等资产的资本收益和损失。从债券发行人的观点来看也同样如此：如果利率上升，那么公司债券的市场价值下降。因此，公司只有以现行市场价格脱离它的现行债权义务，才能实现资本收益。方法是：公司要在二级市场上购入其全部债券。另一个方法是：与另一方互换息票和本金义务。

一种特殊类型的利率互换是交叉货币利率互换（cross-currency interest-rate swap），包括以一种货币标价的浮动利率债券与以另一种货币标价的固定利率债券互换。在法国雷诺汽车公司与日本山一证券公司之间曾进行过这种互换。雷诺公司要发行固定利率日元债券，但面临阻止它直接发行固定利率日元债券的法规上的障碍。由银行家信托公司（Bankers Trust Company）安排的互换包括以下部分：山一证券公司购入美元浮动利率票据，将美元支付（利率和本金）经银行家信托公司转给雷诺公司。雷诺公司以这些美元对自己的浮动利率美元债券进行支付。作为对浮动利率支付的交换，雷诺公司将日元固定利率利息和本金支付经银行家信托公司转给山一证券公司。这样，雷诺公司将其浮动利率美元支付义务转变为固定利率日元义务。山一证券公司获得美元资产，但由于它现在接受雷诺公司的日元支付，它对其外汇风险进行了套期保值。

利率互换的文件制定类似于辛迪加贷款的文件。但是利率互换的文件并不那么细致，这是因为其涉及的风险仅与利率支付有关，与本金无关。协议包括浮动利率计算的方法、另一个参考利率能够代替的环境、支付利率的时间与方式，以及在发生争执时所依据的主要法律。

【本章小结】

本章主要介绍了国际间接投资的主要概念和分类。第一节对国际间接投资的概念和特征进行了简述。第二节主要详细介绍了国际股票投资。本节在介绍了国际股票概念的基础上，详细介绍了股票价格的决定方法，之后还对国际主要的股价指数和国际股票的种类进行了全面的介绍。第三节介绍了国际债券的概念和分类，按照发债货币种类与发行债券市场所在国的关系，把国际债券分为外国债券和欧洲债券两大类，并分别对两类债券进行了简单的阐述；其次简单介绍了债券评级中的基本事项；最后讲解了影响债券价格的内外部因素、债券的定价原理、收益率曲线以及利率的期限结构等基本理论，介绍了货币的时间价值、未来值和现值等概念，并从这些概念出发，结合各种理论和数学公式讲授如何对债券的基本价值进行评估。第四节对国际金融衍生产品的相关概念做了介绍，并详细分析了几种重要的衍生工具。

【本章要点】

- 国际间接投资的概念和特征
- 股票价格决定的若干方法
- 国际股票的种类
- 国际债券的分类
- 债券的定价原理
- 利率的期限结构
- 债券的基本价值评估
- 金融期货
- 金融期权
- 金融互换

【本章关键术语】

国际股票　零增长股利贴现模型　多元股利贴现模型　存托凭证　欧洲股权　外国债券　欧洲债券　债券评级　息票利率　到期收益　债券价格　票面价值　利率期限结构　市场预期理论　流动性偏好理论　市场分割理论　利率互换　货币的时间价值、未来值和现值　金融期货　金融期权　金融互换

【本章思考题】

1. 简述股利贴现模型中的多元股利贴现模型。
2. 简述影响股票投资价值的主要因素。
3. 简述国际债券的分类。
4. 简述评级机构如何对债券级别进行分析和评定。
5. 简述影响债券价格的内外部因素。
6. 简述市场预期理论、流动性偏好理论和市场分割理论。
7. 简述货币的时间价值、未来值和现值之间的联系。
8. 简述货币互换的类型。

第八章

证券投资基金及证券投资组合

学习目标

- 掌握证券投资基金的概念和性质
- 掌握证券投资基金与股票、债券的区别
- 了解证券投资基金的构成要素和作用
- 掌握证券投资基金的分类
- 熟悉证券投资基金的风险
- 掌握证券投资组合的概念
- 了解证券投资组合管理的理论基础
- 掌握证券投资组合管理的步骤

第一节　证券投资基金概述

一、证券投资基金的概念和性质

证券投资基金（securities investment fund）是一种利益共享、风险共担的集合投资方式，即通过发行基金单位，集中投资者的资金，并由基金托管人托管，由基金管理人管理和运用资金，从事股票、债券、外汇、货币等金融工具投资，以获得投资收益和资本增值。投资基金发源于西方经济发达的国家，投资基金在不同的国家和地区称谓有所不同，在英国称为信托单位（trust unit），在美国称为共同基金或互惠基金（mutual fund），日本和中国台湾则称为证券投资信托基金。

根据证券投资基金的含义，可以看出证券投资基金主要有以下几个方面的性质：

（1）证券投资基金是一种集合投资制度。证券投资基金是从广大的个人投资者那里以积少成多的方式吸收巨额的资金，组建投资管理公司进行专业化的管理和经营。是一种将零散的少量资金集聚起来，从而形成一定规模的投资方式。

（2）证券投资基金是一种信托投资方式。证券投资基金实际上是一种金融信托关系，其中也涉及委托人、受托人和受益人等关系人，基金合同也相当于一种信托契约，但证券投资基金又有自身的特点，比如从事有价证券投资的主要当事人中还有一个不可缺少的托管机构，它不能与受托人（基金管理公司）由同一机构担任，而且基金托管人一般是法人；基金管理人并不对每个投资者的资金都分别加以运用，而是将其集合起来，形成一笔巨额资金再加以运作。

（3）证券投资基金是一种金融中介机构。证券投资基金存在于投资者与投资对象之间，起着把投资者的资金转换成金融资产，通过专门机构在金融市场上再投资，从而使货币资产得到增值的作用。证券投资基金的管理者对投资者所投入的资金负有经营、管理的职责，而且必须按照合同（或契约）的要求确定资金投向，保证投资者的资金安全和收益最大化。

（4）证券投资基金是一种证券投资工具。证券投资基金发行的凭证即基金券（或受益凭证、基金单位、基金股份）与股票、债券一起构成有价证券的三大品种。投资者通过购买基金券完成投资行为，并凭之分享证券投资基金的投资收益，承担证券投资基金的投资风险。

二、证券投资基金的起源

证券投资基金的起源可以追溯到19世纪。资产阶级民主革命和产业革命使得英国在十七八世纪生产力获得极大的发展，积累了大量国家与民间财富。财富的积累和资金的剩余，使当时国内存贷款利率、投资收益下降，资金亟须向外寻求出路，尤其民间资金更欲谋求更高的回报率。而欧美等海外发展中国家，在推进工业化的进程中，需要大量资金，于是纷纷来英国发行各种证券，筹集资金。英国逐步发展为国际金融中心，成为当时最大的资金输出国和债权国。

英国主要采取实业创建、购买外国债券和股票的形式向海外进行投资。当时，购买最多的是美国铁路债券，而且曾因美国许多铁道公司破产而使投资者蒙受损失。同时，许多中小投资者因资金量小以及缺乏国际投资知识等多方面因素，无法实现海外投资。在这种情况下，为了帮助投资者到海外投资并规避风险，由政府出面，组织共同投资基金，委托熟悉海外投资的专家运营管理。英国政府在1868年创立的“海外及殖民地政府开发信托基金”（the Foreign and Colonial Government Trust）就是最早出现的共同投资基金。虽然这家基金与现代意义上的基金相比还存在很多不完善之处，比如说它没有期限、不能退股也不能兑现、投资者购买了基金只能获得分红和股息。但是它为现代基金的形成和发展奠定了基础。

从20世纪初开始，投资基金在欧美国家受到了越来越多的关注，被越来越多的投资者所接受和利用。1921年4月美国组建了第一个共同基金组织“美国国际证券信托基金”（International Securities Trust of America）；1924年3月21日美国波士顿马萨诸塞金融服务公司设立了“马萨诸塞投资信托基金”；1931年出现了世界首家以净资产向投资者赎回基金单位的基金，从此开放式基金登上历史舞台。在基金得以蓬勃发展的同时，各国政府根据本国金融业的发展状况和传统习惯，相继制定了一系列法规，对规范投资基金环境起到了良好的作用。1960年，美国共同基金总数已达200个，总资产接近200亿美元。1990年，共同基金业的资产突破1万亿美元，基金总数超过3 100个。尽管有金融危机的肆虐，但星辰公司

（Morningstar）的数据显示，2009 年美国共同基金资产规模仍维持在 10 万亿美元左右。20 多年间，不论是在资金规模还是数量上，都以倍数递增。并且自 2001 年以来，美国共同基金以接近 60%的全球市场份额，一直保持着它的霸主地位。

三、证券投资基金与股票、债券的区别

证券投资基金本身属于有价证券的范畴，它发行的凭证与股票、债券一起构成有价证券的三大品种。但证券投资基金与股票、债券所反映的关系是不同的，由此带来的收益和风险也是不同的。证券投资基金与股票、债券的区别体现在以下几个方面。

1. 发行的主体不同，体现的权利关系不同

证券投资基金是由基金发起人发行的按契约形式发起的基金，证券持有人与发起人之间是契约关系。按公司形式发起的基金，通常组成基金公司，并由发起人（大股东）组成董事会，决定基金的发起、设立、中止以及选择管理人和托管人等事项，证券持有人成为公司股东的一员，但都不参与基金的运作。发起人与管理人、托管人之间是一种信托契约关系。与证券投资基金不同，股票是股份公司发行的，持有人是股份公司的股东，有权参与公司管理，是一种股权关系。债券是由政府、银行和企业发行的，体现的是债权债务关系。

2. 运行机制不同，投资人的经营管理权不同

通过股票筹集的资金，完全由股份公司运用，股票持有人有权参与公司管理。通过债券筹集的资金，完全由债权人自主支配。而证券投资基金的运行机制则有所不同。不论哪种类型的证券投资基金，投资者和发起人都不直接从事基金的运营，而是委托管理人进行运营。证券投资基金的管理者通常是具有专业知识和丰富经验的专家，相比许多投资股票和债券的个人投资者，具有专业技能和信息收集方面的优势。

3. 风险程度不同

一般情况下，股票的风险大于基金。对于中小投资者而言，由于受可支配资产总量的限制，只能直接投资于少数几只股票，当其所投资的股票因股市下跌或企业财务状况恶化时，资本金有可能化为乌有；而基金的基本原则是组合投资，分散风险，把资金按不同比例分别投于不同期限、不同种类的有价证券，把风险降低至最低程度；债券在一般情况下，本金得到保证，收益相对固定，风险比基金要小得多。

4. 收益情况不同

基金和股票的收益是不确定的，而债券的收益是确定的。一般情况下，基金的收益高于债券。以美国投资基金为例，国际投资者基金等 25 种基金在 1976—1981 年 5 年间的投资收益增长率，平均为 301.6%；而 1996 年美国国内发行的两种 5 年期政府债券，利率分别只有 13.06%和 8.8%。

5. 投资回收方式不同

债券投资是有一定期限的，期满后收回本金；股票投资是无期限的，除非公司破产、进入清算，投资者不得从公司收回投资，若要收回，只能在证券交易市场上按市场价格变现；投资基金则要视所持有的基金形态不同而有所区别。封闭式基金有一定的期限，期满后，投资者可按持有的份额分得相应的剩余资产，在封闭期内还可以在交易市场上变现；开放式基金一般没有期限，但投资者可随时向基金管理人要求赎回。

6. 存续的时间不同

每一种投资基金都规定有一定的存续时间，期满即终止。这一点类似于债券投资。它不同于债券投资之处在于，投资基金经持有人大会或基金公司董事会决议可以提前终止，也可以期满再延续。封闭式基金在存续期间内不得随意增减基金份额，持有人只能通过证券交易所买卖基金。这一点类似于股票投资。不同之处在于，开放式基金可以随时增减，持有人可以按基金的资产净值要求申购或赎回其持有单位或股份。

四、证券投资基金的构成要素

证券投资基金作为一种信托投资，将社会大众所汇集的分散的资金，委托给专门的投资机构从事约定领域的投资或分散组合投资。投资基金的创立和运行一般涉及四个方面的当事人：基金投资人、基金发起人、基金管理人和基金托管人。投资人是出资人也是受益人，可以是法人也可以是自然人，大的投资人往往也是基金的发起人。发起人根据政府主管部门批准的基金章程或基金证券发行办法筹集资金而创立基金，将基金委托给管理人管理和运营，托管人则对基金进行保管和财务核算，发起人与管理人、托管人之间的权利和义务通过信托契约加以规定。

投资基金的组织机构一般涉及四个方面的当事人：基金受益人、基金管理人、基金托管人和基金代理人。基金受益人是指基金单位的持有人，或称基金的投资人。基金受益人通过购买基金发行的受益凭证或股份参与基金的投资，并且享有投资收益。受益人在基金内的权益均交由基金信托人，以后者的名义保管或控制所有基金资产，但所有的风险由投资者自负。基金管理人或基金管理公司，是指适应投资基金的操作而产生的基金经营机构，根据基金组建契约，基金管理人接受基金的委托进行基金设计，对基金的信托资产有直接的委托责任。

基金托管人又称信托人，也是受益人权益的代表，是基金资产的名义持有人和保管人。根据国际通行的证券投资信托法规，为了保障广大投资者的利益，防止信托财产挪为私用，任何投资基金都实行经营和保管分开的原则。根据这一法规，基金管理人只负责基金的日常管理和操作，对投资者提供基金买卖和咨询服务，下达投资决策指令。基金托管人单独为基金设立独立的账户，按照基金管理人的指示保管和处理基金财产。托管人是基金持有人、基金管理人、经纪人以及有关银行的联络中枢，它在投资基金运作中具有重要地位。所以国外证券管理部门对托管人的资格有严格的规定：托管人必须由独立于基金管理公司之外，具有一定资产和信用的金融机构、投资机构或保险公司担任。有的国家或地区同时还规定，托管人与管理人之间的相应持股比例不得超过对方总股本的10%，其中任何一方不得担任对方的董事或经理。

基金代理人、基金经理人和保管人均负有受理基金受益凭证的发行、募集、交易、赎回和分红派息等日常行政工作的责任，但在社会分工日趋专业化的今天，此项工作一般都委托承销公司来办理。在美国，大多数的基金在发行时，都以代销的方式或包销的方式批发给当地的经纪商或交易商，投资者可亲自到这些交易商或经纪商的发售网点申请购买。基金上市或进行基金的赎回时，则委托证券公司办理买卖和交割手续。在我国，投资基金在获准上市交易后，将会委托证券登记公司和指定的证券部负责办理基金开户、买卖、交割、收益分配等工作，其程序和手续与买卖股票基本一致。

五、证券投资基金的作用

证券投资基金作为一种独具特色的、集诸多优点于一身的投资方式，不能单纯地将其归于直接投资或间接投资。它区别于金融机构贷款投资，又区别于一般信托投资，其投资特点与股票和债券也有很大的不同。投资者出于追逐收益的目的而对共同基金进行投资，但是必须明确共同基金的作用在于分散风险，但不能排除风险。要了解基金的作用，必须首先把握基金的双层含义：一方面，证券投资基金是一种投资制度，它从广大的投资者那里聚集巨额资金组建投资管理公司进行专业化管理和经营；另一方面，证券投资基金是一种面向社会大众的投资工具，投资者通过购买基金单位完成投资行为，并凭借所持基金单位分享投资基金的投资收益，承担投资风险。

证券投资基金具有多种投资功能，可以用来积累个人财富，可以作为价值的储藏工具，同时也是一种追求高收益的手段。证券投资基金通过向投资者发行股份或受益凭证募集社会闲散资金，再以适度分散的组合方式投资于各种金融资产，从而为投资者谋取最高利益。投资基金的机制特点可以描述为：投资组合、分散风险、专家理财、规模经济。

证券投资基金具有分散风险的特征。基金经理通常投资于多种不同证券，寻求组合多元化。一个多元化的组合有助于通过一些证券的盈利冲抵另一些证券的亏损来降低风险。资产组合理论证明，资产组合的风险随着组合所包含的证券数量的增加而降低，但是一个普通的投资者构建共同基金那样多元化的证券组合是不可能的。投资者通过投资共同基金，可以以较低的代价有效地分散投资风险，同时，普通投资者也可以获得同样的专业基金管理和投资多元化。

证券投资者能以最低费用享受专家服务。证券投资基金由投资专家经营管理，能使基金得到最佳运用。小额投资者往往很难具备专业知识来正确分析市场行情和市场走势，对发行证券的企业状况也较难做出判断，而由投资专家执掌的投资基金组织去运筹帷幄，这些问题就可迎刃而解。投资者在进行投资时，一般都需要投资顾问机构或投资专家提供管理或投资咨询服务，而这些服务费用较高，这对单独进行投资的小额投资者而言是难以承受的。若由投资基金组织聘请，这笔服务费用就由所有基金投资者共同分摊，投资者等于是花很小的代价，就能享受专家的服务。

证券投资基金具有很高的流动性。证券投资基金受益凭证可以流通，变现能力较强，并能获取价差收益。首先，证券投资基金管理公司发行的受益凭证，在一定时间后可以上市转让，尤其是开放式基金，投资者可随时请求公司购回，不过在证券投资基金普遍经营良好、受益凭证价值不断上升的情况下，投资者很少卖出受益凭证；其次，证券投资基金管理公司每一营业日终了，大多通过新闻媒介公告受益凭证的每一受权单位资产净值，在净值提高到一定程度，受益人需要用款时，可在市场或投资公司出售，获取可观的收益。

第二节　投资基金的分类

投资基金因各国的历史、社会、经济、文化等环境不同，呈现出各种各样的形态。世界各国的基金虽然形式多样，但仍然可以根据不同的标准来对它们进行分类。通过不同的角度、按不同的标准将证券投资基金划分成不同的类型，这对投资基金的设立和投资者进行投资选择，都具有重要的指导意义。

一、开放式基金与封闭式基金

根据受益凭证（基金投资者持有基金资产的一种凭证）是否可赎回，可将证券投资基金划分为开放式基金和封闭式基金。

（一）开放式基金

开放式基金是指基金规模不是固定不变的，而是随时根据市场供求情况发行新份额或被投资者赎回的投资基金。由于这种投资基金的资本总额可以随时追加，又被称为追加型投资基金。对于开放式基金而言，由于基金份额并非固定，而是可以根据市场的需求随时变化，因此当投资者购买基金的新份额时，基金就会有更多的资产进行投资；相反，如果基金的份额被赎回，则基金的投资总额就要相应地减少，从而引起基金投资组合中的资产变动。一旦基金的被赎回份额超过一定的界限，基金管理机构就必须出售投资组合中的有价证券或者通过银行贷款等其他手段以满足基金对资本的流动性需求。

开放式基金的发行方式主要有两种：经销商发行和基金机构自己发行。其中通过经销商发行要缴纳一定的佣金或手续费。由于开放式基金的资本总额会根据市场供求关系的变化而变化，所以开放式基金的买卖价格必然会反映基金的净资产价值，从而开放式基金的买卖价格是由基金的净资产价值加一定的手续费确定的。对开放式基金的运作及其特征，我们将在第三节做详细的介绍。

（二）封闭式基金

封闭式基金是相对于开放式基金而言的，是指基金规模在发行前已确定，在发行完毕后和规定的期限内基金规模固定不变的投资基金，因此有时也被称为固定型基金。一旦封闭式投资基金发行完毕，在规定的期限之内，不论出现何种情况，基金的资本总额及发行份额都会保持固定不变。由于封闭式基金的受益凭证不能被追加、认购或赎回，投资者只能通过证券经纪商在证券交易所进行基金的买卖，因此封闭式基金又被称为公开交易共同基金。封闭式基金在取得收益后，会以股利、利息和可实现的资本利得等形式支付给投资者。

封闭式基金的单位价格虽然以基金资产价值为基础，但更多的是随证券市场供求关系的变化而变化，但是并不反映基金净资产的价值，基金单位价格有时会高于基金净资产的价值——溢价，有时会低于基金净资产的价值——折价。为吸引投资者投资，一些基金往往采取折价发行。

（三）开放式基金与封闭式基金的比较

开放式基金与封闭式基金的认购、赎回机制的不同，不仅直接导致了其运作机理的差异，也是导致其实践中非均衡性发展的客观原因。封闭式基金的出现早于开放式基金，在投资基金的初创阶段，缺乏良好的市场环境和人们对稳定性的需求导致封闭式基金最先出现。后来证券市场上的投机活动日趋猖獗，1929 年经济大萧条中许多封闭式基金纷纷倒闭，从此开放式基金开始适应投资基金市场的需求并逐渐取得主要地位。世界投资基金的发展历程基本上遵循了由封闭式转向开放式的发展规律。目前，开放式基金已成为国际基金市场的主流品种，美国、英国、中国香港和台湾的基金市场均有90%以上是开放式基金。相对于封闭式基金，开放式基金在激励约束机制、流动性、透明度和投资便利程度等方面都具有较大的优势：

（1）市场选择性强。如果基金业绩优良，投资者购买基金的资金流入会导致基金资产增加。而如果基金经营不善，投资者通过赎回基金的方式撤出资金，导致基金资产减少。由于规模较大的基金的整体运营成本并不比小规模基金的成本高，使得大规模的基金业绩更好，愿意购买它的人更多，规模也就更大。这种优胜劣汰的机制对基金管理者形成了直接的激励约束，充分体现了良好的市场选择。

（2）流动性好。基金管理者必须保持基金资产充分的流动性，以应付可能出现的赎回，而不会集中持有大量难以变现的资产，减少了基金的流动性风险。

（3）透明度高。除履行必备的信息披露外，开放式基金一般每日公布资产净值，随时准确地体现出基金管理者在市场上运作、驾驭资金的能力，对于能力、资金、经验均不足的小投资者有特别的吸引力。

（4）便于投资。投资者可随时在各销售场所申购、赎回基金，十分便利。良好的激励约束机制又促使基金管理者更加注重诚信、声誉，强调中长期、稳定、绩优的投资策略以及优良的客户服务。

开放式基金和封闭式基金的主要区别如下：

（1）基金规模的可变性不同。封闭式基金均有明确的存续期限（中国为不得少于5年），在此期限内已发行的基金单位不能被赎回。虽然特殊情况下此类基金可进行扩募，但扩募应具备严格的法定条件。因此，在正常情况下，基金规模是固定不变的。而开放式基金所发行的基金单位是可赎回的，而且投资者在基金的存续期间内也可随意申购基金单位，导致基金的资金总额每日均不断地变化。换言之，它始终处于“开放”的状态。这是封闭式基金与开放式基金的根本区别。

（2）基金单位的买卖方式不同。封闭式基金发起设立时，投资者可以向基金管理公司或销售机构认购；当封闭式基金上市交易时，投资者又可委托券商在证券交易所按市价买卖。而投资者投资于开放式基金时，他们则可以随时向基金管理公司或销售机构申购或赎回。

（3）基金单位的买卖价格形成方式不同。封闭式基金因在交易所上市，其买卖价格受市场供求关系影响较大。当市场供小于求时，基金单位买卖价格可能高于每份基金单位资产净值，这时投资者拥有的基金资产就会增加；当市场供大于求时，基金价格则可能低于每份基金单位资产净值。而开放式基金的买卖价格是以基金单位的资产净值为基础计算的，可直接反映基金单位资产净值的高低。在基金的买卖费用方面，投资者在买卖封闭式基金时与买卖上市股票一样，也要在价格之外付出一定比例的证券交易税和手续费；而开放式基金的投资者需缴纳的相关费用（如首次认购费、赎回费）则包含于基金价格之中。一般而言，买卖封闭式基金的费用要高于开放式基金。

（4）基金的投资策略不同。由于封闭式基金不能随时被赎回，其募集得到的资金可全部用于投资，这样基金管理公司便可据此制定长期的投资策略，取得长期经营绩效。而开放式基金则必须保留一部分现金，以便投资者随时赎回，而不能尽数地用于长期投资。一般投资于变现能力强的资产。这两者在回报上没有特别的区别。具体可见表8—1。

表 8—1　　开放式基金和封闭式基金的区别

内容	开放式基金	封闭式基金
基金份额	可变；可以随时接受申购和赎回	一般固定不变；扩大规模只能依靠设立新的基金
基金期限	无预定的存续期限，理论上可以无限期地存在下去	有固定的存续期间，期满后一般予以清盘
交易方式	向基金管理公司或销售机构申购或赎回；基金的投资者和经理人或代理人之间直接进行交易，投资者之间不发生交易行为	封闭式基金发起设立时，投资者可以向基金管理公司或销售机构认购；当封闭式基金上市交易时，投资者又可委托券商在证券交易所按市价买卖
交易价格	根据基金单位资产净值决定；每个交易日公布资产净值	市场竞价决定；定期公布基金的单位资产净值
投资策略	流动性需求大；制定长期投资策略，同时必须考虑短期	流动性需求小；制定长期投资策略，取得长期经营绩效

二、契约型基金和公司型基金

根据组织形式和法律地位，可将证券投资基金分为契约型基金和公司型基金。公司型基金以美国为代表，美国的证券投资基金都是采取公司的形式组成，也被称为共同基金；契约型基金则以日本为代表。

（一）契约型基金

契约型基金是基于一定的信托契约原理而组织起来的代理投资行为，契约型基金有时也被称为信托型投资基金。该类基金一般包括三方当事人：基金管理公司、基金保管公司和投资者。基金管理公司是基金的发起人，通过发行受益凭证募集资金，组成信托财产，依据信托契约进行投资。基金保管公司一般由银行担当，根据信托契约，负责保管信托财产，并且办理证券、现金管理和有关的代理业务等。投资者是受益凭证的持有人，通过购买受益凭证，参与基金的投资，享有投资收益。简言之，契约型投资基金是由基金管理公司、基金保管公司和投资者订立信托投资契约，基金管理公司（委托人）依照契约管理信托财产进行投资，基金保管公司（受托人）负责保管信托财产，而投资成果由投资者（受益人）享有的一种基金形态。由于该种基金以发行受益凭证的方式向投资大众募集资金，所以受益凭证被看作是有价证券的一种形式。

契约型基金按最初的创立方式可分为现金充当型和证券充当型两类。现金充当型是指基金最初创立时投资者以现金购买受益凭证，基金的全部份额发行完毕后，基金也就获得了全部资本额，然后基金管理公司再将基金资产交由基金保管公司保管，进行证券投资。证券充当型是指在最初的基金发行时，先由基金管理公司预付基金的资本总额用于购买各种有价证券，交由基金保管公司保管，再通过发行受益凭证筹集资金归还发行人。这两种方式各有优劣，基金发起人往往根据自身的特征和发行时机选择创立方式。

（二）公司型基金

公司型基金是指按公司法组成的基金，这种投资基金本身就是投资公司。而这类投资公司以发行股份的方式募集资金，然后交由某一事先选定的基金管理公司进行投资，投资者凭其持有的投资基金股份，依法分享投资收益。公司型基金在组织形式上与股份有限公司类似，基金公司资产为投资者所有，由股东选择董事会，然后由董事会选聘基金管理公司，基金管理公司负责管理基金业务。公司型基金的设立要在工商部门和证监会注册，同时还要在股票发行交易所在地登记。

公司型基金通常有以下五方当事人：投资公司、基金股东、基金管理人、基金保管公司、基金承销商。投资公司就是基金本身，基金股东是基金的股份持有者。投资公司的股票先由承销公司承销，再次级分配给零售商，最后才由投资者申购股份。公司型基金采用基金管理公司的形式对基金的资产实行管理与经营，基金管理公司所负的职责和所得的报酬由投资公司和基金管理公司之间订立的顾问协议规定。管理公司的主要职责包括有价证券的研究分析、制定投资组合和从事日常的基金管理。投资公司指定银行或信托公司为保管公司，签订保管契约、保管投资的证券，并办理每日每股资产净值的核算、配发股息和过户手续等，保管公司收取保管报酬。

（三）契约型基金与公司型基金的比较

契约型基金和公司型基金存在共性的一面，它们都涉及四方当事人：基金受益人、基金管理人、基金保管人和基金承销公司。它们也被称为基金组织的四要素，在基金的运作过程中发挥着不同的作用。从世界的发展趋势来看，公司型基金除了比契约型基金多了一层基金公司组织外，其他各方面存在与契约型基金趋同化的倾向。两种投资基金的区别见表8—2。

表8—2　契约型基金与公司型基金的区别

比较内容	契约型基金	公司型基金
法律依据	依据基金契约组建，信托法是其设立的依据	依据公司法组建
法人资格	不具有法人资格	具有法人资格的股份有限公司
投资者的地位	作为信托契约中规定的受益人，对基金如何运用所做的重要投资决策通常不具有发言权	投资者作为公司的股东，有权对公司的重大决策发表自己的意见
融资渠道	不具有法人资格，一般不能向银行贷款	具有法人资格，扩大公司规模时，可以向银行贷款
基金的发行凭证	发行受益凭证筹集资金，仅仅是一种信托关系	发行普通股票，既是所有权凭证，又反映信托关系
运营方式	依据基金契约建立、运作，契约期满，基金运营随即终止	除非依据公司法破产、清算，否则公司一般都具有永久性，公司运营具有股份公司的特征

三、股票基金、债券基金及其他

根据投资对象的不同，可以将投资基金分为股票基金、债券基金、货币市场基金、期货基金、期权基金、指数基金和认股权证基金等。

股票基金是指以股票为投资对象的投资基金；债券基金是指以债券为投资对象的投资基金；货币市场基金是指以国库券、大额银行可转让存单、商业票据、公司债券等货币市场短期有价证券为投资对象的投资基金；期货基金是指以各类期货品种为主要投资对象的投资基金；期权基金是指以能分配股利的股票期权为投资对象的投资基金；指数基金是指以某种证券市场的价格指数为投资对象的投资基金；认股权证基金是指以认股权证为投资对象的基金。

四、私募基金和公募基金

根据募集对象、募集方式的不同，我们可以将投资基金划分为私募基金和公募基金。私募基金是一种以私募发行的方式向少数投资者募集资金而设立的基金。而公募基金是指向广泛而不特定的投资人发行基金份额的基金。在发达国家，私募基金影响力非常大，投资的风格相当明确，个性化的服务是私募基金的竞争力所在，成为私募基金的卖点。私募基金通过对发行主体的划分又可以分为：机构投资者为发起人设立私募基金和个人投资者为主体设立私募基金。而不论是机构投资者还是个人投资者，基金的私募作为非公开发行的一种模式，对公开发行基金既是补充也是竞争。从国外的一般经验看，机构投资者作为私募基金的发起人是主要形式。

公募基金发行涉及众多的投资者，社会责任和影响都较私募基金大。出于保证投资者合法权益的目的，政府对基金的公募发行控制很严，要求发行人具备较高的条件。例如，募集公司必须向社会提供各种财务报表及其他有关资料。公募基金可以上市流通，具有较高的流动性，因而易于被广大投资者接受。私募基金发行对象一般都是与发行人有特定关系的投资者，发行人的资信情况为投资者所了解，所以可以不必像公募发行那样向社会公开内部信息，也没有必要取得证券资信评级机构级别的评定。

私募基金与公募基金的主要区别有以下几个方面：

第一，监管要求。公募基金必须向证监会注册，而且在结构和操作上要受到相关法律的严格管制，其目标是为了确保投资者获得足够和准确的基金信息，并且保护基金资产的完整和投资符合投资规划的限制。相对来说，私募投资基金是非经注册的私人投资体，只受到投资者与基金发起人所签投资协议的制约。除了其他相应法律法规的规定，它们免于证监会的监管，其投资组合结构不受限制，也无须披露投资者和基金表现。

第二，费用要求。出于保护投资者利益的目的，一般来说政府会制定法律，对公募基金从管理投资基金中获得的收入进行限制。另外，投资基金销售费用和其他分配费用也会受到特定规则的限制。而私募基金收取投资者的费用可以不受任何限制。典型的情况是基金经理按所管理的合伙基金数量收取以固定比例计算的较低管理费，数年后，当客户收回本金并赚取了一定百分比的收益后，他们一般可按事先商定的比例分享到一部分利润，这种利润分享安排没有成文法。

第三，杠杆操作要求。为了对公募基金的风险进行限制以保证投资者的合法利益，政府会通过法律的形式严厉地限制投资基金杠杆操作或以其投资组合价值为担保进行借贷的能力。然而杠杆操作和其他更高风险的投资策略却是私募投资基金的主要特征之一，例如索罗斯管理的量子基金和长期资本管理公司等。

第四，价格制定和流动性要求。公募基金必须每天对其投资组合和所含有关证券进行定价。按天定价除了能给投资者提供及时的投资价值信息之外，还在于确保投资和赎回的价格公平。而私募投资基金的投资者任何时候都无法确定其投资价值，也不能随时加入或退出，一般以 5～10 年为期限。这一方面是因为经济周期每四五年一次；另一方面是希望投资管理人员不必迫于短期表现的需要而牺牲长远利益。

第五，对投资者的要求。公募基金以收入中等的散户投资者为最多，对投资者的要求是具备基金公司开户的最低投资额。相反，私募基金一般由大户及集团投资者（如保险公司、银行、退休金管理公司等）出资组成，一般要求至少100万美元的投资数额。这种规定旨在限制合伙基金的加入，使其局限于非常有经验的投资者，因此私募基金在西方也被称为富人基金。

私募基金在投资理念、投资目标、投资手法等方面对基金业的发展产生了积极的影响，对基金的国际化也起到了相当大的推动作用。私募基金投资理念的多元化，其他机构投资者难以企及。私募基金的发展不但注重经营业绩，同时也注重人才的培养，使得基金可维持持续健康发展。私募基金客观上形成资本品种创新的压力，并进一步要求管理层加强监管，投资者和管理层必须对杠杆基础上的私募基金风险有所认识。在我国私募基金公开化、合法化、规范化的步伐刚刚开始，以后的问题可能更需关注，创新和监管的压力更加不可忽视。但是公募基金与私募基金共同发展，使私募基金成为公募基金的有效补充手段这一趋势是不可改变的。

五、成长型基金、收入型基金和平衡型基金

根据投资风险与收益的不同，可以将投资基金分为成长型基金、收入型基金和平衡型基金。成长型基金是指把追求资本的长期成长作为其投资目的的投资基金；收入型基金是指以能为投资者带来高水平的当期收入为目的的投资基金；平衡型投资基金是指以支付当期收入和追求资本的长期成长为目的的投资基金。

对投资基金的分类方式还有很多，在这里不再一一列举。同时，在基金的各种分类中会有重合的部分，同一个基金可以属于公司型开放式基金，也可能将其归类为货币市场投资基金。读者在把握各种基金的特征的同时，还应该根据提供的信息对基金的类型做出判断。

六、国内基金、国际基金、离岸基金和海外基金

（一）国内基金

国内基金是指资金来源于国内并投资于国内金融市场的投资基金。通常情况下，一国的国内基金在一国基金市场上应占主导地位，但是由于其筹资来源和投资范围都具有局限性，所以其分散风险的能力受到一定的限制。

（二）国际基金

国际基金是指资金来源于国内但投资于国外金融市场的投资基金。由于各国经济和金融市场发展的不平衡性，因而在不同国家会有不同的投资回报，通过国际基金的跨国投资，可以为本国资本带来更多的投资机会以及在更大范围内分散投资风险，但国际基金的投资成本和费用一般也较高。国际基金有国际股票基金、国际债券基金和全球商品基金等种类。

(三) 离岸基金

离岸基金，是指资金来源于国外并投资于国外金融市场的基金。离岸基金的特点是两头都在外。离岸基金的资产注册登记不在母国，为了吸引全球投资者的资金，离岸基金一般都在素有“避税天堂”之称的地方注册，如卢森堡、开曼群岛、百慕大等，因为这些国家和地区对个人投资的资本利得、利息和股息收入都不收税。

(四) 海外基金

海外基金是指资金来源于国外并投资于国内金融市场的基金。利用海外基金通过发行受益凭证，把筹集到的资金交由指定的投资机构集中投资于特定国家的股票和债券，把所得收益作为再投资或作为红利分配给投资者，它所发行的受益凭证则在国际著名的证券市场挂牌上市。海外基金已成为发展中国家利用外资的一种较为理想的形式，一些资本市场没有对外开放或实行严格外汇管制的国家可以利用海外基金。

七、其他特殊类型基金

(一) 指数基金（被动型基金）

指数基金（index fund），顾名思义就是以指数成份股为投资对象的基金，即通过购买一部分或全部的某指数所包含的股票，来构建指数基金的投资组合，目的就是使这个投资组合的变动趋势与该指数相一致，以取得与指数大致相同的收益率。其特点是：它的投资组合等同于市场价格指数的权数比例，收益随着当期的价格指数上下波动。当价格指数上升时基金收益增加，反之，收益减少。基金因始终保持当期的市场平均收益水平，因而收益不会太高，也不会太低。指数基金的优势是：第一，费用低廉，指数基金的管理费较低，尤其交易费用较低。第二，风险较小。由于指数基金的投资非常分散，可以完全消除投资组合的非系统风险，而且可以避免由于基金持股集中带来的流动性风险。第三，以机构投资者为主的市场中，指数基金可获得市场平均收益率，可以为股票投资者提供更好的投资回报。第四，指数基金可以作为避险套利的工具。对于投资者尤其是机构投资者来说，指数基金是他们避险套利的重要工具。指数基金由于其收益率的稳定性和投资的分散性，特别适用于社保基金等数额较大、风险承受能力较低的资金投资。

(二) ETF（交易型开放式指数基金）

交易型开放式指数基金（exchange traded funds）属于开放式基金的一种特殊类型，它综合了封闭式基金和开放式基金的优点，投资者既可以向基金管理公司申购或赎回基金份额，同时，又可以像封闭式基金一样在证券市场上按市场价格买卖 ETF 份额，不过，申购赎回必须以一揽子股票换取基金份额或者以基金份额换回一揽子股票。由于同时存在证券市场交易和申购赎回机制，投资者可以在 ETF 市场价格与基金单位净值之间存在差价时进行套利交易。套利机制的存在，使得 ETF 避免了封闭式基金普遍存在的折价问题。

（三）LOF（上市型开放式基金）

上市型开放式基金（listed open-ended funds，LOF）是一种既可以在场外市场进行基金份额申购赎回，又可以在交易所（场内市场）进行基金份额交易、申购或赎回的开放式基金，它是我国对证券投资基金的一种本土化创新。上市型开放式基金发行结束后，投资者既可以在指定网点申购与赎回基金份额，也可以在交易所买卖该基金。不过投资者如果是在指定网点申购的基金份额，想要上网抛出，须办理一定的转托管手续；同样，如果是在交易所网上买进的基金份额，想要在指定网点赎回，也要办理一定的转托管手续。根据深圳证券交易所已经开通的基金场内申购赎回业务，在场内认购的 LOF 不需办理转托管手续，可直接抛出。

（四）QFII 基金

QFII 是英文 Qualified Foreign Institutional Investors（合格境外机构投资者）的首字母简称。在 QFII 制度下，合格境外机构投资者将被允许把一定额度的外汇资金汇入并兑换为当地货币，通过严格监督管理的专门账户投资当地证券市场，包括股息及买卖价差等在内的各种资本所得，经审核后可转换为外汇汇出，实际上就是对外资有限度地开放本国证券市场。

（五）QDII 基金

QDII 是英文 Qualified Domestic Institutional Investor（合格境内机构投资者）的首字母缩写。它是在一国境内设立，经该国有关部门批准从事境外证券市场的股票、债券等有价证券业务的证券投资基金。和 QFII 一样，它也是在货币没有实现完全可自由兑换、资本项目尚未开放的情况下，有限度地允许境内投资者投资境外证券市场的一项过渡性的制度安排。

第三节　证券投资基金的风险

一、证券投资基金风险的种类

风险，从广义上讲是一种机会，既有盈利的可能，也有损失的可能，但通常被理解为是损失的不确定性。每一种投资都伴随着各种各样的风险，证券投资基金和其他投资方式一样，也存在着收益和损失两种可能性。在市场经济条件下，由于经营本身及其他不确定因素的存在，证券投资基金在运作过程中同样存在很多风险。一般来说，证券投资基金投资所面临的风险主要有以下方面。

（一）财务风险

财务风险有时也称拖欠风险或公司风险，主要是由于基金所投资的公司经营不善带来的风险。若个人只投资于股票或债券，在上市公司经营不善时，常会使股票狂跌或无法分配股利，或使债券持有人无法收回本金和利息。更有甚者，公司破产倒闭而使投资者血本无归。投资于基金的情况会有所不同，一方面由于基金管理专家会仔细分析将要投资的公司的各方面状况，力求避免向可能有问题的公司投资，一般证券基金所选择的公司是比较可靠的，其财务风险较小，基金投资者与直接投资这些市场的投资者相比，对这方面的风险可以更放心些；另一方面，证券投资基金可通过投资组合来抵御个别风险。

（二）市场风险

所谓市场风险，就是基金净值或价格会因投资目标的市场价格波动而随之起伏所造成的投资损失。证券市场的价格波动频繁，很难预料，尤其是股票价格时起时伏、变幻莫测。由于其产生变动的原因很多，又多属偶然发生的，因而即使是发行股票的公司本身，亦难控制，时间越短，越难捉摸。在这种情况下，就存在损失资本的风险。根据现代投资组合理论，基金的分散投资即使能降低非系统风险，也仍然对系统风险无能为力。系统风险的来源非常广泛。例如政策风险，当央行实行紧缩的货币政策时，社会资金、现金流通量的减少将引起股市萎缩、股价下挫、基金减值。同时，当政府采取紧缩财政支出的政策，或是调高对企业、基金的税收，或是对基金投资的行业、地区政策进行调整时，基金投资都有可能遭受损失。

衡量市场风险的方法最常见的是用β系数。证券市场整体的β值为1，如果某种证券的风险情况与整个证券市场的风险情况一致，则该证券的β值就等于1；如果某种证券的β值大于1，则说明其风险水平高于整个证券市场的风险水平；如果某种证券的β值小于1，说明其风险水平低于整个证券市场的风险水平。

（三）利率风险

这是指利率的变化给证券投资带来亏损的风险。利率变化会直接影响金融资产的价格。利率上升会产生以下效果：一是资金流向变化。利率提高，会吸引社会资金进入间接融资渠道。由于风险较大等原因，进入直接融资市场的资金会减少，股票市场需求减少，股价也随之下跌，基金价格也往往下跌。二是公司利润减少。利率提高，使公司贷款成本提高、利息负担加重，利润减少使股票价格下降，引起基金价格下跌。三是投资者评估股票和其他有价证券的贴现率会上升，从而使股票价格与基金价格一起下跌。利率下降，则会产生相反的效果，使股票价格和基金价格一起上升。

（四）管理风险

这主要是指基金管理人在基金的管理运作过程中因信息不对称、判断失误等原因影响基金的收益水平。证券投资基金的业绩取决于基金管理人的专业知识、经验、技术分析能力、信息资料的完备等。人们将财产投资于基金所看中的正是这些训练有素、善捕战机的金融专家组合投资的天赋，但也不能说他们一定会盈利。新基金2.5%的经理年费和0.25%的托管年费无论与老基金（如深圳蓝天基金分别为1.2%、0.3%）还是与国外同类基金相比皆是较高的，无形中增加了证券投资基金的成本。若新基金与老基金一样保持10%左右的收益率，扣除以上两费，则剩余分红与投资国债相比没有优势可言。

证券投资基金体现的是一种信托关系，基金持有人是基金风险的最终承担者，承担着基金亏损或终止的有限责任。在分配制度上，基金投资当年一旦亏损则不分配收益，上年亏损在以当年收益弥补缺口后才予以分配，投资者并不能保证每年都得到收益。

（五）购买力风险

购买力风险是由价格总水平变动而引起资产的总购买力的变动，投资者应该有理智地处理购买风险的能力。否则，通货膨胀将会把投资者财富的购买力侵蚀光。

购买力风险不同于利率风险和市场风险，因为一种投资者有可能在其价格持续上升的情况下丧失购买力，许多投资者错误地认为货币越多越富裕，这种货币幻觉使投资者忽视了通货膨胀的问题。投资者只有把注意力集中在实际收益率而非名义收益率上时，才能克服货币幻觉问题。而且只有当实际收益率为正值，即名义收益率大于通货膨胀时，购买力才真正有增长。

（六）国际政治风险和外汇风险

当基金在国际证券市场投资时，国际政治风险和外汇风险是不可忽视和低估的重要因素。

国际政治风险一般包括下列情况：剥夺非居民的资产；不让外国投资者撤回其资金的外汇控制；不利的捐税和关税；由非居民投资者给予当地居民部分所有权的要求；被所在国有敌意的居民破坏了外国投资者拥有的财产而得不到赔偿等等。因此，在国外投资必须获得比国内投资更高的预期收益率。投资者也可以采取一些措施来减少国际政治风险，例如获得外国高级政府官员的书面保证，在从事国外投资前使用国外规定的无追索权贷款等。

外汇风险又称汇率风险，是指经济主体在持有或运用外汇的经济活动中，因汇率变动而蒙受损失的一种可能性。当然，汇率的变动也有可能使外汇持有者或运用者获利。但是稳健的经济主体一般不愿意让经营成果受这种自身无法预料和控制的汇率变化的影响，投资基金的投资也不例外，也必须将外汇风险防范作为经营管理的一个重要方面。

另外，投资基金的风险还来自基金管理人的道德水准和法规遵守情况。投资基金把投资者的资金集中起来，投资者付给了基金管理人不菲的基金管理费。但如果制度不健全或管理人欠缺职业道德，操纵市场，则投资者利益就会受到侵害。基金管理人操纵市场主要出于两方面的原因。一方面，基金管理人在获取高额投资回报的压力下，可能被迫采取一些不正当的行为，基金投资者必须承担由于该类不正当行为导致的市场风险和法律风险。另一方面，由于我国基金的管理人所能获取的基金管理费是按照基金净资产值的一定比例计提的，而与基金的实际收益水平关系不大，所以基金管理人为了多提取费用，可能会操纵基金的净资产值。这种做法使投资者在增加基金管理费支出的同时，还会增加股票买卖的交易费用，并且还要承担资金积压的损失和过度集中的风险。

二、证券投资基金风险的特征

证券投资基金与股票、债券等投资方式相比，其风险又有自身的特点。

首先，在宏观监管乏力的情况下，基金管理人与生俱来的趋利性往往诱发基金的过度投机和操纵市场的行为，而蜕化为炒作大户。在基金发展初期，由于法规不够健全，基金投机现象严重，以致基金损失惨重而倒闭。风险还可能来自基金管理人的经营能力和道德水准。

如果管理水平低，出现重大决策失误，或基金管理人源于自身趋利性，利用基金财产名义所有权与实际经营权分离的特点而有意侵害投资者利益，则个人投资者就会面临巨大风险。此外，不规范的市场不可能产生规范的投资基金。证券投资基金的规范运作要有一系列的金融、税收、会计、咨询、评估、仲裁等制度及机构予以保证，如果以上若干方面未达到可予保证的程度，基金就很难真正规范运作，从而带来风险。

其次，通常情况下，投资基金的风险分为三个层次：高风险、中等风险和低风险。高风险基金就是投资于风险较高的金融商品上的基金，例如认股权基金、杠杆基金、期货基金、二三线股票基金等。对这些高风险的基金，基金公开说明书都会注明其风险程度，提醒投资者注意。

中等风险基金是投资在中等风险的金融商品上的基金，主要包括蓝筹股基金、国际债券基金等。蓝筹股多属股市指数成份股，其中还有一些公用事业股。蓝筹股基金的市场一般都比较稳健，内在风险比较低，总体风险也相应地降低。国际证券基金由于其投资目标为世界各个金融市场，总体风险也大大分散在不同的投资标的上。

低风险基金就是投资在风险较低的金融商品上的基金，例如债券基金、货币基金等。债券基金主要投资于优质公司债券和政府债券上，任何债券都要还本付息，所以投资于债券能够获得经常性收益，到期还可以取回本金。虽然回报率比较低，但风险也很小。货币市场基金主要投资于外汇市场，包括外汇短期票据和银行外币存款，其回报来自利息和汇率，风险也来自汇率。

一般来说，风险与收益是成正比的。如何规避或减少风险而获取较好的投资回报，一直是基金管理人努力探索的问题。因此，基金投资顾问便研究出了所谓的协助基金投资者避开高风险、争取高回报的“标准差公式”和“效率边界”方式。但是，这些公式或方式都是以过去的表现为依据的，而投资者追求的是未来的投资收益，过去的表现只能作为参考，不可能据此完全避开投资风险。

第四节　证券投资组合

一、证券投资组合概述

（一）证券投资组合的概念

投资学中的组合一词译自英文的“portfolio”，通常是指个人或机构投资者所拥有的各种资产的总称。特别地，证券投资组合是指个人或机构投资者所持有的各种有价证券的总称，通常包括各种类型的债券、股票及存款单等。

证券投资者构建证券投资组合的原因是为了降低风险。投资者通过组合投资可以在投资收益和投资风险中找到一个平衡点，即在风险一定的条件下实现收益的最大化，或在收益一定的条件下使风险尽可能地降低。对构建证券组合可以降低证券投资风险的原因，有一个形象的说明：如果我们把鸡蛋放在同一个篮子里，万一这个篮子不小心掉在地上，所有的鸡蛋就都可能被摔碎；如果我们把鸡蛋分放在不同的篮子里，一个篮子掉了，不会影响到其他篮子里的鸡蛋。资产组合理论证明，证券组合的风险随着组合所包含的证券数量的增加而降低，资产间关联性极低的多元化证券组合可以有效地降低非系统风险，并使系统风险趋于正常水平。

证券投资组合还可以进一步提高收益。理性投资者的基本行为特征是厌恶风险和追求收益最大化。投资者力求在这一对矛盾中达到可能的最佳平衡。如果投资者仅投资于单个资产，那么他就只有有限的选择。当投资者将各种资产按不同比例进行组合时，其选择就会有无限多种。这为投资者在给定风险水平的条件下获取更高收益提供了机会。当投资者对证券组合的风险和收益做出权衡时，他能够得到比投资单个资产更为满意的收益与风险的平衡。

组合管理的目标是实现投资效用最大化，即使组合的风险和收益特征能够给投资者带来最大的满足。具体而言，就是在实现投资者对一定收益水平追求的同时，使投资者面临的风险降到最低，或在投资者可接受的风险水平之内，使其获得最大的收益。这种目标的实现有赖于组合管理有效的内部控制，基本步骤包括确定组合计划、选择买卖时机、选择证券、相机调整等。

通常，以组合的投资目标为标准，证券组合可以分为避税型、收入型、增长型、收入和增长混合型、货币市场型、国际型、指数化型等。

避税型证券组合在美国等国家通常投资于市政债券，这种债券在美国免交联邦税，也常常免交州和地方税。在国外，高收入阶层的所得税税率是很高的。如何为投资者避税，也成为构建证券投资组合时的一个重要考虑因素。

收入型证券组合以追求基本收益（即利息、股息收益）的最大化为目标。能够实现这一目标的证券有附息债券、优先股及一些避税债券。

增长型证券组合以资本升值（即未来价格上升带来的价差收益）为目标。投资于此类证券组合的投资者往往愿意通过延迟获得基本收益来求得未来收益的增长。这类组合通常投资于很少分红的普通股，投资风险较大。

收入和增长混合型证券组合试图在基本收入与资本增长之间达到某种均衡，因此也称为均衡组合。二者的均衡可以通过两种组合方式获得：一种是使组合中的收入型证券和增长型证券达到均衡；另一种是选择那些既能带来收益，又具有增长潜力的证券进行组合。

货币市场型证券组合是由各种货币市场工具构成的组合，例如国库券、高信用等级的商业票据等，其流动性较好、安全性很强。

国际型证券组合投资于海外不同国家的证券。实证研究结果表明，这种证券组合的业绩总体上强于只在本土投资的组合，是组合管理的时代潮流。

指数化型证券组合是模拟某种市场指数的证券组合。信奉有效市场理论的机构投资者通常青睐这种组合，以求获得市场平均的收益水平。根据模拟的指数不同，指数化型证券组合可以分为两类：一类是模拟内涵广大的市场指数，这属于常见的被动投资管理；另一类是模拟某种专业化的指数，例如道琼斯公共事业指数，这种组合属于较主动的投资管理。

（二）证券投资组合管理

证券投资组合管理的研究方法按其发展历程，可以分为传统的证券组合管理理论和现代证券组合理论。传统的证券组合管理靠非数量化的方法，即基础分析和技术分析来选择证券，构建和调整证券组合。虽然传统的证券组合管理理论也采用一些证券分析方法，但更多的是依靠证券分析师个人的经验判断，是一种非数量化、非标准化的方法。尽管已经出现了科学的组合管理理论和管理技术，大多数组合管理者仍习惯于采用这些传统的方法。而现代证券组合理论则是一种典型的数量化、标准化的方法，是建立在现代统计技术和严格的数学模型基础上的。经过几十年的发展，现代证券组合理论已经成为在投资学领域占主导地位的理论。

1952年哈里·马柯维茨发表了一篇题为《证券组合选择》的论文，标志着现代证券组合理论的开端。马柯维茨考虑的是单期投资问题，即投资者在某个时间（称为期初）用一笔自有资金购买一组证券并持有一段时间（称为持有期），在持有期结束时（称为期末），投资者出售他在期初购买的证券并将收入用于消费或再投资。马柯维茨在考虑这一问题时第一次对证券投资中的风险因素进行了正规的阐述。他注意到：一个典型的投资者不仅希望“收益高”，而且希望“收益尽可能确定”。这意味着投资者在寻求“预期收益最大化”的同时追求“收益的最小的不确定性”，在期初进行决策时，必然力求使这两个相互制约的目标达到某种平衡。马柯维茨分别用期望收益率和收益率的方差来衡量投资的预期收益水平和不确定性（风险），并建立所谓的均值—方差模型来阐述如何全盘考虑上述两个目标，从而进行决策。马柯维茨的理论最终导出了一个结果：投资者应该通过同时购买多种证券而不是一种证券来进行分散化投资。

在投资者只关注“期望收益率”和“方差”的假设前提下，马柯维茨提供的方法是完全精确的。然而这种方法所面临的最大问题是其计算量太大，特别是对大规模的市场，在存在上千种证券的情况下，哪怕是借助高速计算机也难以实现，更无法满足实际市场在时间上的近乎苛刻的要求。这严重地阻碍了马柯维茨方法在实际中的应用。

1963年，马柯维茨的学生威廉·夏普提出一种简化形式的计算方法。这一方法通过建立一种所谓的“单因素模型”来实现。该模型后来被直接推广为“多因素模型”，以图对实际有更精确的近似。这一简化形式使得证券组合理论应用于实际市场成为可能。特别是20世纪70年代计算机的发展和普及以及软件的成套化和市场化，极大地促进了现代证券组合理论在实际中的应用。现今在西方发达国家，因素模型已被广泛应用在证券组合中普通股之间的投资分配上，而最初的更一般的马柯维茨模型则被广泛应用于不同类型证券之间的投资分配上，例如债券、股票、风险资产和不动产等。

早在证券组合理论在现实世界中广泛传播之前，夏普、林特纳和莫辛三人便几乎同时独立地提出了以下问题：“假定每个投资者都使用证券组合理论来经营他们的投资，这将会对证券定价产生怎样的影响?”他们在回答这一问题时，分别于1964年、1965年和1966年提出了著名的资本资产定价模型（CAPM）。这一模型在金融领域盛行了十多年。

然而理查德·罗尔在1976年对这一模型提出了批评，因为这一模型永远无法用经验事实来检验。与此同时，史蒂夫·罗斯突破性地发展了资本资产定价模型，提出所谓的套利定价理论（APT）。这一理论提出，只要任何一个投资者不能通过套利获得无限财富，那么期望收益率一定与风险相连。这一理论需要较少的假定。罗尔和罗斯在1984年认为这一理论至少原则上是可以检验的。

从20世纪90年代起，现代资产组合理论已经把基础分析和技术分析挤出了投资学的教科书，并且投资管理的技术也随之发生了改变。目前，大约30%的组合管理者在利用马柯维茨模型、单一指数模型、资本资产定价模型和套利定价模型进行资产的选择和组合。

二、现代证券组合管理的理论基础

以标准化的数量分析为主的现代证券投资组合管理理论，是基于以下几个方面的基本认识而建立起来的。

（一）证券投资风险

1. 系统风险与非系统风险

按风险的性质以及应付的措施不同，可将投资的总风险分为系统风险和非系统风险两个部分。在数量上，总风险等于系统风险和非系统风险之和。

系统风险即市场风险，即指由整体政治、经济、社会等环境因素对证券价格所造成的影响。这种风险不能通过分散投资加以消除，因此又被称为不可分散风险。系统风险是与市场的整体运动相关联的，通常表现为某个领域、某个金融市场或某个行业部门的整体变化。它的断裂层大、涉及面广，往往使整个一类或一组证券产生价格波动。这类风险因其来源于宏观因素变化对市场整体的影响，因而亦称为“宏观风险”。前面提及的市场风险、贬值风险、利率风险、汇率风险和政治风险均属此类。

非系统风险是指对某个行业或个别证券产生影响的风险，它通常由某一特殊的因素引起，与整个证券市场的价格不存在系统的全面联系，而只对个别或少数证券的收益产生影响。这种风险来源于企业内部的微观因素，因而亦称之为“微观风险”。前面提到的偶然事件风险、破产风险、流通风险、违约风险等均属此类。

应付这两类风险的措施是不同的，对非系统风险，可采用分散投资来弱化甚至消除。令人遗憾的是，分散投资丝毫不能改善宏观水平上的投资系统风险。人们通常可以看到，当股市面临崩盘或重大修正时，只有极少数股票幸免于难，即使是投资完全分散化的共同基金也不例外，但完全分散化可以在消除非系统风险的同时使系统风险趋于正常的平均水平——市场整体水平。那么如何才能有效地降低系统风险呢？一种办法是将风险证券与无风险证券进行投资组合，当增加无风险证券的投资比例时，系统风险将降低，极端的情况是将全部资金投资于无风险证券上，这时风险便全部消除。但是绝对的无风险证券实际上是不存在的，即便将钱存入银行也将承担利率风险和货币贬值风险。另一种办法是实际证券组合管理常用的方法——套期保值。它的基本思想是把两个反向运动的东西串联在一起，使它们互为消长，抵消损失。这种思想实现的根本途径就是进行时间分散的投资，因而“衍生工具”便应运而生。

从收益与风险的关系来看，系统风险可以带来收益的补偿，而非系统风险则得不到收益补偿。因而人们常常义无反顾地要求降低非系统风险。对系统风险，人们则需根据自己的风险承受能力决定承担多大的系统风险以期获得相应的收益，并且通过投资选择使系统风险处于自己认为最满意的位置。

2. 风险来源

不同的投资方式会带来不同的投资风险，风险产生的原因和程度也不尽相同，总体上按风险产生的原因可将风险分为以下几大类：

（1）市场风险。这是金融投资中最普遍、最常见的风险，无论投资于股票、债券、期货、期权、票据、外币、基金等有价证券，还是投资于房地产、贵重金属、国际贸易等有形资产，或是其他实体项目，几乎所有投资者都必须承受这种风险。市场风险来自市场买卖双方供求不平衡引起的价格波动，这种波动使得投资者在投资到期时可能得不到投资决策时所预期的收益。

（2）通货膨胀风险。投资收益可分为名义收益和实际收益。名义收益和实际收益的差别通过通货膨胀来反映。通货膨胀可分为期望型和意外型，前者是投资者根据以往的数据资料对未来通货膨胀的预计，也是他们对未来投资索求补偿的依据和基础；而后者则是他们始料不及的，也不可能得到任何补偿。短期债券和具有浮动利率的中长期债券由于考虑了通货膨胀补偿，因而可以降低期望型通货膨胀风险。股票、期权和期票以及固定利率的长期债券的投资者则同时承受这两种风险，期限越长，通货膨胀风险越大。

（3）利率风险。利率提高，债券的机会成本增加，因而债券的价格与利率成反向变动。利率升高，债券价格便下降。利率风险涉及面广、辐射度强、影响力大、时效长，债券价格频繁、强烈地受到利率变化的作用和制约。从对利率变化的敏感度讲，长期债券要大于短期债券，无息债券要大于有息债券，低息债券要大于高息债券，一次性付息债券要大于分期付息债券。当利率变化引起公司债券价格变动时，一方面反映出利率变化本身的影响；另一方面还反映利率变化对公司自身经营状况的影响。通常债券的期限越长，利率风险也会相应越大。

（4）汇率风险。任何从事国际投资、对外贸易或外汇交易的投资者都会承担这种风险。外汇汇率由于受制于各国政府的货币政策、财政政策、外贸政策以及国际市场上供给与需求平衡而频繁变动，因此当投资者投资于以外币为面值发行的有价证券时，他们除了要承担与其他证券相同的风险外，还要承担货币兑换的额外风险。由于未曾预料到的汇率变动，当他们将收益转换为本国货币时，可能与原先的预期相去甚远。

（5）政治风险。各国的金融市场都与其国家的政治局面、经济运行、财政状况、外贸交往、投资气候等息息相关，因此投资于外国有价证券时，投资者除了承担汇率风险外还面临这种风险。对一般政局不稳的小国，投资者往往预期它有较高的政治风险。

（6）偶然事件风险。这是一种突发性风险，其剧烈程度和时效性因事而异。例如自然灾害、异常气候、战争危险的出现可能影响期货的价格；政府的货币政策和外贸政策的变化可能导致汇率的波动和外汇投资的损失；法律诉讼、专利申请、高层改组、兼并谈判、产品未获批准、信用等级下降等意外事件的发生，可能引起股票、债券价格的急剧变化，这些都是投资者在进行投资决策时无法预料的。每个投资者都有可能遇到这类偶然事件导致的风险。

（7）流动性风险。这是股票、债券所必须面对的另一种风险，它通常与偶然事件风险紧密相连。当有关公司的不幸消息进入市场时，有时会立刻引起轩然大波，投资者争先恐后地抛售其股票，致使私人投资者无法及时脱手手中的股票。

（8）违约风险。违约风险是指证券交易中的一方向另一方承诺，在未来一段时间内按照有关契约履行义务向其支付一定金额，然而当一方现金周转不灵、财务出现危机甚至故意违约不履行支付义务时，这种事先的承诺就可能无法兑现，从而使对方蒙受损失。这是证券投资者普遍面临的一种风险。

（9）破产风险。这是股票、公司债券特别是中小型或新创公司的投资者必须面对的风险。当有限公司由于经营管理不善、操作运转不良，或其他原因导致负债累累，难以维持时，它可能申请法律保护，策划公司重组，甚至宣布倒闭。因此当破产风险表现为公司破产时，投资者可能血本无归。投资于政府债券则一般不会有破产风险。

3. 风险的度量

（1）收益的不确定性。在大多数人的头脑中，“风险”总是和不好的事情联系在一起，一说到风险，许多人就习惯性地想到“损失”。这种想法有一定道理，但并不准确。经济学中的“风险”，不是指损失的概率，而是指收益的不确定性。“不确定性”是风险的核心，因此衡量风险，是用标准差或方差来计算不确定性。

（2）期望收益率的计算。期望值和方差本身是两个数学概念。前者反映一个不确定的变量以不同的可能性（概率）取各种可能值时，其平均取值水平；后者反映不确定性变量的各种可能值的分散程度，在一定意义上也反映了该变量取值的不确定性程度。可见，期望收益率和方差与收益率作为一个不确定性的变量有关。

一种证券组合是各种证券的组合，因而从逻辑上讲，一种证券组合的预期收益率依赖于证券组合中每一种证券的预期收益率。与此同时，对单一一种证券投资的数量比例也显得十分重要。

计算组合证券预期收益率的方法可由表 8—3（a）、（b）、（c）来说明。

表 8—3（a）　　证券和证券组合的价值

证券名称	购买证券股数	每股期初市场价格（美元）	总投资（美元）	证券期初市场价值比率（%）
A 公司	100	40	4 000	0.232 5
B 公司	200	35	7 000	0.407 0
C 公司	100	62	6 200	0.360 5

说明：期初财富总计 W_0＝17 200（美元）。

表 8—3（b）　　利用期末价值计算证券组合的预期收益率

证券名称	购买证券股数	每股期末市场价值（美元）	总预期价值（美元）
A 公司	100	46.48	4 648
B 公司	200	43.61	8 722
C 公司	100	76.14	7 614

说明：期末财富总计 W_1＝20 984（美元），证券组合预期收益率 r_p＝22.00%。

表 8—3（c）　　利用单个证券的预期收益率来计算组合证券的预期收益率（%）

证券名称	证券期初市场价值比率	单个证券预期收益率	对组合证券预期收益率的贡献
A 公司	0.232 5	16.2	3.77
B 公司	0.407 0	24.6	10.01
C 公司	0.360 5	22.8	8.22

说明：组合证券预期收益率 r_p＝22.00%。

为了说明证券组合预期收益率依赖于它所包含的每一种证券的收益率和投向这些证券的资本比例，我们考虑三种证券的情况（见表 8—3）。假定投资者持有证券时间为一年，在这段时期内，投资 A、B、C 三家公司股票的预期收益率分别为 16.2%、24.6%和 22.8%。设想在持有期结束时，这三种股票的价值分别是 46.48 美元、43.61 美元和 76.14 美元，可得投资者期初财富总额是 17 200 美元。

还有几种可用于计算证券组合预期收益率的方法，每一种都能得到相同的结果。

考虑表 8—3（b）中的方法，这种方法的步骤是先计算期末价值，然后计算收益率。具体程序是：首先用期末证券组合价值减去期初价值，所得余额除以期初证券组合价值，其结果等于证券组合的预期收益率。表 8—4（b）展示了三种证券组合的例子，这种计算方法可以推广到一个有多种证券组合的情况。

表 8—3（c）显示了另一种计算证券组合预期收益率的方法。这一方法包含了用一种加权平均公式计算预期收益率。计算由 n 种证券组成的证券组合的公式为：

$$r_p = \sum_{i=1}^{n} x_i \times r_i \tag{8—1}$$

式中，r_p 为证券组合的预期收益率；x_i 为投资于第 i 种证券的期初价值比率；r_i 为第 i 种证券的预期收益率；n 为证券组合中包含的证券种类数量。

由于一种证券组合的预期收益率取决于它所包含的证券的预期收益率的加权平均数，每一种证券对证券组合预期收益率的贡献依赖于它自身的收益率和它在期初证券市场价值中所占的份额。依据公式（8—1），一个想要得到最大可能收益的投资者应该持有一种证券，即他认为有最大收益率的证券。但只有极少数投资者是这样做的，也只有极少数投资顾问建议采用这种极端政策。而投资者常采取投资分散化方法，意味着他把货币投向多种证券而不是一种。这是因为投资分散化能够减少投资风险。

（3）方差的计算。某投资者对某种证券在未来给定时期的收益率的各种可能状况及其可能性（概率）做出了估计，例如他认为收益率（记作 r，它是一个不确定性变量）在期末有几种可能状况，其中取值为 x_1 的可能性为 p_1；取值为 x_2 的可能性为 p_2；等等。因此，收益率是不确定的。如果投资者以预期收益率为依据来进行决策，他必须意识到他正冒着得不到预期收益的风险，因而风险本质上是由可能的收益率的分散造成的。可能的收益率越分散，它们与预期收益率的偏离程度就越大，投资者承担的风险也就越大。因而风险的大小可由未来可能收益率与预期收益率的偏离程度来反映。在数学上，这种偏离程度由收益率的方差或标准差来度量。方差为：

$$\sigma^2(r) = \sum_{i=1}^{n} [r_i - E(r)]^2 \times p_i \tag{8—2}$$

标准差是方差的算术平方根，将上式左右两边开方即为标准差。

（4）期望和方差的历史估计（样本均值和样本方差）。计算期望和方差需要了解未来可能发生的各种情况的概率分布，然而这是我们事先无论如何也不可能准确知道的，因为无法对未来将会影响收益的各种复杂因素及其影响程度做出合理的定量化的判断。一个基本的解决方法是利用历史数据来推断未来趋势，这就是统计学上的回归分析法。

在运用统计学方法对期望和方差进行估计时，首先需要选取一定的样本。假设我们已知过去 n 个时期的期望和方差，就可以选定这 n 个时期为样本。我们可以用统计学方法对样本的期望和方差进行历史估计。假设第 t 个时期的收益率为 r_t，那么根据样本估计出平均期望值为：

$$\bar{r} = \frac{1}{n} \sum_{t=1}^{n} r_t \tag{8—3}$$

样本方差为：

$$\sigma^2 = \frac{1}{n-1} \sum_{t=1}^{n} (r_t - \bar{r})^2 \tag{8—4}$$

这一样本平均期望值和方差就可以用来大致地代替我们对未来情况的期望和方差的估计。

（二）证券市场效率

1. 市场效率及有效市场的类型

人们能否根据以前所掌握的信息对未来价格变化做出合理的预测并从中获利呢？或者说，今天收市前及更早的信息是否与明天的价格变化有关呢？这又涉及一个等价的问题：今天的价格是否已完全准确地反映了今天以及更早的信息呢？这一问题实际上与市场对新信息的反应速度和准确性有关。如果价格以迅速的方式对全部有关新信息做出准确的反应，我们就说这个市场是相对高效的；相反，如果信息在市场上传播相当慢，投资者把时间耗费在分析信息和做出反应上，并且对信息只能做出不完全的或过度的反应，价格便会背离建立在认真分析所有资料基础上的价值，具有这种特征的市场被称为相对低效的。

市场如何能达到高效状态？所有证券价格是否充分反映了有关的和适用的信息呢？我们知道价格是由市场的积极参与者的交易形成的。在市场上如果存在一支精明的队伍，其中有证券分析者、套利者和投机者，他们几乎耗尽全部精力去获得当前可用的资料，借助于先进、精确的方法和计算机的速度对获得的信息进行加工、分析，搜寻当前被误定的价格，并果断快速地采取行动，这支队伍的共同行为将使得价格变化到合适的位置（完全反映当前的信息），可见市场的高效状态是由“专业投资者”这个群体所创造的。

一个市场是高效还是低效，不是一个非此即彼的问题，而是一个程度上的问题。根据价格所反映资料（信息）的种类不同，可以将市场的有效性分为不同的形式。

与证券价格有关的“可知”的资料是一个最广泛的概念。首先，它包括有关公司、行业、国内及世界经济的所有公开可用的资料，也包括个人、群体所能得到的所有私人的内部资料；其次，在所有“可知”的资料中有一部分是已公布的公开可用的资料；最后，在公开可用的资料中，有一部分可由对历史证券市场价格进行分析得到。这三类资料是一种包含关系，我们可用图 8—1 来表示这种关系。

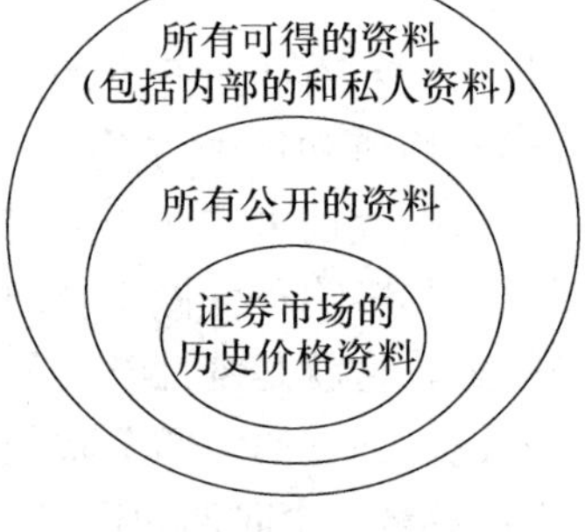

图 8—1　三类资料的关系

市场的高效性依据价格反映三类不同的资料而分为三种不同的假设形式。

1）弱型有效市场假设。证券价格被假设完全反映包括它本身在内的过去的历史的证券价格资料。如果市场是弱型有效的，公开信息未被当前价格完全反映，分析公开资料寻找误定价格将能增加收益。

2）半强型有效市场假设。所有公开的可用信息假定都被反映在证券价格中，不仅包括证券价格序列信息，还包括公司财务报告信息、经济状况的通告资料和其他公开可用的有关公司价值的信息、公布的宏观经济形势和政策方面的信息。

3）强型有效市场假设。这是最大程度的市场效率概念，在这种形式的假设下，所有信息包括私人资料或内部资料，还有公开可用的资料都在证券价格中反映出来。如果市场是强型有效的，人们获取内部资料并按照它行动，这时任何新信息（包括公开的和内部的）都将迅速在市场中得到反映，所以，在这种市场中，任何企图寻找内部资料信息来打击市场的做法都是不明智的，因为没有任何资料来源和加工方式能够稳定地增加收益。

2. 现实市场低效率的特征

具有上述特征的高效市场只是一种理想状态。在现实市场中，我们常常可以观察到与上述高效市场的特征相背离的现象。

（1）对新信息的延迟反应和过度反应。设想有一条消息将进入市场（这是一个理想化的例子，在考虑的天数里，假设只有一条消息进入），这条消息将增加股票的价格，最有效的估计是从 10 元增至 12 元。

在高效市场中，股票价格在收到资料的当天立即增至 12 元，在没有进一步消息的情况下，将来价格便不再变化。图 8—2 中的实线表示了这种变化路径。

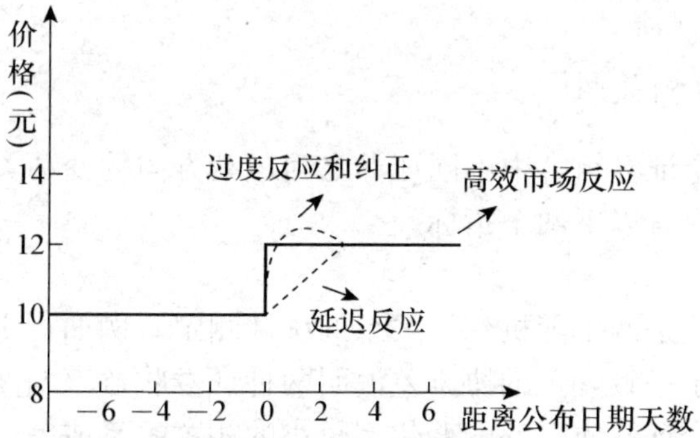

图 8—2 市场对消息的反应

在低效市场中，可能的路径是：发布的资料首先被几个大机构获得，它们借助于各种媒体向各地传播，并同时分析该资料对股价的影响，地方经纪人收到资料，自己也开始做少量分析，少数人开始进行股票交易，使得第一天价格轻微升高。迟后一天或更多天之后，许多分析家发表报告证明这些资料将引起股票价格上升的变化，经纪人通知委托人，股票价格将做调整。在这一过程中，购买者逐步进入市场，引起股票价格渐升至 12 元这个新的合理价格（图 8—2 中虚线所示的路径）。

综合起来，市场对新资料的低效反应可能出现两种状况：一种是由于新资料的传播和消化到做出反应之间存在时滞，因而价格将随着消化理解资料的人数增加，逐渐达到它的新的合理位置；另一种状况是，人们对消息逐渐做出反应，但由于他们错误地估计了这种影响程度而做出过度的反应，随着时间的推移，他们的认识逐步趋于合理化，这时价格便出现了一个修正过程。这两种低效反应在现实市场中是很常见的。

市场对新资料反应的低效性有以下几个原因：

1）信息传播速度慢（这与一个国家特别是证券市场的通信发达程度有关）；

2）投资专业化水平不高；

3）投资者素质不高，因而对信息的理解和反应能力较低；

4）市场的心理状态，从而使得市场对消息的反应不客观；

5）资料本身的可理解性较差，较难理解的资料，在市场上得到反应需有一个过程；

6）市场的投机炒作。

（2）价格变化的非随机性。在现实市场中常常出现一种所谓上升和下跌趋势，这实际上表明今天的价格变化将与过去发生的价格变化有关，从而与高效市场的价格变化的随机性相背离。由于在市场高效假设下，市场价格对收到的资料反应迅速、准确，未来价格变化只反映未知的新信息，所以自始至终价格本身的变化是随机的。

需要指出的是，一些重要的经济序列有明确的季节性和周期形式。国民生产总值就是一例。如果国民生产总值是周期形式，在高效市场中股票价格会呈现周期性变化吗？事实上不会，因为股票价格不反映国民生产总值的变化，而是反映预期的国民生产总值的变化误差。这是因为有关国民生产总值的部分信息在以前已被得到，并用于对国民生产总值的预期。这种预期被反映到价格中，等到国民生产总值公布时，有关国民生产总值的最新信息只不过是预测值与公布值之间的误差。由于这种误差将是随机的，价格对误差的反应自然亦是随机的。因而，在高效市场中，价格的周期性是不存在的，现实市场中的周期性变化恰是市场低效的表现。

（三）证券间的相关性

证券间的相关性是指证券组合中不同证券之间运动方向的变动关系。用计量的方法来衡量证券间的相关性，主要有以下两个指标。

1. 协方差

从统计上说，协方差是两个随机变量关系的统计测定。例如，正的协方差说明两种证券收益率间的运动方向趋于一致，负的协方差说明两种证券收益率的变化趋势相反。当协方差相当小或等于零时，两个证券收益率的变化有较小的相关关系或完全没有关系。

2. 相关系数

协方差只能说明两个随机变量之间的关系，但不能说明这种关系到底密切到什么程度，因为协方差的大小要受被描述的变量本身的大小的影响。将协方差除以这两个变量之间的标准差，可以得到这两个变量之间的相关系数。相关系数就排除了被描述的变量本身数值大小的影响。

（四）证券组合的有效域

1. 可行域及其有效域

面对 N 种证券，存在有无穷种证券组合形式。设想投资者只购买 A 和 B 两家公司的股票。当面临决策时，投资者有多种组合方式去购买 A 公司和 B 公司的股票。例如，投资者把他的资金平分在购买这两种股票上，或用 25％的资金购买一只股票和用 75％的资金购买另一只股票，或 33％的资金用于购买一只股票和 67％的资金用于购买另一只股票，或采用其他任意百分比例分割。在这里即使我们不考虑对 C 公司的投资，我们也已经有了无数种证券组合方式。在投资者资金许可范围内所有可能的证券组合方式的集合，我们称为可行集。

那么，投资者是否需要评估可行集内所有的证券组合形式呢？答案是否定的。事实上，投资者只需要了解位于有效集（efficient set）内的证券组合方式。有效集（或称有效边界）是同时满足下面两个条件的一组证券组合：

（1）在各种风险水平条件下，提供最大预期收益率。

（2）在各种预期收益率水平条件下，提供最小风险。

现代证券组合管理理论认为：一个投资者能够从上述一组证券组合中选择到他所希望的最优证券组合。这就是有效集定理。图 8—3 表示出了有效集与可行集。

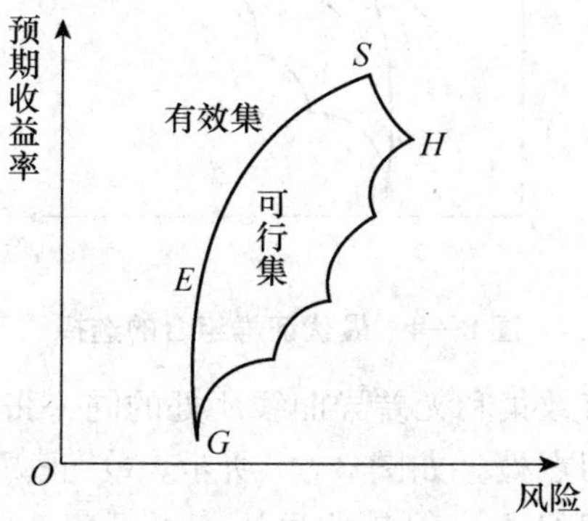

图 8—3　有效集与可行集

图 8—3 中给出了一个可行集（feasible set，又称机会集）的位置说明。有效集位于可行集之中。简言之，可行集代表从 N 种证券中所得到的所有证券组合形式的集合，其中在可行集边界上和边界内的点 G、E、S 和 H 代表其中四种证券组合形式。如图 8—3 所示，这种集合一般呈伞形。比起图中所示的可行集，根据特定的一组证券，这种集合或许更偏向右边或左边，或更高些或更低些，或更平坦些或更狭窄些。除了一些特殊情况，所有可行集形状都是相似的。

目前，我们能在可行集中运用有效集定理，找到有效集。必须找出满足有效集定理第一个条件的所有证券组合，如图 8—3 所示。没有任何证券组合比位于 E 点的证券组合提供更小的风险，因为画出一条通过 E 点的垂直线，在可行集中找不到一点是在这条垂线的左边。同样，没有任何证券组合比 H 点的证券组合提供更大的风险，因为画出一条通过 H 点的垂直线，可行集中没有一点位于这条垂线的右边。因此，在各种风险水平条件下，能够提供最大化收益的证券组合位于从 G 点到 H 点间的可行集西北角边界上的点。考虑有效集定理的第二个条件，可知可行集中没有一点位于通过 S 点的水平线之上，因而可行集中没有一点能提供比 S 点更大的收益率。与此相同，可行集中找不到一点位于通过 G 点的水平线之下，因而可行集中没有一点能提供比 G 点更小的收益率。由此可见，在各种特定的收益水平条件下，能够提供最小风险的证券组合位于从 G 点到 S 点的可行集西部边界上的点。

要成为有效集中的证券组合，必须同时满足有效集的两个条件。可以看出，只有位于从 G 点到 S 点的西北边界上的证券组合才构成有效集。有效集中的证券组合称为有效证券组合。投资者可从有效证券组合中选择一个对他来说是最优的证券组合。在决策过程中，对所有不在有效集中的其他证券组合可不予以考虑。

2. 有效域与最优组合资产选择

投资者如何选择一个最优证券组合（optimal portfolio）呢？如图 8—4 所示。

对于一个特定的投资者而言，根据他对风险的态度，按照期望收益率对风险补偿的要求，可以得到一系列期望收益率与风险不同但满意程度相同（无差异）的证券组合，这些满意程度相同的证券组合构成了无差异曲线。如图 8—4 中的 I_1、I_2、I_3，它们依次代表了从

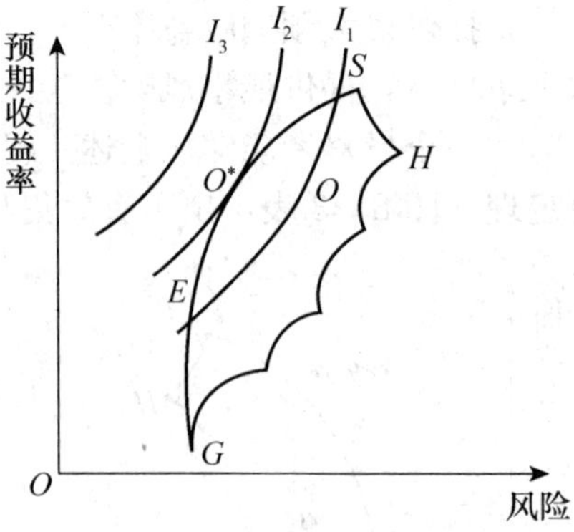

图 8—4　最优证券组合的选择

低到高不同的满意程度。在有效集和无差异曲线所处的同一张图上，这个最优组合证券位于无差异曲线与有效集相切的切点处。如图 8—4 所示，O^* 正好位于无差异曲线 I_2 与有效集间的切点处。虽然投资者更偏好 I_3，但是这里远离可行集，因此这只是投资者一种美好的愿望而不是现实。相对于无差异曲线 I_1，投资者面临一组证券组合可供投资选择，例如 O 点。然而，图中显示，由于 O^* 点上的证券组合位于更靠近西北方向的无差异曲线，因此这就是投资者能够实现的最优证券组合。

对于不愿冒风险的投资者而言，其无差异曲线较陡峭，因为在增加较少的风险程度时，他要求较高的收益增加来作为补偿。而相反，极愿冒风险者的无差异曲线较为平坦，因为在增加较少的收益作为补偿时，他就会接受风险程度较大的增加。这种差异将最终影响到他们对最优证券组合的选择行为。图 8—5 显示了不愿冒风险的投资者将选择 E 点的证券组合。图 8—6 说明愿冒风险的投资者将选择 S 点的证券组合。

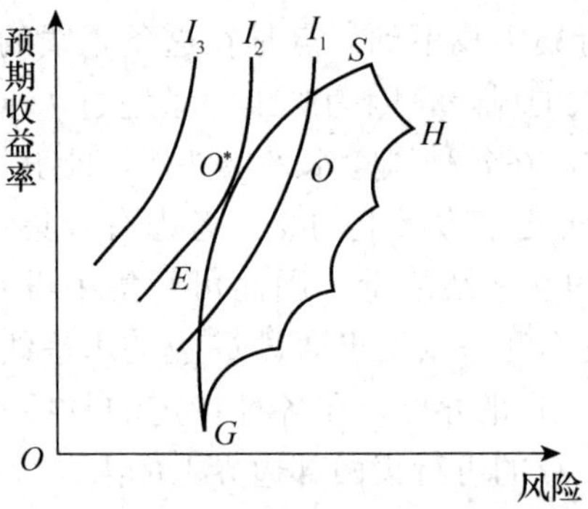

图 8—5　一个不愿冒风险的投资者的选择

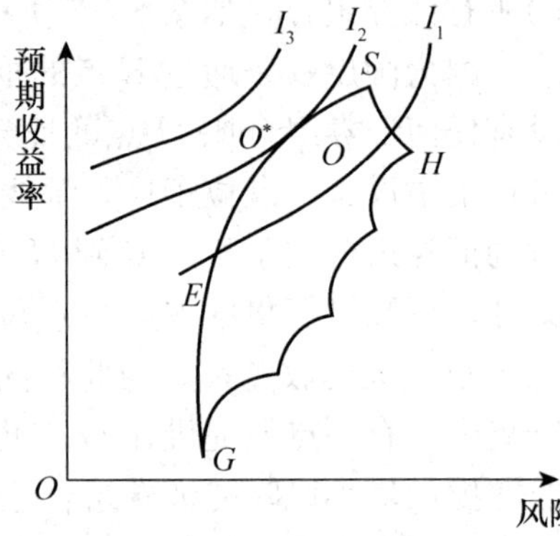

图 8—6　一个愿意冒险的投资者的选择

从上述说明中可以知道，有效集定理是合理的。有效集定理告诉我们，投资者不需要考虑没有位于可行集西北边界上的任何证券组合，而无差异曲线的原理指出，投资者应该选择最接近坐标图西北方向无差异曲线上的证券组合。两者在逻辑上是完全一致的。无差异曲线呈凸形，而有效集一般呈凹形，它意味着如何在有效集上两点间画一条直线，这条直线将位于有效集下方。有效集的这一性质是十分重要的，原因在于只有这样，有效集和投资者无差异曲线之间才会仅有一个切点。

（五）马柯维茨的均值—方差模型

美国经济学家马柯维茨在1952年的一篇题为《证券组合选择》的论文中讨论了如下问题：投资者将一笔资金在给定时期（持有期）里进行投资，在期初，他购买一些证券，然后在期末全部卖出，那么，在期初他将决定购买哪些证券、资金在这些证券上如何分配。在现代投资理论中，将资金按一定比例投资于若干种证券上称为一个证券组合。因此投资者实际上需要在期初从所有可能的证券组合中选择一个最优的证券组合进行投资。这一问题被马柯维茨称为证券组合选择问题。在这一问题上，马柯维茨指出，投资者的选择应该实现两个相互制约的目标——预期收益率最大化和收益率不确定性（风险）的最小化之间的某种平衡。

马柯维茨在提供证券组合选择方法时，首先通过假设来简化和明确上述两个目标。这些假设是：

假设一：投资者以期望收益率（亦称收益率均值）来衡量未来实际收益率的总体水平，以收益率的方差（或标准差）来衡量收益率的不确定性（风险），因而投资者在决策中只关心投资的期望收益率和方差。

假设二：投资者是不知足的和厌恶风险的，即投资者总是期望收益率越高越好，而方差越小越好。

在上述假设和马柯维茨所提供的方法中牵涉两个最基本也是最核心的概念——期望收益率和收益率的方差。根据假设一，证券或证券组合的特征完全由期望收益率和方差来描述。在图形上，以方差为横坐标、以期望收益率为纵坐标建立一个坐标系，那么每一种证券或证券组合由平面上的一点来表示。假设二则设定了判断点的“好”与“坏”的标准。由于投资者被假定偏好期望收益率而厌恶风险，因而在给定相同方差水平的那些组合中，投资者会选择期望收益率最高的组合。而在给定相同期望收益率水平的组合中，投资者会选择方差最小的组合。这些选择会导致产生一个所谓的有效边界。

所谓马柯维茨均值—方差模型，就是在上述两个假设下，导出投资者只在有效边界上选择证券组合，并提供确定有效边界的技术路径的一个数理模型。

马柯维茨的假设并没有对所有证券之间的比较做出限定。马柯维茨认为最终的比较依赖于每个投资者对收益和风险（方差）的偏好个性。也就是说，在通过马柯维茨方法决定出有效边界（相应地决定有效组合）之后，投资者必须根据其个人对均值和方差的更具体、精细的偏好态度（用无差异曲线来描述），在有效边界上选择他看来最满意的点（即最满意的证券组合）。该点是投资者的无差异曲线与有效边界的切点（见图8—7）。

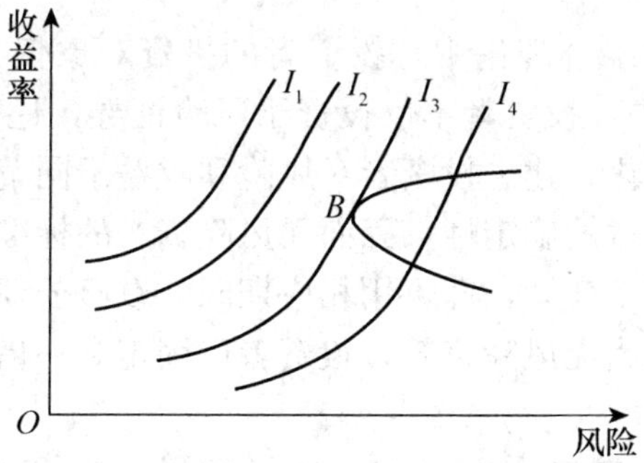

图8—7 利用无差异曲线选择最佳组合

马科维茨的投资组合理论不仅揭示了组合资产风险的决定因素，而且更为重要的是还揭示了“资产的期望收益由其自身的风险的大小来决定”这一重要结论，即资产价格（单个资产和组合资产）由其风险大小来定价，单个资产价格由其方差或标准差来决定，组合资产价格由其协方差来决定

（六）资本资产定价模型

资本资产定价模型（Capital Asset Pricing Model，CAPM）是在马柯维茨提出资产组合理论的基础上，由经济学家威廉·夏普等人创建的。该理论的主要特点是将资产的预期收益率与被称为β系数的风险值相联系，从理论上探讨在多样化的资产搭配中如何有效地计算单项证券的风险，从而说明风险证券是如何在证券市场上确定价格的。由于该理论论证严谨，可操作性强，能较好地解释证券定价的一些基本问题，因而在西方现代证券投资理论中占有极其重要的地位。

1. 基本假设

资本资产定价模型是以证券投资组合理论为基础发展而成的，因此，关于证券投资组合理论的假设对资本资产定价模型同样适用。同时，资本资产定价模型的有关假设比证券投资组合理论更为严格，其基本假设如下：

（1）投资者都是风险回避者，且都是为了使单一期间内财富预期效用最大化。

（2）投资者都是价格接受者，且对呈正态分布的资产报酬都有齐性预期，即对证券未来的期望收益率、标准差与协方差有相同的预测。

（3）在现实经济中存在无风险资产，投资者可以按照无风险利率任意借入或贷出资本。

（4）资本市场是不可分割的，市场信息是免费的，且投资者都可以同时获得各种信息。

（5）市场是完善的，不存在税收、交易成本，没有对抛空的限制等投资障碍。

（6）投资者都是采用资产期望收益率及方差或标准差来衡量资产的收益和风险的。

有了这些假定，资本资产定价模型大大简化了问题，每一个投资者有同样的信息并对证券未来前景看法一致。其含义是：投资者以相同的方式分析和加工信息。证券市场是完善的(perfect)，意味着没有任何投资障碍，例如不存在有限可分性、税收成本、交易成本不同的贷出和借入的无风险利率。这使得我们把问题的焦点从人们应该如何投资转向如果每一个人以相同方式投资，证券价格会发生什么变化。借助于在市场阶段所收集的对投资者行为的考察资料，每一种证券收益与风险之间的最终均衡关系的性质将会得到进一步发展。

2. 资本市场线

在马柯维茨的证券投资组合理论中，投资者的投资对象仅是各种风险证券（主要是股票）。在资本资产定价模型中，投资者不仅投资于风险证券，还包括投资于无风险资产的借贷活动，进一步使投资分散化，建立投资者对风险和收益不同偏好的组合。无风险资产意味着其收益的确定性，由于收益的确定性，因而无风险资产的标准差为零。假定在一个较短的时间内未发生通货膨胀与利率变动，即可用相应期间的政府公债代表无风险资产。其中，投资者对无风险资产的投资称为无风险贷款，投资者以固定利率借入资金并将其投入风险资产则称为无风险借款。

如果我们将所有风险资产集合在一起，这样的风险资产组合称为市场组合（market portfolio)。用F和M分别表示一种无风险资产和市场组合，当投资者将无风险资产与风险

证券组合结合形成新的投资组合时，则新投资组合的期望收益率为：

$$\overline{K}_p=K_f\times P_f+(1+P_f)\overline{K}_m \tag{8—5}$$

新投资组合的标准差为：

$$\sigma_P=[P_f^2\times\sigma_m^2+2P_f(1-P_f)\times COV_{fm}]^{\frac{1}{2}} \tag{8—6}$$

$\because$ $\sigma_f=0, COV_{fm}=0$

$\therefore$ $\sigma_P=[(1-P_f)^2\times\sigma_m^2]^{\frac{1}{2}}=(1-P_f)\times\sigma_m$

式中，K_f为无风险资产的收益率；$\overline{K}_m$ 为风险证券组合的期望收益率；P_f 为投资于无风险资产的比例；σ_f为无风险资产收益率的标准差；σ_m为风险证券组合期望收益率的标准差；COV_{fm}为无风险资产与风险证券组合收益率的协方差。

可见，新投资组合的收益取决于无风险资产与风险证券组合的收益及其各自的投资比例；而新投资组合的风险则取决于风险证券组合的标准差及其投资比例。根据新资产组合的期望收益率和风险，可以在坐标图上画出一条向上倾斜的、与马柯维茨资产组合曲线相切的直线。这条直线称为资本市场线（Capital Market Line，CML），见图 8—8。

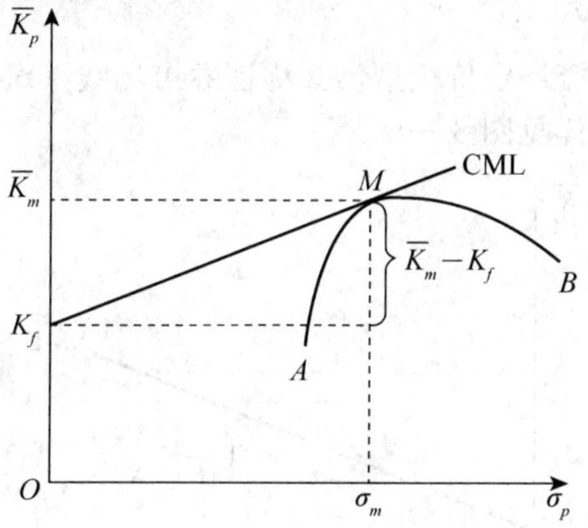

图 8—8 资本市场线

引入无风险资产后，投资者有了借入借出资金的可能，其投资的灵活机动性大为提高。无风险资产可以与任何一种风险证券或风险证券组合，以任何投资比例构成一系列新的投资组合，但从纵轴上无风险资产的收益率即点（O，K_f）引出一条直线 K_fM 与证券投资组合理论的有效边界 AB 相切于 M 点，此时直线 K_fM 就是纳入无风险资产的最佳资产组合线，M 点是所有有效组合与无风险资产的最佳组合点，而且有效边界 AB 上除 M 点外不再有效。

根据齐性预期的假设前提，所有投资者都以市场证券组合作为自己的风险资产投资组合。这样，市场证券组合 M 与无风险资产构成的全部资产组合集合的效率前沿，即图 8—8 中的直线 K_fM，就是投资者选择自己的资产组合的最佳集合。这个直线型资产组合集合被称为资本市场线（CML）。

在引入无风险资产后，有效边界的形态发生了变化。证券投资组合理论的弧形有效边界不再奏效，尽管其弧形有效边界上各点的证券组合也能与无风险资产结合，但除 M 点外，其他证券组合都在资本市场线之下。因此，资本市场线成为风险资产与无风险资产结合的有效边界。尤为重要的是，资本市场线上的所有证券组合仅包含系统风险，即非系统风险已有效地分散化。

3. 资本资产定价模型

资本市场线反映了有效资产组合的期望收益与风险之间的关系，但未展现出每一种证券自身的风险与收益的关系。证券投资风险可分为系统风险与非系统风险两类。对市场证券组合而言，它只含有系统风险，该组合中每一单项资产对市场证券组合的风险影响也仅是它所具有的系统风险。

如果将第 i 项资产与市场证券组合的协方差 COV_{im} 和市场证券组合的方差 σ_m^2 之比 β_i 作为该项资产系统风险程度的量值，则可将资产的期望收益率与系统风险间的关系表示为：

$$\overline{K}_i = K_f + (\overline{K}_m - K_f)\frac{COV_{im}}{\sigma_m^2}$$

将 $\frac{COV_{im}}{\sigma_m^2} = \beta_i$ 代入，则：

$$\overline{K}_i = K_f + (\overline{K}_m - K_f) \times \beta_i \qquad (8—7)$$

式中，$\overline{K}_i$ 为资产 i 的期望收益率；K_f 为无风险资产的收益率；$\overline{K}_m$ 为市场证券组合的期望收益率；β_i 为资产 i 的 β 系数。

公式（8—7）即为资本资产定价模型，又称证券市场线（SML）。它反映了每一项资产风险与期望收益率的关系，详见图 8—9。

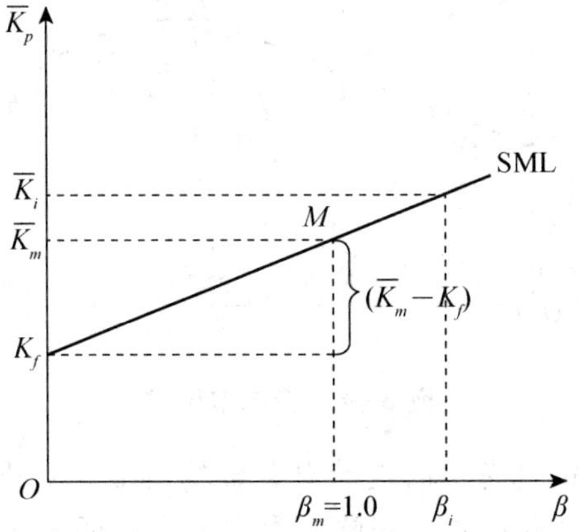

图 8—9　证券市场线

由证券市场线图示可知，每项资产的收益包括：一是无风险收益 K_f，即资本的时间价值；二是风险收益（$\overline{K}_m - K_f$）$\times \beta_i$，即资本的风险报酬，或投资者因承担风险而获取的补偿。这与资本市场线（CML）相同。不同的是，单位风险报酬由 $\frac{\overline{K}_m - kf}{\sigma_m}$ 换成（$\overline{K}_m - K_f$）；风险的衡量单位由 σ_P 换成了 β_i。

资本资产定价模型是以市场证券组合的风险作为系统风险的标准，其他各单项资产或资产组合的系统风险均以其相对于这一标准的大小来衡量，进而反映资产收益与风险的依赖关系。$\beta=1$，表明该资产具有市场上的平均风险；$\beta>1$，表明该资产的风险程度高于市场平均风险；$\beta<1$，表明该资产的风险程度低于市场平均风险。这里，β 类似于风险杠杆，当风险收益为（$\overline{K}_m - K_f$）时，增大风险杠杆系数 β，才能增加总的投资收益。

4. 资本资产定价模型与资本市场线的比较

资本资产定价模型或证券市场线与资本市场线都是描述资产或资产组合的期望收益与风险状况间依赖关系的函数。但两者存在以下主要区别：

（1）资本市场线是由所有风险资产与无风险资产构成的有效资产组合的集合，反映的是有效资产组合的期望收益与风险程度间的依赖关系。资本市场线上的每一点都是一个有效资产组合，其中 M 是由全部风险资产构成的市场证券组合，其余各点是由市场证券组合与无风险资产构成的资产组合。

证券市场线反映的则是单项资产或任意资产组合的期望收益与风险程度间的依赖关系。从本质上看，资本市场线是证券市场线的一个特例。

（2）资本市场线是由市场证券组合与无风险资产构成的，因此直线上的所有资产组合都只含有系统风险，它所反映的是这些资产组合的期望收益与其全部风险 σ_P 间的依赖关系。

证券市场线是由任意单项资产或资产组合构成的，但它只反映这些资产或资产组合的期望收益与其所含的系统风险的关系，而不是全部风险的关系。因此，它用 β_i 来衡量资产或资产组合所含的系统风险的大小。

（七）套利定价理论

资本资产定价模型理论研究的是证券市场的预期报酬率和风险之间的关系，但没有对证券报酬率变动的原因进行深入的分析。斯蒂夫·罗斯（Stephen A. Ross）在 1976 年提出了套利定价理论（Arbitrage Pricing Theory，APT），对资本资产定价模型理论进行了发展。他认为证券的收益率变动不只是受对市场组合变动的敏感性大小的影响，还可能受其他因素的影响。所以要正确地识别这些因素，找到影响证券收益变动的所有因素，以及判断这些因素的影响大小。

1. 因素模型

因素模型假设证券之间存在关联性，但这些关联性存在的原因是由于某种共同的因素对其产生作用，这些共同因素对不同的证券有不同的影响力，所以证券的变动也不相同。因素模型就是试图找到这些系统影响证券收益的因素，并用线性结构模型来形象地描述出这些因素对不同证券的影响。

（1）单因素模型。投资者认为证券的收益产生于单一因素，即只有一个因素对市场产生普遍影响。如果他认为预期的国民生产总值的变动会影响证券的收益，则可以用以下公式来表示：

$$r_t = a + b\text{GDP}_t + \varepsilon_t \tag{8—8}$$

式中，r_t 为证券第 t 期的预期收益率；GDP_t 为预期的第 t 期的 GDP 增长率；ε_t 为第 t 期的残差，表示不能被 GDP 变化所解释的收益率；b 为证券的预期收益率对 GDP 增长率的敏感性；a 为常数项。

将上述模型一般化：假定有一个共同因素 F 对证券产生影响，在第 t 期这种因素对证券 i 的影响则通过以下公式反映：

$$r_{it} = a_i + b_i F_t + \varepsilon_{it} \tag{8—9}$$

式中，r_{it} 为证券 i 在第 t 期的收益率；F_t 为第 t 期因素 F 的预期值；b_i 为证券 i 对因素 F 的敏感性；ε_{it} 为证券 i 第 t 期的残差。

其中，ε_{it} 和 F_t 是不相关的，因为假设中不包含因素之间的影响，只是对证券 i 的偶然变动有影响，而且不同证券之间的 ε_{it} 也是不相关的，证券之间的影响通过共同因素 F_t 来作用。残差对收益的影响是随机的，即它的期望值是零。

证券 i 的预期收益率为：

$$E(r_{it})=a_i+b_iE(F_t) \tag{8—10}$$

同时，证券 i 的方差也可以用单因素模型来表示：

$$\sigma_i^2=(b_i)^2\sigma_F^2+\sigma^2(\varepsilon_i) \tag{8—11}$$

式中，σ_F^2 为因素 F 的方差；$\sigma^2(\varepsilon_i)$ 为残差方差。

单因素模型中，证券间的协方差很简单：

$$\sigma_{ij}^2=b_ib_j\times\sigma_F^2 \tag{8—12}$$

因为单因素模型认为证券间的影响通过一个共同因素来反映，所以协方差很简便，不必像资本资产定价模型那样复杂，这是其优点所在。

可以看出，前面所讲的特征线模型是单因素模型的特例，其市场组合收益率就是一个单一因素。

使用单因素模型确定最优风险组合时，只需考虑一个共同因素的影响，因而大大简化了计算量。而在马柯维茨模型中，在确定最优风险组合时，要计算预期收益率、方差、协方差等多个变量，尤其是计算协方差时很多证券之间的协方差计算起来很烦琐，计算前还要估算各个证券的 a_i、b_i、ε_{it} 等。

单因素模型中证券组合的方差可由以下方程给出：

$$\sigma_p^2=b_p^2\sigma_F^2+\sigma^2(\varepsilon_p) \tag{8—13}$$

式中：

$$b_p=\sum_{i=1}^{N}x_ib_i$$

$$\sigma^2(\varepsilon_p)=\sum_{i=1}^{N}x_i^2\sigma^2(\varepsilon_i)$$

以上方程表明：一个证券的风险可以分成两个部分，一项是因素风险，一项是非因素风险。第一项为证券组合的因素风险，受共同因素 F 的影响；第二项是非因素风险。因此一个组合越是多样化，每一种证券所占的比例就越小，也就越不会引起明显的变化。而分散化的最终后果是：因素风险趋于平均水平，但非因素风险接近于零。因为组合分散化以后，个别证券的非因素风险降低。这可以通过以下方法证明。

假设投资在每一种证券上的数量相等，都为 $1/N$，公式可以变为：

$$\sigma^2(\varepsilon_p)=\sum_{i=1}^{N}(1/N)^2\sigma^2(\varepsilon_i)=(1/N)\sigma^2(\varepsilon_i) \tag{8—14}$$

因此，当 N 增加时，投资组合的非因素风险减小，当 N 趋于无穷大时，$\sigma^2(\varepsilon_p)$ 趋于零。即投资组合越分散，非因素风险越小，当分散到某一程度时，非因素风险就几乎可以忽略不计，这时，投资组合的风险就只剩下因素风险了。

（2）多因素模型。很多情况下，一个共同因素不足以反映证券之间的关联性。要想较好地反映影响证券变动的因素，就必须增加共同因素的数量。经济形势的好坏会影响大部分公司，从而影响证券的预期收益率。但经济形势不是一个单一因素，它可能通过两个或两个以上的共同因素来影响证券的收益，例如国民生产总值的预期增长率、实际利率增长率、预期通货膨胀率、石油资源等价格增长率。

通常，证券收益率受到若干个共同因素的影响：F_1，F_2，F_3，F_4，F_5，…，F_k等。这k个因素对证券第t期收益的影响可通过如下方程来表示：

$$r_{it}=a_i+b_{i1}F_{1t}+b_{i2}F_{2t}+\cdots+b_{ik}F_{kt}+\varepsilon_{it} \tag{8—15}$$

式中，F_{1t}，F_{2t}，…，F_{kt}为对证券收益有共同作用的k个因素第t期的预期值；b_{i1}，b_{i2}，…，b_{ik}为证券i对这k个因素的敏感性；ε_{it}为残差项；a_i为其他因素为零时证券的预期收益率，也称零因素。

在多因素模型下，证券的预期收益率可表示如下：

$$E(r_{it})=a_i+b_{i1}E(F_{1t})+b_{i2}E(F_{2t})+\cdots+b_{ik}E(F_{kt}) \tag{8—16}$$

因此，要计算证券的预期收益率，先要计算各证券的a_i，b_{i1}，b_{i2}，…，b_{ik}等参数，还要估计出这些共同因素的预期值。

证券i的方差可以表示为：

$$\begin{aligned}\sigma_i^2 &= (b_{i1})^2\sigma_{F_1}^2+(b_{i2})^2\sigma_{F2}^2+\cdots+(b_{ik})^2\sigma_{Fk}^2+2b_{i1}\times b_{i2}\times \mathrm{COV}(F_1,F_2)+\cdots+2b_{i1}\times \\ &\quad b_{ik}\times \mathrm{COV}(F_1,F_k)+2b_{i2}\times b_{i3}\times \mathrm{COV}(F_2,F_3)+\cdots+2b_{i2}\times b_{ik}\times \mathrm{COV}(F_2,F_k) \\ &\quad +\cdots+2b_{i(k-1)}\times b_{ik}\times \mathrm{COV}(F_{(k-1)},F_k)+\sigma^2(\varepsilon_i) \\ &= \sum_{i=1}^{k}(b_{ij})^2\times\sigma_{Fj}^2+2\sum_{j<s}b_{ij}b_{is}\times \mathrm{COV}(F_j,F_s)+\sigma^2(\varepsilon_i)\end{aligned} \tag{8—17}$$

任意两个证券之间的协方差为：

$$\sigma_{ij}^2=\sum_{s=1}^{k}b_{is}b_{js}\times\sigma_{Fs}^2+\sum_{s<l}(b_{is}b_{j1}+b_{i1}b_{js})\times \mathrm{COV}(F_s,F_1) \tag{8—18}$$

协方差可以通过它们对每个因素的敏感性，以及各因素的方差和因素间的协方差计算得到。

在计算出每个证券的预期收益率、方差、协方差后就可以确定出最有利的证券投资风险组合。

证券组合的预期收益和方差可以表示如下：

$$E(r_p)=a_p+b_{p1}E(F_1)+b_{p2}E(F_2)+\cdots+b_{pk}E(F_k) \tag{8—19}$$

$$\sigma^2(r_p)=\sum_{j=1}^{k}(b_{pj})^2\times\sigma_{pj}^2+2\sum_{j<l}b_{pj}b_{p1}\times \mathrm{COV}(F_j,F_1)+\sigma^2(\varepsilon_p) \tag{8—20}$$

且：

$$\sum_{i=1}^{n}x_ia_i+\sum_{k=1}^{n}b_{pk}F_k+\sum_{i=1}^{n}x_i\varepsilon_i=r_p$$

$$x_1 + x_2 + \cdots + x_i + \cdots + x_n = 1$$

$$\sum_{i=1}^{n} x_i b_{ik} = b_{pk}$$

前面已讲述了单因素模型下投资组合分散化的作用，在多因素模型下也相同。分散化投资会使因素风险平均化、非因素风险减少，若投资证券的种类充分多，非因素风险就几乎接近于零。

2. 套利定价理论的意义和应用

套利定价理论要研究的是：如果每个投资者对各种证券的预期收益率和市场敏感性都有相同的估计，那么各种证券的均衡价格是如何形成的。马柯维茨的资本资产定价模型中设立了许多严格的假设条件，这使其广泛应用受到了很大限制，也受到很多批判。但套利定价模型的假设前提较少，有一个假设：每个投资者都想使用套利组合，即在不增加风险的情况下增加组合的收益率。但在一个有效率的均衡市场中是不存在无风险的套利机会的。

套利定价模型的应用和资本资产定价模型的应用相似，寻找价格被歪曲的证券或证券组合，并通过买卖获得利润，但套利定价模型的应用更灵活。实际上，可以将套利定价理论看作是一种广义的资本资产定价模型，为投资者提供了一种替代性的方法，来理解市场中的风险与收益率间的均衡关系。

若投资者只想被动地避免风险，则可以在已确定因素的情况下，建立一个最佳风险资产的资产组合，将某一种因素风险降为零。这种策略对只包含几种不同资产类型的大资产比较适合，因为不同类型的资产对不同因素有不同的敏感性。例如，债券和股票对利率变化的反应是反向的，它们的组合可以将利率风险抵消；当资产组合很大时，各组合证券的特殊风险就被分散化了。

投资者还能利用套利定价模型找到套利机会，实现非正常的收益。投资者先确定对所有证券都有影响的共同因素及各个证券对各共同因素的敏感性，通过计算证实是否存在套利机会，若存在，就可以买卖证券组合中的资产获得无风险利润。但投资者必须对证券市场具有敏锐的反应才能抓住瞬间即逝的机会，获得利润。

三、证券投资组合管理的步骤

传统的证券组合管理主要包括以下几个步骤。

（一）确定投资目标

投资目标一般包括投资的收益和风险两方面。由于过去的投资理论并没有对风险设定明确的衡量标准，所以传统的证券组合管理一般是按投资收益的类型进行划分。按投资是收入型、增长型还是混合型可以对投资目标进行分类。这种分类方法强调投资者期望获得收益的形式是基本收益还是资本收益。

收入型组合将重点放在基本收益的最大化上，不太注重资本收益的增长。增长型组合强调投资的资本升值。构建增长型组合的目的在于通过推迟获得基本收入而增加组合的价值，组合价值的增加应使组合未来收入的增长获得足够的改善。混合型证券组合的目标是既获得基本收益，又获得资本收益，并保持二者的均衡。

（二）实施证券分析

传统的证券组合管理依靠证券分析选择证券、确定买卖时机、构建和调整资产组合，并对证券组合资产的经济效果进行评价。证券分析方法有基本分析和技术分析两种。

基本分析方法以价值决定价格为理论基础，以证券价值为研究对象。基本分析家坚信证券的价格以价值为中心上下波动。价格高于价值的证券处于价值被高估状态，卖出这种证券就可以获得价格高出价值的那部分额外收益；价格低于价值的证券处在价值被低估状态，买入这种证券可以获得廉价购买的好处。基本分析家有两类：价值管理者和增长管理者。价值管理者盯住证券的当前价值，选择低市盈率、高股息（利息）的证券投资；增长管理者着眼于证券的未来价值，盯住收益增长率高的证券，选择高市盈率、低股息的证券。基本分析是一种逻辑推理方法，建立在对大量影响证券价值的相关因素分析的基础之上。这些相关因素上至宏观经济形势、市场、行业动态，下至企业生产、财务管理、人事变动，乃至政治、军事等，内容十分庞杂。

技术分析方法是以供求决定价格为其理论依据，以证券价格为研究对象。技术分析家认为供求由各种理性的和非理性的因素决定，任何因素只要引起供求的变化，就迟早会在市场价格的走势图上被发现。而且技术分析家坚信市场价格波动的历史是会再现的，过去的价格走势可以用来预测未来。因此，典型的技术分析是把历史数据绘制成图表，研究这些图表以找出有规律的东西。

（三）构思证券组合资产

不同类型的证券组合的风险和收益的特征是不同的。如何将资产进行分配以使证券投资组合具有理想的风险和收益特征，是投资者需要特别加以考虑的问题。但是，有一些基本原则是构思任何类型的证券组合都应该考虑的。

1. 安全性原则

投资组合管理首先要考虑的是本金的安全无损，这是未来获得基本收益和资本增值的基础。本金的安全不仅指保持本金原值，而且包括保持本金的购买力。由于通货膨胀的存在，购买力风险是一种非常现实的风险。购买普通股比购买固定收益证券如债券、优先股等更有利于抵御这种风险。

2. 效益性原则

一般而言，资产的增值是组合管理的一个理想目标，但这并不意味着一定要投资于增长型股票。组合既可以通过购买增长型股票而壮大，也可以通过收益再投资而壮大。大的资产组合比小的更稳定、更安全，收入也更多。资本增长对改善组合头寸状况、维持购买力和增强管理的灵活性都是有益的。

3. 流动性原则

证券组合中的任何一种证券应该易于买卖。资产的流动性强，有利于组合管理者及时抓住有利的投资机会。谨慎的组合管理者往往会专门保留一部分现金资产或持有部分流动性强的证券。流动性取决于具体证券的市场价格和市场规模。某种股票的市场规模取决于公司的规模、股东的数量、公众的兴趣。高价股的流动性一般不如低价股的流动性好，因为低价股更能吸引小额投资者，从而增强了其流动性。小公司股票的流动性不如大公司好，大公司可流通股票多，可保证市场交易的连续性，而且大公司的稳定及高质量形象也对增强其股票的流动性有利。

4. 低风险原则

降低风险、避免资产价值的大幅度波动是极为重要的。在构建投资组合时，组合管理者都把获得稳定的基本收益当作一种基本的考虑。以股息或利息形式获得的当前收益，使他可以很现实地享受组合的成果，这可能要比收入的期望值对他更有意义，因为稳定的收入可以使他更准确、更合理地做投资计划，确定是再投资还是消费。

5. 多元化原则

组合理论为组合管理者的多元化投资提供了有实际应用价值的建议：应根据证券的预期收益及其与市场和其他证券收益的相关关系来构建组合；不仅要考虑收益，还要考虑收益的波动；要有效降低证券组合的标准差，证券组合中应包含多种证券。组合模型有力地证明，当证券组合中包含的证券种类多于 20 种时，风险被大大地分散了。

6. 避税原则

很多金融决策都要受所得税的影响，因为西方国家的个人所得税的税率是很高的。承担高税负就难以实现理想的收益目标。有时投资者宁可选择总收益相对较低但纳税也较少的投资方案，反而比总收益虽高但纳税额更高的投资方案更为有利，可以增大净收益。在需要避税时，可考虑投资于免税的政府债券或较少分红的股票上。

（四）修订证券组合资产结构

虽然证券组合的目标是相对稳定的，但是个别证券的价格及收益风险特征是变化的。根据上述原则构建的证券组合在一定时期内应该是符合组合的投资目标的。但是随着时间的推移和市场条件的变化，证券组合中的一些证券的市场情况与市场前景可能发生变化，例如某一企业可能出现并购事件，导致生产和策略经常发生变化等。当某种证券收益和风险特征的变化足以影响到组合整体发生不利的变动时，就应当对证券组合的资产结构进行修订，剔除或增加有抵消作用的证券。

（五）对证券组合资产的经营效果进行评价

对证券组合资产的经营效果进行评价是证券组合管理的最后一环，也是十分关键的一环。它既涉及对过去一个时期组合管理业绩的评价，也关系到下一个时期组合管理的方向。

评价经营效果并不是仅仅比较一下收益率就行了，还要看证券组合所承担的风险。风险度不同，收益率也不同。在同一风险水平上的收益率数值才具有可比性。资产组合风险水平的高低应取决于投资者的风险承受能力。超过投资者的风险承受能力进行投资，即使获得高收益也是不可取的。

对获得的收益也应区分哪些是组合管理者主观努力的结果，哪些是市场客观因素造成的。例如在强劲的牛市中，市场平均收益率是 50%，那么即使某资产组合盈利率为 35%，组合管理者的经营能力仍然被认为是不合格的；而在大熊市中，如果市场指数下跌了 50%，而某资产组合资产净值下降 35%，也可以说表现相当不错。

【本章小结】

投资基金是一种利益共享、风险共担的集合投资方式。本章第一节介绍了证券投资基金的相关基本内容，包括证券投资基金的概念、性质、起源、与股票和债券的区别，以及证券投资基金的构成要素以及作用。接下来第二节介绍了投资基金的各种分类，包括开放式基金和封闭式基金，契约型基金和公司型基金，股票基金、债券基金及其他基金，私募基金和公募基金，成长型基金、收入型基金和平衡型基金，国内基金、国际基金、离岸基金和海外基金等的基本概念。证券投资基金既是一种投资制度，又是一种面向社会大众的投资工具。第三节接着介绍了证券投资基金的风险及风险特征。证券组合是指个人或机构投资者所持有的各种有价证券的总称，如何进行证券投资组合管理是投资学研究的一项重要内容，因此第四节随后重点介绍了证券组合理论，主要包括证券投资组合的基本概念、证券投资组合管理的理论基础等，论述了经典的现代投资组合管理理论，例如马柯维茨的均值—方差模型、资本资产定价模型、套利定价理论，最后从应用和实践的角度系统地说明了证券投资组合管理的步骤。

【本章要点】

- 证券投资基金的起源
- 证券投资基金的构成要素
- 证券投资基金的分类
- 证券投资基金的主要特征和作用
- 传统的证券组合管理
- 证券组合管理理论基础
- 证券投资组合管理的步骤

【本章关键术语】

基金受益人　基金管理人　基金托管人　基金代理人　开放式基金　封闭式基金　契约型基金　公司型基金　股票基金　债券基金　私募基金　公募基金　成长型基金　收入型基金　平衡型基金　投资基金　QFII 基金　QDII 基金　投资组合　组合管理　投资风险　市场效率　有效集　可行集　资本市场线　证券市场线　因素模型　套利定价理论

【本章思考题】

1. 证券投资基金的构成要素有哪些？
2. 简要说明证券投资基金的分类。
3. 简述开放式基金与封闭式基金的异同，结合实际加以说明。
4. 投资基金与股票、债券的区别表现在哪些方面？
5. 相对于传统投资管理而言，组合管理有什么重要意义？
6. 组合管理的基本步骤有哪些？各步骤的地位和作用如何？
7. 有效资本市场假设的前提条件有哪些？它有哪些形式？
8. 分析资本市场线与证券市场线的异同。

第九章

国际对冲基金

学习目标

- 全面地掌握对冲基金的种类和特征
- 熟悉对冲基金的运作模式和投资策略
- 正确认识对冲基金的风险性及其监管的必要性

第一节　国际对冲基金概述

一、对冲基金的定义

对冲基金（hedge fund），也称避险基金或套利基金，是指由金融期货（financial futures）和金融期权（financial option）等金融衍生工具（financial derivatives）与金融组织结合后以高风险投机为手段并以盈利为目的的金融基金。它是投资基金的一种形式，属于免责市场（exempt market）产品。“对冲基金”意为“风险对冲过的基金”，名为基金，实际与共同基金安全、收益、增值的投资理念有本质区别。

对冲基金采用各种交易手段（如卖空、杠杆操作、程序交易、互换交易、套利交易、衍生品种等）进行对冲、换位、套头、套期来赚取巨额利润。这些概念已经超出了传统的防止风险、保障收益的操作范畴。加之发起和设立对冲基金的法律门槛远低于共同基金，使风险进一步加大。为了保护投资者，各国证券监督管理机构将其列入高风险投资品种行列，严格限制普通投资者介入。

关于对冲基金的定义争论向来比较多，主要有以下几种：

（1）国际货币基金组织的定义：对冲基金是私人投资组合，通常离岸设立，以充分利用税收优惠和规避管制的便利条件。

（2）美国第一家提供对冲基金商业数据的机构 Mar/Hedge 的定义：投资策略一般采取投资于多种资产、利用杠杆效应或在其投资组合内运用各种套利技术，且采取奖励性的佣金制度（通常占 15%～25%）的基金即为对冲基金。

（3）著名的美国对冲基金国际顾问公司 VHFA 的定义：采取私人合伙公司或有限责任公司的形式，主要投资于公开发行的证券或金融衍生品的基金即为对冲基金。

二、对冲基金的起源和发展

对冲基金起源于 20 世纪 50 年代初的美国。对冲（hedge）一词最早是在美国农业中所使用，当时农民们为了避免未来农产品市场价格变化影响未来出售农产品的收益，将未成熟的农产品事先以一个确定的价格出售，通过卖出农产品期货锁定价格来规避市场价格波动风险。

第一个对冲基金是 1949 年 1 月美国人阿尔弗雷德·温斯罗·琼斯（Alfred Winslow Jones）创建的名为“Take heart，baby-boomers”的一般合伙制股票基金，后改为有限合伙制的琼斯对冲基金（the Johns Hedge Fund）。当时该对冲基金设立的主要目的是为了规避市场风险及在股市价格回落中获得较大的投资收益，该对冲基金运作的主要投资品种一般是现货、期货和其他衍生金融产品，而惯用的操作手法则是利用卖空和杠杆的对冲组合机制，对冲基金因此而得名。

总体来说，对冲基金业经历了创始阶段、初步发展阶段、低潮阶段、恢复阶段和快速发展阶段。

1949—1965 年为对冲基金的创始阶段。由于琼斯对冲基金卓越的市场表现，对冲基金已经渐渐为投资者所广泛了解。琼斯对冲基金有两个明显的特征，即收取业绩分红奖励，并将自己所有的资本保留在基金内。基金经理的报酬，并不像传统投资基金那样来自资产管理费，而是从基金所实现的利润中抽取 20%的分红作为奖励。他将自己所有的资本保留在基金内，也就是实行所谓的有限合伙人制。业绩分红奖励和有限合伙人制度现今仍是对冲基金最主要的特征。

1966—1968 年对冲基金步入初步发展阶段。由于琼斯基金取得成功，受到普遍欢迎，更由于当时强劲的股市，对冲基金在这段时期得到了长足发展，引起了对冲基金数量的增加。据美国证券交易委员会的一份调查，至 1968 年，共有 215 家合伙人制投资公司，其中 140 家属于对冲基金。

1969—1974 年对冲基金进入低潮阶段。由于股市的强劲发展，对冲基金集中投资于公司股票。许多基金发现用卖空来对冲投资组合不仅困难、花时间，而且费用又高，因此它们更多地依赖杠杆投资。投资策略的改变，增加了对冲基金的风险，当金融市场从 20 世纪 60 年代末开始下滑时，对冲基金的发展由于风险增大而逐渐式微。据估计，到 20 世纪 70 年代末，28 家最大的对冲基金所管理的资产减少了近 70%，有 5 家已经倒闭。1973—1974 年全球股市受石油危机的影响大幅下挫，对冲基金的数量急剧减少。

1975—1985 年，对冲基金重新开始崭露头角进入恢复阶段。这一时期开始有新的对冲基金成立。自 20 世纪 80 年代初开始，金融自由化的发展，为基金界提供了更为广阔的投资机会，对冲基金特别是“宏观”对冲基金进入了另一轮快速发展阶段。“宏观”基金日益背离传统的个股选择策略，在世界范围内建立包括政府债券、货币、股票、利率及其他资产在内的多样化投资组合。1986年传媒舆论广泛宣传对冲基金的高投资回报，特别是老虎基金在1985年“宏观”投资的高回报率。

20世纪90年代以后，对冲基金业步入快速发展的轨道，面对衍生金融工具的日益活跃，不少投资者更加关注并投资于对冲基金，对冲基金业迎来了重大发展时期。不少对冲基金为了寻求规模扩张和利用国际“避税天堂”的种种优势，通常选择在一些离岸的国际金融中心注册，常见的离岸注册地是开曼群岛、英国海峡群岛、百慕大及加勒比海的一些半独立的岛国等。在美国，虽然股票市场资本远远大于对冲基金的资产，但对冲基金资产的增长速度却快于股票市场资本的增长。1980—1998年间，股票市场资本的增长速度为13%左右，而同期对冲基金资产的增长速度达到24%。尽管长期资本管理公司发生大崩盘，人们对对冲基金产生怀疑甚至恐惧，但仍有很多海内外的投资者对其趋之若鹜。值得注意的是，美国对冲基金正把退休基金以及各种基金会和投资管理人吸引过来，形成更为强大的势力。10年前，退休基金和各种基金会的投资在对冲基金总资本额中仅占5%，现在已猛增到8%。

20世纪90年代，世界通货膨胀的威胁逐渐减少，同时金融工具日趋成熟和多样化，对冲基金得到蓬勃发展。据英国《经济学人》的统计，从1990年到2000年，3 000多个新的对冲基金在美国和英国出现。2002年后，对冲基金的收益率有所下降，但对冲基金的规模依然不小，2005年全球对冲基金资产总额就已突破1万亿美元。

对比20世纪90年代海外共同基金和对冲基金的业绩，后者迎来黄金年代。从1999年到2002年，普通公共基金平均每年损失11.7%，而对冲基金在同一期间每年盈利11.2%。在90年代，著名的量子基金大放异彩，它是由乔治·索罗斯于1969年创立，前身名为“双鹰基金”，该基金在1992年狙击英镑和1997年亚洲金融风暴中声名鹊起，暴赚一笔。

2008年金融危机可谓对冲基金的大灾年。由于基金经理对金融危机的严重程度判断有误，当年对冲基金行业平均亏损高达18.3%，全球共有1 471家对冲基金倒闭，对冲基金总资产规模已从2008年6月的1.9万亿美元峰值降至1.1万亿美元，只有极少数个别做空的对冲基金赚钱。之后随着全球对冲基金业逐渐复苏，全行业资产规模重新突破1.5万亿美元大关。统计数据显示，截至2013年第三季度，全球对冲基金总规模达到2.51万亿美元，比前一个季度多940亿美元，增长分布在所有的交易策略领域。其中，投资到新兴市场对冲基金的资金规模上升到1 610亿美元，也是连续第五个季度市场规模创新高。

2010年以来，中国等新兴国家经济明显恢复性增长，加之中国大批富豪阶层蕴藏于民间，全球对冲基金对亚洲的投资机会兴趣很浓，一些瞄准新兴市场的对冲基金重新在新加坡和中国香港运作。

有关对冲基金的发展历史见表9—1。

表9—1　对冲基金发展历史中的重要事件概要

年份	事件
1949	美国第一只对冲基金成立
1969	欧洲第一只对冲基金（FOHF）Leveraged Capital Holdings成立
1971	美国对冲基金（FOHF）Grosvenor Capital Management成立
1992	索罗斯管理的量子基金击败英格兰银行，成功狙击英镑。造成英格兰银行损失超过300亿美元，索罗斯大挣11亿美元，全球经济界为之震动

续前表

年份	事件
1997	亚洲金融危机，东南亚国家货币遭到国际对冲基金狙击，马来西亚总理马哈蒂尔公开指责索罗斯是强盗
1997—1998	为维护金融市场的稳定，中国香港特区政府同国际资本在香港外汇市场、股票市场和期货市场展开激战，事后索罗斯副手琼斯承认有参与并亏损离场
1998	美国对冲基金长期资本管理公司（Long Term Capital Management，LTCM）倒闭，其管理资产相关联的超过 1 万亿美元金融产品处于系统风险中，美联储被迫介入
2006	美国对冲基金 Amaranth Advisors 倒闭，因为其对天然气价格趋势错判并重仓介入导致两个星期巨亏 66 亿美元，超过其管理资产的 70%，亏损金额远超当年的 LTCM
2007	贝尔斯登旗下两只对冲基金（贝尔斯登高等级结构信贷策略基金和贝尔斯登高等级结构信贷增强基金）破产，点燃次贷危机，拉开全球金融危机序幕。2008 年春，贝尔斯登被其竞争对手 J. P. 摩根（J. P. Morgan）兼并
2008	麦道夫骗局暴露，涉案金额超过 500 亿美元，全球 25 个国家的 2 900 多家机构因此受损，其中不乏大型机构。预计对冲基金联合私人金融公司亏损 10 亿美元，西班牙金融业巨头桑坦德银行损失 30 亿美元，瑞士金融业损失 50 亿美元
2010	美国联邦调查局搜查三家对冲基金：Level Global Investor，Diamondback Capital Management 和 Loch Capital Management

三、对冲基金的种类

由于投资者偏好的多样化，对冲基金会设计不同的投资品种以吸引投资者。人们根据对冲基金投资策略的不同将其分为不同的种类，下面从不同的角度给出对冲基金的两种分类方式。

（一）根据不同的投资风格和方式分类

1. 宏观基金

这类对冲基金根据国际经济环境的变化，利用股票、货币和利率等投资工具在全球范围内进行交易。

2. 全球基金

包括那些在新兴市场投资和在其他特定区域投资的基金。它们虽然与宏观基金一样，根据某一特定市场走势部署交易，但它们更侧重于利用个股选择的方法在个别市场上挑选股票。与宏观基金相比，它们较少使用指数衍生工具。

3. 买空基金

它们按对冲基金架构建立，征收利润奖励费并使用杠杆投资，从事传统股份买卖。

4. 卖空基金

基金向经纪商借入它认为价值高估的证券并在市场出售，然后希望能以低价购回还给经纪商。它是为希望采取对冲买空组合策略或期望市场下跌的投资者设计的。

5. 市场中性基金

这类基金采用相互抵消的买空卖空手段以降低风险，近似于早先琼斯的投资理念。属于这类基金的包括投资于可转换证券和相关股票的可转换套利基金、进行股票和指数期货套利的基金以及从事债券套利的基金。

6. 行业对冲基金

它们专注于某些行业的投资交易，这些行业包括：医疗护理、金融服务、饮食行业、传媒通讯、自然资源、石油天然气、房地产、新技术、运输或者公用事业。

7. 重组驱动基金

此类基金的投资主旨在于利用每一次公司特殊变动事件而获利。它包括从事被重组公司或破产公司证券交易的证券基金以及通过同时购入被收购公司和沽出收购公司股票而从事收购合并公司投资的风险套利基金。

8. 基金中基金

将投资组合分配在一组其他对冲基金中的对冲基金，即投资于对冲基金的对冲基金，有时也使用杠杆策略。

（二）根据交易手段分类

主要可分为低风险对冲基金、高风险对冲基金和疯狂对冲基金。

1. 低风险对冲基金

低风险对冲基金主要是进行股市投资，一般很少以高于本身资本两倍的借贷款进行投机交易。交易方式以长买短卖为主，也就是说购买价格可能会上升的股票，借用和出售价格可能会下跌的股票。待市场出现好转后，再买回这些股票。

2. 高风险对冲基金

高风险对冲基金经常以高于资本25倍的借贷款进行投机交易，而且既在全球股票市场上进行长买短卖，又在全球债券、货币和商品期货等市场上进行大规模的投机交易，比较典型的例子就是由索罗斯经营的量子基金。

3. 疯狂对冲基金

疯狂对冲基金以高于本身资本十倍甚至几十倍的借贷款在国际金融市场上进行炒作。这种对冲基金最典型的例子是美国长期资本管理基金，该公司曾以40多亿美元的资产向银行贷款100多亿美元，其买进卖出的各种证券和股票市面价值一度高达1.25万亿美元，结果导致了1998年9月美国对冲基金事件的爆发。

四、对冲基金的特征

（一）对冲基金的基本特征

经过几十年的演变，对冲基金已失去其初始风险对冲的内涵，对冲基金的称谓亦徒有虚名。对冲基金已成为一种新的投资模式的代名词，即基于最新的投资理论和极其复杂的金融市场操作技巧，充分利用各种金融衍生产品的杠杆效用，承担高风险，追求高收益的投资模式。现在的对冲基金有以下几个特点：

1. 投资活动的复杂性

近年来结构日趋复杂、花样不断翻新的各类金融衍生产品，例如期货、期权、掉期等逐渐成为对冲基金的主要操作工具。这些衍生产品本为对冲风险而设计，但因其低成本、高风险、高回报的特性，成为许多现代对冲基金进行投机行为的得力工具。对冲基金将这些金融工具配以复杂的组合设计，根据市场预测进行投资，在预测准确时获取超额利润，或是利用短期内市场波动而产生的非均衡性设计投资策略，在市场恢复正常状态时获取差价。

2. 投资效应的高杠杆性

典型的对冲基金往往利用银行信用，以极高的杠杆借贷在其原始基金量的基础上几倍甚至几十倍地扩大投资资金，从而达到最大限度地获取回报的目的。对冲基金的证券资产的高流动性，使得对冲基金可以利用基金资产方便地进行抵押贷款。一个资本金只有1亿美元的对冲基金，可以通过反复抵押其证券资产，贷出高达几十亿美元的资金。这种杠杆效应的存在，使得在一笔交易后扣除贷款利息所得到的净利润远远大于仅使用1亿美元的资本金运作可能带来的收益。同样，也恰恰因为杠杆效应，对冲基金在操作不当时往往亦面临超额损失的巨大风险。

3. 筹资方式的私募性

对冲基金的组织结构一般是合伙人制。基金投资者以资金入伙，提供大部分资金但不参与投资活动；基金管理者以资金和技能入伙，负责基金的投资决策。由于对冲基金在操作上要求高度的隐蔽性和灵活性，因而在美国对冲基金的合伙人一般控制在100人以下，而每个合伙人的一般出资额在100万美元以上。由于对冲基金多为私募性质，从而规避了美国法律对公募基金信息披露的严格要求。由于对冲基金的高风险性和复杂的投资机理，许多西方国家都禁止其向公众公开招募资金，以保护普通投资者的利益。为了避开美国的高税收和美国证券交易委员会的监管，在美国市场上进行操作的对冲基金一般在一些税收低、管制松散的地区进行离岸注册，并仅限于向美国境外的投资者募集资金。

4. 操作的隐蔽性和灵活性

对冲基金与面向普通投资者的证券投资基金不但在基金投资者、资金募集方式、信息披露要求和受监管程度上存在很大区别，而且在投资活动的公平性和灵活性方面也存在很多区别。传统证券投资基金一般都有较明确的资产组合定义，即在投资工具的选择和比例上有确定的方案，例如平衡型基金的基金组合中股票和债券大体各半，增长型基金则侧重于高增长性股票的投资。同时，共同基金不得利用信贷资金进行投资，而对冲基金则完全没有这些方面的限制和界定，可利用一切可操作的金融工具和组合，最大限度地使用信贷资金，以谋取高于市场平均利润的超额回报。由于操作上的高度隐蔽性和灵活性以及杠杆融资效应，对冲基金在现代国际金融市场的投机活动中担当了重要角色。对冲基金的投资工具包括买空、卖空、使用财务杠杆、利用衍生工具和其他金融手段。虽然对冲基金并不需要在任何时候都使用上述工具，但它在追求绝对高额回报时，却可以毫无限制地选用合适的投资策略。

（二）对冲基金与一般投资基金的比较

从广义上来说，对冲基金也是投资基金的一种，但与一般投资基金相比，对冲基金又有许多独特之处，下面列表予以说明（见表9—2）。

表9—2　对冲基金与一般投资基金的比较

项目 \ 类型	对冲基金	传统投资基金
投资者资格	个人名义参加，最近两年内个人年收入至少在20万美元以上；家庭名义参加，夫妇最近两年的收入至少在30万美元以上；机构名义参加，净资产至少在100万美元以上。1996年新的规定：参与者由100人扩大到了500人，参与者的条件是个人必须拥有价值500万美元以上的投资证券	无特别限制

续前表

项目＼类型	对冲基金	传统投资基金
操作	合伙人和管理者可以自由、灵活地运用各种投资技术，包括卖空、衍生工具的交易和杠杆	受证券法制约，基金管理者必须严格按证券法投资以保证投资者利益
监管	一般不受政府监管	监管严格
筹资方式	私募发起，禁止广告推广，可通过以下四种方式参与：根据在上流社会获得的投资消息；直接认识对冲基金的管理者；通过别的基金转入；由投资银行、证券中介公司或投资咨询公司特别介绍	通过公募，公开推广
设立地点	可以离岸设置，以享受税收优惠，规避政府管制	不能离岸设立
信息披露	信息不公开，不用披露财务及资产状况	信息需要即时地公开披露
经理人员报酬	固定管理费加上年度利润奖励	大多领取固定工资
经理能否参股	可以参股	一般不参股
投资者抽资	要求股东抽资必须提前通知	一般不做限制
可否贷款交易	可以用自有资产抵押进行贷款交易	不可以贷款交易

第二节　国际对冲基金的运作模式

一、国际对冲基金的运作模式

对冲基金是一种私人投资机构，以合伙制为其组织形式。对冲基金的合伙人有两种：一般合伙人和有限合伙人。一般合伙人是指发起和组织对冲基金的个人或实体，他们处理对冲基金所有的交易决策和活动以及对冲基金的日常经营管理。有限合伙人是对冲基金资产的主要提供者，但不参与基金的交易活动和基金的日常经营业务。对冲基金经过几十年的发展和演变，其定义范围已经大大拓宽了。对冲在这里已经淡化和失去了它原本的意义，不能再按其字面意思解释，否则就会产生误导和歧义。如今的对冲基金并不一定要实行对冲，虽然可能有些对冲基金仍然会进行某一类和更多类型的“对冲”，以控制风险，但许多甚至是大多数对冲基金已经完全舍去了保守的对冲特质，而采取在投资领域中最具冒险性和最富进攻性的投机策略。因此，对冲基金的定义已不再是其原本的对冲本质，而主要是概括基金的结构性特征，尤其是其组织结构特征。如今，“对冲基金”一词泛指各种类型的私人投资合伙制机构。

在美国，其国内对冲基金是非注册的投资公司，它通过私募或有限制股份所有制，向不超过100个高净值个人或机构投资者募集资本而运作。这种运作方式使对冲基金能够从美国《1933年证券法》(Securities Act of 1933)、《1934年证券交易法》(Securities Exchange Act of 1934) 以及《1940年投资公司法》(Investment Company Act of 1940) 的监管要求中得到豁免，使它不需像其他金融机构（如银行和传统投资基金）那样，负有向监管部门和市场公众报告和披露财务经营状况的责任。

根据1996年修订的美国《联邦证券法》，凡少于500名投资者组合的基金，若投资金额以每一机构计算逾2 500万美元，或以个人计算逾500万美元，则可以获多项豁免，主要是无须申报其投资组合、借贷情况以及投资在哪些金融产品上。在离岸中心注册的对冲基金所受的监管更少。所谓离岸对冲基金（off-shore hedge funds）是指在美国司法管辖之外（即离岸）组织的投资基金，它只能对非美国投资者或美国的免税“认可”投资者开放。离岸对冲基金以公司体制为其组织形式。一般来说，离岸基金投资者的数量不受限制。

对冲基金的管理建立在业绩收费基础上，一般合伙人或基金经理通常收取业绩奖励费，一般相当于基金净收益的20%。他们也会每年一次收取管理费，通常是该年净资产值的1%。各个对冲基金在奖励费和管理费的收取比例和方法上可能有所不同，但都会在各自的合伙合同书（Partnership Agreement）中明确规定。基金经理的报酬完全取决于业绩，管理费只用作基金日常营运的开支，一般情况下，管理费都不足以支付基金的经营成本。大多数基金要求合伙人或投资者在赎回投资前提前书面通知。与开放型投资基金可随时赎回资产不同，对冲基金的投资期一般都在1～3年不等，以后也只能每季或每半年赎回一次。

由于基金运作的法律地位和招股书对交易买卖和投资组合没有严格限制，对冲基金的主要合伙人或基金经理在分配资产组合、制定投资策略、执行买卖交易时，有很大的自由度。对冲基金使用的投资策略和技术非常广泛、多种多样，既有基金原本意义上要求的各类对冲保守策略，又涉及各种极富进攻性的投机手段，包括狙击交易对手、牟取暴利等，诸如抛空、高杠杆、在各种资产市场联动炒作，以及集中投资等其他注册投资资金所不能使用的投资策略。

二、国际对冲基金投资策略

对冲基金有时作为投机者，有时又作为对冲者，从而使用风险、风格极为不同的投资策略，这皆取决于对冲基金决策者为自己，亦为其他合伙人或投资者谋取最大利润的目的。在以对冲风险为目的的投资策略到以恶性操控牟取暴利为宗旨的投机手法之间，对冲基金可选择的投资工具和手段，多达近30种。本节将着重讨论对冲基金最常用的两大类投资策略：利用市场间某一方面的差异来获利的套利投资策略；通过宏观经济因素分析，寻找宏观经济的不平衡点获利的宏观投资策略。

（一）套利投资策略

套利是指利用两个市场某一方面（价格、利率、风险水平等）的差异进行获利的市场活动。套利的定义已逐渐放宽，凡相近或相关产品的各种调配或定价差异都可称为套利。对冲基金利用模型对各种产品进行估价，从“模型”价值与实际市价差异中获利。这种策略总是涉及两个交易：购入超卖产品的同时，出售超买的产品。如果仅是购买一个超卖的产品，并不构成一个完整的套利交易。根据产品买卖的不同，套利策略有以下几种形式。

1. 现货（现金）与期货套利

对冲基金最典型的套利是同时在现金（现货）和期货市场做交易。在美国，交易最多的是美国国库券期货合约，这种合约意在赚取国库券期货价格与另一债券现价之间的差价。曾经有一段时间，国库券期货合约交易中，对冲基金拥有8%的未平仓合约。其次是股票与指数期货合约之间的套利。再次是货币现汇与期货合约之间的套利。在以上交易中对冲基金都是主要的期货商。在交易最多的美国五年期国债期货交易中，对冲基金占未平仓合约的10%，在标准普尔500股市指数合约中，对冲基金拥有8%的未平仓合约。

2. 定息证券现货市场价格套利

对冲基金运用模型，分析不同期限债券的利息水平。在一定时期内，模型分析的“利息曲线”可能与某些期限的债券利息回报有差别，表明债券的价格相对模型的分析要么过高、要么过低。基金买进它认为价格过低的债券而出售价格过高的债券，赚取与模型价格有差异的价差。原则上讲，对冲基金会对此类交易的任何风险进行对冲，安排新的交易，以确保整个利息曲线或曲线斜率的任何变动不影响交易的结果，使基金如期从预期的差价中获利。

3. 信贷质量差异套利

某公司的债券息率和年期有可能与另一个公司一样，但信贷评级不相同，债券价格并未反映信贷评级的差别。对冲基金时刻都在跟踪各种美国公司债券与美国国库券之间的利息差别，一旦发现利差足够大时，它们就会进行此类套利交易。此外，新兴市场对冲基金亦会对不同信贷评级而价格相同的两个主权债券进行差别套利。

4. 可转换套利

可转换套利手段是购入能转换为股票的可转换债券，沽空相关股票，对冲隐含在债券中的股票风险。这种策略有时也涉及一种利率对冲，以抵消利息曲线的波动。可转换套利的目的是从股票与可转换债券中股票构成部分的差价获取利润。另一类结合定息证券和其他证券的套利，是利用按揭证券的期权或其他特征的定价差异。这种证券的复杂结构可分解成有市场对手的各种组成部分，使基金能够从相关组成部分或结构产品的差价中获利。例如，被抵押的按揭证券的提前支付的风险，与其他类似证券或按揭证券提前支付的风险之间，可能存在差别定价。

5. 股票与股市指数产品套利

在股市买卖中，可利用沽空指数期货或持有指数看跌期权来对冲购入的核心股票，以减少一般市场波动风险并从所选股票中获利。类似地，有些基金选购行业中较强的股票、出售较弱的股票，从特定行业的公司差别中获利。进行该类交易的被称为市场中性基金。

6. 期权合约套利

期权合约的多样性和复杂性为从事套利交易的对冲基金提供了众多的谋利机会。期权定价取决于多种因素且过程复杂，能够预测相关变量特别是相关工具的波动性，或能结合相关变量分析其价格差异的投资模型就有获利机会。例如，不同行使价的期权，有不同的隐含波动性，行使价与相关产品价格接近的平值期权所隐含的波动性比不同行使价的期权要低。对各种行使价波动性的分析，能使基金及时发现各种特定期权价格与通常水平相偏离的任何机会。

7. 作为冲销手段的套利

对冲基金也经常利用冲销手段，以取得最有利的财务安排。利用冲销以降低交易成本是最常用的方法，因为冲销后的交易风险较低，意味着经冲销后的标志市值盈利或损失都相应地变小了。对冲基金就是这样选择最低按保证金要求的工具使交易融资成本最小化，最大限度地从两个市场既定的差异中赚取利润。

（二）宏观投资策略

有别于套利投资策略，宏观基金主要根据宏观经济因素的分析来部署投资。套利基金使用价值模型发现价格差异套利，而不是确定在哪一个合适的价格水平下部署投资。宏观基金无论在股市、债市、汇市还是在商品市场，都使用许多不同的被称为“宏观基本因素分析”的全球策略进行投资。正像一名宏观基金经理所说的，宏观基金的投资方法“是建立在对许多国家经济周期的了解基础上的；是我们应在周期的那一点上进行投资的评估；是对金融市场在周期各点上如何运作的预测”。更具体地说，大多数宏观基金意图寻找宏观经济的不平衡点以及市场心理，辨别出能导致趋势变化的各类政治和经济事件。在海外投资，了解当地金融和行业动向非常重要，因为这表明了市场新的趋势，而当地的市场心理会加强这种趋势，因此大的宏观基金经常派人到海外进行实地考察。

在货币市场，宏观基金的典型策略是密切跟踪与美元维持固定汇率但经济因素又不能支持固定汇率的国家，分析该国宏观因素是否与货币的固定汇率相一致。有些基金喜欢使用精确的宏观经济模型；另一些却不完全依靠数量技术，更多地考察利率等各种变量之间的历史关系。银行系统的安全性和稳定性，以及它与其他金融部门联系的分析，是宏观经济评估的一大组成部分。对冲基金经常使用信贷增长和资产流动性两个主要指标来衡量银行系统是否稳健；银行或其他企业集团对外债的依赖程度或使用程度，也是对冲基金经常使用的指标；各种资产价格快速升值的现象，更是基金用于判断金融业走向崩溃的信号。如果一个国家准备以高利率或紧缩货币政策来捍卫固定汇率，那么以上所有指标都会显示该国的货币正出现问题。

宏观策略分析的另一个要素是政治风险分析，以判断其策略实施的可行性，或策略实施后，基金不能从市场撤出的可能性。当宏观投资机会显现后，下一步就是制定投资策略，决定如何部署交易及使用杠杆倍数。交易部署和杠杆比例相互联系并最终决定对冲基金能够取得多少投资回报。宏观策略与套利策略的投资决策并没有多大差异，但杠杆在宏观策略中具有更重要的作用。由于宏观基金较少使用冲销交易方法，所以交易的融资成本和风险相应都较高。宏观基金的风险管理是统一进行的，所以一个市场的交易风险通过相关分析，可以与另一市场的交易风险相比较。一些宏观基金往往为一个交易设计四至五个方案，探索交易在不同假设下会发生什么情况。随着处理大批量数据计算技术的进步，压力测验已成为对冲基金常用的工具。对冲基金有一定的投资标准，对交易品种和风险范围有所限制，包括交易商的交易记录、交易风险对整个组合的影响、交易的市场流动性等等。因此，即使是最大的对冲基金，无论在任何时期内，也只会实施有限的相关投资策略，在多数情况下，其风险管理较大银行要简单得多。有的大规模的宏观基金在每个交易日后都会出一份一页纸的风险管理报告，内容包括当日盈亏记录和持仓情况。

在肯定策略符合整体投资组合要求、风险亦在可接受范围之后，基金还必须选择适当的投资工具。这是一个双关决策，投资杠杆必须满足流动性条件，对于大规模的基金来说，投资工具的流动性是一个限制条件，因为它们在赌各个市场的走势，期望获得高于正常利润的回报，必须经常使用杠杆。杠杆使交易价值成倍增大，并可能在进入和终止交易时冲击市场。因为需要平衡杠杆带来的市场冲击和风险，大规模的宏观基金一般喜欢使用基本的交易工具以减少交易成本，这些工具包括现金或现货工具、远期、期货以及掉期等产品。有时也使用较简单的期权，但很少使用复杂的衍生产品。在回报可观并有足够的风险管理技术条件下，宏观对冲基金亦会偶然使用复杂的衍生工具。因为远期和期货市场具有杠杆特征，只需要缴纳交易面值很小的一部分资金，所以比现货交易更有吸引力。

投资工具的杠杆倍数应该和投资工具的风险以及对冲基金的风险一并考虑。虽然有些基本工具的杠杆较另外一些高，例如远期产品的杠杆就比现货产品的高，但如果交易的风险较高，杠杆倍数一般来说就应该低一些。有时也会出现这样的情况：投资工具价格的预期变动所带来的回报可能不足以弥补宏观对冲基金启动的交易成本。

三、其他对冲基金投资策略

除了套利策略和宏观策略这两种对冲基金最常用的投资策略之外，还有一些使用范围和频率都较小的投资策略。这些策略的使用率较小，部分原因是有的策略在使用时要求特别的市场条件和环境，更多的原因在于其他较小或较特别的类型的对冲基金在不同的市场和条件下使用，才能达至其特殊的交易目的。正是由于这个原因，对冲基金的其他投资策略可按对冲基金的类型进行分类。

（一）新兴市场基金投资策略

新兴市场基金是对冲基金在20世纪80年代末至90年代中期发展最快的一种基金。这类基金的投资活动主要集中于发展中国家，特别是新兴市场的股市和债市。虽然其规模比不上更传统的宏观基金，但新兴市场基金获得新资本的速度很惊人。由于大多数新兴市场基金集中活动于世界不同的地区，因此新兴市场基金又可按地区划分，尽管这些基金的招股书允许基金在不同的地区交易。

新兴市场基金在考虑和实施投资策略时，一方面分析各国的宏观经济层面，采取宏观策略；另一方面又采用能够帮助消除宏观策略有关风险的方法。可以说，它的策略是宏观策略和套利策略的结合体。很多新兴市场基金可称为“价值投资者”（value investors），它们在市场中寻找价格被低估的股票和债券，并投资于这些简单的金融工具。其他的基金则使用较复杂的策略从某个国家的各种债券差价中获利，或从具有相关经济特征的各个国家的债券差价中套利。

（二）重组基金投资策略

重组驱动对冲基金重点投资于即将面临重大结构性变化的公司证券。这些结构性变化包括重组、合并、收购等有关的职权变动。从事此类投资的策略，有时亦被称为风险套利。

以投资于合并公司为例，对冲基金投资于重组公司证券，是从注意到公司之间可能会发生合并事件开始的。当潜在的收购者完成了各监管当局要求的法律申报后，或者向市场披露收购另一家机构的意向后，就会宣布并购计划。对冲基金会仔细计算股份价值以及该项交易理论上可能的价差。通常，在并购计划宣布后，收购公司的股价会回落，而被收购公司的股价会上升。当然，在合并交易完成后，股价最终将反映两家公司的价值。对冲基金会评估合并完成的时间，计算投资于合并公司证券可获得的年回报率（annualized return），并且将此回报率与资金用以投资于其他项目应得的基本回报率（baseline yield）相比较。

年回报包括购买和出售两个合并公司的股票所付出的成本和获得的收入、行使沽空的成本、任何股息收入或损失以及佣金等。在计算完回报后，对冲基金还要评估该项交易完成的概率。合并需要股东投票通过，而且在美国还需要司法部的批核，如果是银行合并，还要得到银行监管机构的批准。在交易完成的概率因素考虑进去后，如果年回报率高于基本回报率，对冲基金就会决定投资于并购公司。其他股权变动，如重组、出售股权等的投资决策过程，与合并公司的投资决策过程相似。

（三）价值投资策略

对冲基金的价值投资法与传统基金选择价值被低估股份的方法并无二致，只不过对冲基金在使用价值投资策略时，会比传统投资基金更多地使用对冲手段，以抵消行业风险及减少市场波动性。对冲基金的价值投资法，是将一公司的市场评估价值与对冲基金对该公司真实价值的估值相比较，如果市场对公司价值的评估大大低于对冲基金对公司真实价值的计算，就表明该公司符合基金的投资要求。对冲基金在购入价值被低估的公司股票的同时，根据对市场的判断，亦会做一个股市指数期货的沽空合约或采用其他方法，以对冲市场下跌风险。

（四）沽空基金投资策略

沽空基金投资策略常为有限合伙制或离岸基金所采用。从经济角度来看，是先买后卖，还是先沽空后买回，都无关宏旨。沽空常常伴随着高杠杆，当股价下跌时，利润会成倍递增，但当股价上升时，亏损亦按比例扩大。有数据表明，在美国，对较低甚至零股息股票的沽空策略的回报，较之在利率偏高市场环境下使用只购入的单一策略的回报要高。但从另一个角度来看，沽空可能的损失是无底的，因为被沽空股票上升的空间可以是无穷大。而只购入的单一策略的损失却有限，因为股价跌到零就无可再跌了。此外，沽空的损失必须及时补还，因为沽空的股票是借来的。而且在长期内即使股价下跌，沽空者也有用尽资本或资本不足的可能，因为需支付借贷利息。可见，选择交易的时间以及沽空者自身资本是否雄厚，是决定沽空策略能否成功的关键因素。

（五）行业基金投资策略

与其他传统的投资基金相似，对冲基金的分类亦包括行业和地区对冲基金细分。这些行业和地区对冲基金所使用的投资策略与上面所介绍的投资策略类似，只不过它们只适用于对冲基金所选择的行业或地区交易。有些行业可能有共同特征，所使用的策略只需做少许形式上的变更即可。例如，专门从事商品交易的基金所使用的掉期交易只会涉及商品掉期，而不会是利率掉期，但两种交易的掉期方法本身并无什么区别。行业基金可继续分解为两大类：一类是专门从事不同地区（如亚洲、拉丁美洲或东欧等地区）投资的新兴市场基金；一类是从事不同行业（如金融、生物医疗、能源、矿产、地产、金属或技术等）投资的对冲基金。

四、对冲基金投资策略的实施工具

从投资市场的角度来看，金融产品或投资工具可大体分为三类：一是现货或现金产品；二是期货、远期和掉期工具；三是期权和或然债权。这三类工具和产品在市场价格波动中隐含的可能回报和风险有所不同，投资者在选择投资产品时会很自然地将其分别对待。

在对冲基金所使用的各类投资产品中，现货或现金市场产品最简单亦最易了解。最通常的现金或现货产品清单包括外汇现金合约、定息产品（债券）以及不带任何条件和期限的股票。现金市场产品的风险管理相对直观，投资者只需知道该类型产品的以往价格记录和现今价格水平即可，如果需要也应包括对未来价格走向的预测。这种说法并非意味着现金产品的实际风险可忽略不计，而是表明计算风险的各种方法相对简便易行。许多对冲基金只使用现货或现金产品实施其投资策略；而有些则主要使用现货或现金产品，但偶尔也结合着期货、远期和期权使用，以减轻某些市场风险。

远期、期货和掉期与现货或现金产品有类似及同向的回报，因为它们的价值与其代表的现货或现金相关产品的价值几乎是一对一地上升和下降，即两类产品具有线性回报结构。由于这类产品要在未来才到期，因此，它们通常会有额外的风险，称为基本风险，即它们的价格变动与相关的现货或现金产品的价值在未接近到期时不完全一致。对这类产品风险的控制和跟踪要比现货或现金产品复杂和困难得多。对冲基金大量使用这类产品，尤其是远期和期货，因为这样既可以使对冲基金根据现货或现金产品的走向建立投资仓位，又不用在交割前发生实际费用而持有这些现货或现金。大多数对冲基金并无特别的商业兴趣持有相关产品，因为某些相关产品有时要涉及产品储放问题，所以宁愿在合约到期前抵消或结清其所持的仓位。最常用的远期、期货和掉期产品包括货币远期、债权期货和掉期、股票指数期货等。

第三类期权和其他或然债权与前两类产品有较大的区别，因为这类工具的可能回报要么是某个正数，要么就是零，这取决于相关产品的价值变动。由于期权为投资者提供的是一种权利，而并不是执行合约的义务，所以从数学角度来看，期权的可能回报是凸面状的，而并非线性的。这种回报特性为投资该类产品带来了几方面的含义。最重要的含义是，管理期权组合的风险要比管理一组现货或远期合约的风险更复杂。期权的另一个特征是，投资者只需先支付期权的成本发行费用，如果期权的行使价格与现价差别较大，那么相关产品价格的变化，就会引起期权价格更大的变化。这一特征意味着期权能提供较大的杠杆，因为期权价格比相关产品的价格潜在变化要大，一般在数倍之间，取决于期权设定的杠杆比率。

第三节　国际对冲基金的风险与监管

一、对冲基金的危害性

对冲基金或其他机构投资者所实施的任何投资策略都可能会对市场造成两种截然不同的影响，一是有助于稳定市场，二是造成市场价格波动。导致市场价格波动的交易行为主要有两种：正向交易和“羊群”效应。

（一）正向交易

利用市场现行价格决定的交易行为称为正向交易，这种交易行为的一般特征往往是投资者在价格上升时买入、价格下跌时卖出，与市场走势相同。如果市场缺乏抗衡力量，正向交易就会使价格过度偏离它们的均衡价值，增加市场波动。

在引发正向交易行为的各种市场活动中，动态对冲最为复杂，它通过不时改变对冲工具的数量，用对冲工具所得，确保相关工具的损失尽可能得到抵消。当需要对冲期权时，可通过“期权增量”来实现。增量不时在变化，要求对冲相应进行调整，有时当相关工具的价格下跌时，对冲工具亦被抛售，强化了市场下跌走势。以货币期权为例，期权出售商明白，当货币贬值时，他们有可能承担损失，因而他们提前沽售期权合约所代表的货币数量的一定比例。如果货币真的贬值，那么期权尚可从沽空货币交易中获得一些利润，以抵消由于期权购买人行使认沽期权而造成的损失。但是正因为货币贬值导致认沽期权的行使，期权商不得不沽售更多的现汇对冲可能的损失，直到出售的现汇大致与相关货币量相等。于是为了对冲，期权商不得不在跌市中沽售现汇以维持对冲盘，促使已下跌的货币跌势更急，使市场局势雪上加霜。

一般来说，对冲基金是期权的购买者，不需要动态对冲技术进行对冲，但是出售期权给对冲基金的交易商却需要通过与有兴趣的对手做买卖以对冲上述交易，或需要自己部署对冲。交易商通常是期权净出售者，需要管理由此带来的风险。他们对冲风险的能力取决于相关工具的净流动，动态对冲要求价格变化是连续的，当相关工具数量的调整建立在连续的基础上时，对冲效果最好。

动态对冲策略的使用在 1997 年东南亚汇市冲击中，被指责引发了正向交易效应，使动荡的汇市更为波动。泰铢看跌期权价格在贬值前定得偏低，鼓励对冲基金和其他买家购买这些期权作为抛售泰铢的另一个工具。这些交易使交易商所得溢价比正常价格下少得多，而且由于缺乏其他客户基础的对冲盘，交易商成为沽空期权的净持有者。动态对冲的影响程度在此并未完全显示，由于东南亚汇市相对其他主要货币市场缺乏流动性，一些交易商不愿使用这项技术。当然，对交易商来说，不对冲交易盘可能带来的利润或损失皆比不完全对冲盘来得大。

（二）“羊群”效应

另一个造成市场波动的行为是，根据其他市场参与者的投资方法制定类似的投资策略，而不是利用现行价格决定投资。相似的投资策略可以通过直接观察其他参与者的组合进行模仿，或间接使用相同的咨询和分析进行模仿。“羊群”效应指的是市场参与者理性地跟随他人或大市的行为。基金经理有时可能相互模仿，目的在于使人难以评估他们的实力。对冲基金的激励机制基于基金总回报，有别于传统基金——传统投资基金、退休基金等取决于同业指标，更重要的是，对冲基金经理的自身财富亦投入其间，使他们不一定会互相模仿。但是许多对冲基金使用相同的信息或类似的分析方法，特别是宏观基金可能会在同一时间得出相同的判断，从而制定类似的投资策略，使人产生他们蓄意合谋执行类似投机交易的印象。

问题不在于对冲基金之间是否相互模仿，而在于其他投资者是否会紧跟它们的行动或听从它们的指挥进入各个市场，导致市场的“羊群”效应。事实说明，在很多情况下，对冲基金确实充当了“头羊”，其他机构投资者包括银行和投资银行“自营交易室”以及其他投资者，都曾紧紧跟随“头羊”的投资策略。一些对冲基金不承认其“头羊”的角色，认为商业银行和投资银行“自营交易室”与它们一样掌握和观察相同的市场信息；另一些对冲基金则指出，其他机构投资者有能力窥探它们的投资布置并搭顺风车；而所有类型的对冲基金都一致竭力否认它们会相互探讨投资策略，采取同一布置。但我们从 20 世纪末的几次金融危机中看到对冲基金在狙击有关国家货币和其他资本市场时充当“头羊”，不但数家对冲基金会实施类似的投机交易，而且其他机构亦会模仿其投资策略，形成可怕的单项市场运动，迫使有关货币和资产贬值，加深了金融动荡，导致金融危机。

二、对冲基金与国际金融危机

从理论上讲，对冲基金是一把“双刃剑”，对冲基金的运作既有有利于金融市场发展的一面，同时对冲基金驱动大量的国际游资在国际金融市场上频繁出入，有可能存在加剧金融市场波动、不利于金融市场稳定的一面。

（一）对冲基金的高风险特征

根据相关机构的研究，全球对冲基金使用杠杆的情况，除廉价证券性对冲基金外，其他的对冲基金使用杠杆的比例均超过了50%，平均使用杠杆比例为71.5%。其中，宏观型对冲基金的杠杆比例高达87.9%。有的对冲基金还使用更高的杠杆比率。例如，55.6%的市场中性—套利型、37.1%的市场时机型和36.4%的宏观对冲型基金的杠杆比率高于2∶1。以1996年为例，1996年对冲基金业的总资产大约为2 610亿美元，假设对冲基金业中50%的对冲基金运用的杠杆比率为2∶1，这部分对冲基金可调动的资金大约为1 957亿美元，1996年东亚国家或地区的外汇储备情况见表9—3。可以看出，同期的大型对冲基金可以使用和调动的资金实力远远超过一般国家和地区的外汇储备。加之近年来对冲基金业的资产增长很快，从资金实力来看，足以影响一些外汇储备不强的国家和地区的金融市场。

表9—3　　1996年东亚国家或地区的外汇储备　　单位：亿美元

年份	中国	中国香港	印度尼西亚	日本	韩国	马来西亚	菲律宾	泰国	新加坡
1996	1 340	853	204	2 282	305	181	103	296	769

（二）对冲基金冲击金融市场的常用手法

对冲基金冲击一国货币，通常分为两个层次：一是借助一些突发性经济、政治、金融等事件，不断抛售该国货币，以打击货币汇率；二是趁该货币持有者对货币汇率的稳定性产生动摇之际迅速掀起对该货币汇率的冲击，引诱货币的持有者将该货币资产包括存款全部转换成外币资产。

对冲基金和国际游资狙击一国金融市场的具体形式有：沽空，即通过远期汇率间接作用于即期汇率，对冲基金国际投资者通常本身缺乏该国货币，若要大量沽空该种货币，最终还必须向市场借入该货币平仓；现汇市场的直接冲击，即先通过各种渠道大量借入该国货币，逐渐抛出压低汇率水平后，再买入该国货币偿还借款，以从中谋取汇价差；连环狙击，即对冲基金的基金经理预先购入看跌股票指数期货，佯攻汇市，逼迫当地金融监管当局提高利率，借以打击股市现货市场和股指期货，最终在股市与股指期货市场盈利等。

无论是哪种形式的狙击，对冲基金通常都采取“以本币打本币”的策略。因此对冲基金狙击一种货币汇率的必要条件是大量囤积目标国家或地区的货币。

为了使用财务杠杆、寻找机会卖空、防止汇率风险，对冲基金经常是以各种可能的手段大量囤积目标国家或地区的货币，同时在股票市场、货币市场、外汇市场、期货市场等市场上进行组合运作。虽然对冲基金为了大量囤积目标国家或地区的货币需要支付一定的利率损失和手续费，但有效地降低了投机资金兑换货币的汇率风险。

（三）利用现货市场卖空投机的手段冲击货币市场与证券市场

对冲基金经常是在大量囤积了目标国家或地区的货币后，通过建立关联权益市场的空仓位，在卖空目标国家或地区的货币的同时，寻求在相关的证券市场、货币市场上获利。

具体的手段有：

(1) 大量高价抛售已囤积的目标国家或地区的货币，造成目标国家或地区的市场动荡与货币贬值。

(2) 同时在目标国家或地区的证券市场卖空主要指数成份股，打压股市价格。

(3) 迫使目标国家或地区的监管机构进行市场干预。通常是中央银行动用外汇储备回购目标国家或地区的货币，或提高利率。

(4) 若市场干预失败，则引发目标国家或地区的货币贬值，证券市场价格下跌。

(5) 对冲基金低位回购目标国家或地区的货币，还本付息获利。

(6) 对冲基金在证券市场低位回购股票，归还融券机构获利。

（四）利用多个市场联动运作的手段冲击金融市场

(1) 与目标国家或地区的银行签订远期合同，大量抛售目标国家或地区的货币，购入美元。

(2) 目标国家或地区的银行在现货市场大量抛售目标国家或地区的货币、买入美元进行对冲保值。

(3) 同时利用货币市场、外汇市场、股票市场和衍生工具市场声东击西。

(4) 同时在目标国家或地区的证券市场卖空债券期货。

(5) 迫使目标国家或地区的监管当局进行市场干预。通常是中央银行动用外汇储备回购目标国家或地区的货币，或提高利率，引发期货价格下跌。

(6) 对冲基金在证券市场低位回购股票，归还融券机构获利。

(7) 对冲基金低位回购远期合同获利。

三、对冲基金在货币危机中的角色及对新兴市场的危害

从 1992 年 6 月意大利里拉遭受狙击开始，至同年 11 月 19 日瑞典克朗放弃固定汇率、实行自由浮动为止，欧洲汇率机制成员国经历了长达 5 个月的货币危机。特别是同年 9 月中下旬疯狂的货币抛售，使众多成员国的货币受到严重冲击，其中三个国家——意大利、英国和瑞典被迫撤出汇率机制，实行自由浮动，货币大幅贬值，遭受了巨大损失。

在大多数遭受狙击的国家中，各国中央银行（以下简称“央行”）都进行大规模的市场干预，并广泛采用了传统的利率抬高方法，打击货币抛空者。但各国使用利率工具的程度有所不同，从利率升幅较小的英国到利率大幅增长的瑞典。然而，大多数央行都积极限制非冲销型干预所造成的利率增幅，为银行系统提供流动性，隔离外汇干预产生的货币收缩效应，例如有些国家通过国际银团贷款的安排为其干预提供信贷资源等。

（一）里拉危机

意大利的外汇储备自 1992 年初就一直在减少，但货币危机直到 1992 年 6 月才显现。首

先里拉债券在期货市场上开始下跌，接着在现货市场上下跌。此后所发生的一些事情使投资者对里拉更加悲观：在公共财政的趋同方面未取得进展；丹麦全民公决退出汇率机制；新政府久久未能组阁；新预算案开征存款税；7月份宣布一家国有控股公司清盘，但政府不完全承担其债务；7月份穆迪公司将意大利债务评级从AA1降至AA3等。外国投资者在六七月份就开始抛售里拉债券，促使银行同业存款收益率飙升300个基点。在八九月份，出现投资组合从政府债券转向外国资产的趋势。银行为了减轻外债而抛售里拉更加重了金融的动荡。

1992年9月13日里拉第一次贬值，被市场当作政府不会全力以赴维护汇率的信号。投资者进一步抛售里拉以降低风险，基金经理沽出里拉证券，购入外汇现货和以德国马克为面值的证券。在同一银行，存户将大量的里拉存款转化为德国马克存款，由于大量存款为活期，存款转换更加容易和快速。各个银行不仅为本国炒家提供资金，还向外国炒家提供信贷额度和透支安排。

意大利央行在里拉危机中，自始至终都使用利率政策抵御投机冲击，在1992年7月5日至9月4日期间，贴现率由12%提高到15%。用以直接控制隔夜拆息的回购利率在1992年9月4日由14.75%上升到16.5%。结果同业拆息大幅超过回购利率，9月16日，同业隔夜拆息达36%，三个月息为20%。意大利央行还不得不限制为银行提供回购协议的数量。

由于意大利政府的债务主要由票据构成，利率上升即刻影响政府的财政，从而削弱当局捍卫里拉的能力。具体地说，政府债务的29%是国库券，48%是浮息证券，其余的主要是中长期债券，当利率上升、政府证券价格下跌时，政府在危机期间发行的新债的成本将显著上升。1992年9月份，意大利央行增持14.2万亿里拉的政府债券，主要是想通过二级市场的公开市场操作以冲销储备的外流。在两个月一次的国库券拍卖中，央行购买了1万亿里拉、年利率为17.9%的债券。政府还在9月份不得不从央行的经常账户中提取17.5万亿里拉以应付危机。

与此同时，意大利央行还通过出售外汇储备，并从德意志联邦银行借入短期金融债务以对市场疯狂抛售里拉进行干预，导致外汇储备急剧下跌，从6月底的317亿美元下降到8月底的204亿美元。尽管如此，还是无法遏制里拉抛售潮。在万般无奈下，意大利政府于9月17日被迫宣布退出汇率机制。

（二）英镑危机

炒家对英镑的冲击在1992年9月16日之前就已开始聚集能量。在英镑受冲击的那几天，英伦银行大量抛售外汇储备干预市场，并从德国联邦银行借入短期金融债务，使英国的外汇储备从1992年8月底的402亿美元，大幅降至9月底的371亿美元。

英国央行直到危机的最后一天才使用利率政策打击炒家。在英国的金融系统中，英伦银行最低贴现率（minimum dealing rate）的任何变动，都会迅速地传递到整个金融市场，特别是零售市场。因为在英国，中央银行的流动性是由贴现机构（Discount Houses）中转分配给商业银行的。为了得到优质资金（good funds）——放在央行中的存款，贴现机构必须向英伦银行出售最长期限为三个月的票据。最低贴现率由央行接受票据的最低利率决定。一般来说，最低贴现率的变化被看做中央银行货币政策变化的信号，会引起整个同业市场和银行基础利率的迅速反应。由于银行密切跟随最低贴现率以制定其基础利率，而按揭利率又与基础利率保持同方向，因此，贴现率的上升，必然会影响整个银行零售系统。

英国央行在1992年9月16日宣布把它的最低贴现率从10%提高到12%，翌日提高至

15%，使短期市场利率随即上升。但是利率的变动并未阻遏英镑资产的抛售，英镑汇率也并未从汇率机制变动幅度的底价上升。政府不得不正式宣布退出汇率机制，英国央行也不得不撤销9月16日最低贴现率从12%上升到15%的加息决定。在经过一轮减息后，最低贴现率在1993年1月26日才降至6%。

宣布提高最低贴现率未能使英镑从其底价回升，相反，更加剧了英镑的抛售潮。造成这一结果的原因可能是市场将提高利率的行为，解读为央行不再干预市场的信号，因为市场普遍认为高利率是难以为继的。此外，衍生工具也加剧了危机的深度，外币证券的持有者纷纷部署货币认沽期权或合成期权以对冲手中的证券。与此同时，银行也利用合成认沽期权对冲它们所持有的场外衍生工具。如果银行和退休基金以及投资银行一样，做成认沽期权交易，那么它们就等于在承诺进行一项动态交易策略（dynamic trading strategy）。当受冲击货币的利率与本国利率的差别上升时，它们可进行货币的现汇或远期抛售。因此，如果合成认沽期权所要求的动态交易足够大的话，以传统手法提高利率反而导致要保护的货币进一步被抛售。虽然动态对冲交易量到底有多大很难测定，但据估计，危机中货币抛售总量的5%～10%来自动态对冲交易。

（三）法郎危机

英镑退出汇率机制后，法国法郎面临巨大的冲击压力。1992年9月21日星期一，法国全民公决仅以微弱多数通过《马城条约》后的第一天，法国法郎在纽约一开市就遭到巨大抛售。在危机中，法国从一开始就使用外汇市场干预手段，使汇率保持在略高于底价的水平，触发了德国联邦银行必须通过短期金融债务贷款的义务。

9月23日早晨，法国央行将短期回购率提高250个基点到13%，其后，法德两国央行行长和财长发表联合声明，宣布法郎/马克作为条约的核心汇率平价将不会变更，并且两国央行将同时在外汇市场进行干预。尽管市场险境并未到必要干预（compulsory intervention）的程度，但两国央行还是进行了大规模的可能需要的干预（intra marginal intervention）。这也是德国央行第一次在汇率高于必要干预的水准上进行的市场干预。9月23日下午，当来自纽约的压力减轻和德国直接干预后，市场终于稳定下来。9月底，投资者重拾信心，购入法郎。炒家抛空货币通常为期一个月，大多数流失的储备在一个月后又重新流回法国。至10月底，法国外汇储备309亿美元，比危机前的285亿美元略有增加。

法国当局起初只依靠市场干预，9月23日在炒家的狙击继续升温时，才转向使用利率手段。法国央行通过两个渠道向货币市场提供流动性：一是低价拍卖机制，该机制9月份的利率是9.6%；另一个是高价的5～10天回购机制，9月23日，回购协定的利率从10.5%上升到13%。与高利率惩罚投机商相区别，银行可以得到较便宜的资金，以满足正常商业的需要。尽管利率已大幅提高，这些资金却按不变的基本利率流至商业客户。

由于危机期间央行持有的有限的可贴现票据（政府债券和其他合格证券）难以应付上升了的再融资利率的流动性需求，使货币市场隔夜拆息维持在25%～30%之间达数周之久。可贴现票据大多由法国货币市场互惠基金（SICAV）所持有，这些基金主要由银行管理。银行自有的可贴现债券数量有限，SICAV又必须在其组合中保持一定比例的可贴现票据。于是通过这样的利率机制，法国央行既能增加投机者的融资成本，又不需使用有关票据回购机制，避免一般利率水平的上升。

专栏

美国长期资本管理公司

美国长期资本管理公司（Long-term Capital Management）是一家总部设在康涅狄格州郊区格林威治村的对冲基金管理公司。它所管理的对冲基金规模最多时约70亿美元。美国长期资本管理公司在众多的对冲基金家族中虽然规模并不算最大，但是它与众不同的最大的原因是来自公司背后众多具有显赫名声的明星合伙人和基金经理。在这些明星合伙人和基金经理中，既有名牌大学教授、诺贝尔经济学奖得主，也有前美联储官员及著名投资银行的明星交易员等，这种人员的组合被认为是理论与实际的完美结合——“明星梦幻组合”。

长期资本管理公司的16个一般合伙人中，有1997年的诺贝尔经济学奖得主美国斯坦福大学迈伦·斯科尔斯（Myron Scholes）教授、哈佛大学罗伯特·默顿（Robert Merton）教授，前美国联邦储备委员会副主席大卫·穆林斯（David Mullins），前所罗门兄弟公司的副董事长约翰·梅里韦瑟（John Meriwether），前所罗门兄弟公司债券交易部主管罗森费尔德（Rosenfeld）等。在这样的一个明星梦幻组合中，约翰·梅里韦瑟处于核心位置。

1994年2月，约翰·梅里韦瑟主持并与其他9位合伙人一起在康涅狄格州的格林威治村创建了美国长期资本管理公司。10位一般合伙人共出资1亿美元，长期资本管理公司每股要求为1 000万美元，不论基金盈或亏都要收取2%的管理费，并另收取盈利的25%作为业绩报酬。基金又从其他投资者手中募集了11.5亿美元的资金，创下了当时新成立对冲基金筹资的最高纪录。长期资本管理公司的投资者中多数是一些著名的金融机构或超级富豪，例如J.P.摩根、美林证券、高盛证券、瑞士联合银行、大通曼哈顿银行等。很多投资者由于敬仰长期资本合伙人的名气和以往交易的历史而投资于该对冲基金。自成立到1997年底，该基金的资产从成立时的12.5亿美元迅速增长到48亿美元。

长期资本管理公司基金经理的投资理论依据是：在任何两种相似的金融工具（例如国库券和公司债券之间、股票价格和期权之间等）的价格存在较高的相关性的基础上，在较高的正相关性的情况下，当一种金融工具价格上升时，另一种金融工具价格也相应地上升，组合中的多头金融工具获利，空头金融工具亏损。反之，当两种金融工具价格都下跌时，多头出现亏损，空头出现获利。在价格正相关的变化过程中，如果两者的价格变化相同，即价差不变时，出现盈亏相抵；如果两者的价格变化不同，即价差收窄时，就能获取盈利。但当正相关的前提条件发生了变化，由正相关逆转为负相关时，则会出现多头与空头亏损，或多头与空头盈利。

在“比较价值投资”理论的指导下，长期资本管理的基金经理、交易员、经济学家、金融工程师及计算机程序员等通过编制的计算机程序进行建模，通过计算机系统处理大量连续精密的计算，得出两个不同市场债券间的最新价格差和正常历史价格差之间的偏差。基金经理在金融市场上寻找投资产品的“不正常”的关系，一旦他们发现了投资产品存在这种异常，那么他们就会购入“低估”的金融产品，同时卖空“高估”的金融产品。

长期资本管理公司最大的投资领域是美国政府债券、其他机构债券，包括各种公司债券、住房抵押担保债券等。由于美国联邦政府债券，即美国政府国库券，是以国家的信誉为担保的，因而它具有很高的安全性。其他的机构债券，由于发行机构或担保机构不同，因此不同的机构债券具有不同的投资风险。公司债券的回报率与国库券的回报率之间的差别称为

"利差"。在正常的经济环境下，这一利差是相对稳定的，一般它在一个范围内波动。对于长期资本管理这样的对冲基金来说，它所寻找的就是这种波动超出它认为是正常的范围的时机。当利差变大时，对冲基金经理认为相对于公司债券来说国库券的回报率太低了，国库券的价格相对于公司债券的价格会下降。因此，它会大量买进公司债券，同时大量卖空国库券，如果市场走势证明对冲基金经理的判断正确，即两者之间的价格差别缩小了，那么对冲基金就可获取利润。"对冲"在这里表现为公司债券或国库券的绝对价格上升或下降并不重要，重要的是它们之间的相对价格，只要它们之间的价格差别缩小了，那么无论两者的价格怎么变化，对冲基金都能获利。但是，如果市场预期发生变化而导致债券之间的价差扩大，则对冲基金就会发生亏损。

长期资本管理公司最重要的利润来源是债券套利。传统意义上的套利通常指在不同市场上买进卖出同一种产品，从而利用不同市场间的差价来获利的行为。随着远期合同成为越来越普遍的投资工具，现在的套利把债券与期货合约结合起来。特别是 20 世纪 70 年代布莱克-斯科尔斯模型（Black-Scholes Model）的建立，人们有了衡量期权价格的工具。由于债券期货合约是金融衍生品，它的价格是由它所代表的债券的价格衍生而来的，因此，在两者的价格之间存在着紧密的关系。金融衍生品所代表的某种金融工具的价格不应偏离金融工具本身的合理的价格，即考虑了利率、风险、时间等各种因素后计算出来的价格。从阵容上来说，长期资本管理公司具有最强大的债券套利的队伍，以迈伦·斯科尔斯教授、罗伯特·默顿教授为首的研究人员建立起一套复杂的计算机程序系统，用来捕捉金融工具及其衍生品的价格之间的细微差别。例如，某种特定债券的期货交易价格高于按照现货价格计算出的合理价格，那么他们便认为期货价格被高估了，或者现货价格相对低估了。于是，对冲基金经理便会买进现货，同时卖出期货合约来套利。

长期资本管理公司的诱人之处还在于"精英"们管理的基金为投资者提供了丰厚的回报。该基金 1994 年的投资回报率为 28.5%，1995 年的投资回报率为 42.8%，1996 年的投资回报率为 40.8%，1997 年的投资回报率为 17%。1997 年底，长期资本管理公司对在 1994 年 2 月加入该基金的投资者派发了高达 1 美元分 2.82 美元红利的投资回报，并礼貌地劝部分投资者退出基金，只保留少数核心的客户。为了限制更多的资金投入，投资者必须同意投资期锁定 3 年。长期资本管理公司 1998 年初管理的资金为 48 亿美元，梅里韦瑟等合伙人的个人资产迅速增加到 6 亿美元。

长期资本管理公司仅在 1998 年上半年的投资额就高达 900 亿美元，大多数资金来自华尔街银行的贷款。这些银行家们对长期资本管理公司的运作十分信任，不仅将银行的大额资金借贷给该基金，而且某些人甚至将自己的私人资产也投资在该基金中，他们认为精明的长期资本管理对冲基金的管理者能够有效地规避风险。

1998 年，长期资本管理公司的基金经理认为，日元利率仍会维持低位，而俄罗斯政府债券价格会逐步上升，美国政府债券价格会下降。随着欧元的亮相，欧洲各国政府债券的价差必然缩小。因此，长期资本管理公司一方面借入日元兑换成美元后，买入俄罗斯政府债券；另一方面沽空德国债券，买入意大利、丹麦、希腊等国的债券。

虽然 1996 年长期资本管理公司利用上述投资策略和电脑建模技术获得了巨大投资收益，但 1998 年第二季度以后，长期资本管理公司的处境开始变得不妙。首先是在 1998 年 5 月份基金损失了 6.5%，随后 6 月份基金又损失了 3%。基金在 1998 年上半年亏损了 35%，这是自该基金运作以来首次出现负增长。起初管理层面对这种情况表现得比较镇定，他们认为这种情况是暂时的，市场也许很快会变得好起来，在事件结束后仍会回到正常的水平上来。

1998年，长期资本管理公司的基金经理认为公司债券与房屋抵押债券的利率已高出国库券的利率很多，它们之间的差别超出了正常的范围，于是开始大量卖空国库券，同时买进其他认为低估了的债券。这种投资策略是建立在投资者相信其他债券和国库券之间的利差是会逐渐缩小到正常水平的前提下的。但1998年8月17日，俄罗斯宣布将卢布贬值，停止国债交易，将1999年12月31日前到期的债券转换成了3～5年期债券，冻结国外投资者的贷款偿还期90天。俄罗斯债务危机很快蔓延成全球性的债务恐慌，人们不单单抛售新兴市场债券，到8月21日，在美国国内，投资者恐慌地抛售企业债券，抢购国库券。这使得公司债券价格进一步下跌，而国库券价格则一路上扬。它们之间的利差也进一步扩大。由于国库券回报率下降，房屋抵押贷款的利率也下降，引起房屋抵押债券的价格下降。因而，房屋抵押债券与国库券之间的利差进一步扩大。一般债券由于其风险性高于国库券，因而回报率也高于国库券，1998年年初时，这个差别为3%左右，但到了8月底，该差别已扩大到了6%以上。有分析认为，利用“相对价值”投资理论判断失误，俄罗斯金融危机的小概率事件的发生是长期资本管理公司濒临破产的主要原因之一。

在华尔街，由于人们担心可能到来的金融危机会最终引发美国乃至全球性经济与金融危机，投资者竞相转移投资到风险较低的美国、德国政府债券市场以规避投资风险，从而导致美国、德国政府债券的价格上涨，而意大利等其他政府债券的价格下跌。此次事件造成几乎所有的从事债券交易的投资者都受到了一定程度的打击。但对长期资本管理公司来说，它受到的打击更为严重，到1998年8月份结束时，长期资本管理公司的资金只剩下23亿美元。仅8月份一个月，长期资本管理公司的资产下跌了44%，1998年前8个月，长期资本管理公司损失了57%的资本。在欧洲金融市场上，由于长期资本管理公司寄希望于1999年1月1日启动的欧元会使得各国政府债券的回报率变得相近，长期资本管理公司买入了价格较低的政府债券，如意大利政府债券，而卖空了价格较高的政府债券，如德国政府债券。但当恐慌发生时，投资者纷纷买入安全性高的德国政府债券，而出售安全性相对较低的意大利政府债券，两者回报率之间的差别扩大了。在这几种情况下，长期资本管理公司持有一种债券的同时卖空另一种债券的投资策略不仅没能减少投资风险，反而由于两边都与市场方面相反而加重了投资损失。对冲基金利用较高的财务杠杆比率，集结巨额资金在金融市场上不断创造出一个个的神话。长期资本管理公司借助计算机模型分析常人难以发现的获利机会，这些交易的利润都非常微小，只有通过规模效应，运用高比率财务杠杆将交易规模放大，才能提高权益资本回报率。长期资本管理公司运用过度财务杠杆比率是该基金前几年能够获得高回报率的一个重要原因，但是凡事有利必有弊，较高的财务杠杆比率本身就意味着风险的放大。一旦做出错误的投资决策，那么杠杆效应所带来的亏损的后果也是严重的。

在正常的市场环境下，它从事的债券套利交易所涉及的债券的利率变化非常小。为了从分分秒秒的微小变化中获得利润，长期资本管理公司大量地进行借贷。1998年年初，长期资本管理公司的资本金为48亿美元，但它通过借贷所运作的资产，包括债券、股票、外汇及期货等，金融合约额高达1 200多亿美元。也就是说，该基金杠杆比例高达20多倍。长期资本管理公司在短短的几个月内亏损额高达43亿美元，从而使长期资本管理公司的资产下降了80%以上，就是由于杠杆效应的反向作用所引致，高财务杠杆率的使用同样也是加重它这次投资损失的另一主要因素。

长期资本管理公司的巨额杠杆交易震惊了英国、美国及瑞士的银行业监管机构，它们已开始采取严厉措施，限制银行向对冲基金贷款。众多银行已经取消对对冲基金的贷款额度，或者至少提高对冲基金的资本比例，对冲基金杠杆交易放大资金的能力受到了市场的限制。

1998年8月底，各种消息纷纷浮出水面，那些贷款给长期资本管理公司的金融机构此前一直都不知道对冲基金的借贷比率如此之高，这使它们大吃一惊，于是纷纷停止新的贷款，而且还督促对冲基金还贷或提供更多的抵押担保金。此时，长期资本管理公司唯一的选择就是把基金持有的资产在市场上出售。但市场上的交易商早已预期到一些对冲基金可能不得不出售持有的那些安全性较低的公司债券或住房抵押债券，造成这些债券的价格继续下跌。尽管同3个月前相比，债券的价格已显得非常便宜，但很少有投资者继续买入这些债券。而在国债市场上，由于人们认为长期资本管理公司卖空了大量的国债，它最终要买回那些卖空的国债而使得国债价格上升，加上为了避免风险，交易商纷纷买入国债，这更进一步促使国债的价格节节上升，美国政府30年公债当时达到历史的最高价格。

根据美国《机构投资者》杂志报道，长期资本管理公司在1998年夏季时持有的1 070亿美元的投资组合当中，大部分是7大工业国的主权债券，其余则包括2亿美元灾难债券（可对冲天灾损失）、10亿美元高息债券、20亿美元新兴市场债券、5亿美元有抵押商业票据，以及130亿美元股票及相关证券。

长期资本管理公司在1998年9月初时，把它的总资产从1 200亿美元降低到了900亿美元，但它的资本金在9月中旬已亏损到只有6亿美元。而且这6亿美元也仅是账面上的资产，如果它被迫出售资产清偿债务，那么长期资本管理公司只有宣布破产。

由上可以看出，由于长期资本管理公司过分依赖数学模型，而数学模型遵循的是“大数定律”，一些小概率事件的风险不能得到有效防范，而正是这些小概率事件把包括长期资本管理公司在内的许多对冲基金拖下了水。本来对冲基金数学模型的显示是正确的，例如，与美国国债相比，美国公司债券价格偏低，所以长期资本管理公司实施购入抵押债券、卖空美国国债的战术是正确的。但是最精确、复杂的数学模型也不能完全预测市场实际变化的规律，俄罗斯金融危机的爆发完全出乎人们的意料，同时东南亚新兴市场的金融动荡也开始将危机传染到美国。投资者为了安全起见，纷纷抛售公司债券而大量购买国债，使国债的价格大幅飙升。由于长期资本管理公司的基金经理对市场走势预测错误，致使长期资本管理公司在多空双方全部失手。长期资本管理公司的基金经理尝试与各方接触，以获得新资金注入，也曾寻求索罗斯5亿美元的支持，但索罗斯没有同意，最后不得不向美联储请求救援。

（四）对冲基金对新兴市场的危害

对冲基金对市场的危险性更集中和强烈地体现在它们对新兴市场的掠夺和破坏活动中，例如，1994—1995年墨西哥金融危机、1997—1998年亚洲金融危机等。尤其在亚洲金融风暴中，不受监管的短期资本流动不仅把整个亚洲地区搅得天翻地覆，引发严峻的经济、政治和社会骚乱，并且通过金融危机的传染和影响波及全球市场，特别是俄罗斯和巴西新兴市场。

对冲基金，主要是以索罗斯、罗伯逊、长期资本管理、摩尔等为代表的对冲基金动辄以数十亿美元狙击各国货币的全球宏观基金，通过金融衍生产品的力量，同时买空或卖空股票、股票指数、货币、货币期货等金融工具而操控市场。这些基金手上把握着雄厚的货币资产，如索罗斯基金和老虎基金在鼎盛期皆有220亿美元以上的资产。它们再通过国际大银行、大投资银行以数倍数十倍的杠杆借贷，就能随心所欲地“玩弄”市场。而这是任何一个政府，无论它有多少财政储备或外汇存底都无法比拟的。

这些基金的“威力”在于，还能通过它的“领头羊”作用，带动国际大金融机构特别是投资银行遍布全球的“自营”交易网络，或其他较小的投资基金跟风投资，雪球越滚越大，直至产生市场恐慌和崩溃。面对这样的投机盘，没有一个国家和地区，更不用说发展中国家和地区能够保全自己的货币不被冲垮。日本是拥有外汇储备最多的国家，当时也只有 2 000 多亿美元，其次是中国，有 1 400 多亿美元，排名第三的中国香港大约有 900 亿美元，而在挣扎中求生存的印度尼西亚只有 170 亿美元，菲律宾只有 80 亿美元……1997 年马来西亚总理马哈蒂尔在中国香港举行的世界银行国际货币基金年会上，愤怒斥责索罗斯之流的对冲基金，不顾各国政府和人民的灾难，狙击各地区货币的行为是“流氓交易”。如果当时人们能够认真听取马哈蒂尔的愤怒警告，那么本地区的市场可能不至于被抢夺得如此悲惨。虽然他的怒吼未得到广泛的支持，人们对刚刚发生的危机感触不深，但毕竟开始引起全球的注意。随着危机的蔓延，欧美各国监管当局也开始关注对冲基金对市场的危害，开始接受亚洲各国和地区的首脑们关于监察对冲基金的诉求。

宏观对冲基金专门从事货币、债券和股票套利交易，利用各种金融技巧在多个市场同时进行股票、指数、货币或债券的买空卖空，正像 1997 年它们在亚洲各国，1998 年在中国香港、巴西、俄罗斯以及其他地区所做的那样。大多数宏观基金手里都控制着数以十亿、百亿计的美元资产，通过利用衍生产品以及它们与投资银行及其他大金融机构的特殊关系，它们还能调动几十倍于自有资本的资金，使财务杠杆达到数十倍的债务/资本比。而在绝大多数上市公司里，债务通常不会超过总资产的 50%，债务/资本比率高于 1 就会被市场认为杠杆过高。

国际大金融机构亦起了恶劣的推波助澜甚至是兴风作浪的作用，它们轻率地把巨额的信贷批给少数私人合伙制基金（长期资本管理只是众多得到投资银行大量融资的对冲基金之一）。而与相对于对冲基金可利用国际金融机构大量借贷从事金融交易不同，那些需保护自己的货币及金融市场免受投机狙击的国家和地区，却需要动用真金白银与对冲基金相抗衡，而这些资产本应亟须用来改善其国民的福祉。香港在 1998 年 8 月抗击国际炒家一役中，就动用了近 150 亿美元的外汇储备，相当于全部外汇储备的 15%，当时香港拥有的外汇储备居全球第三位。

对冲基金的联动操作，同时狙击他国的货币和其他资产市场，如股市、股市指数等，与内部交易和证券操控行为相比，实际上都是造市行为，甚至是更严重的市场操纵行为。内部交易和证券操控被监管部门定性为金融违法，通常会被处以罚款或监禁，而冲击他国货币和其他金融市场的对冲基金却不受任何惩罚。两者都是金融市场操控，都会造成受害者。内部交易或证券丑闻的受害者是其他市场参与者或投资者，而对冲基金所狙击的货币和金融市场的受害者却是一个国家或地区以及它的人民。

网络和资讯技术的发展，使国际金融市场日益连为一体。国际市场全球化是一把“双刃剑”，在短期资本不断追求利润的驱使下，投资者可在全球范围内昼夜买卖金融现货和期货，在可能快速获利的同时，也可能加剧损失的速度。金融市场的全球化不可避免地使各个国家的市场相互联系和影响，当前没有任何一个国家可以真正保持其经济“主权”独立，或完全控制其经济活动不受国际市场力量的影响。但这种情况并不能成为对冲基金无情狙击有关国家和地区，特别是新兴市场的借口。以发达国家占统治地位的金融市场都把美国的经济指数作为标准，任何达不到这个标准的经济体都被认为是不健全的，存在漏洞，对冲基金于是就可以冠冕堂皇地利用漏洞冲击这些经济体。这种强盗行为不仅不受到谴责，反而被认为是天经地义的，甚至被美化成“医生”对“病人”的诊断。

利用高杠杆进行投机的不只是对冲基金，投资银行自营部门所使用的杠杆可能比对冲基金更高，因为它们能更轻易地得到资金。这些自营部门也应该受到严格的监视，否则它们会像对冲基金一样扰乱市场。1996 年 3 月 29 日，野村（Nomura）在悉尼股市当天最后 30 分钟时狂抛近 6 亿澳元价值的股票，企图将股市指数压低 10%，以便在澳大利亚普通股指数期货合约的套利交易中获利。澳大利亚证监当局指责野村在伦敦和中国香港的交易员合谋造市，证据是伦敦和中国香港股票交易所提供的电话录音（这两个交易所要求所有经纪的电话都必须有记录）。这还是发生在市场较为成熟的澳大利亚，对于许多新兴市场来说，不仅市场规则不完善，而且没有足够的资源和技术监察市场。可想而知，在架构还不完善的新兴市场里，类似野村造市的行为可能每天都在发生和重复着。

四、对冲基金的监管

（一）发达金融市场的漏洞

直到长期资本管理公司出事前，在美国乃至发达国家监管当局眼里，对冲基金不会带来系统风险，不会向金融监管系统提出挑战，现行的监管架构和风险管理程序完全有能力维护金融市场和系统的稳定性。但现实情况并非它们所希望和想象的那样。随着金融创新的不断发展、新金融工具的持续涌现以及现有金融产品在新技术环境下的不断演进，金融监管的对象、内容都发生了相当大的变化，客观上要求监察的程序和方法亦要做相应的改进。一方面，许多金融中介机构已经没有足够的能力来评估对冲基金交易所产生的风险，特别是在有关投资工具信息不足，对冲基金有意保持神秘运作的情况下。另一方面，监管当局已不能再完全掌握和驾驭市场的变化。在有组织的交易市场中，当局尚能辨别大额交易的动向，但在非交易所市场交易中却缺乏此类活动的信息。因此，无法确定在何种程度上，无监管的场外交易产生的风险会影响受监管的市场。在正常情况下，这些风险虽然很小，但却很难量化，必须有足够灵敏的监察能力才能保证不使这些风险逐步积累以至引发系统危机。

长期资本管理公司险些引发市场系统危机的事件，就充分暴露了发达金融市场存在的监管漏洞。在 1998 年初，长期资本管理公司拥有约 40 亿美元资本金，在这个基础上，它被允许从国际顶级大金融机构借贷 1 250 亿美元，用以投资各类证券，主要是债券和股票，以图从不同证券价格变动差异中获取利润。而这 1 250 亿美元的金融资产又被用作抵押，以从事各种衍生产品的交易，这些衍生产品合约所代表的相关价值高达 12 500 亿美元。以 40 亿美元的资本玩起价值 12 500 亿美元的交易，长期资本管理公司的财务杠杆高达 300 多倍，换句话说，长期资本管理公司债务与股本比例是 300∶1，会带来灾难性恶果。长期资本管理公司事件说明目前发达国家的金融系统存在严重的结构缺陷。各大银行和金融机构风险管理严重不足，过分依赖某些风险管理技术，例如风险计价（value-at-risk，VAR）模型、标志市值（mark-to-market）模型及据此计算的边际抵押数额。当市场发生危机时，现行风险管理体系和措施对市场所盛行的高杠杆交易几乎不再起防范作用。美联储主席格林斯潘在国会银行委员会在长期资本管理公司危机后关于对冲基金的听证会上，亦表示长期资本管理公司的倒闭有50%的可能引发系统危机。

美林的例子就充分反映了美联储所担心的事情。作为全球首屈一指的金融机构，美林的风险管理本应万无一失，但它与长期资本管理公司的市场风险暴露，按标志市值计算高达14亿美元，这几乎是美林当时43亿美元有形资本的三分之一。在正常情况下，这些风险都有高等级资产抵押。然而在1998年9月份不正常的市场状况下，与对其他机构一样，市场亦担心美林抵押不足。但美林当时仍在掩盖其风险暴露，宣称其风险完全有现金和政府债券作担保，其净风险暴露（按市场现值）是零。它拒绝出席美国国会关于对冲基金的听证会（其他参与长期资本管理挽救行动的成员都有出席）。但当美林在1998年9月披露了它9年来的第一个季度亏损后，美林不得不重组其风险管理班子，将信贷风险与市场风险管理更紧密地连在一起。

长期资本管理公司事件后，人们开始批评银行低估了长期资本管理公司充满风险的交易，过分迷信前所罗门明星经理梅里韦瑟的能力以及诺贝尔经济学奖得主迈伦·斯科尔斯和罗伯特·默顿的期权定价理论。长期资本管理公司交易的特殊性可能不易理解，但其高杠杆的危害性却并不难看到。在招股书中，长期资本管理公司也曾警告投资者，它将不停地使用高杠杆，盈利将波动较大。而另一方面，在事件发生前，类似的高杠杆，对从事定息工具和货币交易的对冲基金来说，并不罕见。根据美国国会银行金融委员会主席詹姆斯·里奇（James Leach）的说法，大约三分之一的对冲基金都属于高杠杆。但更可怕的是，高杠杆的效应由银行借贷高倍放大，而这些银行本身又是高杠杆机构。

更严重的是，类似长期资本管理公司的离岸对冲基金可通过各种豁免不受监管，它们的附属机构及其他对冲基金亦是如此。美国大多数与长期资本管理公司有风险暴露的证券行的交易活动都不属受监管的经纪范围；而受联储监管的银行，其交易的监督又常常被忽略。衍生产品交易通常不包括在银行的账上，只记录在受联储监督的银行控股公司表中。全球大约4 000家对冲基金中，管理的投资资产约3 000亿美元，但估计这些基金与投资银行的交易所涉及的总资产约为2万亿美元。1998年9月长期资本管理公司事件曝光后，投资银行纷纷披露对冲基金造成的风险，以减轻市场对它们的疑虑。大通承认有32亿美元资产面临风险（相当于有形资本的13%）；摩根披露有9亿美元风险暴露（相当于8%的资本）；信孚为8.75亿美元（相当于资本的17%）；雷曼为4.47亿美元（相当于资本的8%）；美国银行为4亿美元（相当于资本的1%），不包括在对冲基金DEShaw中的股本投资损失。当时正在筹备上市的高盛，与美林、J.P.摩根一起领衔挽救长期资本管理，成功地逃避了披露要求，但许多银行家相信它的风险暴露比美林的14亿美元还要多。刚完成合并（包括所罗门斯密斯巴尼）的花旗集团（Citi Group）亦没有公布其风险暴露。

某些风险暴露来自抵押贷款或反向回购协议（美林大部分的风险暴露都是因此造成的）。只要抵押品是高等级或现行的政府债券，而且在出贷者手里，那么这些贷款几乎无风险。但如果抵押品是流动性欠佳或评级较低的债券，那么在不利的市场条件下，抵押品就不能完全担保先前做出的贷款。如果交易盘更进一步包括衍生产品，其抵押品担保的仅是净标志市值，那么披露的风险就不包括未来可能的风险暴露，而后者才更确切地反映交易对手的信贷风险（只有美林和雷曼披露了未受担保的交易，美林表示有0.84亿美元未抵押的交易是与对冲基金做的合约，而雷曼与其他对冲基金的交易为0.72亿美元，皆无抵押，但与长期资本管理公司的0.32亿美元交易都是有担保的）。

在长期资本管理公司事件中，还充分暴露了银行抵押数量和形式所存在的问题，令人担忧。在任何担保协议中，最重要的保护是将抵押品送交给债权人，然后放在分立的账户里（典型的是交给保管人托管）。然而银行和证券行经常根据“担保协议”相互借贷，而协议只是要求借方同意在其账户中分割出一定的资产归债权人所有，并不要求送交抵押品。虽然以这种方式放款给对冲基金并不常见，但金融机构竞相以优惠条件贷款给像长期资本管理那样有名的对冲基金已成时尚。有些债权人不仅不要求对冲基金以回购协议超额担保（over collateralize）其交易，反而允许它们在一对一的基础上借款。一般来说，在政府证券市场，经纪贷出 98 美元、收取 100 美元证券作抵押。如果对冲基金以 100 美元作抵押借 98 美元现金和证券，那么现金贷款就被称为超额 2%担保。借钱应有个限度，每次借钱都必须有 2%的超额抵押。但如果银行不要求超额担保，则借贷就可能无止境，因为一对一回购可无限循环。在市场坚挺时，许多金融机构往往会取消对某些著名基金的超额担保要求，这是高杠杆形成的原因之一。

造成高杠杆的另一种原因是长期资本管理或其他对冲基金所使用的债券套利形式或“市场中性”策略，这种策略可以“自我融资”。当套利者卖空时，他们将借来的证券抛空，用所得买多头，多头又被用作借贷抛空的抵押，如此往复循环。从一开始，这种套利策略就为银行带来同日无抵押风险（intraday naked exposure），所用的融资手段是信贷额度。当多头所得不够卖空抵押时，如同长期资本管理公司的卖空国库券买入其他资产策略一样，损失就开始累积，便要求更多的抵押金，因为抵押金是根据每日的标志市值计算的。当资产价值连续下跌时，债权人会忽然发现数日内价格波动的总和往往大于单日波动。由此可见，借出现金而不做抵押是十分危险的。

而拥有抵押品也并不能保证不受交易对手总体风险的困扰，一旦违约，抵押品的流动性就难以保证，这反过来危及债权人自己的对冲交易。例如，1998 年 8 月俄罗斯债券危机后，许多银行家曾认为他们的俄罗斯债券风险很小，并且已经进行了对冲。但是为他们提供对冲的正是俄罗斯本国的银行，他们到头来发现这种对冲并不能得到多少保证。

而这正是市场在长期资本管理公司事件中所犯的错误。在事件前的一年里，甚至当全球市场开始动荡时，金融机构仍竞相向对冲基金放贷，杠杆持续升高。大证券商是对冲基金的交易结算行，但它们也是通过各种渠道向对冲基金放贷的主要机构。对冲基金借取的证券主要来自退休基金。以前，这些退休基金的证券是通过保管银行借给经纪，经纪又转借给对冲基金。但 1998 年前后，许多证券行以较高的利息回报直接向退休基金借贷，甚或向所隶属的基金借贷。在长期资本管理事件中，涉入较深的两家著名机构——美林和瑞士银行就是不遗余力争取对冲基金业务的典型。这些变化意味着从前行之有效的防护方法已经不再起作用了。据许多退休基金经理反映，有些证券行甚至拒绝承诺，当对冲基金借贷后违约不能及时归还证券时，证券行会设法保护退休基金的利益。这在以前是不可想象的事情。

正是这些金融机构，包括大银行和大投资银行，为着自身利益，不顾市场可能产生的后果，为对冲基金的恶性投机活动提供资金，把融资杠杆推向危险的高度。而现行金融监管体系既不能直接限制对冲基金和其他高杠杆投资机构的投机交易，又不能阻止其他金融机构向对冲基金“输血”从事危险的买卖。这就使得对冲基金由其神秘运作和高杠杆等本质特征所决定的潜在危险性发展成为现实的系统风险。

（二）对冲基金的监管

面对对冲基金业的发展，不同的国家或地区可能存在几种选择：放任对冲基金的发展；

对跨国的金融活动设置严格的管制，包括设定固定汇率、限制货币与资本流动、取消金融衍生工具的交易；以操纵对抗操纵，也采取对冲基金的运作方法以抵消对冲基金可能造成的负面影响；采取适当的政策手段，对操纵金融市场的行为加以约束，同时保持货币与资本的正常流动等。

1. 反对对对冲基金进行全面监管

反对对对冲基金进行全面监管的放任者们认为，对冲基金业中的主流是健康的，长期资本管理基金的失利仅仅是对冲基金业中的一个特例，大部分对冲基金是“套利者”，而非“投机者”，多数对冲基金在金融市场中起着承担风险和价格发现的作用。全面加强对对冲基金的监管不利于提高金融市场的运作效率，投资者还会失去一个很好的投资渠道。

美国财政部长鲁宾和美联储主席格林斯潘曾表示反对对对冲基金进行更严格的管制。他们认为，对冲基金的投资理念在全球范围内快速调整将对全球金融市场的流动性产生实际正面的作用。格林斯潘建议通过监督银行贷款来间接监督对冲基金，条件是美国的商业银行和投资银行完全有能力评估其贷款风险。

长期资本管理对冲基金的巨额亏损，涉及美国和欧洲的几十家大银行、经纪公司和证券公司等金融机构。美国出于自身的经济利益和金融体系安全的考虑绝对不会不管。如果不管，不仅是长期资本管理对冲基金本身要倒闭，更严重的是会造成有关的金融机构出现大量的呆账和坏账，使美国主要金融机构的运作陷入混乱，进而对美国的经济与金融安全构成威胁，并可能引发全球性的金融危机。然而美国出于自身经济利益考虑，并没有对对冲基金直接采取任何实质性的监管措施，而仅仅关心美国银行体系由于向对冲基金借贷而可能带来的负面影响。

美国财政部长鲁宾曾表示，政府正密切注视长期资本管理公司事态的发展以及其债权机构的动向。美国监管当局与华尔街金融机构组成的一个研究对冲基金的工作小组，预期将建议制定专业守则以代替直接监管。据曾接受咨询的安达信董事齐夫说，有相当广泛的意见认为不适宜直接监管对冲基金，而美国监管当局可能接受华尔街金融团体的意见，制定一系列建议及守则代替监管。

受到全球金融动荡及 1998 年长期资本管理公司事件的影响，美国监管当局已为银行制定了若干指引，协助银行处理高风险的客户。美国货币监理局向美国国内银行发出详细的指引，督促银行与对冲基金或其他高风险投资机构交易时，必须采取适当的风险管理与控制措施。

新指引中，监管当局强调利用各种现代科技的手段，建议银行运用计算机系统通过建模来评估风险，包括利用所谓的“压力测试”方法，去应付极端的市场情况。监管当局称，真实市场情况可能有别于由风险管理模式所产生的市场情况，并认为压力测试是价格和信贷风险管理过程中的重要一环，要求高级管理层密切关注。

监管当局警告，银行经理必须懂得银行对冲风险的运作，以确保提供适当的风险保障措施。有关抵押品的问题，监管当局建议银行不能过分依赖客户的抵押，以弥补金融资料提供的不足。同时也警告银行不应该认为有了抵押，就可以疏于监察客户的投资表现。

资本和先进技术的主要拥有者——发达国家总是处于全球化的中心地位，这种相对优势使它们在规则的制定方面具有主导权。发达国家总是一再要求其他国家或地区开放市场、实行金融自由化，尽可能减少政府干预。它们采用的是双重标准，美联储主席格林斯潘曾对香港特区政府入市干预对冲基金提出了强烈的批评，而对长期资本管理对冲基金的救助却表示了肯定的态度。他甚至明确提出，直接监管对冲基金会导致对冲基金将活动转移海外，从而降低美国金融体系的有效性。由于美国的金融监管体系比较完善，在其他国家或地区发生金融动荡时，资金会源源不断地流入美国，因此，放松对对冲基金的监管，真正的受益者是美国。

2. 加强对对冲基金的全面监管

要求加强对对冲基金进行监管的人们认为，资本的流动必须有序，对冲基金的交易策略过于复杂，管理者与投资者之间存在信息不对称。应要求对冲基金披露更多的信息，增加运作的透明度，加强对对冲基金融资行为的监管，加强国际监管机构之间的国际合作，只有加强对对冲基金的监管，才能保障投资者的权益。

在经历了最近的全球性金融危机后，各国对对冲基金冲击的灾难性后果有了充分的认识，因此纷纷加强了对对冲基金冲击的抵御措施。国际舆论普遍认为危机的爆发与现行的国际金融体系中缺乏国际监管机制，与各国或地区监管标准的不一致、监管不力等密切相关。同时，国际金融界对目前的国际金融体制也进行了深刻的反思，要求重建新的国际金融体系、建立对冲基金运作的国际监管机制和增强对冲基金运作透明度的呼声日益加强。

随着全球金融市场的发展和金融交易品种的不断创新，对冲基金在全球金融市场中的运作手法越来越精密复杂。这一现象就要求各国或各地区金融监管部门必须从宏观和微观方面加强防范措施，例如建立金融预警系统、危机处理机制和支援体系，同时在微观方面加强对各种投机工具运用的研究，建立高效、灵敏、快捷的信息收集体系，以便对对冲基金可能带来的负面影响及时做出反应。

国际金融市场上缺乏严格的信息披露规定，致使投资者缺乏足够的信息做出合理的判断，而信息不对称就必然会引起金融市场的大起大落。艾肯格林（Eichengreen）认为，国际社会应建立有效的监管机制，对银行及其他金融机构的国际金融活动进行监管，保证国际金融市场上的信息披露及时完整。当市场失衡和危机早期的信号出现时，投资者就可以采取措施进行预防，从而可以大大减少“羊群”效应和市场波动的幅度。

美国等发达国家也开始着手研究制定对冲基金的监管条例。因此可以预计，经过金融危机以后，现行的国际金融体系将会发生较大的改变，对冲基金乃至国际“游资”的国际监管机制将会逐步建立并发挥作用。

对冲基金的运作环境及方式将发生改变，一方面是由于国际监管机制的建立和各国尤其是新兴市场国家对“游戏规则”的修改；另一方面，对冲基金的投资人及贷款银行也会对投资动向及“杠杆比率”做出限制，这都会使得对冲基金在今后的运作中面临环境的巨大变化，投机的空间将会大为减少。同时，经历过惨重的教训后，对冲基金的经理人将会采取更为稳健而不是盲目追逐高利润的投资原则和运作方式，这也是对冲基金投资人对其的要求。

对冲基金的运作将会逐渐增加透明度，对冲基金以前的运作“行为诡秘”，其具体运作方式很少曝光。而危机过后，对冲基金的运作将很难继续保持其“神龙见首不见尾”的现状。一方面，对冲基金投资人将会要求对冲基金经理人向他们披露更多的资讯；另一方面，在建立适当的国际监管机制后，对冲基金介入各种市场的程度、在不同区域活动的方向和方式以及其融资杠杆情况，都会逐渐公开和透明，对冲基金的运作将从“黑箱”中逐步走出来。

长期资本管理这样的大型对冲基金，在正常情况下经常调动数百亿美元资金在市场内流动。这远远超过一些小国和地区的经济实力。大量资金的非正常流动会使弱小的国家和地区的外汇和证券市场发生难以预料的振荡，甚至给整个经济与金融带来灾难。不仅如此，1997年爆发的亚洲金融危机实际上已经几乎蔓延到了全球，使整个国际金融体系受到了严重的威胁。因此，对冲基金过去的一系列表现及部分基金的巨额亏损，已经引起了世界各国或地区各方面的密切关注。

美国众议院银行金融委员会主席里奇表示，国会将调查长期资本管理公司对美国经济所产生的系统风险，并且讨论证券管理委员会、商品期货交易委员会、财政部及联邦储备委员会等部门是否应该积极监管对冲基金的运作。

美国证券管理委员会主席里维特2000年10月20日表示，证券管理委员会正在与摩根士丹利及高盛等讨论强化对对冲基金的监管，以免再出现长期资本管理公司式的悲剧及影响国际金融市场的现象。可能的措施是加强信息披露和进行融资限制。但里维特同时也强调，在强化监管上要灵活，以适应目前网上交易飞速发展的新环境。

2004年12月美国证券管理委员会颁布《对冲基金规则》（Registration Under the Advisers Act of Certain Hedge Fund Advisers Rules），2005年2月生效，要求对冲基金经理进行登记。该法案遭到对冲基金业界的强烈反对和不满。美国金融家菲利普·戈尔茨坦（Philip Goldstein）（本人也是对冲基金经理）因此起诉美国证券管理委员会，美国证券管理委员会败诉，该法案因此被废止。

2008年秋金融危机最严重时，美国证券管理委员会出台《临时最终规则》，要求管理资产不少于1亿美元的投资管理人必须每周向美国证券交易委员会（SEC）提供卖空交易数据，美国证券管理委员会保证数据不对外公开，又招致对冲基金业的强烈反对和起诉威胁。

2010年美国通过《多德-弗兰克法案》（即《金融监管改革法案》），其中的“沃克尔规则”（the Volker Rule）禁止银行进行自营业务，也不得投资对冲基金和私募基金。经过半年的拉锯，该法案的最终版允许银行运用不超过自身一级资本的3%投资对冲基金和私募基金。

以上法规没有任何一部是专门针对对冲基金的。即便是对冲基金在2008年全球金融危机中闯下大祸后仍无专门法规监管，这真是让人啧啧称奇。对此我们在前文已有说明，对冲基金最初被限定只能私下向经济实力雄厚的富人群体和专业机构募资，由此将对冲基金隔离于大众之外并将其风险一并隔离。如此一来，美国政府就能腾出有限的监管资源更好地为大众利益服务，也因此保证了对冲基金的高度自由度和灵活度。

对冲基金强大的渗透力终于突破了美国政府的隔离墙，2008年的全球金融危机也令美国元气大伤，因此美国政府重新开始修补隔离墙。“沃克尔规则”的出台，核心就是切断对冲基金吸取社会大众财富的通道，将其重新赶回隔离墙内。尽管该法案的最终版本有相当的妥协，但相较当前美国主要机构投资对冲基金的资产占其一级资产的比重为10%～20%，达成3%的目标无疑将大大降低市场风险，保全社会财富。同时，我们注意到《多德-弗兰克法案》废除了豁免对冲基金注册的《投资顾问法》203(b)(3)，新的规定是：管理资产规模超过1亿美元的对冲基金必须到美国证券交易委员会注册其投资顾问行为，并定期报告资产数量、杠杆水平、交易信息和资产组合等关键信息；资产规模低于1亿美元的对冲基金由各州政府监管。这是一个重大的进步，然而仍然存在两点不足：(1) 对冲基金信息不予公开；(2) 该规定对于不在美国境内从事交易或美国本土客户少于15名的离岸对冲基金不适用。

国际货币基金组织曾批评银行界忽视对冲基金在全球金融市场的投资风险，并指责全球金融监管当局未限制银行向对冲基金提供贷款，令银行因对冲基金投资失败而蒙受损失。

国际货币基金组织曾就资本市场问题发表报告指出，各国的中央银行应加强限制银行向诸如美国长期资本管理等对冲基金的贷款，以免银行因对冲基金投资失利而招致损失。该报告称，市场早已知道长期资本管理公司喜欢进行高风险投资，而长期资本管理公司亦曾公开承认，若该基金的债权银行事先察觉到长期资本管理公司存在较大的投资风险，它就可能无法获得高额贷款进行高风险投资。

西方有的国家经常指责全球新兴市场缺乏透明度，令外资在亚洲陷入经济危机以后纷纷撤出新兴市场。而国际货币基金组织在一份报告中反驳了这种论点，报告指出，部分地区的金融市场虽然在过去出现动荡，但这些市场及身处其中的金融机构仍拥有全球最高的透明度。因此它建议有关方面应尽可能及早地发现并控制金融市场存在的风险。

国际货币基金组织在有关对冲基金的研究报告中，建议考虑在以下三个主要方面加强对对冲基金的监管：一是保护投资者的利益，在保护投资者方面，迄今为止监管部门对对冲基金的组建方式还是比较满意的，保护投资者并不是实施更严格管制的理由；二是市场的完整，如果金融市场上的价格发现机制扭曲，市场被操纵，潜在的投资者不能获得有效的信息，那么这样的市场是不完善的，加强市场运作的透明度、确保市场的完整是金融监管当局的职责；三是系统风险管理，其目的是防止过度的、不谨慎的融资行为。

国际清算银行在《与高杠杆金融机构往来时的审慎守则》中提出了加强对对冲基金监管的政策建议。主要内容为：完善登记报告和信息披露制度，提高基金的运作透明度；加强对对冲基金的融资限制，降低对冲基金的杠杆比率；完善市场交易制度，增加对冲基金进行高风险金融衍生工具的交易成本；限制向设在离岸地区的对冲基金投资；加强国际协调合作，建立有效的预警制度等（巴塞尔银行监管委员会，1999）。

德国中央银行行长狄迈纳要求监管当局不仅要注意公营机构运作的透明度问题，更要日益关注其他未被全面监管（特别是私营）的机构运作的透明度问题。

英国金融服务局已要求英国55家银行提供在长期资本管理及其他对冲基金方面的投资及贷款资料，有可能限制银行向对冲基金提供贷款。美国银行监管当局的高级官员认为："尽管目前对冲基金的活动仅占整个资本市场很小的百分比，但银行与对冲基金的交易量增长迅猛，特别是在衍生产品领域。"他督促银行要求对冲基金提供和披露更多的信息作为商业条件。

日本大藏省和金融监督厅向发达国家的金融当局建议加强对对冲基金的限制。该建议认为：不仅要监督为对冲基金提供资金的金融机构，而且将干预对冲基金本身的信息公开和运用方面。该建议同时督促提高作为对冲基金避风港的离岸金融市场的透明度，目的是对迟迟不公开信息的对冲基金制定惩罚性规定，建立世界通用的制度。日本政府之所以决定建议限制对冲基金，是因为它认为如果只对提供资金的金融机构加以监督，将"很难维持市场的稳定"。建议的具体内容将包括：把公开对冲基金的运作内容和规模等作为对冲基金的一项义务，同时对使用金融衍生产品的巨额金融交易进行限制。

新加坡提出应把能产生巨额游资的离岸金融中心纳入监管范畴，新加坡总理李显龙曾表示，应透过借款机构和其他交易对手予以监管，防止对冲基金在市场和监管机构不知情的情况下过量持仓。但他反对完全禁止对冲基金进行投资活动，或直接监管对冲基金。

各国监管当局很可能对对冲基金实行"追缴按金下限制度"，提高追缴按金的数额。前香港特区政府财政司司长曾荫权在欧洲访问时曾呼吁各国共同建立和完善国际金融监管机制，使较小的经济实体和庞大的国家经济体系都可得到稳定的经济环境，以保障世界经济的健康发展。香港前财政司司长曾荫权强调，只有国际在如何控制对冲基金、在国际各市场流动及管辖问题上有认同的纪律，令对冲基金有更多管制及披露性，才是最终解决免受狙击的方法。

亚太经合组织（APEC）草拟了公报，据悉，公报将促请各国和地区以“特别紧急的态度”处理区内曾发生过的50年来最严重的金融危机，包括使运作隐晦的对冲基金更多曝光。对于对冲基金，公报说：“各国和地区领袖认为，对涉及国际资本流动的私营机构，检讨其适当透明度及披露标准，是迫切所需。”该声明呼吁设立专责小组，“在这方面研究可行的建议”。马来西亚总理马哈蒂尔批评对冲基金的态度最严厉。不过，有的国家亦要求加强对对冲基金的监管。

一些对冲基金的管理者也出面大声疾呼加强对对冲基金的监管力度。索罗斯指责“各国政府和银行对对冲基金不负责任的借贷酿成了几乎摧毁整个资本主义制度的危机”，并呼吁国际社会严格限制国际资本流动。索罗斯希望把监管和调节分开。他个人主张，可以尽量多加强监管，但应尽可能减少调节。他还认为要把资讯收集和公开分开。他觉得政府当局比社会大众要掌握更多的资讯。但事实上，有时法律规定分开的资讯会引起不必要的价格波动。

老虎管理集团总裁罗伯逊也希望国际金融界实行一些调控对冲基金的规则。这些动态表明，部分对冲基金的巨额亏损及深刻的影响，必然引起各国政府和金融管理机构的极度关注。

随着发展中国家有关建立新型国际金融监管体系的呼声日益强烈，西方七国集团（G7）开始寻求建立一个“新机制”，以增强国际金融机构的资金实力，从而控制危机的蔓延。对于西方国家来说，最大的担心是像量子基金、老虎基金这样的大型对冲基金无力支付巨额杠杆借款，将银行拉入泥潭。倘若银行受拖累，收缩放贷，便会使经济持续发展失去动力。因此，在长期资本管理公司濒临倒闭之后，西方主要国家的政府开始意识到对冲基金的监管问题。

1998年10月30日，西方七国集团主席国——英国的财政大臣布朗宣布，国际货币基金组织将建立一项价值900亿美元的新基金，这笔钱将用作国际货币基金组织新的财政安全网，向遭受金融危机影响严重的国家提供紧急救助资金。同时，进一步强化对全球资本市场的监督和管理，防止国际金融形势再次出现动荡；建立一套对私营银行和企业进行有效监管的行为规范；尽快建立一项对货币和金融政策进行协调的国际性行为规范以及制定出对国际资本流动的新规则。这表明国际社会对国际投机资金的危害性认识渐趋一致，而严重扰乱金融市场的过度投机行为，特别是操纵市场行为已开始受到越来越多的限制。

七国集团领导人同意加强监管国际资本市场，加强全球金融体制的建立并防止未来的经济危机。七国集团的中央银行行长和财长发表了一个声明，建议增加国际货币基金组织的资源，给受到金融危机打击的政府提供短期信贷安排。这些信贷可供已列入国际货币基金组织同意的经济计划的国家或地区申请。七国财长亦表示，他们希望看到加强对他们自己国内的对冲基金的监管。

1999年2月20日，西方七国在德国柏林达成了加强对对冲基金监管合作的协议。七大工业国计划监察对冲基金的集资途径，作为更有效地监管短期炒卖资金流动的部分措施。根据计划，西方七国的金融机构必须向国际结算银行报告任何总额1亿美元或以上的贷款及衍生投资交易，金融机构需提供接受贷款者及衍生投资交易对手的身份资料。协议要求各国加强同国际机构的合作，密切交换有关对冲基金买空与卖空的信息，掌握对冲基金融资、衍生工具交易的整体情况，通过银行、证券、保险业等金融机构收集信息，强化金融机构与对冲基金交易的风险管理机制，建立信用供给框架。1999年4月26日，西方七国在美国华盛顿再次磋商加强对对冲基金的监管，探讨促进对对冲基金投资活动信息公开的方法等。

目前，对对冲基金等金融衍生工具的总体监管方面还没有达成共识，但巴塞尔委员会、国际证监会组织、欧洲联盟等国际金融组织纷纷采取了一些重大的国际性举措。

巴塞尔委员会在资本充足要求的新建议中，将风险权重的计算方法做了更详细的分类，其中会考虑将高杠杆比率机构（如对冲基金）定出较高的风险权重，即银行对对冲基金的借贷需持有更多的资本作支持。1999年1月28日，巴塞尔银行管理委员会发布了《银行与高杠杆率机构往来》的报告和《银行与高杠杆率机构往来的稳健方法》的指导原则。巴塞尔银行管理委员会主席麦克多诺在报告发表之际表示，他希望银行以及银行监督部门充分重视这方面的潜在风险，全面评估和确立有关对冲基金的风险管理机制。

《银行与高杠杆率机构往来》报告提出的主要建议包括：针对投资对冲基金的风险，银行必须在整体的贷款风险管理框架内建立有关银行与高杠杆率机构往来的明确的政策与程序，建立健全的信息收集、贷款分析和监督手段，作为信贷风险管理制度的一部分；确定大宗证券交易以及金融衍生交易的风险限度以及向对冲基金贷款的上限；在向其追加贷款时可以附加担保要求或提前取消契约等条款；在处理高杠杆率机构的风险时，进行全面的信息收集、审慎管理和信用分析；鼓励研究关于交易与衍生产品业务更为准确的风险测量方法；设立对高杠杆率机构的授信限额总量；将包括抵押和早期中止条款等在内的信用强化工具与高杠杆率机构的特性相结合；密切监督对高杠杆率机构的信用风险，将其交易活动、风险集中、杠杆比率和风险管理程序等因素予以考虑；同时密切注意对冲基金的操作风险。

全球国际游资总额已超过7.2万亿美元，全球的日平均外汇交易额已达2万亿美元，各类对冲基金可以调动的资金达6万亿美元之巨。面对如此巨额的国际资本，一旦出现冲击一国或一地区的金融市场，中央银行可以投入外汇市场进行干预的资金与之相比是杯水车薪，提高利率的后果也不堪设想，修订“游戏规则”如提高保证金等也只是临时性措施。此外，近年来国际金融市场的动荡，引起了人们对托宾税（Tobin Tax）的再度关注与研究。

托宾税是1972年詹姆斯·托宾（James Tobin）首次在普林斯顿大学詹尼威学术报告会上提出的，对所有与货币兑换有关的国内证券和外汇即期交易征收税率统一的国际税。1978年，托宾就曾指出资本跨国界的大量流动可能会产生副作用，他建议对货币交易征税。托宾认为，“商品和劳务对国际价格信号的反应速度要远远慢于流动资金对此的反应速度以及由于商品和劳务价格的变动速度远远慢于金融资产价格的变动速度，故放慢金融市场的反应速度对稳定现实的经济是绝对必要的”。他还认为可以通过托宾税增加交易成本，来降低全球资本的流动性和各国或地区货币汇率的波动性。托宾税的征收对象包括广义与狭义两种对象。广义的是指对国内外所有金融资产交易征税，不论其交易对手和交易场所为何；狭义的则是指只对国内金融资产交易征税。

当托宾税由个别国家或地区分别征收转变为在全球范围内普遍征收时，托宾税已成为了一种针对全球资本流动的国际监管政策。如果对所有金融资产交易征税率统一的国际税，交易成本的提高将会减少资本国际流动的不稳定性，降低国际资本市场价格与汇率的波动性，而资本流动性的降低程度决定于托宾税造成的成本的带宽（cost band）。为了避免实施托宾税降低资本流动性付出的代价太大，各国或地区也可以在对原来所有的金融资产交易征收一个低税率的基础上，针对异常的资本流动附加一个临时性的、惩罚性的高税率，即两级托宾税（Two-Tier Tobin Tax）。

国际托宾税到底能不能以降低资本流动性的代价，来换取金融体系的稳定性还很难定论，因此，关于是否以其作为未来国际资本的监管工具的争议仍非常激烈。随着国际金融市场的制度和规则不断完善，对冲基金的活动空间将可能受到一定的限制，其投资活动也可能更加规范。由于以上各因素的影响，使得对冲基金的放大倍数及影响力都会有一定程度的减小，加之其运作的透明化，这都使得对冲基金的负面影响力有所减小，对冲基金今后将会在一个相对透明的市场中以一种相对规范的方式运作，对冲基金对各国金融体系的冲击和负面影响将会有所减弱。

对冲基金是否会因加强监管的种种限制而从此偃旗息鼓呢？答案是不会。它毕竟是自由市场经济的合法存在物，不可能从国际金融市场上销声匿迹。尽管各种不利于对冲基金自由运作的限定措施正在日益增多，但目前的限定措施多是人们基于以往的经验制定的，对冲基金仍可改变运作方式而继续活跃于国际金融市场之中，并以新的运作方式向世人提供新的警示。应该说，对冲基金的发展和对其的监管是一个动态的博弈过程，像其他的市场博弈一样，它必定会走向一个合作解；而今天的市场经济的繁荣正是无数次博弈合作解的结果。我们可以充分推断，有关对冲基金的博弈会推进国际金融体系的不断革新，从而共同推动全球金融与经济的发展和进步。

【本章小结】

本章第一节主要介绍了对冲基金的定义、起源和发展、种类以及特征，并将对冲基金与一般投资基金进行了简单的比较。第二节介绍了国际对冲基金的运作模式；详细阐述了国际对冲基金的套利投资策略、宏观投资策略等几种常用的投资策略。第三节从理论上分析了对冲基金的危害性（正向交易和“羊群”效应），并从现实角度分析了对冲基金在国际金融危机和各国货币危机中扮演的角色，强调了对冲基金风险控制的重要性，由此引出对其监管的必要性，并从世界范围内介绍了各国对对冲基金的监管情况。

【本章要点】

- 对冲基金与一般投资基金的比较
- 对冲基金的套利投资策略
- 对冲基金的危害性

【本章关键术语】

对冲基金　私募　离岸对冲基金　套利投资策略　宏观投资策略　正向交易　“羊群”效应　期货　远期　掉期　期权　大数定律　小概率事件　托宾税

【本章思考题】

1. 简述对冲基金的定义和分类。

2. 简述对冲基金与一般投资基金的异同。
3. 简述对冲基金的套利投资策略和宏观投资策略。
4. 简述对冲基金的正向交易和“羊群”效应。
5. 论述应如何加强对对冲基金的监管。

第十章

国际投资风险及其管理

学习目标

- 熟悉国际投资的主要风险类型及其识别、评估方法
- 掌握国际投资风险管理的手段以及金融衍生工具在风险管理中的应用
- 熟悉国际投资法律保障的类型和主要内容
- 了解国际投资争议的种类、特点和解决方法

当今世界经济、科技快速发展，国际市场瞬息万变，国际投资活动是在一个充满风险的环境中进行的。国际投资风险是指由于国际投资活动中存在的不确定性因素，导致投资损失的可能性。从某种程度上说，国际投资是一个风险识别、风险预测和风险管理的过程。

第一节　国际投资的主要风险

通常将国际投资风险划分为两大类：一类为国家风险，一类为商业风险。

一、国家风险

（一）国家风险的含义

国家风险指国家经济往来活动中，与参与国家主权行为密切相关的风险，以及由于政治因素造成经济损失的风险，主要包括主权风险和政治风险。

1. 主权风险

这是指国家经济往来活动中与参与国国家主权行为密切相关的特殊风险。主权行为，是国家从本国利益的需要出发所采取的不受任何外来法律约束的行为。譬如，在国际贷款中，

当政府作为债务担保人时，可以根据本国的经济需要单方面采取行动停止还债或延期还债。如当两国处于战争或敌对状态时，债务国冻结或没收债权国的资产就属于主权风险。

2. 政治风险

由政治因素导致国际投资经济损失的变化，可细分为四个方面：

（1）国有化风险。东道国因种种原因，经常对外国投资项目实行国有化、征用或没收措施，使其变成国有资产。有时，东道国发生政权更迭，新政权不承认旧政权的对外政策，从而把外国资本实行国有化（nationalization）；有时，东道国因为某种需要或压力，对某个行业中的外国投资企业实行强制征用（expropriation）；有时，东道国政府因对投资方的行为不满而采取强迫没收（confiscation）的政策。

（2）东道国政策与法律所产生的风险。东道国政策与法律所产生的风险主要来自东道国为了维护国家主权或保护国家利益等需要，有意或无意变更政策和法律而可能给外国投资者造成的损失。例如，在某国投资建立工厂，该厂生产的产品深受该国公众喜爱，对该国同类产品有排斥性。该国为了保护本国工业的发展，对外方企业实行限量生产、增加税收等政策，这会影响投资方的利益。有时在国际贷款中，有些国家采取停止还债或延期还债等措施，使外方受到损失。

（3）转移风险。这是在经济往来过程中获得的经济收益，由于当地政府的外汇管制政策或歧视行为而无法汇回本国或境外的风险。例如，在海外投资中产生的利润、出卖股权的收入、国际贷款等收入或财产，无法转移到本国或其他安全地方。

（4）战争风险。战争风险是指东道国由于发生对外战争或国内革命等使投资者蒙受损失或实际收益偏离预期收益的可能性。战争风险比起其他风险，其损失程度更大。

（二）国家风险指数

国家风险识别是指调查、分析、预测东道国的政治法律环境，评估该国总的国家风险。评估国际投资的国家风险时，可以借鉴一些专门进行国际风险评估的机构提供的风险指数。目前，国际上主要的国家风险评估指数有：

1. 富兰德指数

富兰德指数是20世纪60年代末期，美国的F. T. 汉厄教授设计的反映国家风险大小的一种评价指数。富兰德指数以0～100表示，指数越高，表明该国风险越低，信誉地位越巩固。该指数是3个定性定量评级体系的总和指标。其中定量评级体系侧重评估一国的外债偿付能力，包括外汇收入、外债数量、外汇储备状况及政府融资能力等4个方面的评分；定性评级体系主要考察该国的经济管理能力、外债结构、外汇管制状况、政府贪污渎职程度以及政府应付外债困难的措施等5个方面；环境评估体系包括3个指数系列——政府风险指数、商业环境指数及社会政治环境指数。3个评级体系在富兰德指数中的比重分别是50%、25%和25%。与指数相配套，美国商业环境情报所（BERI）① 定期发表富兰德指数报告，公布各国的富兰德指数。

2. 国家风险国际指南（ICRG）

这是由美国纽约国际报告集团编制的风险分析指标体系，每月发表一次。国家风险国际指南分为政治、金融和经济三部分，其中政治因素分析占50%，即100分，后两项各占

---

① 网址为www.beri.com。

25%，即各占50分，指标模式为：

$$CPFER=0.5\times(PF+FF+EF)$$

式中，CPFER表示政治、金融及经济综合指数，以0～100分表示，分数越高，表示风险越低；PF表示全部政治指数，包括领导权、法律、社会秩序及官僚化程度等13个指标；FF表示全部金融指标，包括停止偿付、融资条件、外汇管制损害程度及政府毁约等5个指标；EF表示全部经济指标，包括物价上涨、偿付外债比率及国际清偿能力等6个指标。

3. 欧洲货币国家风险等级表

欧洲货币国家风险等级表由国际金融界权威杂志《欧洲货币》（*Euro Money*）在每年秋季公布，侧重反映一国在国际金融市场上的形象和地位。其主要考察的内容及比重为：（1）进入国际金融市场的能力，占20%。包括在外国债券市场、国际债券市场、付息债券市场、国际信贷市场及票据市场上筹措资本的能力。（2）进行贸易融资的能力，占10%。主要指通过无追索权的大型贴现而融资的能力。（3）偿付债券和贷款本息的记录，占15%。（4）债务重新安排的顺利程度，占5%。（5）政治风险状态，占20%。（6）金融二级市场上的交易能力及转让条件，占30%。

4. 日本公司债研究所国家等级表

日本公司债研究所每年定期公布国家风险分析的结果，为日本投资者了解各国风险状况服务。它采用评分制，以0～10表示，10分表示该国国家政治风险最低。其考核指标有14个，分别为：内乱、暴乱及革命的危险性；政权的稳定性；政策的持续性；产业结构的成熟性；经济活动的干扰；财政政策的有效性；金融政策的有效性；经济发展的潜力；战争的危险性；国际信誉地位；国际收支结构；对外支付能力；对外资的政策；汇率政策等。根据综合评分确定该国风险等级序列，风险等级序列A、B、C、D、E按风险程度从低到高排列。

（三）国家风险评估

国家风险评估是对国家风险事件发生的可能性以及对所造成的经济损失的大小进行测定的技术过程。其公式为：

$$国家风险(R)=国家风险发生概率(P)\times风险损失额(L)$$

国家风险评估的技术方法很多，国际上通用的国家风险评估办法有：

1. 国别评估报告

国别评估报告（Country Evaluation Report）是对特定对象国的社会、政治及经济状况进行的综合性评价，往往用于大型海外建设项目投资或贷款之前，其性质与可行性研究相仿，但其重点在于评估国家风险。

摩根担保信托公司的国别评估报告主要分析评估对象的如下四个方面。

（1）政治评估。包括：1）政府官员的政策设计能力；经济官员对政府决策人的影响能力；政府首脑的决策能力。2）政府对诸如油价变化、世界经济周期变化等国际经济环境变动的迅速调整能力。

（2）基本经济要素评估。包括：1）自然资源——已有的自然状态、开发的可能性及开发程度；2）人力资源——劳动者的教育及培训情况、企业家的素质；3）发展战略——过去及现时的经济发展长期战略与该国自然资源、人力资源的适应程度；4）国内资金来源——

国内资金在开发投资中的比重、国内促进储蓄增长的措施；5）出口状况——出口商品种类及出口市场多样化程度。

（3）对外金融评估。包括：1）国际收支状态——国际收支现状、预测及主要倾向；2）外债情况——外债增长率、债务结构及未来的债务负担；3）外汇储备——外汇储备水平，按进口规模、出口规模推算的合理水平；4）借款的可能性——从国际金融组织如国际货币基金组织可筹措的国际收支调整贷款数量。

（4）政治稳定性评估。包括：1）国内政治安定性——政府领导班子更替顺利与否、经济政策的持续性；2）国际政治的安定性——地区局势、国际政治局势是否安定。

2. 评分等级法

评分等级法（Checklist）采用一组固定的评分标准衡量对象国的各个风险因素，从而确定风险分数。一般评分等级法的整个评分等级过程分为四个阶段：

（1）确定考察风险因素，例如负债率、战争次数、人均收入等。

（2）确定风险评分标准。例如规定分数越高风险越大，可具体定为：负债率为10%以下为1～2分，10%～15%为3分；15%～25%为4分，25%～50%为5分，50%～80%为6分等。

（3）将所有项目的分数汇总，确定该国的风险等级。

（4）进行国家间风险比较，确定投资方向。

3. 预先警报系统

预先警报系统（Early Warning System）是指1975年联邦德国经济研究所制定的一系列重要的国家经济指标，这种指标体系可以用于观测国家风险状态，以期在国家风险出现之前预先报警，提醒投资者注意。预先警报系统的指数系列包括：偿债比率、本金偿还比率、负债比率、偿债额对国民生产总值比率、负债额与出口额比率、负债额与外汇储备比率、流动比率、偿息额对国民生产总值比率、经常项目收支逆差对出口额比率、物价上涨率、货币供给增长率、财政赤字对国内生产总值比率、国际货币基金组织借款对本国在该组织份额的比率、年固定资产形成额对国内生产总值比率、国际银团对该国贷款的加息率等。世界银行对发展中国家债券风险评价采用以下指标：

（1）偿债比率。偿债比率表明一国偿付外债的能力，一般认为比率在10%以上时，该国有较强的偿还能力，当该比率高于25%时，则面临着债务困难。

$$偿债比率=\frac{外债当年还本付息额}{当年出口商品劳务额}\times 100\% \qquad (10—1)$$

（2）负债比率。负债比率表明一国的经济规模与外债的关系，一般认为该比率低于15%较好，高于30%时则出现债务困难。

$$负债比率=\frac{本国全部公私外债余额}{当年国民生产总值}\times 100\% \qquad (10—2)$$

（3）负债额与出口额比率。这个比率的分子包括短期债务，即期限在一年以内的债务。在发展中国家短期债务总额日益升高的情况下，这一比率有重要意义。一般认为，该比率的危险界限是100%左右。

$$负债额与出口额比率=\frac{本国全部公私外债余额}{当年出口商品与劳务额}\times 100\% \qquad (10—3)$$

（4）流动比率。该比率表明一国外汇储备相当于出口额的月数，一般认为5个月进口储备是比较充足的，低于1个月的进口额则是危险的。

$$流动比率=\frac{外汇储备余额}{平均月进口的外汇支出额}\times 100\% \quad (10—4)$$

二、商业风险

（一）商业风险的含义

商业风险是指由于经营环境、企业经营战略、经营决策等的变化导致投资的经济损失的可能性。商业风险一般包括：自然风险、利率风险、经营风险、汇率风险。本书在第十三章将详细介绍国际投资的外汇风险及其防范。

1. 自然风险

自然风险是指意外的自然灾害、自然环境的突变等引起的投资者经济损失的变化。例如，1972年，由于西太平洋海流突然变化，一批批鱼群绕道而行，秘鲁海域的可捕捞资源急剧减少，给日本三井物业公司设在秘鲁的一家专营鱼粉、鱼油等产品制造和加工的公司带来了相当大的经济损失。

2. 利率风险

利率风险是指一定时期内由于利率的变化而导致的国际投资的资产价值发生变化。利率风险主要表现在资金的筹集、使用和资产的时间价值上。例如，某跨国公司在年利率8%下借入一笔信贷资金，半年后市场利率降为6%，这2%的利率差增加了公司海外融资的财务费用。又如，某跨国投资者投资于国外某固定利率债券，投资时市场利率为6%，假设一年后利率上升至10%，则由于利率上升4%，该债券的市场价格将下降，投资者将蒙受资本损失。

3. 经营风险

经营风险指企业在进行跨国经营时，由于市场条件和生产条件的变化而给企业可能带来损失的风险。经营风险一般包括：价格风险——由于国际市场价格行情的变化，导致企业原材料上升或产品价格下降，从而蒙受损失；产品风险——跨国企业由于未能很好地预期到东道国市场的需求，生产的产品未能在东道国市场形成比较优势，市场营销效果不佳等导致企业产品销售下降。例如，20世纪70年代后期，一些美国投资者看准巴西的原材料价格较低，到巴西创办独资企业，生产产品向其他国家出口。由于巴西赤字财政政策和债务危机的影响，该国发生严重的通货膨胀，使经营环境日益恶化，导致产品成本急剧上升，产品在国际市场上丧失竞争力。

4. 汇率风险

汇率风险是指在不同币种的相互兑换或折算中，因汇率在一定时间内发生始料未及的变动，致使有关主体实际收益与预期收益或实际成本与预期成本发生背离，从而蒙受损失或获得收益的可能性。

（二）商业风险的识别

商业风险识别的任务主要是回答以下问题：（1）有哪些风险应当考虑？（2）引起这些风

险的主要因素是什么？（3）这些风险所引起的后果严重程度如何？有关风险识别的方法较多，下面着重介绍几种常用的商业风险识别方法。

1. 头脑风暴法

头脑风暴法（Brainstorming）又称智暴法，是一种刺激创造性、产生新思想的方法。这种方法由美国的奥斯本于1939年首创，首先用于设计广告的新节样，后来逐渐推广应用到其他领域。这种方法可以在一个小组内进行，也可以由个人单独完成，然后将他们的意见汇集起来。如果采取小组会的形式，参加的人数不宜太多，为了使大家都有充分发表意见的机会，一般五六个人，多则十来个人。如果想吸引更多人的意见，可以分成几个会来开。会议时间不要太长，时间太长会使人疲劳、厌烦，在这种情况下很难产生新思想。在参加人员的选择上，应注意不要使参加者感到压力和约束，例如不邀请直接领导人参加等。

头脑风暴法用于国际投资风险识别时，一般要提出这类问题：进行国际投资活动，会遇到哪些风险？其危害程度如何？为了避免重复，提高效率，应当首先将已进行的分析结果向与会者说明，使与会者不必在重复性问题上花很多时间，促使他们迅速打开思路去寻找新的风险形态或危害。

在会议进行过程中要遵循如下规则：

（1）禁止对其他人所发表的意见提出任何非难，避免言词上武断或无限上纲。

（2）首先要求新思路的数量，数量越多，出现有价值设想的概率就越大。

（3）要重视那些不寻常的、有远见的、貌似不太切合实际的思想，思路越新越好。

（4）将大家的思路或思想进行组合和分类。

头脑风暴专家小组一般应由下列人员组成：

（1）方法论学者。风险分析或预测学领域的专家，一般可担任会议的组织者。

（2）思想产生者。国际投资领域中技术或财务等方面的专家，人数应占小组的50%～60%。

（3）分析者。了解或把握国际投资运动规律的知识比较渊博的高级专家。

（4）演绎者。具有高级逻辑思维能力的专家。

当然，对头脑风暴法的结果要进行详细的分析，既不能轻视，也不可盲目接受。一般来说，只要有少数几条意见得到实际应用，就算很有成效了。这些思路所阐述的风险形态或风险损失往往是一般人所忽视的，因而往往具有较大的价值。

2. 德尔菲法

这是美国著名咨询机构兰德公司于20世纪50年代初发明的，它具有以下特点：参与者之间相互匿名，对各种反应进行统计处理，各专家之间没有什么密切联系，为了保证结果的合理性，要避免个人权威、资历、口才、劝说、压力等因素的影响。运用德尔菲法进行商业风险识别时，征求意见的对象一般是熟悉东道国的专家，如记者、大使、旅游者、商人、侨民以及本行业或银行的技术、财务、经济等方面专家。

德尔菲法风险识别的程序如下：

（1）将具有特殊形式的、非常明确的、用笔和纸可以回答的一些问题，以通讯的方式寄给大家，或在某种会议上发给大家，或者通过对话式的在线的计算机控制台，使参与者不能面对面。

（2）问题的条目可以由风险识别的组织者、参与者制定或由双方确定。

（3）问询分两轮或多轮进行。

（4）每一次反复都带有对每一条目的统计反馈，它包括中位值或一些离散度的测量数值，有时要提供全部回答的概率分布。

（5）随着每次反复所获得的信息量的减少，由组织者决定在某一轮停止反复。要追求意见的收敛，但并不强求。

可见，德尔菲法实际上是专家估计法的一种，强调集中众人智慧，从而使预测更为准确。但从理论上并不能证明这一意见能收敛于客观实际。一般地说，专家组越多，预测所需的时间越长，风险识别的可信度就越高。

3. 情景分析法

影响国际投资风险的因素较多，包括汇率变化、利率变化、经营状况变化、东道国投资环境的变化等，这就需要有一种能够识别关键因素及其影响的方法。情景分析法（Scenarios Analysis）便是这样一种能够识别引起风险的关键因素及其影响程度的方法。一个情景就是对一项国际投资未来某种状态的描绘，或者按年代的梗概进行的描绘。这种描绘可以在计算机上进行计算和显示，也可用图表、曲线等进行描述。情景分析的重点是：当某种因素变化时，整个情况会是怎样的？会有什么风险？对投资者的资产价值会带来何种程度的损失？情景分析的结果都是以易懂的方式表示出来的，大致可分为两类：一类是对未来某种状态的描述，一类是描述一个发展过程，即未来若干年某种情况的变化链。例如，它可向国际投资决策者提供未来某种投资机会的最好的、最可能发生的或最坏的前景，供决策时参考。

情景分析大致都要经过一个筛选、监测和诊断的过程。筛选是用某种程序将具有潜在风险的对象进行分类选择的风险识别的过程；而诊断则是根据症状或其后果与可能起因的关系进行评价和判断，找出可疑的风险因素并进行仔细检查。

可见，情景分析是扩展决策者的视野，增强他们精确分析未来可能发生事件的一种思想程序。但这种方法也有很大的局限性，即所谓的“隧道眼光”（Tunnel Vision）现象。因为所有情景分析都是围绕着分析者目前的考虑、价值观和信息水平进行的，很可能产生偏差。因此在进行风险识别时，可与其他方法结合使用。

（三）商业风险的估计

风险估计是风险管理的第二阶段。风险的估计包括两个方面：一是估计风险事故发生的概率；二是估计风险可能造成的损失。风险事故发生的概率有两种，一是客观概率，二是主观概率。客观概率是指概率数值是客观存在的，不以计算者或决策者的意志为转移。通常根据大量试验用统计的方法进行计算的，或根据概率的古典定义进行计算的概率值都是客观概率。

在实际工作中，人们常常不可能获得足够多的信息，特别是在进行风险分析时，对所遇到的事件常常不能做大量试验，又因事件是将来发生的，所以不可能对此做出准确的预测，因而很难计算出客观概率，这样只好由决策者或分析者对事件的概率做出主观估计，这种概率就是主观概率。更为大量出现的是一种中间情况，即概率既不是直接由大量试验或分析得来的，也不是完全由个人主观确定的，而是两者综合分析的结果，称为合成概率。用客观概率对风险进行的估计是客观估计，用主观概率对风险进行的估计是主观估计，用合成概率对风险进行的估计是合成估计。

按概率和事故后果估计的不同方法，风险可分为三种：主观风险、客观风险和行为风险。主观概率和主观后果估计的风险是主观风险，客观概率与客观后果估计的风险为客观风险，合成概率与合成后果估计的风险称为行为风险。各种估计和风险的关系见图 10—1。

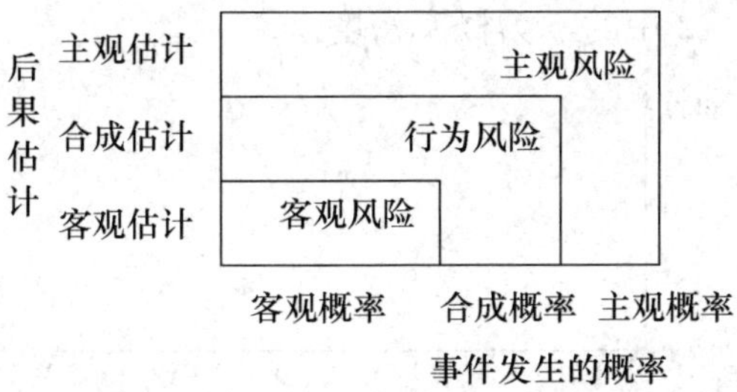

图 10—1 各种估计与风险的关系

风险估计的方法较多，除上述各种风险识别的方法可用于风险估计外，下面介绍的几种方法也较常用。

1. 概率分布法

概率分布法是运用几种常用的概率分布来估计风险事故发生概率的方法。常见的概率分布法主要有以下几种：

（1）阶梯长方形分布。阶梯长方形分布是分段用直线进行描述的概率密度分布，见图 10—2。

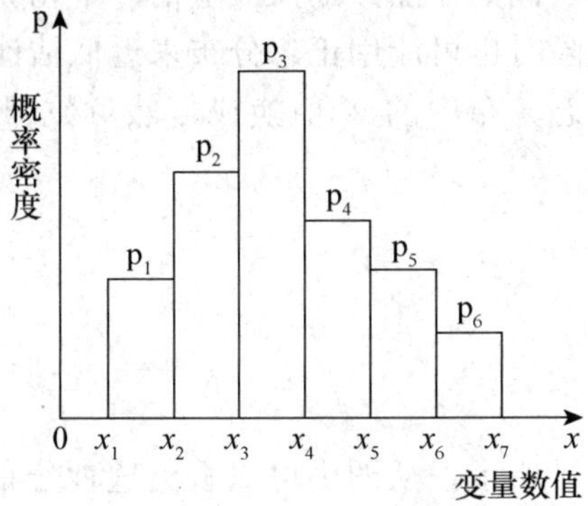

图 10—2 阶梯长方形分布

阶梯长方形的概率密度分布是风险分析中常用的分布，它具有如下优点：

1）在实际问题中，常需用主观概率，而主观概率的确定不能很精确，给概率分布图的描绘带来困难。阶梯长方形分布只要求根据主观判断给出一个优劣次序，例如某区间的可能性要大于另一区间等，根据这样一个优劣次序即可大致画出概率分布图。

2）这种估计方法有较大的自由度，风险分析人员可根据自己的要求和所获信息的多少分成任意多的区间。

阶梯长方形分布的数学期望值 $E(x)$ 和方差 $D(x)$ 可根据以下公式计算：

$$E(x)=\sum_{i=1}^{6}\mathrm{p}_i\,\frac{(x_{i+1}^2-x_i^2)^2}{2} \tag{10—5}$$

$$D(x)=\sum_{i=1}^{6}\mathrm{p}_i\times\frac{(x_{i+1}-E(x))^3-(x_i-E(x))^3}{3} \tag{10—6}$$

（2）离散分布。

离散分布与上述的阶梯长方形分布十分相似，唯一的区别是概率密度 p_1、p_2、p_3…不是相对于一个区间而是相对于某一点的概率，如图 10—3 所示。离散分布的获取方法与阶梯长方形分布一样，因而性质也基本相同，只是要注意图 10—3 中的纵坐标 p(x) 是概率，

$F(x)$是累计概率，而图 10—2 中的 p 为概率密度。

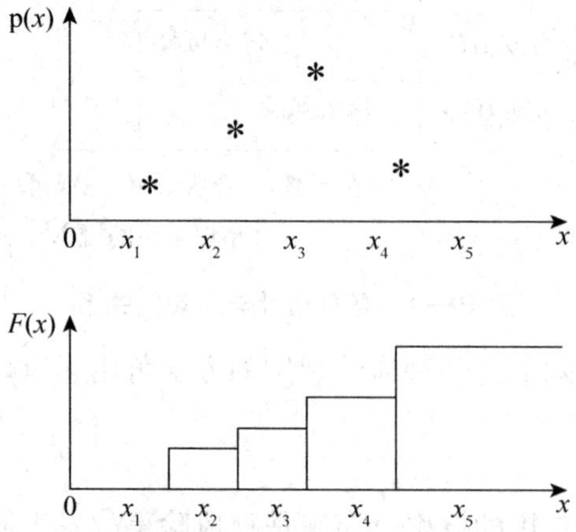

图 10—3 离散型概率分布

（3）正态分布。用正态分布进行风险估计是较多采用的一种估计方法。在实际生活中，概率分布接近正态分布的较多，例如在油田勘探风险估计中孔隙度和渗透度就比较符合正态概率分布，在估计通货膨胀风险时也可能用正态分布来近似估计。

（4）对数正态分布。将正态分布中的 X 值换成自然对数即成为对数正态分布，其概率密度分布函数为：

$$\mathrm{p}(x)=\begin{cases}\dfrac{1}{2\pi\delta x}\mathrm{e}^{-\frac{1}{2}\left(\frac{\ln x-\mu}{\delta}\right)^2} & x>0\\ 0 & x\leqslant 0\end{cases}\qquad(10—7)$$

式中，$-\infty<\mu<\infty$，$\delta>0$。

对数正态分布图如图 10—4 所示。从图中可以看出这种分布的特点是：数值小的量很大而数值大的量很小。在风险估计中常用于描述矿井储量大小的分布（因为自然界中各种条件的影响，大的油气田数量很少，而小的油气田数量很多）、银行存款的分布及个人收入的分布等。

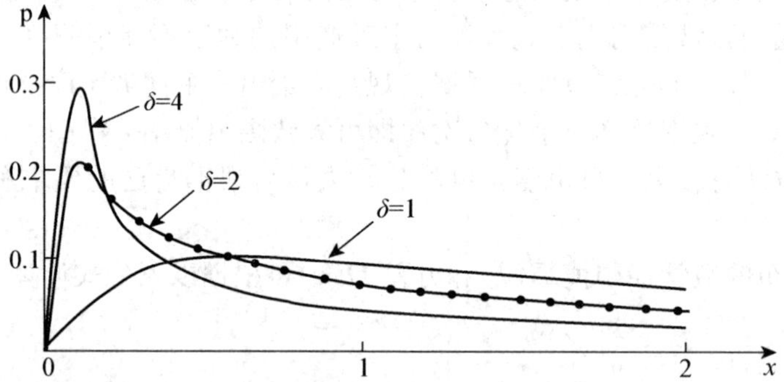

图 10—4 对数正态分布

对数正态分布的数学期望值 $E(x)$和方差 $D(x)$可用以下公式计算：

$$E(x)=\mathrm{e}^{\mu}+\frac{1}{2}\delta^2$$

$$D(x)=\mathrm{e}^{2\mu}+\delta^2(\mathrm{e}^{\delta^2}-1)\qquad(10—8)$$

2. 外推法

这是合成估计的一种方法，在风险估计中有重要的应用。外推法可分为前推法、后推法和旁推法三种。

（1）前推法。前推是指根据历史的经验和数据来推断未来事件发生的概率及其后果。例如，在某地处热带或亚热带的国家或地区投资建设大型化肥厂，需要考虑到水灾的风险，为此，可根据该地区水灾事件的历史记录进行前推。分以下几种情况：

1）历史记录呈现明显的周期性，那么外推可认为是简单的历史重现，也就是将历史数据序列投射到未来作为未来风险的估计。

2）不能预见水灾发生的确切时间，只能根据历史数据估计出重现期的概率。

3）由于历史数据不够充分，看不出什么周期性，可认为已获得的数据只是更长的关于水灾历史数据序列的一部分。关于这一序列又假设它服从某一用曲线或公式表示的分布函数，根据此曲线或函数再进行外推等等。

由于历史记录往往有失误或不完整的地方，各种环境在不断变化，加之人们对历史事件的解释也可能掺进某些人的个人意见，更有甚者，某些事件历史上未发生过，但在未来有发生的可能性，因此在风险估计时要利用各种手段（包括从简单的统计到复杂的曲线拟合的物理分析等）进行外推。

（2）后推法。如果没有直接的历史经验数据可供使用，那么可以采用后推的方法，即把未知的事件及后果与某一已知的事件及其后果联系起来，把未来风险事件归到有数据可查的造成这一风险事件的一些起始事件上。例如在对水灾的风险进行估计时，如果没有关于水灾的直接历史数据可查，那么可将水灾的概率与一些水文数据（如年降水量等）联系起来考虑。考虑到某一地区已有的或设计的排水条件，根据降水量的数据，可以估算出足以引起一定大小水灾的“假想的大雨”，再根据此假想的大雨的概率，估计出水灾风险。

（3）旁推法。旁推法是利用不同的但情况类似的其他地区或情况的数据，对本地区或情况进行外推的方法。例如，可以利用与东道国邻近的国家水灾数据或气候变化的情况来估计东道国的水灾风险等。

第二节 国际投资的风险管理

风险管理指通过各种技术、经济手段将风险减小、分散和转移。风险管理是识别和估计风险的最终目的。

一、国际投资风险管理的基本手段

（一）风险回避

风险回避指事先预料风险产生的可能性程度，判断导致其实现的条件和因素，在国际投资活动中尽可能地避免它或改变投资的流向。风险回避是风险管理的最彻底的方式，采取有效的风险回避措施可以完全消除某一特定风险，而其他风险管理手段仅在于通过减少风险概率和损失程度，来减轻风险的潜在影响。风险回避手段的实际运用，要受到一定的限制，因为它往往牵涉到放弃某种投资机会，从而相应失去与该投资相联系的利益。最常见的风险回避方法有以下几种：

（1）改变生产流程或产品。例如，某大型跨国化工企业如果发生剧毒气体泄出事故，其后果是灾难性的，投资者可以停止使用这种气体来避免毒气泄漏事故的发生。

（2）改变生产经营地点。例如，将企业转移到高于以往洪水水位记录的地方，以避免水灾的风险。

（3）放弃对风险较大国家的投资和贷款计划。例如，当国际债务危机爆发时，放弃对严重债务国的投资。

（4）闭关自守，不受任何国际政治、经济因素的干扰等。

（二）风险抑制

风险抑制指采取各种措施减少风险发生的概率及经济损失的程度。风险抑制是国际投资者在分析风险的基础上，力图维持其原有决策，实施风险对抗的积极措施。风险抑制常采取以下措施：

（1）当某债务国面临偿债危机时，若判断其属于流动性危机，则可继续向其提供新贷款。

（2）加强对本国派出的技术人员、经理和劳动者驻地和工作场所的警戒，防止当地宗教冲突和内乱的骚扰。

（3）拍卖撤回企业的资产，减少风险损失。

（4）当东道国发生战争或骚乱时，为避免人员伤亡，投资国将其本国人员撤回大使馆或本国等。

（三）风险自留

风险自留指对一些无法避免和转移的风险采取现实的态度，在不影响国际投资者根本或大局利益的前提下承担下来。风险自留实际上是一种积极的风险管理手段，它会使投资者为承受风险损失而事先做好种种准备工作，修改自己的行为方式，努力将风险损失降到最小限度。在国际经济交往过程中，所有国家和企业事实上都承受着不同程度的风险，有意识地加以管理，可以增强自身的安全性。投资者自身承受风险的能力取决于它的经济实力。经济实力薄弱的小企业，则难以承担较大的风险损失。常见的风险自留措施有：

（1）国际银行对风险大的国家贷款时，适当提高呆账准备金率，有备无患。

（2）在某国内乱或战争刚停止，而政治经济尚未稳定但有稳定趋势时，投资者迅速恢复对该国的投资，以捷足先登，占领投资市场。

（3）当某一大型跨国公司的某一子公司面临国有化威胁时，继续保持正常的生产和经营等。

（四）风险集合

风险集合指在大量同类风险发生的环境下，投资者联合行动以分散风险损失，从而降低防范风险发生的成本。例如，债务偿还困难是发展中国家普遍存在的风险现象，所有参与国际贷款的银行都为之苦恼，在世界银行和国际货币基金组织的倡导下，通过建立一个完善的国际合作多边担保机构，就可以减少各债权银行的投资风险。这种机构拥有一定数额的紧急贷款基金，在债务国偿债困难时或由于债务未及时偿还而使债权银行陷于困境时，提供"搭桥贷款"（Bridge Loan）帮助该国或该银行渡过难关。这种机构的存在可以大大降低所有国际银行的呆账准备金水平。又如在某一发展中国家建设一大型水电站，需要一大笔国际贷款，银行间可以进行"联合融资"或提供"混合贷款"、"辛迪加贷款"等，通过风险集合手段降低风险。

（五）风险转移

风险转移指风险承担者通过若干技术和经济手段将风险转移给他人承担。风险转移分为保险转移和非保险转移两种。保险转移是指投资者向保险公司投保，以缴纳保险费为代价，将风险转移给保险公司承担。当承保风险发生后，其损失由保险公司进行补偿。非保险转移指不是向保险公司投保而是利用其他途径将风险转移给别人。例如投资者将具有风险的生产经营活动转包给别人，这时，风险就由承包者来承担。又如在风险较大的国家投资时，投资者要求当地信誉较好的银行、公司或政府为之担保，万一发生意外损失，担保者必须给予投资者一定的补偿。

上述五种风险管理手段，内容各不相同，作用也不尽一致。在实践中，投资者究竟采用哪一种方式进行风险管理，要从客观实际出发，经过比较研究，择优选用。例如，对出险机会不多、损失数额不大的风险，选用风险自留的方式较为合适。而对出险机会多、损失额大的风险，保险就是一种十分适宜的风险管理手段。择优选用风险管理手段的标准是：以最小的风险管理成本，使投资者获得同样的或较多的安全保障和经济效益。

二、投资者的风险自我管理措施

国际投资风险管理主要是投资者的风险自我管理。风险自我管理的措施较多，几乎每项不同的国际投资活动都有一套不同的风险管理措施，这里介绍几种常用的风险管理措施。

（一）建立风险自我管理体系

跨国企业进行风险自我管理，首先要建立起风险管理体系。这种体系的选择必须视公司本身的经济实力、管理经验、海外子公司的国别分布等来确定。风险自我管理体系大致可分为以下几种：

（1）由总公司统一集中管理。国外子公司的风险由总公司根据全局的要求进行集中统一管理，总公司可以通过内部的资金调拨和流动来抵偿可能出现的风险。

（2）以海外机构为主体，分别设立风险管理机构。各管理机构对本公司所从事的各项业务活动采取必要的配套措施，以减少或避免风险。

（3）设立处理受险部门业务的专门公司。向专门公司发出企业集团内部的各种货币计划的交易索款书，通过专门公司进行结汇，集中外汇交易，抵消受险部分。

（二）投资与经营政策调整

在国际投资过程中，随时会出现政治、经济和社会等因素突然变化而导致投资利益受到损失的各种情况，投资者必须建立一套有效灵活的投资与经营政策的调整措施。这些措施大致包括以下几方面：

1. 投资分散化

指投资客体的分散，即投资地域、行业、产品等的分散或多样化。例如美国投资者投资于东南亚某国的一家企业，投产初期主要集中在油脂制造业，随着该国国有化呼声的高涨，该公司实行投资分散化策略，除继续投资于油脂制造业外，还向汽车配件制造业及人造橡胶业投资。

2. 公共投资、共担风险

这是一种把风险分散在投资主体之间的措施。最为流行的方式是与当地政府或企业进行合资经营。通过实施这一措施，国际投资者可将自身承担的部分风险转移给东道国政府或企业。

3. 投资方式的调整

投资方式调整的措施之一是股权与债权互换。例如当东道国国有化风险增大时，投资者可将其股权出卖或转为银行信贷、母公司的买方信贷等债权形式；而当债务危机风险增大时，投资者又可将其贷款转换成股份投资。措施之二是投资币种的转换，指投资者为避免转移风险而逐步将其投资或再投资的币种转换成当地货币。

4. 灵活的货币支付措施

当东道国发生货币贬值而汇率下跌时，可采取二拖加二催的办法，即拖延以东道国货币计价的应付账款、货物款项的支付，拖延升值货币应收款项（如利息、红利等）；催促硬通货的应付账目和催促东道国软币的应收款项。当东道国的货币升值而汇率上升时，则采取与以上相反的二拖加二催措施。

5. 经营策略的调整

当投资企业的经营活动与当地政府的政策发生冲突时，经营策略是否能及时调整，直接关系到投资者的生存和发展。这时投资企业通常有三种选择：一是坚持投资决策的初衷和自身利益，以不变应万变，这是保守型；二是根据投资环境的变化做适当调整，以缓和与当地的矛盾，尽可能与当地政府保持密切友好的关系，这是灵活型；三是从长期利益出发，与当地政府保持密切友好的关系，不拘小利，保证双方的共同利益，这是合作型。一个成功的对外投资企业要学会从保守型策略逐步调整到合作型策略，采取合作型策略是避免风险的积极措施。

（三）撤退战略

当某种风险严重危及投资企业生存，难以采取有效的缓和措施时，从东道国全面撤退是唯一的选择。撤退无疑会给投资者带来很大的经济损失，应当做到有步骤、有计划地撤退，使损失尽量减少。投资者全面撤退时通常采取以下措施：

（1）立即停止母公司对该子公司的进一步贷款，切断母公司与子公司的经济联系。

（2）以企业自身资产抵押，向当地银行借款以取代母公司的资助，并提前偿还母公司的贷款。

(3) 清理、减少库存和半成品数量，招聘当地人员顶替外国技师，以当地原料同国外企业进行易货贸易，避免外汇转移风险。

(4) 将半成品以低于成本的价格返销给母公司，通过转移价格来补偿投资者的利益损失。

三、金融衍生工具在国际投资风险管理中的应用

20 世纪 80 年代以来，金融创新不断出现，既为投资者提供了丰富的投资工具，又为投资者提供了丰富的风险防范工具。通过合理地设计金融衍生工具，充分发挥其套期保值的功能，能有效地降低或消除国际投资风险。下面将以外汇风险的防范为例，详细介绍外汇远期合约、外汇期货合约、外汇期权、掉期交易以及货币互换等在国际投资风险管理中的应用。

(一) 外汇远期合约

外汇远期合约（Foreign Forward Contracts）是指当期签订的、约定未来某一特定时间按照事先约定好的币种、金额、汇率等买卖外汇的协议。

常见的外汇远期合约的交割期限有 1 个月、2 个月、3 个月、6 个月和 12 个月，也有超过一年的外汇远期合约，但并不多见。

外汇远期合约的主要特点是：(1) 外汇远期合约的交易地点并不固定，通常是通过现代通讯手段进行，交易时间也不受限制，可以 24 小时交易，因而属于无形市场；(2) 外汇远期合约是交易双方经协商后达成的协议，在交易币种、汇率、交割方式、金额等方面能够灵活地满足交易双方的偏好，因而是非标准化的合约；(3) 外汇远期合约双方当事人都要承担信用风险。

企业进行外汇远期合约交易，既可以满足未来交易需要的保值，也可以对资产负债表头寸进行保值。企业借助于外汇远期合约，创造与外汇流入相对应的外汇流出或与外汇流出相对应的外汇流入来消除交易风险。运用这一方法，企业可以固定未来外汇现金流量的本币价值，防止汇率变动给企业带来的可能损失。下面举个例子来说明企业是如何利用外汇远期合约来规避汇率风险的。

美国一进口商在 1 月 15 日与德国一出口商签订了一笔价值为 50 万欧元的合同，双方约定于同年 4 月 15 日以欧元支付货款。在签订合同之日的欧元汇率为 1 欧元＝1.149 2 美元。按签约时的汇率计算，美国进口商应支付货款为 57.46 万美元。美国进口商预计 3 个月以后欧元的即期汇率将有较大幅度的上升，如升至 1 欧元＝1.152 3 美元，则美国进口商就需要支付 57.615 万美元，即因汇率变动多支付 0.155 万美元，从而产生汇率风险。为了规避这一交易风险，该进口商可以在签约时在外汇市场上买进 3 个月期的欧元期汇，3 个月后履行购入欧元期汇的义务，将所获欧元用于支付货款，从而避免了欧元汇率上涨所带来的损失。

(二) 外汇期货合约

外汇期货合约（Foreign Futures Contracts）是一种交易所制定的标准化的法律契约，该合约规定交易双方各自支付一定的保证金和佣金，按照交易币种、数量、交割月份与地点等买卖一定数量的外汇。在实践中，交易双方很少进行实际货币的交割，而是在到期前做反向操作对冲原有合约。

外汇期货合约与外汇远期合约有某些相似之处，如在交易品种、交易目的以及交易内容等方面相同，但二者也有很大差别。外汇期货合约的主要特点是：(1) 外汇期货合约是在交易所集中公开竞价交易的一种合约，通常交易场所固定，交易时间有限制，如美国芝加哥商品期货交易所货币市场规定外汇期货合约的交易时间为美国中部时间 7:30—13:30。交易由卖方、买方和清算所三方参加，而不只限于交易双方当事人。最早进行外汇期货交易的场所是 1972 年美国芝加哥商品交易所创办的国际货币市场（IMM），后来伦敦国际金融期货交易所、新加坡国际期货交易所、东京国际金融期货交易所等也都设立了外汇期货交易。(2) 外汇期货合约是标准化合约。期货合约中的交易币种、交易数量、交割月份等是高度标准化的。交易的币种通常是几种国际货币，如 IMM 中交易的货币包括英镑、日元、瑞士法郎、欧元等。每份期货合约的标准单位分别为 6.25 万英镑、1 250 万日元、12.5 万瑞士法郎和 6.25 万欧元等，交割日期一般在 3 月、6 月、9 月、12 月的第三个星期三。由于外汇期货合约是高度标准化的，因而其流动性较外汇远期合约高。(3) 保证金制度。外汇期货合约的交易双方都要向清算所缴纳一定数量的保证金，清算所每天会根据交易双方的头寸盈亏情况来要求补充保证金。这样就可防止违约风险和信用风险。

利用外汇期货市场，企业可以通过灵活地买入或卖出外汇期货来对冲现货外汇空头或多头头寸，从而达到控制外汇风险的目的。

对于出口商而言，由于其未来会收到一定数量的外汇，所以它可能面临外汇贬值而引起的本币收入减少的损失。该出口商通过在外汇市场上卖出外汇期货，数量等于结算日将要卖出现货外汇的数量，交割日与结算日相同或相近，然后在现货市场上卖出外汇的同时，再在外汇期货市场上买进外汇期货合约，以冲销原外汇期货空头，有效地控制风险。这种做法叫作空头套期保值。

对于进口商而言，由于未来会支付一笔外汇，所以它可能面临外汇升值而引起的本币支出增加的损失。企业如果在外汇市场上卖出外汇期货合约，其数量等于结算日将要买进现货的数量，交割日与结算日相同或相近，然后在现货市场买入外汇的同时，再在外汇期货市场上卖出原外汇期货合约，以冲销原外汇期货多头，同样也可防范风险。这种做法叫作多头套期保值。下面分别举例说明。

1. 多头套期保值

例如，美国某进口商于 2 月 5 日与法国出口商签订了一笔价值 50 万欧元的货物合同，约定 1 个月后支付货款。为防止欧元升值而导致进口成本增加，该进口商买入 4 份 3 月份欧元期货合约。签约时即期汇率为 1 欧元＝1.123 0 美元，该进口商买入欧元期货价格为 1 欧元＝1.124 0 美元，1 个月后即期汇率为 1 欧元＝1.131 0 美元，欧元期货价格为 1 欧元＝1.133 0 美元。一个月后，欧元果然升值，则该进口商进行买入套期保值过程如下：

(1) 在现货市场上，该进口商如在 2 月 5 日按 1 欧元＝1.123 0 美元购入欧元，所需美元为 56.15 万美元（＝1.123 0 美元/欧元×50 万欧元）；如在 3 月 5 日按 1 欧元＝1.131 0 美元购入欧元，所需美元为 56.55 万美元（＝1.131 0 美元/欧元×50 万欧元），损失为 0.4 万美元［＝2×(28.275 万美元－28.075 万美元)］。

(2) 在期货市场上，该进口商 2 月 5 日按期货价格 1 欧元＝1.124 0 美元购入 4 份 3 月份欧元期货合约，总金额为 56.2 万美元（＝1.124 0 美元/欧元×50 万欧元）。3 月 5 日按期货价格为 1 欧元＝1.133 0 美元卖出 4 份 3 月份欧元期货合约，总金额为 56.65 万美元（＝1.133 0 美元/欧元×50 万欧元）。其盈利为 0.45 万美元［＝2×(28.325 万美元－28.1 万美元)］。

该进口商净盈利为 0.05 万美元 [=(0.225 万美元−0.2 万美元)×2]。

通过以上计算可看出，该进口商通过买入套期保值锁定了 1 个月后支付的 50 万欧元的货款成本，且又额外获得了 500 美元（=250 美元×2）的收益。如果 1 个月后欧元汇率下跌，则期货市场上的损失要由现货市场上的盈利来弥补。

2. 空头套期保值

设美国出口商于 2 月 5 日同英国进口商签订了一笔价值为 25 万英镑的货物合同，约定 1 个月后收回货款。为了防止英镑贬值而导致实际收回的货款的额外损失，该出口商卖出 4 份 3 月份英镑期货合约。签约时即期汇率为 1 英镑=1.543 0 美元，该进口商卖出的英镑期货价格为 1 英镑=1.542 0 美元，1 个月后，即期汇率为 1 英镑=1.532 0 美元，英镑期货价格为 1 英镑=1.533 0 美元，1 个月后英镑果然贬值，则该出口商卖出套期保值交易过程如下：

（1）在现货市场上，该进口商如在 2 月 5 日按 1 英镑=1.543 0 美元将英镑兑换为美元，收到的总金额为 38.575 万美元（=1.543 0 美元/英镑×25 万英镑），如果在 3 月 5 日按 1 英镑=1.532 0 美元将英镑兑换为美元，收到的总金额为 38.3 万美元（=1.532 0 美元/英镑×25 万英镑）。其损失为 0.275 万美元（=38.575 万美元−38.3 万美元）。

（2）在期货市场上，2 月 5 日该出口商按期货价格为 1 英镑=1.542 0 美元卖出 4 份 3 月份英镑期货合约，总金额为 38.55 万美元（=1.542 0 美元/英镑×25 万英镑）。3 月 5 日按期货价格为 1 英镑=1.533 0 美元买入 4 份 3 月份英镑期货合约，总价值为 38.325 万美元（=1.533 0 美元/英镑×25 万英镑），其盈利为 0.225 万美元（=38.55 万美元−38.325 万美元）。

该出口商净损失为 0.05 万美元（=0.275 万美元−0.225 万美元）。

因此，该出口商通过卖出套期保值锁定了 1 个月后所收回的 25 万英镑的货款成本，仅损失了 500 美元，减少损失 2 250 美元。

（三）外汇期权

外汇期权是一种选择权合约，它授予买方某种权利，而不是义务，即在未来某一特定日期或某一日期前，以协定的汇率买入或卖出合约所规定的特定数量的某种外汇资产。由定义可看出，对于外汇期权的买方而言，当外汇汇率变动对其有利时，买方有权利执行期权；当汇率变动对其不利时，则买方有权利不执行期权。也就是说，不管买方执不执行期权，卖方都有义务履行。买方享有这种权利的条件是向期权卖方支付一定的期权费。

外汇期权的特点有：（1）有特定的合约交易单位，如费城股票交易所欧元的外汇期权合约的交易单位为 62 500 欧元。（2）交易币种主要是少数几个国际货币，如英镑、瑞士法郎、日元、欧元等。（3）外汇期权交易方式以交易所集中交易为主，交易所内采用公开竞价的方式进行，其交易过程与外汇期货交易相同。银行间外汇期权交易一般采用电讯的方式。（4）期权的买方缴纳期权费。（5）盈利能力与风险不对称。

外汇期权可分为看涨期权和看跌期权两种。外汇看涨期权的买方在期权有效期内，在外汇汇率上升时有权按协议规定的汇率在未来买入一定数量的外汇资产，当然买方也可不执行期权；看跌期权就是期权的买方在未来当汇率下跌时有权按协议规定的汇率卖出一定数量的外汇资产。另外，期权按到期前可否执行分为美式期权和欧式期权。美式期权是指在到期前的任一时间内可执行的期权，欧式期权是指只在到期时才能执行的期权。

在国际投资活动中，企业可在外汇期权市场上买进或售出外汇期权以达到规避外汇风险的目的。对于进口商而言，他将承受因外币升值而引起的本币支出增加的损失，因而应买入看涨期权来规避风险；对于出口商而言，他将承受因外汇贬值而引起的本币收入减少的损失，因而应买入看跌期权来规避风险。

例如，美国一进口商进口一批商品，约定3个月之后支付货款125 000瑞士法郎。该进口商担心未来瑞士法郎升值，将使其支付成本增加，于是购买了2份瑞士法郎美式看涨期权，协定汇率为USD0.751 0/CHF，期权费为USD 0.005 0/CHF，3个月以后到期，该进口商面临两种选择：

（1）如果外汇市场上瑞士法郎的即期汇率高于0.751 0的协议价格，则进口商将执行期权。

（2）如果外汇市场上即期汇率低于0.751 0的协议价格，则进口商将不执行期权，而在现货市场上购入瑞士法郎。

可见，该进口商只花费93 875瑞士法郎就可锁定未来的成本。

（四）掉期交易

掉期交易是指外汇交易者在外汇市场上买进（或卖出）某种外汇时，同时卖出（或买进）相等金额但期限不同的同一种外国货币的外汇交易活动。

掉期交易的主要特点是买进和卖出的货币数量相同，买进和卖出的交易行为同时发生，只是交易期限不同、方向相反。可见，掉期交易一般不会改变交易者的外汇头寸，但是会使他们持有头寸的期限改变，因而可防范外汇风险。

按照交割期限的差异，掉期交易可分为以下几种类型。

1. 即期对即期的掉期交易

这是指成交后一笔在第一个营业日交割，另一笔在第二个营业日做反向交割的一种交易。这种方法一般用于银行同业间的隔夜拆借。

2. 即期对远期的掉期交易

这种交易方法是外汇市场上最常见的一种掉期交易形式，是指买进即期外汇的同时卖出同一笔远期外汇，或者在卖出即期外汇的同时买进同一笔远期外汇。这种掉期交易，外汇远期的交割期限大多为1周、1个月、2个月、3个月和6个月。它主要用于避免外汇资产到期时外汇汇率下降或外汇负债到期时外汇汇率上涨可能带来的损失。在短期资本输出、输入中，通常需要这种形式的掉期交易来规避外汇风险。

3. 远期对远期的掉期交易

这是指掉期交易中涉及的两个远期外汇交易，而不是即期与远期交易。这种交易方式可用来套期保值和改变币种，从而达到避险的作用。

例如，假设10月3日伦敦外汇市场上行情如下：即期汇率英镑/港币＝13.550 0/600，1月期掉期率为50/125，45天掉期率为100/200，2月期掉期率为100/300。

如果在2002年9月18日，英国某出口商向中国香港某进口商出口了价值500万港币的商品，11月18日收到货款（港币）。9月18日英国出口商发货后，立即向银行卖出2月期500万港币，以防止港币汇率下跌，其结算远期汇率为13.546 0。到10月3日，进出口双方经协商将结算日推迟到12月3日，此时，英国出口商在10月3日做了一笔远期对远期的掉期交易，将原来的远期合约展期到12月3日，即该出口商买入45天期500万港币合约并卖出2月期500万港币合约的远期对远期的掉期交易。实际上，英国出口商购买45天期500

万港币合约来注销原来在 9 月 18 日与银行签订的卖出 2 月期 500 万港币的远期合约，同时卖出 2 月期 500 万港币的远期合约，将结算日展期到 12 月 3 日。

该出口商实际交割结算过程如下：

(1) 11 月 18 日交割 9 月 18 日签订的 2 月期合约，该出口商应收到 36.911 万英镑（=500 万港币÷13.546 0 英镑/港币）；

(2) 11 月 18 日交割 10 月 3 日签订的 45 天期合约，该出口商应支付 36.873 万英镑（=500 万港币÷13.560 0 英镑/港币）；

(3) 12 月 3 日交割 10 月 3 日签订的 2 月期合约，该出口商应收到 36.792 万英镑（=500 万港币÷13.590 0 英镑/港币）。

因此，该出口商在 12 月 3 日应从银行收到 36.830 万英镑（=36.911 万英镑+36.792 万英镑−36.873 万英镑），但该出口商通过远期的掉期交易将原来的保值期延长至 15 天，其支出费用为 0.081 万英镑（=36.911 万英镑−36.830 万英镑）。

（五）货币互换

货币互换是指双方在一定的时期内按约定汇率直接或通过中介机构签订货币互换协议，交换不同货币表示的债权与债务的行为。货币互换协议一般规定，在协议生效日以约定汇率交换等值本金；按预先约定相互支付利率给对方；到期按原汇率再换回本金。货币互换的利率形式，可以是固定换固定，也可以是固定换浮动，还可以是浮动换浮动。货币互换所规定的汇率，可以用即期汇率，也可以用远期汇率，还可以由双方协定采取其他汇率水平。

货币互换的基本程序如下：

(1) 本金的初次互换。本金可以是实际互换，也可以是名义上的互换，即并无实际的本金转移。但无论采用哪种形式，关键是要确定各自本金的金额，以便计算按不同货币计算支付的利息。

(2) 利息的互换。本金金额确定后，互换双方按协议约定的利率，进行除本金以外的互换交易的利息支付。

(3) 本金的再次互换。在本金实际互换情况下，双方于到期日换回交易开始时确定的本金。

货币互换在汇率风险管理中起着非常重要的作用。由于货币互换的期限通常长达数年，甚至十年以上，所以货币互换尤其可以运用于对中长期汇率风险的管理。

例如，假定一家公司借入一笔 5 年期的 20 亿日元贷款，利率为固定利率 2.95%，付息日为每年 6 月 20 日和 12 月 20 日。公司需要将日元兑换成美元用于生产经营，产品出口得到的收入也是美元收入。但由于公司必须以日元还本付息，如果相对于期初汇率日元升值、美元贬值，则公司需要花费更多的美元来还本付息，使其遭受损失。为控制这种汇率风险，公司决定与中国银行做一笔货币互换协议。首先，公司将所获贷款本金支付给中国银行，中国银行按 1 美元=100 日元的约定汇率向公司支付 5 亿美元，完成本金的初次互换；其次，在每年的付息日，中国银行按约定利率向公司支付日元利息，公司将日元利息支付给贷款银行，同时按约定利率向中国银行支付美元利息，完成利息的互换；最后，公司在到期日与中国银行再次互换本金，中国银行向公司支付日元本金，公司将日元本金归还给贷款行，同时按照 1 美元=100 日元的汇率向中国银行支付相应的美元。由于在期初和期末，公司与中国银行按预先规定的统一汇率互换本金，且在贷款期间公司只支付美元利息，而收入的日元利息正好用于归还日元贷款利息，从而使公司避免了汇率变动的风险。

第三节　国际投资的法律保障

为了保护国际投资者的利益，投资国和东道国会制定相关法律作为国际投资者利益保障的法律依据。国际投资相关国家之间也会签订双边保护协定、保护国际投资的区域性条约和多边公约，以促进国际投资的繁荣和发展。

一、投资国对外投资的法律保障

相对于国内投资，国际投资风险更大，投资国为了保障国际投资者的利益，最普遍的是建立海外投资保证制度，亦称海外投资保险制度。其基本内容是：由投资国政府设立海外投资保险机构，承保本国对外投资者的对外投资风险。下面将简要介绍美国的海外投资保证制度。

从 20 世纪初以来，美国一直是世界上最大的对外投资国，其对外投资担保制度也是最早建立起来的。长期以来，美国对外投资担保的法律保护包括在与外国缔结的双边友好通商条约之中。1948 年，美国根据《对外援助法》制定了《经济合作法》，实行“马歇尔计划”，设立了专门的机构经济合作署，负责管理援外事务和海外投资，创立了现代意义上的对外投资保证制度。1955 年美国设立了国际合作署主管海外投资保证业务。1961 年，美国国会通过了《对外援助法》修正案，设立国际开发署，接管投资担保业务。根据再次修改的《对外援助法》，1971 年，美国设立海外私人投资公司，直属于国务院，承担由国际开发署主管的对外投资保证业务，现已成为主管美国私人海外投资保证业务的专门机构。《对外援助法》几经修改，始终保持了美国对本国对外投资者的保护政策。

美国的对外投资保证制度是国际法和国内法的有机结合。美国私人投资者只在与本国有双边投资保证的国家投资，一旦投资遭受政治风险发生损失后，投资者先向海外私人投资公司索赔，然后由投资公司集中向投资国政府索赔。前者是根据投资者与投资公司的协议，适用于国内法；后者是依据美国与投资国的双边投资保证，适用于国际法。

根据 1975 年的《对外援助法》修正案，美国对外投资保证制度的基本内容有以下方面：

1. 保险人

保险人为美国海外私人投资公司，公司董事会由总统遴选的 13 名董事组成，国际开发署署长兼任董事长；行政机构是由总统委任的总经理和副总经理组成；公司在财政年度末须向国会提交经营报告。公司的主要业务是向美国对外投资者在发展中国家的投资活动提供保证业务，特别鼓励美国中小企业向发展中国家进行直接投资。

2. 被保险人

被保险人为依法有资格申请投资保险的合格投资者，包括美国公民（具有美国国籍的自然人）；依据美国法律（或美国某州的法律、美国某块领土的法律）而登记设立的，其主要权益（51%以上）属于美国公民所有的美国公司、合伙企业及其他社团（包括非营利性社团）；由一个及其以上的美国公民、上述公司、合伙企业及社团（包括非营利性社团）全权拥有的具有外国国籍的公司、合伙企业或其他社团，且在此类公司中的资产至少 95%为美国公民、公司、合伙企业或其他社团所有。在贷款条件下，该类公司、合伙企业或其他社团的合格性，在签发保险单时加以确认。在任何情况下，被保险人在取得保险单时以及提出索赔时均应为合格投资者。

3. 投保对象

投保对象亦称合格投资，是指作为保险对象的标的物。合格投资需满足如下条件：仅限于在国外的新项目投资，但在一定条件下，对现有企业的增建、扩建和现代化投资亦可视为新投资，也可申请投资保险；仅限于经美国政府同意的在不发达友好国家和地区的投资，并且该项目是由美国海外私人投资公司认可的、经外国政府批准的投资项目；仅限于同美国签有双边投资保证协定的国家和地区的投资项目。

合格投资的内容为有形资产和无形资产，具体包括现金、股份资本和贷款投资；实物投资，包括商品、原材料和设备等；在合同基础上进行的权益投资，包括劳务、专利权、制造方法、技术协定合同以及能源开发项目中关于产品分配安排等应得的权益。

4. 投资申请制度

投资者向海外私人投资公司提出申请时，应按公司规定的格式，以书面形式提出“政治风险投资保险申请书”及其必要的有关资料。公司在收到申请书后，进行必要的审查，审查的内容包括：投资者是否合格；投资的内容是否合格；该投资项目是否得到东道国政府的批准；投资者是否已实施投资计划。如果投资者在实施投资计划后再提出保险申请，公司则拒绝承保。经审查批准后，由投资者与公司双方签订合同，被保险人根据合同规定按期缴纳保险费。当发生承保范围内的风险事故时，由海外私人投资公司根据合同规定向本国对外投资者赔偿损失，海外私人投资公司再向造成该项投资损失的东道国代为求偿。

5. 投保范围

投保范围为政治风险，具体包括外汇风险、征用风险、战乱风险、营业中断风险。

（1）外汇风险，亦称禁兑风险或不能自由兑换风险，是指由于东道国政府禁止将美国投资者的收益兑换成美元而造成的风险。承保该类风险的前提条件是：在签订保险合同时，东道国法律并无禁兑规定。

（2）征用风险，是指被保险人的投保资产由于东道国政府采取征用或没收措施而遭受损失的风险。美国 1981 年《关于海外私人投资公司的修订法案》中规定：“‘征用’一词，包括（但不仅限于）东道国政府中途废止、拒绝履行或单方面削弱它自己与有关项目投资人签订的合同，致使该项目受到重大的不利影响，难以继续经营。其条件是东道国政府采取的上述中途废止、拒绝履行或侵害削弱合同的行为并非由于投资人的过错或不规范行为引起的。”如果东道国政府的征用行为是由投资者违反东道国法律或其他不正当行为引起的，则海外私人投资公司不负赔偿责任。例如 1971 年，智利政府征用美国电报电话公司在智利的企业，美国海外私人投资公司认为，该征用行为是美国电报电话公司干涉智利政府内政引起的，故不负赔偿责任。

（3）战乱风险，是指被保险人在东道国的投保财产由于当地发生革命、战争、暴乱和战乱而造成损失的风险。战乱风险仅限于东道国当地个人或集团为了实现某种政治目的而采取的破坏性行为所造成的损失。一般的劳资纠纷、各种经济矛盾所造成的损失不在保险之列。战乱风险的保险对象仅限于有形资产，无形资产不在保险之列。

（4）营业中断风险，是指由于上述三项风险发生，使被保险人某项营业活动暂时中断而造成损失的风险。对因营业中断风险造成的损失，海外私人投资公司予以赔偿。

这四种风险可单独付保，也可同时付保。

6. 保险期限

自保险单签发之日起，保险期限不得超过 20 年。

7. 保险费

保险费率由海外私人投资公司确定，一般根据承保的行业、风险的种类及范围而有所不同。

8. 保险金额

承保的限额为被保险人最初投资的美元票面价值加上该投资实际应得的利润、利息或其他收益。海外私人投资公司规定，公司只按被保险人投资金额的 90%承担责任，被保险人承担投资金额 10%的风险责任。

9. 投资保险争议

保险、保证和再保险契约的索赔以及由此产生的争议，按照公司章程，根据当事人双方的协议，以仲裁方式加以解决。

二、东道国关于引进外资的法律保障

资本作为生产要素之一，在经济增长中发挥着重要作用。东道国为了发展经济，一般都针对外资制定相关的保障外资的法律法规。

东道国一方面为了保护本国利益，另一方面也出于保护投资者利益的考虑，一般对外资实行投资审查制度。各国的情况不一，对外资审查的程度、范围和要求也不尽相同。

（1）发达国家技术经济实力雄厚，国内企业竞争力强，对外国投资持开放态度或不需审查。长期以来，美国政府对外资一般不要求审查。20 世纪 80 年代后期，大量外资融入美国，但美国的一般不审查政策也没有改变，只是对一些重要的直接投资项目，由美国政府与投资国政府进行直接磋商，并进行审查。

日本《外汇法》规定，对外资流入不采取一般的审查制度，但要求国外投资者进行投资申报。国外投资者在向日本进行直接投资（包括股票或股份的取得、期限超过一年的 1 亿日元以上的贷款、事业目的的变更、私募债券的取得以及设立分店等）时，要向大藏省大臣和事业主管大臣提出申报，申报窗口为日本银行。日本对不同产业、不同性质的国外投资实行不同的审批制度。对自由化方案允许其自由进入的外国投资，采取自动许可制度，不需进行个别审查；对非自由国外投资实行个别审查。目前非自由产业包括农业、水产业、矿业、石油和皮革业。在证券投资方面，如果某一外国投资者取得某公司股份数不超过该公司股份总额的 10%，则实行自动许可制度；全体外国投资者取得某一日本企业股份总额不超过 15%（限制性产业）和 25%（非限制性产业）同样实行自动许可制度。不符合上述条件的，则进行个别审查。限制性产业主要包括金融、运输业、渔业等。日本政府十分重视新技术的引入、消化和吸收，对技术引入原则上不实行个别审查。目前实行个别审查的技术仅限于飞机制造、火药、原子能、武器制造、宇宙开发、电子计算机、石油化学等 7 种制造技术。

（2）发展中国家经济实力相对薄弱，国内企业竞争力不足，对一般较发达国家外资实施较严格的审查制度。自 20 世纪 60 年代以来，印度对外资先后颁布了多部法律，如《外商投资鼓励法》、《外国企业管理法》、《外国投资法》、《国际投资法》等。根据这些法律，印度对外资审查制度包括两个部分：外资审核监督制度和外资审批制度。印度外资审核监督制度规定，外国投资者在向印度进行投资前，必须向全国外资管理委员会提出申请，申请主要包括外国投资者及拟投资活动的基本情况，外国投资者申请的审核期限为2个月。全国外资管理委员会主要审核外国投资者的投资活动对印度国民经济（如对进出口、就业、引进技术等）产生的影响。外资审批分为两个阶段：实质审查、程序审查。实质审查的主要内容是审查外国投资者对印度经济发展目标和国家利益产生的影响。程序审查的主要内容是审查外国投资者的相关文件、外资活动的相关文件以及外国投资者的申请是否符合法定程序等。

外资在韩国经济中一直发挥着重要的作用，韩国政府十分重视引进外资。根据1984年修订的《吸引外资法》，韩国对外资实行“自动许可制”。同时符合下列条件的投资项目只需向财政部递交一份报告，即可实行自由投资：投资额低于100万美元；外资占比低于50%；不申请税收减免；在政府完全开放的领域投资。对不符合上述条件的投资项目实行个别审查。审查分实质审查和程序审查。实质审查的主要内容有：外资对促进本国民族经济和社会福利发展方面的作用；外资在促进骨干工业部门和公用事业等方面的作用；外资对改善本国国际收支环境的作用。程序审查由国外投资者向财政部递交申请书，财政部根据外国投资者所在的部门，再将申请书转交有关部门的部长，有关部门在收到申请后20日内将审查意见交财政部，最后由财政部决定批准与否。

三、国际投资的双边投资保护协定

双边投资保护协定是资本输出国和输入国之间所签订的鼓励、保护、保证及促进国际私人直接投资的双边条约。

（一）双边投资保护协定的类型

双边投资保护协定可分为传统型和现代型。前者主要是在友好通商航海条约中体现；后者是指两国间所订立的专门保护两国对外投资者利益的双边条约，可细分为美国型的投资保证协定和德国型的促进与保护投资协定。

1. 友好通商航海条约

友好通商航海条约（Friendship Commerce and Navigation Treaty）是缔结国间就商业活动和航海自由事宜而签订的双边条约。其中涉及投资的内容大致包括：外国投资者的入境、旅游与居留；个人基本自由权；关于投资者的待遇标准；关于外国投资者财产权的保护和尊重；管理与经营企业的权利；对外国投资者的税收待遇；外汇管制与资金转移；关于争议的处理与管辖权。

2. 投资保证协定

投资保证协定（Investment Guarantee Agreement）主要由美国采用，这种协定通常采取换文条约的方式。二战后，美国对外投资规模不断扩大，为了配合马歇尔计划，美国开始实行海外投资保险制度，以国家间订有双边保证协定作为实施其海外投资保险制度的前提条件。因此，20世纪70年代以前，美国除了签订综合性友好通商航海条约以外，还签订了专门的投资保证协定，后来发展为以双边投资保证协定为主。这种协定或换文和美国海外投资保险、保证结合在一起，又叫“投资保险和保证协定”。除美国以外，加拿大也采用这种类型的双边投资保护协定。美国型的双边投资保证协定重在程序性的规定，如规定代位求偿权、投资争议解决程序等，同时此类协定还着重对投资保险问题做出专门规定。美国已与100多个国家签订了双边投资保证协定，中国于1980年10月与美国签订了关于投资保险和投资保证的鼓励投资协议和换文。

3. 促进与保护投资协定

促进与保护投资协定（Agreement for Promotion and Protection of Investment）是欧洲一些发达国家与发展中国家签订的双边投资保护协定，其中以原联邦德国最为典型，因而又称为德国型的"促进与保护投资协定"。原联邦德国、瑞士等国认识到单纯依靠友好通商航海条约难以有效地保护其海外投资，于是从20世纪50年代末开始与资本输入国签订促进与保护投资协定。

德国型促进与保护投资协定相对于美国型双边投资保证协定，更注重实体问题，其规定更为详细、具体，如规定投资者的待遇标准、国有化或征收的条件、政治风险的保证等。同时，此类协定也对程序问题做出规定。美国型的双边投资保证协定主要为一国的海外投资保险服务，是缔约国一方为保护其在东道国的投资者而同对方签订的条约，其保护的是单方面的投资。而德国型的促进与保护投资协定则更侧重于对相互投资的保护，是双向的保护。

（二）双边投资保护协定的内容

1. 对受保护的投资者和投资利益的规定

受保护的投资者包括自然人、法人或不具有法人资格的其他经济实体。对自然人的确定通常以国籍作为标准。对法人或其他实体的确定主要考察以下几个方面：

（1）注册登记地标准。对于法人国籍的确定，各国通常采用注册登记地标准，有时也采用双重标准，综合考虑登记地和住所。

（2）资本控制和联系标准。所谓资本控制标准是指把本国公司或法人控制的外国公司视作本国投资者，可以享受条约利益。联系标准主要在美国新的样本条约中体现：确定一个实体是否有权享有条约利益，取决于该实体是否与条约缔结方有重大联系。

（3）具体实践标准。双边投资保护协定中的投资一般取其广义概念，如中英政府《关于促进和相互保护投资协定》第一条中明确规定的，投资是缔约一方依照法律和法规在其领土接受作为投资的所有资产，但不限于动产、不动产和其他任何财产权利；公司的股份、股票和债券或公司财产中的权益；对金钱的请求权或通过合同具有财产价值的行为请求权；著作权、工业产权、专有技术和商誉；特许经营权。投资收益是指投资在一定时期内所产生的利润股息、利息和其他合法收入。投资的收益和再投资的收益享有同投资一样的保护。

2. 对外国投资者待遇标准的规定

对外国投资者待遇标准的规定主要体现在国民待遇和最惠国待遇上。

（1）国民待遇（National Treatment），指外国投资者在东道国的投资、投资的财产及其收益，应与东道国在法律上享受同等待遇。

（2）最惠国待遇（Most Favoured-nation Treatment），指授予国给予受惠国的待遇不低于授予国已经给予或将来给予第三国的待遇。最惠国待遇是用来保证东道国的外国投资者之间的平等。

(3) 国家风险保证。协定中国家风险的重点是国有化或征收以及货币兑换的问题。

四、保护国际投资的区域性条约

区域经济一体化的加速发展，促进了区域性条约的发展。区域性条约主要调整区域内国家间的多边投资保护问题。比较典型的区域性条约有以下三种。

(一) 指导性法典——《区域投资法典》

《区域投资法典》是联合国贸发会议（UNCTAD）的贸易发展理事会为调整区域内各国对外国投资保护而提出的。基本内容是：国内参与资本的最低限度；关于在特定部门排除外国人所有权的标准；各类收益汇出的保证；税负优惠；企业资产评估；投资保证；本国国民参加经营的规定。

(二) 若干国家签订的多边协定

多边协定有：1960 年，法国同中非、乍得、刚果、加蓬、马达加斯加、塞内加尔签订的《关于各国国民基本权利条约》；1965 年，喀麦隆、中非、刚果、加蓬、乍得 5 国签订的《中非洲经济和关税同盟投资条约》；1969 年，共同市场成员国关于向第一世界跨国投资的共同保证制度；1970 年，安第斯条约国签订的《安第斯共同市场外国投资规则》等。

(三)《拉丁美洲自由贸易区关于对外国资本的共同措施》

该条约为拉美经济委员会同美洲国家组织共同协商提出的，它主要研究区域内如下方面采取共同措施的可能性：资本转移及收益自由汇出；资产的再评估；税收及外汇优惠；加速资产折旧及增值税、差别征税和税制变更的保护；双重征税、仲裁协定。

五、多边公约

国际上关于国际投资保护的多边公约主要有三个：《多边投资担保机构公约》、《与贸易有关的投资措施协议》和《关于解决各国和其他国家国民之间的投资争端的公约》（简称《华盛顿公约》)。《华盛顿公约》将在本章“国际争议的仲裁解决”小节中阐述。

(一)《多边投资担保机构公约》

《多边投资担保机构公约》全称《建立多边投资担保机构公约》(Convention Establishing the Multilateral Investment Guarantee Agency)。根据该公约建立的多边投资担保机构，简称 MIGA。1985 年 10 月 11 日，在汉城召开的世界银行年会上正式通过这项公约，所以又称《汉城公约》。MIGA 从属于世界银行集团，在财务上则是一个独立的国际组织，于 1988 年 4 月 12 日正式成立。中国于 1988 年 4 月 28 日签署该公约，4 月 30 日交存了批准书，为 MIGA 的创始国。

1.《多边投资担保机构公约》的宗旨和 MIGA 的国际法地位

公约的前言和第二条规定，MIGA 的目标是鼓励在发展中国家的外国直接投资。MIGA 除了对投资提供非商业性风险（即政治风险）担保之外，还从事与投资有关的投资咨询，从事与托管有关的投资咨询，特别是向投资东道国提供投资咨询，以促进国家间的资本流动。

公约第一条规定，MIGA 是国际法上的完全法人，有能力签订合同、取得和处置不动产、进行法律诉讼。公约还给予 MIGA 相应的特权和豁免权。

2. MIGA 的组织形式：成员与资本

MIGA 成员国资格向所有世界银行成员国开放。注册资本为 10 亿特别提款权，分为 10 万股，每股票面价值 1 万特别提款权。成员国最低认购额为 50 股。

MIGA 的组织机构包括理事会、董事会以及总裁和若干雇员。理事会是 MIGA 的权力机构，董事会是 MIGA 的执行机构，世界银行行长兼任董事长，总裁根据董事长提名，由董事会任命，负责 MIGA 的日常业务，有权决定雇员的录用。任何成员国与 MIGA 或成员国之间对公约的解释或适用有争议时，都可提交董事会裁决。若不服裁决，可申请理事会做最终裁决。

3. MIGA 的投资担保业务

（1）货币兑换（Currency Transfer）险，东道国政府限制投资者将东道国货币兑换成国际通用货币或可接受货币，包括东道国未能在法定期限内对受担保人的申请做出决定。

（2）征用或类似措施（Expropriation and Similar Measures）险。因东道国政府的原因导致投资者的财产或收益被剥夺或失去控制，除非这种措施是非歧视的一般性措施。

（3）违约（Breach of Contract）险。东道国拒绝或违反其与受担保人签订的契约，并且受担保人未能诉诸司法或仲裁以认定这种违约；或在合理期限内，这种司法或仲裁程序未能做出判决和裁决；或虽做出判决或裁决，但未执行。

（4）战争和内乱（War and Civil Disturbance）险。东道国境内任何地区的任何军事行动或内乱都在此范围内。

4. 合格投资

MIGA 只对在发展中国家成员国领土内所做的投资予以担保，承保的合格投资包括股权投资和非股权投资，且仅限于新投资。MIGA 对投资项目的合理性、合法性进行审查。

5. 合格投资者

有资格获得担保的投资者是具有任何东道国以外成员国国籍的自然人，或者是注册地、主要营业地在东道国之外的法人，或者是其主要股东由非东道国的成员国或其国民所担任的法人。这类法人无论是否归私人所有，都必须在商业基础上经营。有资格的东道国为发展中国家。

6. 担保合同与代位求偿权

担保合同是在 MIGA 与投资者之间订立的规定双方权利和义务的法律文件。MIGA 在缔结担保合同之前，就其指定的承保险别予以承保并应取得东道国的同意。在投保人向 MIGA 索赔前，应根据东道国的法律，在当地寻求行政救济。合同中所规定的担保期限不应少于 3 年，也不应多于 15 年，在特别情况下，经承保人和投保人协商，可以为 20 年，或与投资所批准的较短期限相适应。

代位求偿权（subrogation）是 MIGA 投资担保机制的重要内容。MIGA 在支付或同意支付给投保人的赔偿之后，将获得代位求偿权，即作为投保人向东道国和其他责任人索赔。在 MIGA 的法律框架内，因承认代位求偿权，投资者与东道国的关系就变成了 MIGA 与东道国的关系，这对投资者在发展中国家的直接投资，是很重要的法律保障。

（二）《与贸易有关的投资措施协议》

《与贸易有关的投资措施协议》（Agreement on Trade-related Investment Measure，TRIM 协议）属于《建立 WTO 协定》附件 1A“多边货物贸易协议”之一，旨在保护投资者利益，避免东道国对投资者的进出口实施违反国民待遇，或一般取消数量限制原则等不当限制。TRIM 协议仅适用于与货物贸易有关的投资措施。关于 TRIM 协议的详细内容，请参看相关书籍。

第四节　国际投资争端的解决

一、国际投资争议的种类和特点

（一）国际投资争议的种类

由国际私人直接投资而引起的各种争议主要有：

1. 外国投资者与东道国政府间的争议

（1）因东道国的行政行为引起的争议。

（2）因东道国政府立法行为引起的争议。

（3）因特许协议引起的争议，指投资者与东道国在特许协议的解释或东道国政府违反特许协议等方面而产生的争议。

（4）因特殊原因引起的争议，指东道国政府依其经济主权对外国投资实施国有化或征收后给投资者造成损失，投资者与东道国在国有化或征收等行为的合法性或损失赔偿问题上的争议。

2. 外国投资企业与东道国国内其他企业间的争议

此类争议是企业间的争议，适用于东道国国内法律，一般较易解决。

3. 外国投资者与东道国投资者间的争议

主要体现在合资或合作企业中双方的利益分配与权利之争，应依投资契约解决。

（二）国际投资争议的特点

1. 主体的特殊性

一般争议一方为东道国政府，争议源于东道国政府的“公行为”，解决过程涉及主权豁免等问题；争议主体双方主体资格不平等，东道国政府以管理者身份出现。

2. 处理的两难性

东道国政府在遇到争议时，不仅要考虑对自身利益的维护，也要考虑保持国内良好的投资环境，维护外国投资者的合法利益。

3. 后果的特殊性

东道国政府与投资者的争议往往会演变成东道国与投资母国的争议，特别是在投资母国行使外交保护权的情况下，就会使得投资争议政治化、复杂化。这种争议处理不仅涉及国内法，而且涉及国际法。

（三）国际投资争议解决方法的法律规定

（1）在契约中加以规定，即在投资契约中明确规定争议的解决方法及其相关法律适用问题等。

（2）在国内法中加以规定，既有东道国国内法的规定，也有投资母国国内法的规定。

（3）在更多情况下，对投资争议的解决，特别是对东道国政府与外国投资者之间的投资争议的解决，在双边投资协议中都做出了具体的规定。

（4）国际条约的规定。在《关于解决各国和其他国家国民之间的投资争端的公约》（因在华盛顿签订，简称《华盛顿公约》）与《多边投资担保机构公约》中都有所规定，前者主要是为了争议的解决而签订的。

从实践来看，具体的国际投资争议的解决方法除了当事人双方之间的协商或谈判外，主要包括斡旋、调停、外交保护、国际商事仲裁、国际民事诉讼等。

二、国际争议的政治解决

解决国际争议的政治方法有：谈判或磋商、斡旋和调停、调解及外交保护等。

（一）谈判或磋商

当争议双方的立场相差不大时，为了共同的利益，及时解决问题，抓住投资机会，争议双方比较倾向于采用谈判或磋商解决问题。谈判或磋商不拘泥于特定的形式和程序，能迅速地解决争议双方的分歧。

（二）斡旋和调停

若争议双方的意见分歧较大，通过谈判或磋商难以达成协议，可通过引入第三人进行斡旋或调停。在国际法上，斡旋和调停（mediation）是最古老的解决争议的方法，两者均借助于第三人的介入以达到争议解决的目的，其区别主要在于第三人在该过程中参与的程度与作用不同：斡旋是第三人通过采取种种行动（可以不参加直接谈判）说服相关各方进行谈判或继续中断的谈判；调停则是第三人积极参加谈判，并就争议双方的授权事项做出解释及提出解决方法。调停人在协助争议双方谈判时，其所提出的建议和解决办法是非正式的，其提出依据并非依据其自身的调查，而是依据相关各方做出的情况说明。例如，1956 年埃及对苏伊士运河公司实行国有化后，英、法与埃及请求世界银行斡旋，最终三国达成了解决争议的协议，在世界银行总裁布莱克的调停下，埃及和英国还缔结了有关的财务协定。不过一般情况下，斡旋和调停都只有劝告的性质，对当事人没有约束力。

（三）调解

调解（conciliation）解决国际投资争议是指以争议性质设立常设或临时委员会，以公平原则审查争议问题，并做出可能为相关各方接受的解决方法，或向各方提供解决争议的支持。调解人或调解委员会的责任是阐明争议问题所在，搜集相关资料，促进各方达成协议。在进行详细的审查后，调解人或调解委员会向争议各方提出其认为合理的解决条件、办法以及其认为接受条件的最后期限。

实践中处理国际投资争议的调解方式可分为常设机构进行的调解和临时机构进行的调解。常设机构进行的调解是指在一个富有处理投资或各种经济贸易争议经验的常设性机构中进行的调解，常设机构能为争议双方提供各种服务和便利，这些机构一般有调解人和调解规则。临时性调解自主性强，调解规则和各项工作由争议双方和调解人临时决定。国际上为争议双方提供调解的机构有解决投资争议国际中心（ICSID）、亚洲及远东经济委员会、国际商会。

1. ICSID

该中心的调解由调解委员会主持，调解协议对争议双方不具有约束性，实践中常常作为其仲裁的一个辅助程序。

2. 亚洲及远东经济委员会

该委员会是联合国经社理事会五个区域性经济委员会之一，制定有《亚洲及远东经济委员会调解准则》。

3. 国际商会

根据国际商会1975年生效的《国际商会调解与仲裁规则》，任何国际性的商业争议均可申请由国际商会设立的调解委员会调解。

（四）外交保护

外交保护是指本国公民在外国遭受损害，依东道国法律得不到解决时，本国可通过外交手段寻求解决。外交保护不以投资者的申请为前提，不是国家代表投资者向东道国提出权利请求。外交保护是国家主权的一种表现形式，是属人管辖权的具体应用。因而，国家一旦行使了外交保护，则投资者与东道国的问题就升级为国与国间的争议问题。

国家行使外交保护需满足两个条件：国籍持续原则和用尽当地救济原则。国籍持续原则要求受侵害的投资者从受到侵害至争议解决期间持续地拥有保护国的国籍。用尽当地救济原则是指争议产生后，投资者应尽可能利用一切可利用的可救济手段，包括司法、行政、仲裁各方面的程序寻求解决，只有在这一切手段都未能解决问题后才能寻求外交保护。

三、国际争议的仲裁解决

（一）仲裁解决投资争议的法律依据与原则

发生国际投资争议后，东道国既可以选择适用国内法，也可选择国际商事仲裁等方式解决。仲裁因较容易获得各国的承认和执行，相对于政治、司法方式更受欢迎。

确定仲裁法律适用至少应考虑以下原则：

（1）意思自治原则，即当事人在仲裁协议中就争议适用的法律做出规定。

（2）最密切联系原则，即选择适用国内法时一般应选择适用东道国国内法。

（3）非国内法的适用不具有可行性。

（二）ICSID 仲裁

ICSID，即解决投资争议国际中心（International Center for Settlement of Investment

Dispute），是根据《华盛顿公约》成立的专门处理投资东道国与外国投资者之间的投资争议的仲裁机构。我国于 1990 年 2 月 9 日签署了该公约，并于 1993 年 1 月 7 日批准了该公约，1993 年 2 月 6 日该公约正式对我国生效。公约设立该中心旨在为争议双方提供调解和仲裁程序。其调解独立于仲裁，当事人可只要求调解，也可要求调解不成后进行仲裁。中心的仲裁具有强制性。

1. 中心的管辖权

（1）主体。争议双方为缔约国（或其指定的分支或代理机构）与另一缔约国的国民（包括自然人、法人及其他经济组织）。争议一方的缔约国在提交仲裁时或在提起仲裁程序时，必须已经正式加入公约；争议的投资者也必须为缔约国的国民。

（2）客体。客体必须为由投资直接引起的法律争议。争议必须是关于法律权利或义务的存在与否及其范围，或者是因违反法律义务而引起的赔偿的性质范围。

（3）同意。争议双方必须以书面形式同意将它们的争议提交中心仲裁解决。

2. 仲裁的基本原则

（1）意思自治原则。

（2）适用补充规则所确定的法律的原则。若当事人没有约定适用法律，则中心可直接适用东道国法律和可能适用的国际法规则。

（3）禁止裁定不予处断原则，即中心做出的裁决必须是实质性的、是可操作的。

（4）公允善良原则。中心在得到争议双方的书面同意后，当事人可授权中心本着公允善良的原则做出裁决。

3. 中心裁决的认同与执行

（1）中心裁决具有强制性，不执行将面临十分严重的后果。若投资者不执行裁决，则东道国可申请缔约第三国法院强制执行，该执行是无条件的；若东道国不执行裁决，投资者本国将有权恢复行使外交保护或提出国际请求，投资者本国还可在国际法庭诉讼东道国。

（2）认同和执行中心裁决主体广泛。不仅争议双方必须遵守裁决，任一缔约国都必须承认保证裁决在本国得到执行。

（3）认同和执行程序简化。

（4）拒绝认同与执行条件严格。公约规定缔约国对中心裁决应视同该国终审判决，不需要也不允许对裁决做出审查。若需修改，争议任一方均可向中心秘书长提出申请。

四、国际争议的司法救济途径

司法救济指通过法院，以司法的途径解决投资争议。主要包括东道国法院诉讼、外国法院诉讼及国际法院诉讼。

（一）东道国法院诉讼

东道国法院诉讼适用于投资者或投资企业与东道国企业的争议，由东道国法院依其国内法律做出判决。

（二）外国法院诉讼

指向东道国以外的法院提起诉讼，一般为投资者采用，主要有追索诉讼和反垄断诉讼。

1. 追索诉讼（Suits to Invalidate Title）

指投资者以东道国的国有化等行为违反国际法或法院所在国的公共秩序，对被国有化的财产或该财产的销售收入的所有权甚至东道国的其他财产主张权利，要求法院在被诉讼财产实际在法院管辖领域内时维护投资者利益。

2. 反垄断诉讼（Antitrust Litigation）

指投资者控告与其有竞争性关系的东道国公司与东道国政府共谋以国有化等方式侵犯投资者利益，要求从被指控公司处得到补偿，以间接解决其与东道国政府的争议。

（三）国际法院诉讼

国际法院是联合国主要组织之一，其诉讼当事人仅限于国家，任何组织和个人不得向国际法院提起诉讼。当事国必须接受强制管辖。由于这些原因，国际法院的管辖范围非常狭窄，同时期当事国的自愿原则决定了其在解决国际投资争端中的作用十分有限。

【本章小结】

本章第一节分析了国际投资存在的风险，从国家风险、商业风险两个方面展开，并相应分析了各自的风险识别、评估方法。第二节主要介绍了国际投资风险管理的基本手段、投资者的风险自我管理措施，并运用案例分析的方式讲解了金融衍生工具在国际投资风险管理中的运用。第三节阐述了国际投资的法律保障，具体内容包括从东道国和投资国两方面分析了国际投资的法律保障；概述了国际投资的双边、区域性和多边保证制度。第四节详细介绍了国际投资争端的各种解决方法和机制。

【本章要点】

- 国家风险与商业风险的识别与评估
- 投资风险管理方法
- 投资风险保证制度
- MIGA 和 ICSID

【本章关键术语】

国家风险　政治风险　商业风险　汇率风险　国家风险指数　国家风险评估　情景分析法　衍生金融工具　投资保证工具　仲裁　斡旋　调停　调解　MIGA　ICSID

【本章思考题】

1. 简述主要的国家风险指数及其评估方法。

2. 简述主要的商业风险评估方法。
3. 简述国际投资风险管理的基本手段。
4. 简述金融衍生工具的主要种类。
5. 简述金融衍生工具在国际投资风险管理中的应用。
6. 简述国际投资争端的解决办法。

第十一章

国际投资的外汇风险管理

学习目标

- 掌握影响汇率变化的因素，了解汇率预测的方法
- 了解外汇风险的特点及其发展变化
- 掌握外汇风险的类型与衡量方法
- 熟悉外汇风险防范与管理的主要方法

第一节 外汇风险管理概述

在国际投资活动中，一国经济主体不论是从事国际直接投资活动，还是从事国际间接投资活动，均要涉及一国或一个地区与另一国或另一个地区不同币种之间的兑换问题。这种不同币种之间兑换的经济纽带是两种不同货币之间的兑换比率——汇率。自20世纪70年代初期布雷顿森林体系瓦解以来，世界货币体系进入了浮动汇率制时代。汇率受多种因素影响可自由浮动，从事国际投资活动的经济主体面临的外汇风险越来越大。因而加强外汇风险管理，是各国经济主体在从事国际投资活动过程中必须面临的问题之一。

一、外汇与汇率的概念

（一）外汇

外汇（foreign exchange）是国际投资活动得以进行的基本手段。

理解外汇的确切含义可从动态和静态两个方面进行。动态的外汇含义是指一国货币通过汇兑活动换成另一国货币的实践过程，通过这种活动来使国家间的债权债务关系得以清偿；静态的外汇含义是指国家间为清偿债权债务关系进行的汇兑活动所凭借的手段和工具。在日

常生活中，人们通常从静态的角度将外汇理解为以外币表示的用于国际结算的支付手段，本书中涉及的外汇概念也主要是指静态的含义。

（二）外汇汇率

两国货币折算的比率，或者说是以一种货币单位所表示的另一种货币单位的“价格”称为外汇汇率（foreign exchange rate），又叫外汇汇价。由此可知，不同币种之间是可以相互表示对方的价格的，例如A国货币可以表示B国货币的价格；B国货币也可以表示A国货币的价格，至于采用哪种形式，即是用本币表示外币，还是用外币表示本币，则要取决于一国采用汇率的标价方法。最基本的汇率标价方法有两种：直接标价法和间接标价法。直接标价法是指以一定单位的外国货币为标准来计算折合多少单位的本国货币，即外币数额固定不变，折合本币的数额根据外国货币与本国货币币值对比的变化而变化。如果一定数额的外币折合的本币数额增加，则是外币升值，本币贬值；相反，如果一定数额的外币折合的本币数额减少，则是外币贬值，本币升值。例如，2003年3月1日我国国家外汇管理局公布的人民币对美元的官方汇价为100美元等于827.70元人民币，就是采用的直接标价法。间接标价法是指以本币为计价标准，本币数额固定不变，折合外币的数额根据本币与外币价值对比的变化而变化。如果一定数额的本币折合外币的数额增加，则本币升值，外币贬值；如果一定数额的本币折合外币的数额减少，则本币贬值，外币升值。例如，2001年1月1日，纽约外汇市场上美元对瑞士法郎的汇价为1美元等于1.347 33瑞士法郎，就是采用的间接标价法。

二、影响汇率变动的因素

外汇汇率是一种特殊的“价格”，会受到外汇市场上外汇供求关系的影响。此外，在纸币制度下，影响汇率变动的因素还有以下几个：

1. 国际收支平衡的情况

这是影响汇率最直接的一个因素。国际收支（Balance of Payment，BOP）是指一个国家或地区与世界上其他国家或地区之间由于贸易、非贸易和资本往来而引起的国际资金移动，从而发生的一种国际资金收支行为。一国国际收支状况有顺差、逆差和平衡三种情况，但国际收支平衡是一种偶然现象。

通常，当一国出现国际收支逆差时，说明本国外汇收入比外汇支出少，对外汇的需求大于外汇的供给，外汇汇率上涨，本币对外币贬值；反之，当一国出现国际收支顺差时，说明本国外汇收入增加，外汇支付减少，外汇供给大于需求，同时外国对本国货币需求增加，造成本币对外币升值，外汇汇率下跌。

2. 利率水平的差异

利率对汇率的影响主要是通过对短期资本流动的影响来实现的。当一国提高利率水平或该国利率水平高于外国利率水平时，国际资本就会流入该国，从而对该国货币需求增加，造成本币升值，外币贬值；而当一国降低利率水平或该国利率水平低于外国利率水平时，就会使外国资本流出，造成本币贬值，外币升值。

3. 物价水平和通货膨胀水平的差异

在纸币制度下，汇率从根本上说是由货币所代表的实际价值所决定的。如果一国物价水平高，通货膨胀率高，说明本币的购买力下降，会使本币贬值。反之，就会使本币升值。

4. 一国的经济实力

一国经济实力的强弱是决定其汇率高低的最基础的因素。因为一国经济实力的强弱最终会影响导致汇率变动的其他因素。一国经济实力强，通常会表现为有稳定的经济增长率、较低的通货膨胀率、平衡的国际收支状况、充足的外汇储备以及合理的经济结构、贸易结构等，这些都是本币币值稳定和坚挺的物质基础。

5. 人们的心理预期

这一因素在目前国际金融市场上的影响表现得尤为突出。心理预期受信息、新闻和传闻等因素的影响。当外汇市场的参与者预期某种货币的汇率在今后可能下跌时，他们为了避免损失或获取额外的好处，便会大量地抛出这种货币，引起这种货币汇率下跌；反之，则大量购进外汇，引起汇率上升。在通讯技术发达和交易设施网络化的今天，由于人们心理预期因素引起的跨国资本流动相当频繁且规模较大，汇率受人们心理预期影响的程度越来越大。

此外，一国的财政、货币政策、投机资本、政府的市场干预以及一国政局不稳定、有关国家领导人更替、战争爆发等其他因素也对汇率变动有着重要影响。

在影响汇率变动的各个因素中，有的具有长期效应，例如一国的经济实力强弱对汇率变化的影响就具有长期效应，即它影响汇率变动的长期趋势。影响汇率变动的长期因素还有国际收支、通货膨胀率差异等。有的影响因素具有短期效应，例如利率水平、政府干预、投机资本以及一国爆发战争、政局不稳等对汇率变动具有短期效应。随着经济全球化和一体化的进一步发展，影响汇率的因素也在不断增加，而且各种因素往往又是交织在一起的，共同影响汇率变动，有时很难区分哪些因素是影响汇率变动的主要因素，哪些因素是影响汇率变动的次要因素。在不同的国家，影响汇率变动的因素不同，即使在同一国家，影响不同时期汇率变动的因素也可能不同。

三、外汇风险及其发展变化

（一）外汇风险的含义

外汇风险（foreign exchange risk）也叫汇率风险，是指在不同币种的相互兑换或折算中，因汇率在一定时间内发生始料未及的变动，致使有关主体实际收益与预期收益或实际成本与预期成本发生背离，从而蒙受损失或获得收益的可能性。

1. 外汇风险的构成要素

汇率风险一般包括三个构成要素：本币、外币和时间。汇率风险是由汇率变动引起的，即汇率变动是汇率风险的风险事故，没有汇率变动也就没有汇率风险了。而汇率变动是要经过一段时间的，在同一时间汇率是不可能发生变动的，这就决定了时间是构成汇率风险的必备要素之一。当然，这并不意味着只要经过一定时间汇率就会发生变动，时间只是汇率风险形成的必要条件，而不是充分条件。当然，一般情况下，时间间隔越长，汇率波动的可能性越大，外汇风险也就越大；时间间隔越短，汇率波动的可能性越小，外汇风险也就越小。汇率风险的另外两个要素是本币和外币同时存在并进行兑换或折算，这也是汇率风险形成的风险因素。在外汇交易中，如果只以本币计价结算，不发生本币与外币之间的兑换关系，就不存在由于汇率变动带来的风险；反过来，如果只以某种外币计价结算，不形成不同货币之间的兑换关系，自然也不会存在外汇风险。但是在现行货币制度下，各主权国家都在不同程度上禁止外币在国内流通，因此，从事国际投资活动的经济主体最终都要进行本币与外币之间的兑换活动，外汇风险也不可避免。

2. 外汇风险的特点

（1）外汇风险具有客观性。外汇风险是由不同币种在兑换或折算时汇率发生变动引起的，而汇率作为一种特殊的价格是受多种因素影响的，这就决定了汇率变动方向是不以任何经济主体的意志为转移的。例如，某种货币升值可使拥有该种货币资产的一方的资产价值增加，但却会使拥有该种货币负债的一方的债务负担加重，反之亦然。可见，汇率风险是无法消除的，是客观存在的。但是汇率的客观存在性并不意味着经济主体在汇率风险面前束手无策，而是可以规避的。关于管理外汇风险的具体方法和工具在本章第四、五节将详细介绍。

（2）外汇风险描述的是一种不确定状态，而不是事件发生后的结果。事件一旦发生，其结果可能为正（对当事人有利），也可能为负（对当事人不利）。也就是说，一旦汇率发生变化，将会给外汇持有者或交易者带来不确定性，有可能使其蒙受巨大损失，也有可能使其获得意外的收益，有人称其为外汇风险的“两面性”。在国际投资活动中，人们更多关注的是外汇风险的负面性，常常从防范外汇风险的角度来描述外汇风险的含义。

（3）外汇风险具有相对性。根据对风险的厌恶程度可将风险承受主体分为风险厌恶者、风险中性者和风险偏好者。汇率的微小变动对风险厌恶者而言可能难以承受，而对风险偏好者而言则可能不算什么风险。风险中性者则对风险采取无所谓的态度。外汇风险的这种相对性决定了风险承受主体在防范外汇风险时会采取不同的防范策略。

（二）外汇风险的发展与变化

1. 外汇风险与国际货币制度的变化

外汇风险是与国际货币制度的演进密切相关的。从19世纪初到第二次世界大战爆发前，国际货币制度一直实行的是国际金本位制度，各国货币均与黄金挂钩，确定各国货币比价的基础是铸币平价，汇率变动很小，最大变动幅度不超过黄金输送点。因而，在国际金本位制下，各国经济主体面临的外汇风险较小，也无须防范外汇风险。

第二次世界大战后期，在英、美两国主导下，1944年7月1日，在美国新罕布什尔州的布雷顿森林举行了44国代表参加的联合国货币金融会议，简称布雷顿森林会议（Bretton Woods Conference）。会议签订了《国际货币基金协定》（International Monetary Fund Agreement）和《国际复兴开发银行协定》（International Bank for Reconstruction and Development），总称《布雷顿森林协定》（Bretton Woods Agreement）。该规定确立了以美元为中心的国际货币体系，即布雷顿森林体系。布雷顿森林体系规定了美元与黄金挂钩，其他国家货币与美元挂钩的“双挂钩”制度；同时还规定各国货币对美元的汇率波动幅度不超过1%，若市场汇率超过法定1%的波动幅度，则各国政府有义务在外汇市场上进行干预，以维持汇率的稳定。1971年12月，这种汇率变动幅度扩大为上下2.25%。布雷顿森林体系实质上是将各国货币普遍与美元建立起了固定比例关系，汇率波动也被限制在一定范围内，这时汇率风险虽然存在，却是有限的、较小的。

1973年3月，布雷顿森林体系崩溃，国际货币制度进入牙买加体系，浮动汇率制度取代了固定汇率制度。自此，各国汇率变动频繁。特别是自20世纪80年代以来，金融自由化浪潮的兴起、信息技术的飞速发展以及新兴市场的迅速崛起，都为资本在全球范围内寻求最佳回报创造了有利环境，资本跨国流动也达到了空前的规模和速度。据国际清算银行统计，

1997 年国际融资（银行贷款和证券）总额达到 88 272 亿美元，而 1992 年仅为 3 149 亿美元。但同时，投机资本规模也在迅速扩大，例如全球对冲基金（不含举债）的资产总额 1990 年为 70 亿美元，到 1997 年底将近 1 000 亿美元。截至 2013 年第三季度，全球对冲基金总规模达到 2.51 万亿美元。[①] 投机资本规模的不断扩大对外汇市场冲击较大，给从事国际投资活动的经济主体带来了较大的汇率风险。例如 1999 年美元对日元的跌幅为 9.26%，欧元对美元的跌幅为 14.32%，欧元对日元的跌幅为 22.16%，英镑对美元的跌幅为 2.23%，给持有这些贬值货币的经济主体带来了损失。

2. 外汇市场的变化

外汇风险除受到经济发展的基本因素影响外，也受到投机和各种事件的影响，汇率的变动越来越成为随机现象。20 世纪 90 年代以来，随着国际资本市场和外汇市场的发展变化，外汇市场波动发生了深刻的变化，主要表现在：

（1）各国进出口及经常账户的变动很难成为判断外汇市场变化的主要依据，国际市场外汇交易与国际贸易的联系越来越弱。据统计，1970 年世界外汇交易额为 29 000 亿美元，同年世界贸易额是 5 930 亿美元，外汇交易额是贸易额的 5 倍；1981 年外汇交易额为贸易额的 24 倍；1995 年为 60 倍。至 1999 年 6 月底，外汇衍生工具（包括直接远期、货币掉期和期权）的累计名义本金额就达 148 990 亿美元，远远超过国际贸易发展所需的金融量。

（2）资本市场对外汇市场的冲击作用越来越大。国际借贷市场及资本市场的进一步发展、创新金融工具的出现，极大地推动了国际资本特别是国际短期资本的流动，从而造成各国汇率变动更加频繁。20 世纪 80 年代以来，投机资本在外汇市场中所起的作用越来越突出，汇率变动也更多的是这种冲击的结果。20 世纪 90 年代数次金融危机的爆发都与国际游资对各国汇率体制的严重冲击有关。

（3）由于各国 20 世纪 70 年代后普遍放松外汇管制，同时外汇市场与各国国内货币市场、资本市场的联动关系更加紧密，国际资本除进行债券、股票或直接投资外，还积极参与到金融衍生工具的交易中来，以达到套期保值或投机买卖的目的，所以影响外汇市场的因素更多，也更为复杂，外汇风险越来越大。

四、汇率的预测方法

预测汇率的方法主要有德尔菲专家预测法、基本分析法和技术分析法。

（一）德尔菲专家预测法

这是美国著名咨询机构兰德公司于 20 世纪 50 年代初发明的，它具有以下特点：参与者之间相互匿名，对各种反应进行统计处理，各专家之间没有什么密切联系，为了保证结果的合理性，要避免个人权威、资历、口才、劝说、压力等因素的影响。运用德尔菲法进行预测时，参与预测的人员一般是相关领域的专家。

（二）基本分析法

基本分析法是根据影响汇率变动的各个因素来分析汇率变动趋势的方法，它主要用来预

① 参见《逆势上扬对冲基金管理资产创新高》，载《中国黄金报》，2013-12-06。

测汇率的长期变动趋势。利用基本分析法需要具备一些基本的条件，如预测者需具有丰富的专业理论知识和投资经验，必须有最重要的有关经济总量的最新数据，预测者还必须有统计方面的知识等。

在实际预测时，人们通常使用计量经济模型来做预测工作。一些国际性的大银行、财务管理公司以及相关的金融管理机构常常使用基本分析法来预测汇率的未来变动趋势。基本分析法适用于对汇率的长期变动趋势的预测，人们对汇率短期变动趋势的预测是使用技术分析法进行的。

（三）技术分析法

技术分析法是指通过对过去市场价格变动的分析，预测未来市场价格变动趋势的方法。采用该种预测方法是假设汇率会反映一切可得信息，历史会重演以及汇率按照一定趋势变化。技术分析法主要有图表分析法、趋势分析法、移动平均线分析法等。

1. 图表分析

这是将汇率的变化以图形表示，即将汇率过去一段时间内的变化系统地记录下来形成一条曲线轨迹，如K线图、移动平均图等，以此分析汇率变动趋势。

2. 趋势分析

根据汇率的历史资料形成的各式各样的图表，画出过去的趋势线和新的趋势线，从而找出汇率上升或下跌的通道、支撑线或点、阻力点或线，寻找最佳买入点或卖出点。

3. 移动平均线分析

这是将过去一段时间内的汇率收市价相加，再除以天数得出一个均值，然后以此均值为纵坐标、以时间为横坐标绘制出一条移动平均线，据此判断汇率未来的变动趋势。

五、中国企业与外汇风险管理

我国企业的外汇风险管理是与我国外汇管理体制密切相关的，自新中国成立以来，我国对外汇管理体制进行了多次改革，企业面临的外汇风险也表现出从无到有并逐步增大的特点。

在1949—1978年间，前三年是我国国民经济恢复时期，实行的是严格的外汇管理制度，1953—1978年是计划经济时期，我国外汇管理制度实行的是“集中管理、统一经营”，对国家的外汇收支进行高度集中的计划管理与控制，人民币汇率基本上由行政命令决定。与此同时，中国利用外资有了一些进展，但规模和数量都十分有限。这一时期基本上不存在对外投资。企业面临的外汇风险极小，即使有外汇风险也由中央政府承担了。

1978—1993年，在对外改革开放方针政策的指导下，我国外汇管理体制有了比较大的变化。外汇管理体制进行了一系列改革，实行了外汇留成制度。在此基础上，我国建立了外汇调剂市场，把市场机制引入了外汇分配领域，但人民币对外币的汇率基本上是固定的，再加上长期以来国家提倡“出口创汇”而对出口换汇成本不予重视，企业在其经营过程中，汇率风险管理意识也相对薄弱。

自1994年1月1日起，我国进行了外汇体制改革，实现了汇率并轨，实行了以市场供求为基础的、单一的、有管理的浮动汇率制。汇率的形成机制市场化了，人民币汇率也开始随外汇供求和国内外政治、经济形势的变化而变化。这一时期，我国对外直接投资规模不断扩大，投资主体不断增加，投资地区分布广泛。据国家商务部统计，截至2003年底，我国对外直接投资金额累计 135 亿美元，投资分布在 167 个国家和地区。2003 年当年我国对外直接投资 21 亿美元，比上年增长 110%。①

2005 年 7 月 21 日，我国对完善人民币汇率形成机制进行改革。人民币汇率不再盯住单一美元，而是选择若干种主要货币组成一个货币篮子，同时参考一篮子货币计算人民币多边汇率指数的变化。实行以市场供求为基础、参考一篮子货币进行调节、有管理的浮动汇率制度。2005 年 7 月—2008 年 7 月，人民币对美元升值 21%，而中国对美国贸易顺差反而大幅增长。2008 年，我国适当收窄了人民币汇率波动幅度以应对国际金融危机，在国际金融危机最严重的时候，许多国家货币对美元大幅贬值，而人民币汇率保持了基本稳定。2010 年以来，我国进一步推进人民币汇率形成机制改革，不断增强人民币汇率弹性。与此同时，中国对外投资规模大幅增长。据商务部统计，2012 年中国境内投资者共对全球 141 个国家和地区的 4 425 家境外企业进行了直接投资，累计实现非金融类直接投资 772.2 亿美元。

随着我国"走出去"战略的实施，我国对外投资额还会增加。特别是在未来随着人民币在资本项目下实现可兑换，我国对外直接投资和间接投资的规模日益增大，如何防范外汇风险就成为摆在从事国际经济活动的各个经济主体面前的一大问题，因此，加强我国国际投资主体的外汇风险管理工作显得尤为迫切。

第二节 外汇风险的类型

在对外汇风险进行衡量与防范之前，首先应明确外汇风险的类型。分类标准不同，外汇风险的类型也不同。人们通常从外汇风险的形成原因和对企业的影响程度出发，将外汇风险分为交易风险、折算风险和经济风险。

一、交易风险

交易风险（transaction risk）是指以外币计价成交的交易活动中，由于外汇汇率发生了始料未及的变动，致使国际投资主体的实际收益与预期收益或实际成本与预期成本发生背离，从而蒙受实际经济损失的可能性。

（一）交易风险产生的原因

交易风险是国际经济交往活动中企业面临的一种常见的外汇风险类型，以外国货币作为媒介或载体进行经济交易进而不同币别的货币相互兑换是产生交易风险的两大原因。

（二）交易风险的特征

1. 交易风险存在于各种以外币计价结算的交易当中

有关经济主体从事的以外币计价的经济交易都存在着风险因素，如对外商品与劳务贸

① 参见中国商务部网站：www.mofcom.gov.cn。

易、对外货币资本借贷、涉外直接投资和外汇买卖等经济交易都存在交易风险。

2. 交易风险承受主体相当广泛

既有从事对外商品和劳务贸易的进口商与出口商，也有从事对外资本借贷的债务人与债权人，还有从事涉外直接投资的受资方和从事外汇买卖业务的商业银行；既有法人，也有自然人和政府。

3. 交易风险的突发性和实在性

交易风险一旦出现，其结果是有关经济主体实实在在地丧失一定量的经济价值，或表现为丧失一定量的某种币别的外国货币。

（三）可能产生交易风险的项目

对于从事国际投资活动的企业来讲，其会计报表中的部分资产、负债项目会涉及交易风险。这些项目可归纳为两大类：一类是已经列入资产负债表中的应收和应付账款项目，另一类是资产负债表外的对应其未来应收和应付账款的项目。具体来讲，包括以下内容：对外商品与劳务、对外货币与资本借贷、涉外直接投资和外汇买卖、远期购售合同、应付租赁费、尚未履行的客户订单等。下面分类予以举例说明。

1. 以外币计价的赊购或赊销

依据商业信用销售商品或劳务，合同金额以外币计价，这是产生交易风险最普遍的原因。例如，一家德国企业向美国出口产品，货款为 100 万美元；同时从美国进口一批产品，货款为 80 万美元。双方约定 3 个月后以美元支付这两笔款项。此时，德国企业便产生了 20 万美元的外汇头寸，面临着美元贬值的风险。假设成交日的汇率为 1 欧元＝1.207 6 美元，若 3 个月后汇率保持不变，仍为 1 欧元＝1.207 6 美元，则德国企业可以获得款项 165 617 欧元；若 3 个月后美元贬值，贬值后汇率为 1 欧元＝1.209 7 美元，则德国企业只能收到相当于 165 330 欧元的款项，遭受损失 287 欧元。

2. 以外币偿付的资金借贷

当发生国际性的外币借贷，偿还款项时的汇率与交易发生时的汇率不同，就会产生交易风险。例如，某企业在德国债券市场上发行 3 年期的债券 3 亿欧元，债券到期时，企业拟定以美元换取欧元偿还债务。此时企业产生 300 000 000 欧元的外汇头寸，承受欧元升值的风险。设发行债券时的汇率为 1 欧元＝1.244 6 美元，则通过发行该笔债券企业所获得的欧元资金折合 373 380 000 美元。如果到期欧元升值为 1 欧元＝1.244 9 美元，则企业必须以 373 470 000 美元偿还债务。此时即使不计算额外的利息支出，仅支付本金一项企业就必须多支付 90 000 美元。

3. 未履行的远期合约

远期外汇交易是指外汇买卖双方成交后，并不立即办理交割，而是按照所签订的远期合同的规定，在未来的约定日期办理交割的外汇交易。进行远期外汇买卖的目的，往往是为了防止或减轻由于汇率变动所造成的损失。但是也有一部分远期外汇交易是出于投机的目的，造成投机者的外汇头寸暴露，因而产生交易风险。例如，一家美国企业预计英镑汇率将下跌，于是在远期外汇市场上做空头，出售 100 万英镑，90 天后交割，希望以后用低价补进空头头寸。假定 90 天内英镑汇率果然下跌，企业就可低价买进同一数额、交割日期相同的远期英镑，到交割日后可取得投机利润。但如果在 90 天内，英镑汇价没有像预计的那样下跌，反而上升了，则企业将遭受损失。

4. 其他外币资产或负债

除了以上所讲的交易风险以外，交易风险还涉及股息、利息、租金、专利权等诸多方面。事实上，凡是涉及以外国货币计算的任何商业活动或投资行为都包括在内。如果外汇汇率下跌，本国货币相对坚挺，那么持有外币资产将会有损失，持有外币负债将有利得；反之，如果本币汇率下跌，外国货币相对坚挺，则持有外币资产将会有利得，持有外币负债将有损失。

二、折算风险

折算风险（translation risk）也称会计风险，是指由跨国公司的母公司与海外子公司合并财务报表导致的不同币别货币的相互折算中，因汇率在一定时间内发生始料未及的变动，导致跨国公司蒙受账面经济损失的可能性。

（一）折算风险产生的原因

每个经济主体在经营管理活动中的一项重要内容是进行会计核算，通过编制资产负债表来反映其经营情况。为此，拥有外币资产负债的经济主体就需要将原来以外汇度量的各种资产（包括实物资产与金融资产）和负债，按照一定的汇率折算成用母国货币表示，以便汇总编制合并的财务报表。这里需要说明功能货币与记账货币的区别。功能货币就是经济主体在经营活动中流转使用的各种货币；记账货币是经济主体在编制合并财务报表时所使用的报告货币，通常也就是母国货币。一旦功能货币与记账货币不一致，那么在会计上就要做相应的折算。这样，由于功能货币与记账货币之间汇率的变动，资产负债表中某些项目的价值也就会相应地发生变动，从而形成折算风险。

跨国公司是当今国际投资活动的主体，与一般的涉外经济主体相比，跨国公司在海外的分公司或子公司所面临的折算风险更为复杂。一方面，海外分支机构同一般经济实体相似，它们的经营活动在不同程度上都是国际化的。在从事有关的国际经济交易活动中，它们要使用相对于东道国而言的各种货币。因此，当它们以东道国的货币入账和编制资产负债表时，需要将使用的外币转换成东道国的货币。此时，它们遇到的折算风险与一般经济实体是完全一致的。另一方面，在其编制企业合并财务报表时，又需要把海外分支机构以外币表示的资产和负债换算成以母公司所在国货币表示的资产和负债，这会进一步加剧跨国公司的折算风险。

（二）折算风险的特征

（1）折算风险是跨国公司因对海外子公司的财务报表做不同币别货币的相互折算的会计处理而承受的外汇风险。而且，这种会计处理是基于跨国公司将母公司的财务报告与海外子公司的财务报告进行合并这种会计行为上的。

（2）折算风险的承受主体是跨国公司。虽然一般企业如果承受了前述的交易风险也要相应地在本企业的会计日记账和总分类账上予以记录，实际发生的不同币别货币的相互兑换在会计记录中反映为不同币别货币的相互折算，在交易风险中所蒙受的实际经济损失在专设的“汇兑损益”账户中反映为折算损失，似乎一般企业也相应地承担折算风险，但是这里的有关会计处理只是对交易风险的客观反映，其本身并不能独立存在，没有交易风险依旧没有这种会计处理，而且这种会计处理与这里所界定和分析的折算风险内容截然不同。因此，一般企业并不承受折算风险，只有跨国公司才是折算风险的承受主体。

（3）折算风险的风险结果是跨国公司蒙受的账面折算损失。这意味着，只是以母国货币计值，在海外子公司的财务报表上出现了资产或收益减少、负债或损失增加，跨国公司合并的财务报表因此丧失了一定量以母国货币计量的经济价值。折算风险带来的收益和损失，只是一种会计概念，跨国公司实际上并未丧失任何实物价值或以海外子公司当地货币计量的经济价值。

（三）折算风险的受险部分

折算风险的受险部分主要包括三个部分：一是企业所面临的外币计价交易及其所产生的外币现金债权债务；二是本国企业的海外分公司以外币表示的资产和负债；三是合并财务报表使海外子公司以外币表示的资产和负债。例如，美国某跨国公司在英国一家子公司的账面上资产价值为 50 万英镑，按当时汇率 1 英镑＝2.20 美元，反映在美国母公司汇总会计报表中，该子公司资产价值为 110 万美元。一年后，英镑贬值，汇率由原来的 1 英镑＝2.20 美元变成 1 英镑＝1.85 美元，此时美国母公司会计账簿上该英国子公司的资产价值将为 92.5 万美元，发生了 17.5 万美元的折算损失，不过，这只是一种会计账面损失，尚未实际支出。

三、经济风险

经济风险（economic risk）是指由于意料之外的汇率变动，使企业在将来特定时期的收益发生变化的可能性。

经济风险存在于跨国经营活动的各个方面，因为经济风险是由于汇率变动产生的。而按照购买力平价理论和国际费雪效应，汇率的变动意味着各国同种商品之间的比价和不同商品之间的比价都要发生变化。这种变化会影响企业的生产成本、销售价格，最终会影响到国内和国际市场上的生产条件和需求结构，致使跨国公司产销量发生变化，给盈利状况带来不确定性，因而经济风险也叫经营风险。例如，对一个原材料依靠进口而产成品出口的企业来讲，当本币贬值时，出口商品的对外价格会下降，一般会刺激出口量增加，企业的收入也会增加，但同时，由于该企业进口的原材料会因本币贬值而价格上涨，从而企业的生产成本会上升，该企业最终的盈利是改善还是恶化，取决于出口收入增加与生产成本增加的对比状况。前者大于后者，则盈利会增加；反之，盈利会减少。

（一）经济风险形成的原因

经济风险是由于意料之外的汇率变动使企业在将来特定时期的收益状况发生变化而导致的。这里强调的汇率变动仅指意料之外的变动，不包括意料之中的汇率变动。因为对意料之中的汇率变动，企业在预测未来的盈利状况而进行经营决策时已将其对未来产品成本和盈利状况的影响考虑进去了，因而排除在经济风险之外。此外，始料未及的汇率变动，引起了企业生产成本与销售价格的变动，从而引起企业产销数量的调整，并最终带来企业盈利状况的变化，这就是企业面临的经济风险。

（二）经济风险的特征

（1）经济风险的影响程度比交易风险和折算风险的影响程度更大，因为折算风险和交易风险的影响是一次性的，可以用一个明确的具体数字来表示，具有静态性和客观性的特点。对于交易风险而言，一项特定的交易在结算日履行了应收应付义务后，交易风险也就不存在了。而经济风险的影响则是长期的，它的受险时间是不确定的，有短期的，如 1 年以下，也有中期的，如 1 年以上 5 年以下，还有长期的，如 5 年以上。经济风险受险时间的长短要取决于企业风险管理战略以及自身的风险管理能力等因素。它不仅影响企业在国内的经济行为和效益，而且还直接影响企业在海外的经营效果和投资收益。

（2）经济风险对企业的影响是间接的、复杂的。经济风险是由汇率始料不及的变动引起的，但它并不直接影响企业的生产经营状况，而是通过价格机制改变了国内外商品价格的对比关系，进而改变了企业的生产成本和销售价格。而且这种影响还取决于一系列经济因素，如产品的价格弹性、国内外商品的竞争能力、替代品的状况等等。因此，对经济风险的分析、计划是一项全面的管理任务，包含了资金、营销、采购和生产等战略的各个层面，因而具有主观性和动态性。

（3）经济风险往往影响一国跨国公司对外的战略投资决策。跨国公司在国际经济活动中扮演着极其重要的角色，特别是在经济全球化和一体化的今天，跨国公司是一国国际投资的主体。在对外进行投资时，跨国公司要考虑到受资国的社会、政治、经济、文化等诸多方面的背景，但追求利润最大化则是跨国公司对外投资的最根本的原因和动机。而跨国公司的对外直接投资回收期相对而言较长，经济风险又会给跨国公司未来的收益状况带来不确定性，这就决定了跨国公司在做出对外投资战略决策时必须考虑未来可能面临的经济风险。

从以上分析可以看出，外汇的交易风险、折算风险、经济风险三者从表面上看，产生的基本原因都是由汇率变动引起的，但本质特征、表现形式、给企业带来的影响程度、影响范围以及发挥作用的机制等是不同的。

第三节 外汇风险的衡量

外汇风险的衡量就是要确定风险发生时可能造成的经济损失有多大的问题，是外汇风险管理过程中最重要也是较困难的一个环节。由于不同类型的外汇风险形成的原因、表现形式以及造成的损失通常是不同的，因而在实务中衡量外汇风险的方法也有所不同。

一、交易风险的衡量

交易风险的衡量较为简单，一般分为两个步骤：第一步需要确定来自所有海外子公司的每种货币的净现金流量；第二步需计算总的风险。交易风险可以分不同整体来分析，这个整体可以是跨国公司的母公司，也可以是跨国公司的子公司。下面以跨国公司母公司为一个整体来分析交易风险，对其子公司的分析方法与此类似，只不过分析的范围、层次不同而已。

（一）净现金流量的计算

跨国公司各子公司用外币表示的现金流量分为现金流入量和现金流出量，二者的差额称为净现金流量。当现金流入量大于现金流出量时，净现金流量是正的；反之，则是负的。例如，某跨国公司拥有两个海外子公司，其中，X 子公司某一时期的净现金流量是 500 000 英镑，Y 子公司在同一时期内的净现金流量是－600 000 英镑，则此跨国公司在这一时期内的净现金流量是－100 000 英镑，也就是说其净风险暴露是－100 000 英镑。现假设英镑贬值，则对 X 子公司产生了不利的影响，因为 X 子公司会因英镑贬值而在兑换为本币时收入减少，相反，英镑贬值对 Y 子公司产生了有利的影响，因为英镑贬值会使 Y 子公司的实际支出减少。从该跨国公司来讲，由于 X 子公司与 Y 子公司的净现金流相互抵消，英镑贬值对其最终的影响小于英镑贬值分别对各个子公司的影响。不过，如果跨国公司的绝大多数子公司使用的是同一种外币，那么该种货币汇率的变化对其整体影响还是很大的。

在实务计算当中，跨国公司的净风险暴露是用交易风险报告（Transaction Exposure Report）的形式来反映的。从跨国公司的角度讲，凡涉及交易风险的交易项目最终都会反映在其会计报表上，所以从本质上讲，交易风险报告是跨国公司未来外币现金流的预算报告。它提供了影响公司未来价值的所有净风险暴露，既包括资产负债表内的相关业务，也包括资产负债表外的相关业务。资产负债表内的业务主要包括现金、长短期债权债务等，但不包括固定资产，如厂房、设备、存货等，也不包括无形资产等；资产负债表外业务主要包括远期外汇合同、未履行的承诺购销合同等。由于交易风险报告是跨国公司用来分析外汇风险的内部管理报告，因而其报告的时期可按月、季度或年度进行，这取决于管理者的需要和公司整体的风险管理策略。表 11—1 是美国某跨国公司在法国的子公司——CL 公司的一份交易风险报告。

表 11—1　　CL 公司交易风险报告　　单位：欧元

现金	10 000
应收账款	6 000
已签销售合同	25 000
资产和现金流入量风险暴露合计	41 000
应付账款	16 000
短期债务	4 000
长期债务	88 000
外汇远期销售合同	7 000
未履行的购货协议	4 000
负债和现金流出量风险暴露合计	119 000
净交易风险暴露	－78 000

该表最后显示 CL 公司某一时期内面临的净交易风险暴露是－78 000 欧元。此交易风险报告是子公司的交易风险报告，如果跨国公司拥有若干个子公司，且分布在不同的国家，那么跨国公司在编制交易风险报告时，除要汇总各子公司的交易风险报告外，还要考虑母公司的交易风险。与子公司所不同的是，在对现金外汇余额以及公司内部交易所形成的交易风险暴露的反映等方面，跨国公司母公司交易风险报告中一般不包括外币现汇余额的交易风险，但要说明公司内部交易所形成的交易风险暴露；而海外子公司的交易风险报告在计算外币净风险暴露时往往将现金作为抵消负债的一个资产项目列入交易风险报告。

在编制交易风险报告的基础上，跨国公司可以按照不同的币种计算每种货币的净风险暴露。例如，假设前例美国跨国公司除拥有 CL 法国子公司外，还拥有在加拿大、瑞士的两个子公司，它们的交易风险报告各自反映现金流入量分别是200万加拿大元和100万瑞士法郎，现金流出量分别是500万加拿大元和200万瑞士法郎。则该跨国公司按币种体现的净风险暴露计算如表11—2所示。

表11—2　　美国跨国公司按币种计算的净风险暴露

货币种类	总流入量	总流出量	净现金流量
加拿大元	2 000 000	5 000 000	－3 000 000
瑞士法郎	1 000 000	2 000 000	－1 000 000
欧元	41 000	119 000	－78 000

（二）计算总风险

跨国公司的净现金流量计算出来后，就可按照不同的币种与母公司所在国的货币汇率计算每种外币以本币表示的净风险暴露，为下一步风险防范奠定了基础。在实际计算中，由于汇率变动是不确定的，人们通常预测汇率的一个区间，然后算出一个净风险暴露的区间值。如上述美国跨国公司各外币以本币表示的净风险暴露区间计算如表11—3所示。

表11—3　　美国跨国公司按本币计算的净风险暴露

货币种类	总流入量	总流出量	净现金流量	可能的汇率	可能的净风险暴露范围
加拿大元	2 000 000	5 000 000	－3 000 000	1加拿大元＝0.79～0.81美元	－2 430 000美元～－2 370 000美元
瑞士法郎	1 000 000	2 000 000	－1 000 000	1瑞士法郎＝0.77～0.79美元	－790 000美元～－770 000美元
欧元	41 000	119 000	－78 000	1欧元＝1.19～1.20美元	－93 600美元～－92 820美元

表11—3中，跨国公司净风险暴露是从静态的角度计算出来的，实际上，一般跨国公司的子公司会分布在不同的国家或地区，母公司所在国货币与各子公司所在国或地区货币汇率的变动往往呈现出一种相关关系，即它们之间的变动并不是孤立的。衡量各种汇率变动之间关系的指标通常是相关系数。相关系数的取值在－1与1之间，相关系数大于0，表示两种汇率变动成正相关关系，即两种汇率的变动方向相同，同时上涨或同时下降；相关系数小于零，表示两种汇率变动成负相关关系，即两种汇率的变动方向相反。当跨国公司拥有多种外币现金流时，不同汇率的变动对外汇交易风险的影响就比较复杂。当汇率的变动成正相关关系时，汇率变动对跨国公司的影响较大，因而外汇交易风险也较大，且净风险暴露越大，风险越大；当汇率的变动成负相关时，汇率变动对其影响较小，因而外汇交易风险也较小。因此，跨国公司在衡量外汇交易风险时，除了计算其净现金流量外，还要将汇率变动的相关性考虑进去，全面、综合地分析外汇交易风险。

二、折算风险的衡量

折算风险的衡量与跨国公司所在国的会计准则规定的外币折算方法有关，不同的会计准则规定跨国公司在合并会计报表时外币的折算方法是不相同的，因而计算折算风险的结果也不相同。

从世界各国的实践看，目前外汇折算方法有四种，分别是当期/非当期法（current/noncurrent method）、货币/非货币项目法（monetary/nonmonetary method）、临时法（temporal method）和全当期法（current rate method）。不同的折算方法对折算风险的衡量结果是不同的。

1. 当期/非当期法

在这种折算方法下，跨国公司所有的海外子公司资产负债表的流动资产和流动负债均按现行汇率折算成本币，而非流动资产和非流动负债相关的项目均按历史汇率折算成本币，即按这些资产或负债获得时或发生时的汇率折算成母公司所在国的本币。同时，在对收益表进行折算时，也要将与非流动资产和非流动负债相关的项目按照与资产负债表中非流动资产和非流动负债所使用的折算汇率一样进行折算。

2. 货币/非货币项目法

这种方法是将会计报表中的资产与负债分为货币资产和负债、非货币资产和负债。货币资产与负债如现金、应收应付账款、长期负债等在折算时均按现行汇率折算，而非货币资产和负债如存货、固定资产、长期负债等均按历史汇率折算。在对收益表进行折算时，与非货币资产和负债相关的项目同样也要按照历史汇率来折算。

3. 临时法

该种方法与货币/非货币项目法相似，只是对存货的折算规定所使用的汇率有所不同。因为在编制会计报表时，存货的计价入账有多种方法，如果采用市价法计价，则对存货的折算也可按照现行汇率进行。另外，收益表中的产品销售成本、折旧及分期付款支出等与资产负债表有关的项目，也必须按历史汇率折算。

4. 全当期法

该方法是将所有子公司会计报表包括资产负债表和收益表中的所有项目均按照现行汇率予以折算，因而也是最简单的一种汇率折算方法。

上述几种外币折算方法是世界各国跨国公司在进行合并会计报表时使用的方法，不同的国家在不同的历史时期或者使用不同的折算方法，或者是同时使用几种折算方法。同一国家在不同的时期也根据国内会计制度，随时做出调整使用一种或几种折算方法。下面以美国为例来说明各种折算方法的使用，其他国家虽然使用的折算方法与美国可能不同，但具体到每一种方法的用法上则是相同的。

1976 年之前，美国并没有统一固定所使用的折算方法，各个公司可以使用当期/非当期法，也可使用货币/非货币项目法。1975 年 12 月，美国财务会计标准委员会（Financial Accounting Standards Board，FASB）发布了第 8 号财务会计标准的说明，简称 FASB—8，统一了美国各公司合并会计报表所采用的外币折算方法。从 1976 年 1 月 1 日开始，各公司都要采用临时法衡量资产负债表的风险暴露。1981 年该委员会又对 FASB—8 进行了修订，修订后的会计标准说明简称为 FASB—52，该标准一直延续使用至今。按照 FASB—52 标准，所有的美国公司必须采用全当期法来对外币进行折算。

表 11—4 是会计报表中不同的项目在不同的折算方法下，使用不同的折算汇率的汇总比较表。

表 11—4 不同会计标准下资产负债表转换规则

	当期/非当期法	货币/非货币项目法	临时法	全当期法
资产				
现金	C	C	C	C
证券				
历史成本	C	C	H	C
市场价格	C	C	C	C
应收账款				
当期	C	C	C	C
长期	H	C	C	C
存货				
历史成本	C	H	H	C
市场价格	C	H	C	C
固定资产	H	H	H	C
负债				
当期应付账款	C	C	C	C
长期负债	H	C	C	C

说明："C" 代表现行汇率，"H" 代表历史汇率。

三、经济风险的衡量

（一）回归法

回归法（regression approach）是研究一个叫作因变量的变量对另一个或多个叫作解释变量的变量的依赖关系，其用意在于通过后者的一致或设定值去估计和预测前者的均值。用回归法来衡量经济风险就是要把汇率看作解释变量，公司的市场价值看作因变量，然后建立起数学模型，通过计算模型中的参数求出公司市场价值与汇率变动之间的数量等式。在已知汇率变动的情况下，就可计算出公司市场价值的变化程度，也就是汇率变动对公司市场价值的影响程度。通常，公司对汇率变化的经济风险暴露就是用公司市场价值与汇率变动之间的数量关系来反映的。假设有以下数学回归模型：

$$MV_t = a + bS_t + e_t \qquad (11—1)$$

例如，我们要估计瑞士法郎变动对美国某一跨国公司的风险暴露，上式可写成如下形式：

$$MV_t = a + bS_{\$/CHF,t} + e_t \qquad (11—2)$$

式中，b 为相关系数，用来衡量公司市场价值对＄/CHF 汇率的敏感度，这里的汇率是间接标价法下的美元对瑞士法郎的汇率；a 为常数项。为了使上述各参数尤其是参数 b 有经济意义，我们必须从计量经济学的角度来考察一下 b 的大小、b 的 t 统计量和决定系数 R^2。

从回归结果来看，b 值有可能为正值、零或负值，当 b 为正值时，表示公司有瑞士法郎资产风险暴露，因为公司价值随瑞士法郎升值而升值；当 b 为负值时，意味着公司有负债风险暴露；当 b 为零时，说明公司对＄/CHF 汇率无风险暴露。b 的 t 统计量是用来反映 b 值在统计上是否显著，t 值如果较大，则参数 b 是有意义的，也就是说公司市场价值和汇率之间的关系是系统性的；t 值如果较小，则参数 b 在统计上是不显著的，即公司的市场价值和汇率之间不存在系统性的关系。决定系数 R^2 衡量公司价值变化可由汇率变化来解释。因此，即使 b 值大且很显著，如果 R^2 很小，那么也只能说明＄/CHF 的变化是公司价值变化的一小部分原因，可能有其他更重要的因素对公司价值有更大的影响。

在上式的数学模型中，只要我们收集到一系列的 MV 值和 S 值，通过回归分析就可得到参数 a 与 b 的值，代回模型就可建立起公司市场价值与美元对瑞士法郎汇率间的数学关系，即可预测未来的瑞士法郎汇率的变动对公司价值的影响程度。

跨国公司的风险暴露一般会受到多种外币汇率的影响，因而上述数学模型需要扩展，建立反映公司价值对多种汇率变动敏感度的数学模型。例如，为了反映公司对瑞士法郎、英镑、日元等汇率变动的敏感度，可建立下面的数学模型：

$$MV_t = a + b_1 S_{\$/\mathrm{CHF},t} + b_2 S_{\$/£,t} + b_3 S_{\$/¥,t} + e_t \qquad (11\text{—}3)$$

每个回归相关系数代表每个货币单位的风险暴露，参数的含义与前面的一样。只要根据需要，回归模型中可增加或减少解释变量，从而将模型推广至具有一般意义。

在运用回归分析法来分析外汇风险暴露时，隐含着一个假定条件，那就是假定金融市场是有效的，即公司的市场价值会迅速并恰当地对汇率变化做出反应。在考虑风险暴露相关系数时，实际上也暗含着汇率变化与市场价值的关系在未来保持不变的假设。另外，回归分析需要较完整的数据资料，否则无法估计或即使估计出来也可能不准确，影响分析效果。

（二）场景法

场景是对公司及其供应商、客户和竞争对手在汇率变化过程中如何反应的一系列详细的假设。简单地讲，场景法（scenario approach）就是考察不同场景对各种变量的综合影响。汇率受多种因素影响而变动，虽然人们根据这些因素对汇率进行预测，但更多的时候是预测出若干个可能的汇率值，尽可能地把汇率变动的情形反映出来。在每一个预测的汇率值下，公司的市场价值就有一个经济风险暴露，通常称为一个场景。把所有的场景考虑进来进行分析就叫做场景法。

现实中，给定不同的汇率预测值，就会有不同的场景，把一些重要的场景考虑进来分析公司的市场价值变化，会使经济风险的分析精确程度提高。

（三）风险价值法

风险价值法是由英文“Value at Risk”翻译过来的，英文缩写为 VAR，是近几年国际上流行的一种衡量市场风险的新方法。这种方法适用范围广，只要能够定期获得市场价值，就可计算任何资产或资产组合的风险暴露。风险价值法的含义是指在一定时期内，在给定的概率条件下，一项资产或资产组合的价值在不利的价格变动下损失的最大金额。例如，一个组合持有一天，置信概率 95%，VAR 等于 10 美元，其含义是：该组合在一天中有 95%的可能性损失不超过 10 美元，换句话说，该组合在一天中只有 5%的可能性损失超过 10 美元。

在计算 VAR 之前，需要明确几个问题：一是假设市场变量如汇率、利率等变化的概率分布是服从正态分布的；二是能够利用历史数据求出这些变量的波动率 σ，这个波动率 σ 是由其标准差来衡量的；三是 VAR 是与时间紧密联系的一个概念，根据需要可计算任意时间段内的 VAR 值，如一天、两天或一个季度、两个季度甚至几年的 VAR 值；四是必须求一定置信概率水平下的 VAR 值，否则就没有实际意义。

关于波动性 σ 的计算方法有很多种，计算过程较为复杂，本书不予列举，有兴趣的读者可参阅有关书籍。在正态分布的假设下，如果某一时期内的波动率根据历史数据求得，则在一定的置信概率下，我们就可利用概率统计知识来求出这一时期的某一资产或资产组合的 VAR 值。现举一个例子来说明 VAR 的计算方法及其意义。

某一资产组合只有一种资产，价值为 6 500 000 美元，按即期汇率 1 瑞士法郎＝0.65 美元折算时，即为 1 000 万瑞士法郎。假设我们估计的汇率波动为每月 $\sigma_{DM}=6.0\%$（基于历史数据估计），且价格变化是正态分布的。对于正态分布而言，90％置信区间为（-1.65σ，$+1.65\sigma$）。即我们有 90％的把握说我们的资产头寸月末的价值将为（5 856 500 美元，7 143 500 美元）。下个月我们将至少损失 643 500 美元（$=1.65\times0.06\times10\ 000\ 000\times0.65$）的可能性为 5％。

对于跨国公司而言，资产组合中往往要包括两个或两个以上的货币头寸，在这种情形下，可以将每种单个货币头寸的 VAR 加总计算来进行 VAR 的总体衡量。不过需要指出的是，这种总体衡量会高估资产组合的经济风险量，因为每个头寸之间价格变化的相关系数尚未完全相关，至于在考虑了各个头寸之间价格变化的相关性时 VAR 的计算较为复杂，要运用专门的数学知识来计算，读者可参阅有关书籍。

风险价值法虽然适用范围广、通用性强，但适用条件也比较苛刻，如需要有一定的统计分布假设；需要有足够的数据支持；利用历史数据计算出来的波动率 σ 在未来的时期内保持不变；要求一国经济的市场化程度比较高等。从这个意义上讲，风险价值法在实务中运用的精确程度还需要时间来检验。

第四节　外汇风险的防范与管理

外汇风险管理是指国际投资主体在预测汇率的基础上，通过风险识别、风险衡量、风险防范等方法，预防、规避、转移外汇业务经营中的风险，从而减少或避免可能的经济损失，实现在风险一定条件下的收益最大化或收益一定条件下的风险最小化。

一、外汇风险管理原则

国际投资主体在国际经济活动中由于面临的外汇风险性质、种类不同，管理外汇风险的方法和工具也有所不同，但一般应遵循一些共同的指导思想和原则。

1. 全面考虑外汇风险原则

要求对国际投资活动中出现的外汇风险所有受险部分给予高度重视，随时跟踪外汇市场行情的变动趋势，及时全面地把握风险的动态变化情况，避免顾此失彼而造成更大的人为损失。

2. 管理多样化原则

要针对外汇风险形成的不同原因、风险头寸和结构以及自身的风险管理能力，选择不同的外汇风险管理方法，进行灵活多样的外汇风险管理。

3. 服从企业总体目标使收益最大化或损失最小化的原则

要对外汇风险管理的成本和收益进行计算、对比、分析，以综合收益最大化或损失最小化为出发点，制定具体的风险管理战术。企业进行外汇风险管理是需要付出一定成本和代价的，只有规避外汇风险所减少的损失金额大于为此支付的成本，外汇风险管理才是成功的。

二、外汇风险管理战略

外汇风险管理战略是经济主体进行外汇风险管理的总体方针、规划和策略。不同风险主体由于风险偏好不同，因而在汇率风险管理中可能采取不同的战略。这些战略可分为三类：完全避险管理战略、消极的汇率风险管理战略和积极的汇率风险管理战略。

1. 完全避险管理战略

完全避险管理战略是指企业在从事国际投资活动时设法阻止汇率风险的形成，不允许存在外汇风险暴露，或通过各种套期保值手段消除实际国际交易中发生的外汇敞口头寸，来避免汇率波动造成的风险及可能带来的经济损失。

完全避免汇率风险的管理战略实质上是对风险持有完全否定的态度。一般来讲，对于规模较小的企业，其对风险的承担能力十分有限，微小的汇率变动都会导致企业在资金来源上产生困难，生产经营计划受到冲击，从而使企业陷入困境。因而通常会采取一种完全否定的态度，以稳健经营作为其最基本的经营理念，采取完全避免汇率风险的管理战略。采取完全避险管理战略需要具备两个主要的客观条件：一是采用这种管理方法具有相对较低的成本；二是实施了这种避险战略对企业的生产和经营活动产生的消极影响较小。

2. 消极的汇率风险管理战略

该战略是指企业对其国际投资活动中面临的外汇风险采取听之任之、无所作为的态度，既不否定、排斥风险，也不采取积极应对措施，而是勇于承担一切汇率风险的风险管理战略。

采取这种风险管理战略的企业，当汇率变动对其有利时，就可获得风险报酬；如果汇率变动对其不利，它就被动承受汇率风险与经济损失。采取这种风险管理战略必须具备以下条件：一是汇率风险管理的成本较高，汇率风险管理已经明显地影响到企业的国际竞争力，使企业在国际竞争中处于不利地位；二是企业具有较强的抵御外汇风险的能力，短期汇率的波动不会对企业的生产经营活动产生影响；三是对外经济活动居于次要地位，占整个企业经营活动的比例较少，汇率风险对企业的影响不大。

3. 积极的汇率风险管理战略

该战略是指企业在面对汇率风险的情况下，主动采取积极进取的态度，通过对汇率变动的分析与预测，对企业所有涉险项目采取避险方法，达到既避免汇率风险所造成的损失，又在可能的情况下谋取风险收益的目的。

汇率变动有一定的规律性且可被人们认识，是采取这种风险管理战略的假设前提。既然汇率变动有规律，人们就可通过各种方法来预测未来汇率的变动趋势，从而主动采取避险方法，尽可能减少损失。采取这种方法需具备以下条件：一是企业必须拥有一批高素质的专门人才和比较完备的信息网络，能够较准确地预测汇率变动趋势；二是企业必须具有较强的抵御风险的能力。因为一旦预测失误，则可能给企业带来巨大损失。

采用何种风险管理战略，取决于企业自身的风险管理能力和外部的经济环境。不同的企业采取的风险管理战略会不同，同一企业面对不同的外部经济环境时采取的风险管理战略也会不同。

三、外汇风险管理的步骤

外汇风险管理包括风险的识别、风险的衡量、风险的防范与控制三个环节。

1. 风险的识别

外汇风险的识别是指国际投资主体对尚未发生的外汇风险进行鉴定、认识、归类，全面地分析研究潜在风险及其性质，了解和预测可能带来的损失。风险识别是风险管理的第一步，是外汇风险管理的重要基础和基本前提。

2. 风险的衡量

外汇风险的衡量就是对特定风险发生时损失的范围与程度进行估计和衡量。这是外汇风险管理中最关键的一个环节，风险管理政策的制定、具体措施的选择都必须以风险的衡量为依据。

3. 风险的防范与控制

在对外汇风险进行识别、衡量的基础上，根据各自不同的外汇风险管理目标，国际投资主体需要选择适当的风险管理工具并进行最优组合，有效地控制和规避风险，减少或避免损失。外汇风险的防范与控制按照风险的形成原因、风险承担主体等的不同，可分为风险损失控制、风险分散、风险转移以及风险规避等四种方法。风险损失控制是指为预防外汇风险给企业带来损失的可能性或降低后果的严重性而采取的行动，它包括运用金融衍生工具如远期外汇、外汇期权、货币互换、外汇期货等工具来防范外汇风险的方法。风险分散主要包括主体分散和币种分散，主体分散是指跨国公司的各子公司尽量要分散在不同的国家或地区，币种分散是指在确定计价货币时尽量选择多种货币来计价。风险转移是指依据各个风险主体对风险承受能力的不同使承担主体发生变化的一种手段，如企业可将外汇风险通过购买保险转移给保险公司。风险规避是指中断风险源，使风险不至于发生或遏制其发展，如提前结汇、对销贸易等。

外汇风险的识别、衡量、防范与控制三者是一个有机的整体。外汇风险的识别是后两者的基础和前提，只有将外汇风险的类型搞清楚了，才可能对外汇风险进行衡量和防范。而外汇风险衡量是外汇风险防范的依据，外汇风险防范则是外汇风险管理的最终目的。三者缺一不可，它们共同构成外汇风险管理的全过程。

四、外汇风险管理的方法

（一）选择货币

跨国公司在从事国际经济活动特别是进出口贸易中，必须选择一种计价货币作为交易双方的结算货币，不同的计价货币在企业防范外汇风险方面有着不同的影响和作用。在国际金融市场上，人们通常按币值的稳定性将货币分为硬货币和软货币。硬货币是指货币汇率比较稳定，并且具有上升趋势的货币；软货币是指汇率不稳定，且有下降趋势的货币。跨国公司在选择计价货币时，要根据自己在交易双方中所处的角色选择硬货币还是软货币来作为计价货币。

（1）在进出口贸易当中，如果企业是出口商，而对方是进口商，那么作为出口一方的企业是债权人，具有收汇的权利，此时就应该选择硬货币作为计价结算的货币，这样可防止在结算日由于汇率变动给出口企业带来外汇损失；相反，如果企业是进口商而对方是出口商，那么作为进口商的企业就是债务人，具有在结算日支付货款的义务，此时应选择软货币作为计价结算的货币，这样可能获得软货币贬值而给企业带来少支付货款，而防止硬货币可能升值使企业多支付货款的好处。

（2）在国际融资活动中，经济主体之间会发生借贷关系，如果是债务人，就要在未来合同约定之日或之前一次性或分期偿还借款本金和利息，因而可选择软货币作为计价货币，可获得软货币未来可能贬值而少支付的好处；如果是债权人，在未来约定时期内必须一次性或分期收到本金和利息，就应选择硬货币作为计价货币，可获得硬货币可能升值带来的好处。一般来讲，硬货币利率较低，软货币利率较高。因此，在选择计价货币时，常常还要把利率因素考虑进来，对比利率变化和汇率变化的情况来做出决定。

在实际工作中，计价货币的选择并不一定是由交易的任意一方决定的，通常会受到交易双方谈判地位、市场条件等多种因素的影响，往往是进口商或债务人被动选择硬货币，与上面的原则相反。这时，就应该考虑其他外汇风险防范方法了。

（3）运用多种货币法管理风险。多种货币法是指进出口贸易当中，以多种货币作为计价结算的货币，使各种货币汇率变动的风险互相抵消，实质上是利用各种货币间的汇率变动相关性达到收益和损失相互抵消。常用的方法有软硬货币组合法和特别提款权法。

（二）制定保值条款

制定保值条款是指交易双方在签订交易合同时，协商约定有关外汇风险分担的条款。保值条款一般包括黄金保值条款、硬货币保值条款和一篮子货币保值条款。

1973年布雷顿森林体系瓦解后，国际货币体系进入浮动汇率制时代，黄金非货币化，西方主要国家的汇率随市场供求关系而浮动，黄金价值也随市场供求而自由浮动。为了防范外汇风险，交易双方会在交易合同中制定黄金保值条款，规定将支付货币的金额按当时的黄金市场价值折算为一定数量的黄金。在结算日，支付的款项取决于当时的黄金市场价值。如果黄金的市场价值上涨，支付的款项也增加，反之，支付的款项就减少。

硬货币保值条款是指在交易合同中规定以硬货币计价，以软货币支付并载明两种货币当时的汇率。在合同执行过程中，如果支付货币汇率下跌，则合同金额等比例地进行调整，按照支付的汇率计算，使实际的计价货币价值与签订交易合同时相同。

在某些较长时期执行的交易合同中，交易双方面临的汇率风险更大。单靠一种货币的保值措施有时并不理想。因而产生了一篮子货币保值措施，这是指在合同中明确规定用支付货币与多种货币组成的一篮子货币的价值挂钩的保值条款，规定支付货币与一篮子货币中的各种货币的汇率及变动幅度。如果在结算日支付汇率超过变动幅度，则按支付当时的汇率调整，以达到保值的目的。人们通常用特别提款权（SDR）和欧元来作为一篮子货币进行保值。

（三）提前或延期结汇法

提前或延期结汇法是指在对汇率变动趋势有明确的预期前提下，即当预期某种货币将要升值或贬值时，提前或推迟对有关账款的收付，也就是说通过调整外汇资金的结汇时间来防范外汇风险的措施。具体做法是：

（1）当预期计价货币的未来汇率会上升时，对于进口商而言，应提前订货或提前购入外汇或在对方信誉可靠的情况下采取预付款的形式，以规避未来汇率上升带来的损失；对于出口商而言，则与之相反，应尽量推迟订货或付款的时间，争取获得汇率上升为其带来的好处。

（2）当预期计价货币在未来要贬值时，对于进口商而言，应推迟订货或支付款项的时间，如此可享受付款时汇率下降带来的少付款的好处；对于出口商而言，应尽量提前签订供货合同或提前收回货款，以避免未来汇率下跌给其带来少收款项的不利影响。

上述做法在实际运作过程中，也会遇到实施困难。有时往往是合同已签订，汇率变动趋势才明朗化，这时改变货款支付时间要受合同条款的制约。此外，延期收付或提前收付对交易双方的影响程度也不是绝对的。例如，对于急需流动资金的一方而言，虽然延期收取款项对其从汇率变动的角度分析是有利的，但从整体考虑，提早收取款项可以补充流动资金而使其生产正常进行。对于提前支付的企业来讲，虽然从汇率变动的角度来讲是有利的，但它又会损失一部分银行利息，最终效果如何还要考虑二者的对比关系。

（四）调整价格法

在进出口贸易中，计价无论是选取硬货币还是软货币，交易双方中有一方会最终承受汇率风险带来的损失。而且正如前文所述，由于在实际交易中，交易双方在贸易条件、交易动机、市场行情等方面的不同决定了谈判地位的不同，常常是在出口时不得不使用软货币收汇，进口时不得不使用硬货币付汇。这种情况下，人们就用价格调整法来规避外汇风险。具体做法是通过调整进出口商品的价格来弥补或减少由于外汇风险造成的损失。

国际上通用的做法是通过加价保值和压价保值两种方法来达到规避风险的目的。对于出口商而言，如果汇率变动有可能使其遭受损失，则采取加价保值的方法，即提高出口商品的价格来弥补或减少可能的外汇损失；如果汇率变动有可能使进口商遭受损失，则采取压价保值的方法，即降低进口商品的价格来弥补或减少外汇风险可能带来的损失。

（五）进出口贸易结合法

进出口贸易结合法就是把进口付汇和出口收汇联系起来达到降低外汇风险目的的一种方法，具体形式有清算协定贸易、易货贸易、转手贸易和进出口自动抛补四种形式。进出口贸易法的特点是在清算过程中不涉及货币的实际支付，交易时各方按事先确定的价格交换商品，从而使交易的各方均不承担汇率风险。

例如，对于清算协定贸易来讲，进出口商在发生贸易关系时，每笔交易的数额只在账面上划拨，到规定期限才清算。在清算之前，大部分的交易金额已相互扎抵，只有差额部分采用现汇支付，因而外汇风险较小。

易货贸易是指交易双方利用等值商品直接进行交换且商品交换是同步进行的贸易，不存在现汇支付，也就是说交易双方都不存在外汇风险。

转手贸易则是在清算协定贸易的基础上发展起来的一种多边货物交换、用双边账户进行清算的贸易方式。例如，双边清算协定中出现的盈余或亏损，可借用第三国的桥梁作用来消除。这种交易的商品价格为各方事先规定好的，各方都不用承受汇价波动的风险。

进出口自动抛补是指交易一方既是进口方也是出口方，在进出口商品时，尽量使用同一种货币计价结算，并设法调整收付汇的时间，使进口外汇头寸扎抵出口外汇头寸，实现外汇的自动抛补。

（六）多边净额结算法

多边净额结算法是跨国公司内部各子公司之间相互冲抵账款的一种防范外汇风险的方法。通常跨国公司总部设立一个再开票中心，各子公司分别与再开票中心发生应收、应付款项的业务联系，当各子公司间应收、应付款项冲抵后，最后仅有债权的子公司直接向仅有债务的子公司收取款项。现举一例来说明多边净额结算的方法。

设美国某跨国公司各子公司间在某一时期的债权债务关系如表 11—5 所示。

表 11—5　　各子公司债权债务关系　　单位：万美元

应收单位	应付单位				应收款合计
	英国子公司	加拿大子公司	日本子公司	法国子公司	
英国子公司	—	700	800	1 500	3 000
加拿大子公司	500	—	400	100	1 000
日本子公司	1 000	800	—	200	2 000
法国子公司	2 000	200	800	—	3 000
应付款合计	3 500	1 700	2 000	1 800	9 000

由表 11—5 可看出，若各子公司间不进行相互冲销，它们的暴露性应收应付头寸总额将达 9 000 万美元。如果各子公司间应收应付账款进行冲抵，则结果与表 11—5 不同，如表 11—6 所示。

表 11—6　　应收应付账款净额表　　单位：万美元

单位	应付	应收	净应付	净应收
英国子公司	3 500	3 000	500	—
加拿大子公司	1 700	1 000	700	—
日本子公司	2 000	2 000	—	—
法国子公司	1 800	3 000	—	1 200
合计	9 000	9 000	1 200	1 200

内部往来账款相互冲抵后，法国子公司成了净债权人，英国子公司和加拿大子公司成了净债务人，而日本子公司债权债务相互抵消为零。此时，最后的结算有两种方法：资金总库法和直接冲抵法。

1. 资金总库法

资金总库法就是净债务人将款项汇至由母公司设立的资金总库，再由资金总库将款项汇至净债权人。其结构如图 11—1 所示。

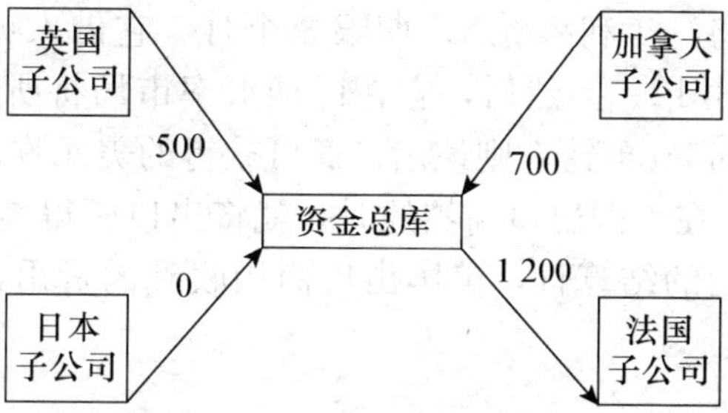

图 11—1 资金总库法结算

2. 直接冲抵法

直接冲抵法就是不通过资金总库过渡，直接由净债务人向净债权人清偿的方法。如图 11—2 中，可由英国子公司、加拿大子公司分别向法国子公司直接汇款 500 万美元和 700 万美元，而日本子公司应收应付款相抵为零。

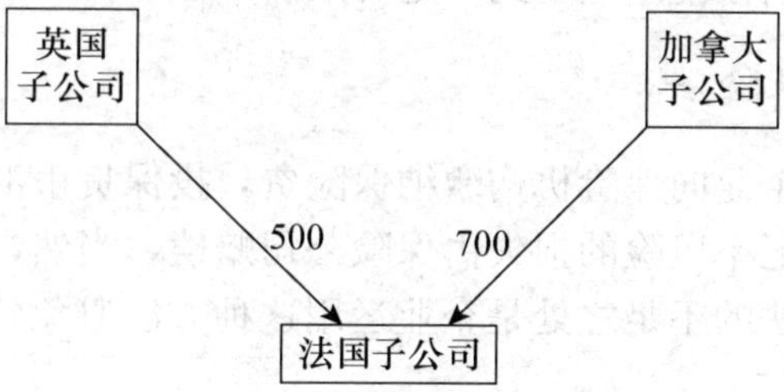

图 11—2 直接冲抵法结算

由以上分析可看出，资金总库法和直接冲抵法结算的结果是企业的风险暴露规模不一样。在资金总库法下，风险暴露的总规模为 2 400 万美元（＝500＋700＋1 200)，与冲销前 9 000 万美元相比降低了 6 600 万美元，相应的结算成本也会降低。在直接冲抵法下，风险暴露总规模为 1 200 万美元（＝500＋700)，比资金总库法又降低了一半。因此，直接冲抵法比资金总库法更经济合理。

（七）货币市场交易保值

企业还可以通过货币市场的借贷来控制或消除外汇风险，主要是通过创造与未来外汇收入与支出币种相同、金额相同和期限相同的债权债务以达到消除汇率风险的目的。具体操作为：

（1）在进口商（或债务人）签订合同以后，当即从银行借入一笔本国货币，借款期与未来外汇支出的期限相同，借款金额按即期汇率和相关利率计算与未来外币支出等值。然后，进口商以所借本币在即期外汇市场上买入外汇，再将所购外汇做相应期限的投资。到结算日或清偿日，以收回的外币履行支付或偿还的义务，同时偿还银行本币的借款。

（2）在出口商（或债权人）签订合同以后，当即从银行借入一笔外汇，借款期限与未来外汇收入的期限相同，借款金额按相关利率计算与未来外币收入等值。然后，出口商把所借外汇在即期外汇市场卖出，兑换成本国货币，并将本币进行投资。到结算日或清偿日，以收入的外币偿还到期的银行外汇借款。

例如，某美国出口商向英国出口一批价值 50 万英镑的商品，3 个月以后由英国进口商以英镑支付。美国出口商担心英镑将贬值，使其出口的美元收入减少。为了控制这种交易风险，它可以向银行借入英镑，年利率 3%，期限 3 个月。它借入英镑的数量为 49.6 万英镑[=50 万英镑÷(1+3%×3/12)]。然后，它在即期汇率市场将所借英镑出售，假定英镑对美元的汇率为 1 美元=1.545 0 英镑，则该出口商可获得的美元收入为 76.6 万美元（=49.6 万英镑×1.545 0）。这样，在美国出口商签约时，就将出口所得美元收入确定下来，从而避免了汇率风险。在 3 个月后的结算日，美国出口商用收到的货币，偿还银行贷款本息共 50 万英镑。

（八）配对管理法

配对管理法和直接冲抵法在做法上没有什么区别，都是把应付、应收账款予以集中冲销来规避风险，但是冲抵是在跨国公司内部使用的一种方法，而配对既适用于公司内部，也适用于公司外部。它是以风险主体为区别标志的。

配对管理的关键问题是要找到两个币种相同，且金额和期限也相同的债权和债务。显然，在实践中，配对管理法在使用上受到一定的限制。

（九）货币风险保险法

货币风险保险法是指企业向保险机构缴纳保险费，投保货币汇率保险的一种方法。在汇率波动大于一定幅度时，汇率风险的损失由保险公司赔偿，当然，汇率风险的收益也归保险公司所有。货币风险保险法的不足之处是企业运用这种方法避免外汇风险的成本很高。

（十）运用金融衍生工具来防范风险

企业除了利用上面介绍的措施来防范外汇风险外，还可利用金融市场上的金融衍生工具来规避风险。以上所述的风险防范方法也有人把它称为是企业内部的风险管理方法，而运用衍生金融工具来防范风险被称为企业的外部风险管理方法。20 世纪 80 年代以来，金融创新不断出现，既为投资者提供了丰富的投资工具，又为投资者提供了丰富的风险防范工具。防范外汇风险的金融衍生工具主要包括外汇远期合约、外汇期货合约、外汇期权合约、外汇掉期合约以及货币互换等。关于金融衍生工具在风险管理中的应用，在本书国际投资风险及其管理相关章节已有详细介绍，此处不再赘述。

除了以上几种外汇风险防范方法外，对外汇的经济风险还有以下两种防范方法。

1. 经营多样化

这是指企业的原料来源地、生产地以及销售市场分布在全球范围内，以达到减轻经济风险的目的。当汇率发生意料之外的变动时，企业的竞争力可能会由于汇率的变动在某些市场上下降，而在另外一些市场上可能上升，对企业的生产经营所产生的影响就能在某种程度上相互抵消，从而不会对公司的现金流量产生太大的影响。此外，企业也可以根据不同地区生产成本与市场销售的变化，调整其经营策略，以降低经济风险。例如，企业可以把厂址选择在生产成本比较低的国家或地区，通过改变生产投入组合而降低生产成本，达到规避经济风险的目的。

2. 财务多样化

这是指在多个金融市场上、以多种货币寻求资金来源和资金去向，实现筹资的多样化和投资的多样化。在国际筹资活动中，企业尽量在不同的国家利用不同的金融工具来筹集多种货币的资金来源，可以降低筹资成本，减少筹资风险；在国际投资方面，尽量在多个国家投资不同的金融工具，并进行合理的资产组合，在出现汇率变动的情况下，收益和损失具有相互抵消作用，有利于降低企业的经济损失。

【本章小结】

本章第一节概述了和外汇风险管理有关的基础知识，主要包括影响汇率变动的因素，外汇风险的特点及发展变化，汇率的预测方法等。第二节详细阐述了外汇风险的三种类型，包括交易风险、折算风险和经济风险。第三节主要介绍了外汇风险的衡量方法。由于不同类型的外汇风险形成的原因、表现形式以及造成的损失通常是不同的，因而在实务中衡量外汇风险的方法也有所不同。第四节介绍了外汇风险的防范与管理问题，具体包括外汇风险管理原则、战略、步骤及方法。

【本章要点】

- 外汇风险与汇率
- 外汇风险的种类和特点
- 如何衡量外汇风险
- 外汇风险的若干种防范及规避方法

【本章关键术语】

外汇汇率　外汇风险　外汇风险管理　交易风险　折算风险　经济风险　回归法　净现金流量　风险价值法　外汇远期合约　外汇期货合约　套期保值　外汇期权　掉期交易　货币互换　多种货币法　硬货币　软货币　净额结算

【本章思考题】

1. 如何理解外汇风险？
2. 影响汇率波动的主要因素是什么？
3. 汇率预测的主要方法有哪些？
4. 举例说明国际投资活动中经济主体可能面临的外汇风险类型。
5. 简述交易风险、折算风险和经济风险的含义、产生原因以及本质特征。
6. 外汇风险管理原则和战略包括哪些内容？
7. 外汇风险管理的主要方法有哪些？

第十二章

国际投资环境

学习目标

- 了解国际投资环境的分类与特点
- 掌握国际投资环境的主要内容
- 熟悉投资环境评价的主要方法及其特点
- 了解不同类型国家的直接投资环境分析
- 熟悉中国的投资环境及其优化方向

任何投资者进行一项投资，都会遇到投资环境的问题。这是因为投资环境的好坏对一项投资的成败与收益有着很大的影响。相对而言，国内投资者可能不会特别重视这个问题，因为他们对本国的投资环境早已了解得非常透彻。而对于国际投资者而言，他们将在一个与本国差距很大甚至完全不同的环境中进行投资，此时对东道国投资环境的分析就非常重要了。显然，在没有对东道国的投资环境进行全面而有效的分析之前，就贸然将资金投入，必然会极大地增加投资的风险。本章首先介绍国际投资环境的基本概念以及特点，并且详细介绍国际投资环境的具体构成因素，之后我们将学习几种评价国际投资环境的方法。我们还将对几种不同类型的国家的投资环境进行分析。最后，我们将介绍我国的投资环境及利用外资的现状。需要指出的是，本章所涉及的投资环境一般是指国际直接投资环境。

第一节　国际投资环境概述

一、国际投资环境的概念

一项投资的预期收益会受到许多外部条件与因素的影响，我们把这些因素的总和称为投资环境（investment environment）或投资气候（investment climate）、商业环境（business environment）。同样，我们可以将东道国对国际投资产生影响的各方面条件因素的有机整体定义为国际投资环境。我们可以认为，国际投资环境（international investment environment）是国际投资者所面临的东道国环境的总称，它由东道国的政治、经济、法律、自然和社会等各种因素共同决定。

二、国际投资环境的分类

从投资环境中各因素的形成和波及范围的角度来看，国际投资环境可以分为国内环境与国际环境。前者是指东道国国内的各种因素，后者则是指与东道国所处国际环境状况相联系的超国别性因素的总和，如东道国国际政治经济形势、与国际组织或其他国家的关系等。

国际投资环境还可以划分为“硬环境”和“软环境”。硬环境是指能影响投资的各种物质条件，如各种基础设施和自然资源等；软环境则是指各种非物质形态的条件，如对国际投资者的政策、该国的教育水平等等。

从各种影响因素的稳定性角度划分，可以把国际投资环境分为三类：自然环境因素、人为自然环境因素以及人为因素。通常认为，人为自然环境因素对国际投资的影响最为关键。具体可见表 12—1。

表 12—1　　按稳定性分类的国际投资环境

自然环境因素	人为自然环境因素	人为因素
自然资源	实际增长率	开放进程
人力资源	经济结构	投资刺激
地理条件	市场完备性	政策连续性
自然气候	劳动生产率	贸易政策
……	……	……
相对稳定	中期可变	短期可变

三、国际投资环境的特点

（一）投资环境的客观性

投资环境的客观性是指构成国际投资环境的各因素是先于投资行为而客观存在的。不仅自然资源和地理位置等不可变因素如此，可变因素如政治气氛、开放进程等也是如此。这种客观存在的投资环境影响着投资的收益和风险，也决定着对国际投资者的吸引力。因此，东道国为了吸引更多的国际投资，必然需要加大对国际投资环境各因素的建设与改善。

（二）投资环境的综合性

企业投资活动总是在一定的时间和空间进行的，受到多种因素的制约与影响。投资环境是由诸多影响投资流量与流向的政治、经济、自然、社会、文化等因素交织而成的一个矛盾综合体。在这些众多的因素中，有的对投资的流量、流向、效益起决定作用或主要作用，有的起次要作用或补充作用，但它们都是构成完整和良好的投资环境所必需的。

投资环境的综合性要求受资方在完善投资环境时，要有明确的认识、合理的组织，有效地协调各个部分之间的关系，实现最佳组合，发挥综合能力。而对投资方来说，在分析与利用投资环境时，要抓住对投资项目成败起关键作用的主要因素，兼顾次要因素，全面考察各方面条件。

（三）投资环境的整体性

投资环境是一个有机整体，各部分相互连接、协调、互为条件，构成了一个完整的投资环境系统，系统里的这些因素并不是简单地叠加在一起，而是有机地融合在一起，其中任何一个因素的变化都可能使涉及投资活动的其他因素发生变化，产生一系列的连锁反应，进而导致整个投资环境的变化，影响投资者对投资环境的评价。投资环境的整体性要求我们在研究、开发和完善投资环境时，必须立足全局，从整体性出发设计投资环境合理的时空结构，实现各部分的最佳组合，发挥投资环境在吸引外来投资方面的整体优势。

（四）投资环境的差异性

由于生产力发展的层次性和空间布局的非均衡性，以及地区之间自然、地理、社会经济上的差异性，决定了地区投资环境不仅具有投资环境的一般特性，而且有其自身相对独立的特殊性。而且即使是同一投资环境，对不同项目的投资也会有不同的影响。一个既定地区的投资环境，对某些项目的投资可能极为有利，而对另外一些项目可能会不利。对受资者来说，正确把握投资环境特殊性和一般性的统一，有利于发挥各地区的优势，完善自身的投资环境，推动地方经济的发展。对投资者来说，应根据其投资项目的特点，选择适合的区域投资建设，以取得最好的投资效益。

（五）投资环境的动态性

投资环境是一个动态平衡的开放系统，它总是处在不停的运动之中。构成投资环境的诸因素及其评价标准都不是一成不变的。有些因素逐步改善，有些因素逐步恶化。同时，投资环境的评价标准也因经济条件的变化而变化。有些因素会变得越来越重要，有些因素的地位则相对下降。如早期廉价的资源与劳动力对外资最有吸引力，现在发达的社会经济环境是外商最为重视的要素，而在社会动荡的情况下，政局的稳定性和政策的连续性是外国投资者最为关心和敏感的问题。投资环境的动态性要求投资者不仅要全面考虑投资环境的现状，还要分析和预测未来若干年投资环境的可能变化，以便做出科学决策。

（六）投资环境的可塑性

虽然投资环境是客观存在的，但是进行投资的却是具有主观能动性的投资者，投资者只有在进行综合评价后，认为在这种投资环境下进行投资可以为自己带来投资效益才会进行投资。所以，即使受资地区认为自身的投资环境已经很优越，但是也不一定能符合投资者的标准，并不一定能吸引到足够的投资。这种情况下，受资地区就可以根据投资者的具体要求，对投资环境进行提升和改进，使其符合投资者的需求；另一方面，作为主动进行投资的投资方，也可以积极引导受资地区对投资环境进行改造，使其更加符合自身的投资需求。

第二节 国际投资环境的主要内容

我们可以把国际投资环境的构成因素分为五大类，分别是自然环境因素、经济环境因素、政治因素、法律环境因素及社会文化环境因素等。

一、自然环境因素

自然环境是指自然或历史上长期形成的与投资有关的自然、人口及地理等条件，它由地理位置、气候、自然资源与人口等子因素组成。与构成投资环境的其他因素相比，自然环境因素主要有以下特点：（1）不可控制性：投资者对东道国的既定地理位置、气候、资源状况等因素是无能为力的，只能加以接受和利用；（2）相对稳定性：较之投资环境的政治、经济、社会文化等因素，自然环境的变化是异常缓慢的；（3）行业差异性：自然地理因素对不同行业有着不同影响，如中东沙漠地区明显有利于进行石油投资，而不利于进行农业投资。

（一）地理位置

1. 与投资国的距离

东道国与投资国如果在地理位置上接近，往往会为国际投资活动提供很多便利。除了因距离接近而减少运输时间和成本外，毗邻国家间语言、文化、历史、风俗等方面的相似也能促进国际投资活动的进行。由于较为了解当地市场以及相关的文化习俗与消费习惯，国际投资更倾向于流入毗邻国家。例如加拿大与拉美地区一直是美国的主要投资对象之一，而从我国港澳台地区对大陆的投资规模上也可略见一斑。①

2. 与重要国际运输线的距离

从新加坡和中国香港的经验可以看出方便、经济的运输条件的重要性。接近运输线，可以成功地减少原材料的运进和产成品的运出成本，提高运输效率。因此，国际投资者在分析投资的可行性及做出投资决策时，十分重视投资地点的运输条件。像香港这样的国际运输中心，拥有齐备的运输工具、完善的运输设施和先进的管理技术，使其成功地弥补了地域狭小、资源贫乏等缺陷，吸引了大量的国际投资。

3. 与资源产地的距离

显然，距离资源产地的远近，影响着企业生产所需的原材料和燃料的运输成本。尤其是那些需要大量消耗原材料或原材料体积和重量较大的行业，与资源产地距离的远近直接关系到产品成本的高低，因而会对吸引外资有重要影响。而且在接近资源产地的地方投资，往往原材料、燃料的价格比较低廉，供应也比较稳定，从而有利于保证生产的正常进行和提高投资效益。

---

① 有研究表明，除地理位置外，前殖民地以及传统的联系也是决定国际直接投资流向的重要因素之一，如欧盟与印度等。参见鲁明泓：《国际直接投资区位决定因素》，96页，南京，南京大学出版社，2000。

4. 与目标市场的距离

东道国与目标市场距离的重要性有以下原因：(1) 它能影响企业产品从生产点到目标市场的运输成本；(2) 有些产品可能因易破损和易腐烂等原因造成运输困难；(3) 与目标市场接近能够及时得到市场信息。由此可以看出，一国或者其临近地区的市场规模越大，则该国对外资越富有吸引力。同时，对运输成本在产成品的价格中所占比例大、产品运输困难，以及产品市场竞争激烈、需求变化快的投资，临近市场的重要性较大一些。

（二）自然资源

即天然存在的各种资源，包括矿产资源、水资源、各种原材料等。自然资源对人类生产活动的重要性毋庸置疑，而现实是各国自然资源的分布呈现高度的不均匀性。资源的不均匀分布可以通过国际贸易或国际直接投资活动加以弥补。由于直接投资更利于投资者控制他国的某一类资源，故自然资源的不均匀分布是国际直接投资发展的一种重要推动力。

拥有丰富的资源可以成为东道国投资环境的巨大优势，并可弥补其他方面的不足，吸引大量的国际投资。一国资源条件对引进外资的作用，主要取决于以下几个因素：

1. 资源本身的条件

这是决定东道国对外资吸引力大小的根本因素。所谓资源本身条件，指的是一国拥有的自然资源的数量、质量、品种、分布状况、开采价值和开发成本。以矿产资源为例，只有达到一定的可采储量、具有较高的矿产品位以及理想的开发条件，投资者才能以较小的投资、较大的生产规模、较低的成本获得较高的投资利润。此外，一国主要资源的分布状况也是影响外资进入的要素。主要资源的地理位置是否适宜、交通运输是否方便，对投资效益的影响也很明显。

2. 投资国对国外自然资源的依赖程度

各国对国外资源的依赖程度取决于其本国资源供给与需求之间的差额。特别是对那些工业高度发达的国家来说，资源的巨大需求已远远超出了其自身的供给能力，这便产生了某些国家（主要是工业国）对外国（主要是发展中国家）资源的严重依赖。而通过国际贸易的解决方式既难以保证资源的稳定供应，又没有对外直接投资所带来的高额利润。因此，二战后各国纷纷采取了直接投资于国外资源行业的形式。而主要投资国对东道国资源的依赖越深，该国自然资源对投资者就越有吸引力。

（三）气候

主要指投资地域所处的各种气候状况，如温度、湿度等。一般来说，气候宜人的地方，由于温度与湿度适中，所以人口多、市场大，在这种地方可以进行标准化的市场促销，而且生产效率也较高；反之，气候恶劣的地方，由于人口少、市场小，所以不太适宜直接投资。西伯利亚大陆和加拿大北部，虽然自然资源丰富，但由于气候条件过于恶劣，因此吸引到的投资也很少。

（四）人口

人口因素主要包括出生率、死亡率、疾病、人口增长率和人口密度。人口因素对国际投资的影响很大，人口不仅决定某一产品的需求规模，其分布亦决定需求的种类。例如，年轻人占总人数比重大的国家，对音乐、电影、食品等各种产品的需求就比老年人占总人数比重大的国家有明显的提高，而人口素质则决定着劳动力的供给与价格状况。

自然资源虽对国际投资有很大的影响，但在科学技术飞速发展的今天，它对国际投资的影响已呈下降趋势，如通讯技术的发展和交通工具的改进导致运输成本的降低，使位置的远近已不再是决定因素；新资源（如核能）的发明和人造材料技术的发展也大大降低了自然资源在国际投资决策中的地位。但是，自然资源因素仍然是投资者进行投资决策时考虑的一个重要因素。

二、经济环境因素

经济环境是指一国的经济发展状况（如国民收入水平、年增长率等）、经济发展前景以及影响进一步投资的各种基础设施状况等。在国际投资环境中，经济环境因素的影响是最重要的，也是最直接、最基本的。经济环境一般包括以下内容。

（一）一般经济状况

1. 经济体制及市场体系

经济体制是实现一个社会的经济目标和基本原则所借助的手段体系。它广泛涉及国民经济的组织管理形式、国家和企业的关系、生产要素的流动形式，以及由此而形成的特定经济机制，即国民经济赖以运行的方法、手段和环节等。经济体制对外资的影响主要从两个方面着手：（1）投资国与东道国经济体制的近似度；（2）东道国经济体制的完善度。经济体制越相似的国家，相互之间的资本流动越易于进行，然而一个完善的经济体制才是最重要的。发展中国家往往因经济体制存在严重缺陷而导致国际投资地位不稳。常见的体制缺陷有：政府过度干预经济；私营经济发展缓慢；市场机制发挥不充分等。

影响投资意愿和投资决策的最直接的投资环境因素，可能就是与具体项目相联系的市场与产业环境因素了。一个良好的东道国市场环境应该是：生产要素流动的市场化程度高、供应渠道流畅、存在着一个规模大或增长势头强劲的市场、居民不歧视外国商品、商业组织结构完备、商业企业效率高、政府对市场活动的行政干预少且规范化和法制化、东道国对国内市场的保护适度并逐步扩大市场开放度。而对产业环境的评价则取决于：东道国是否存在合理的产业结构、外资项目是否同当地产业奖励政策相符合以及关联产业的发展水平。

作为生产商品所必须投入的经济资源，东道国在劳动力、工商业用地、生产资料以及资金等生产要素方面的供应水平，对外商的生产经营成本与效率有着直接的影响，是国际投资环境诸多因素中的重要因素。生产要素供应水平的高低，主要取决于其流通渠道、可供量、供应成本和质量。通常，经济发展水平越高，生产要素供应越充足，融资渠道也越通畅，但价格会越高；反之亦然。故一般发达国家生产要素的供应以高质量占先，发展中国家则以低成本见长。

2. 经济发展水平

一国的经济发展水平，是指该国一定时期内的经济技术开发能力、人民的生活质量以及经济活力。经济发展水平是决定东道国对国际资本吸纳能力的基本制约因素。

经济技术开发能力，是指在特定区域内人们有效利用各种人力资源和物资资源，为社会生产和人民生活提供各种有用的商品及劳务的能力。它表明一个社会能够超越传统农业经济的程度以及致力于工业化经济发展的水平。一般而言，经济技术开发能力强的国家，工业化水平高，经济技术开发与技术创新的机制完备，能够充分有效地利用各种资源，而且还能提供广泛的投资与获利机会。国际上通常使用人均能源消费量、人均收入水平、非农业部门雇用劳动力的比例和非农业部门的产值占国内生产总值的比例这四个指标来衡量一国的经济技术开发能力。

人民的生活质量越高，对商品和劳务的市场需求就越大，而市场需求的扩大将会导致投资机会的增加。由于本国资源不能满足国内的投资需求，此时外资的进入便正当其时。故一般来说，生活质量高的国家，其可能吸引的外资规模也大一些。与经济技术开发能力不同的是，生活质量是从需求方面发挥作用的，而后者则是从供给方面发挥作用的，并能不断地创造需求，故其对外资的影响力更大。

经济活力是指一国在一定时期内经济中总供给和总需求的增长速度及其潜力。一般地说，一国经济越有活力，经济中开发新工艺、新产品、新产业和新领域的内在推动力就越强，对固定投资的需求也越高，也更能刺激储蓄的增长。而高经济增长、高固定投资和高储蓄，一旦同灵活、限制少的外资政策相配合，必然带来当地国际投资的迅速扩大。

3. 经济稳定性

经济的稳定性取决于社会总供给与总需求的平衡状况。投资者主要是通过考察通货膨胀率及其变化趋势和财政金融状况来评价和预测东道国经济的稳定性。物价、利率、汇率等指标是否稳定，经济发展速度是否大起大落都能反映经济稳定程度。经济稳定程度较低的国家，投资风险较大，投资者面对的是不稳定的环境，很难对投资的成本、收益和风险做出客观评价。因此，投资者一般倾向于在一个经济稳定程度较高的国家进行投资。

4. 贸易及国际收支状况

贸易状况主要考察一国的进出口总额、进出口产品结构、进出口产品的地区分布及其对外贸易的依存度等。跨国投资者在进入之前，了解东道国的对外贸易状况是十分必要的。例如，如果东道国在既定的经济发展阶段，采取进口替代和支持出口贸易战略，则会对优化出口商品结构的投资给予优惠。在做国际投资决策时，投资者应充分考虑这一点。国际收支的平衡状况对投资者也是非常重要的，因为投资者可以根据其预测东道国的贸易政策、汇率定值以及利率调整的变化趋势。如果东道国国际收支出现巨额逆差，该国就有可能采取奖励进口、限制出口的贸易壁垒，并通过调低本国货币汇率或提高本国利率的办法来改善国际收支状况。这些措施均会影响投资者的利益，贸易壁垒会减少外商占领东道国市场的机会，汇率变化加大了外汇风险，高利率则会增加在当地的筹资成本。

（二）基础设施

基础设施是任何投资活动都必不可少的物质技术条件。它与自然资源等因素相同，都属于投资环境的“硬环境”。基础设施的完备程度对一个企业从事生产经营活动有着很大影响。基础设施完善的国家，可为企业提供良好的外部发展环境，使企业降低成本，增加利润。当然，基础设施建设不足，会给国际投资带来不利影响。

基础设施涉及面很广，按职能可以分为：（1）能源供应系统，包括油气管道、供热和供电设施等动力燃料供应设施；（2）供水和排水系统；（3）交通系统，包括特定区域内（如城市内）的公共交通设施和同外部进行物质联系的各种运输线路，如铁路、公路、水路、航空、管道等设施；（4）邮电交通系统，包括邮政设施和电信设施；（5）防灾系统；（6）环境系统，如环保设施等；（7）生活服务系统，包括住宅、商店、旅馆、医院、学校和其他一些服务性机构。前五个系统称为生产性基础设施，后两个系统称为社会性基础设施。对于投资活动来说，前者的重要性大大超过后者。

（三）经济政策

一国为了保持经济的稳定与发展，经常采用各种经济政策对经济进行干预。一国的经济政策主要有：

1. 外资政策

外资政策体现了东道国吸收外资的态度和手段。它是东道国对投资方式、投资领域、经营管理、资本和利润汇回的特殊规定。一国的外资政策直接影响到国际投资的可能性、收益性、持续性等多个方面，因而是投资者进行国际投资时应该首先考虑的因素。

2. 产业和地区政策

政府可能制定一定的产业政策，以鼓励或限制某些产业的发展。某些情况下，政府还会专门列出鼓励或限制外资发展的产业目录。投资者在进行投资决策时，应该充分利用优惠的产业政策，避免政策的不利影响。由于产业政策可能随着经济的发展水平而有所改变，就进行一项较为长期的国际投资而言，对东道国产业政策的变化趋势做出一定预测也是必要的。

一国的经济发展，除了要考虑部类均衡以外，还要考虑地区均衡。为促进落后地区的经济发展，政府也会制定一系列的地区政策，如我国的西部大开发政策。这些政策往往给予外资一定的优惠措施，如长期资金融通、税收优惠等。

3. 税收政策

主要包括税收的种类和税率的高低。税收政策对国际投资者的收益有很大影响。对跨国公司做出投资决策选择影响较大的主要税种有：公司所得税（corporation income tax），资本利得税（capital gains tax），对利息、红利及权利金征收的预扣税（withholding tax on interests，dividends and royalties）和个人所得税（personal income tax）等。此外，投资国与东道国是否签订有关税收抵减免与税收优惠方面的双边税收协定，对跨国投资活动也有非常重要的影响。

4. 外汇政策

国际投资收益大多是以东道国货币形式实现的，因而东道国的外汇政策对投资收益有决定性的影响。这些政策包括货币是否可自由兑换、外汇汇出有无限制等。

5. 贸易政策

贸易政策可归为自由贸易政策和保护贸易政策两类。目前各国贸易政策在国际组织的努力下均有走向自由化的趋势，但各国一般仍采取一些保护性措施，如政府贷款、补贴、减免税收等。这些保护性措施给国际贸易造成了巨大障碍，但在一定程度上也给国际投资带来了动力和机会。

三、政治因素

政治环境是与政府的作用与行为密切地联系在一起的，它对任何企业的经营都是一个重要的影响因素。政府对外资的态度、政策的连续性和稳定性、政府办事效率等均会对投资者的收益产生影响。相比较而言，由于政治环境对于国内投资者来说基本上是已知变量，较为容易分析和预测，故其更加受到国际投资者的关注。我们可从以下方面来考察政治环境因素。

（一）政治制度

二战后很长一段时期，政治制度的异同是决定国际投资能否进行的先决条件。代表社会主义阵营的“经济互助委员会”和代表资本主义阵营的“经济合作与发展组织”两个集团的成员之间常年不相往来。随着冷战的结束和原社会主义国家的改革与转型，不同政治制度国家间的投资壁垒逐渐被废除。然而，政治制度的异同对国际投资活动仍然存在一定影响，早期制定的对社会主义国家的出口与技术转让限制也依然存在。

不同国家间政治制度的差别并不一定阻碍国际间资本流动的进行。相反，相对于投资国与东道国之间社会制度及政治制度的相似程度而言，东道国政治制度的完善程度则更为重要。东道国健全的政治体制，更可能给国际投资者一个稳定、良好的生存和发展环境；而在一个政治制度有严重缺陷，如专制独裁的政权下，政府不受制度约束的行为可能会使企业受到过多的干预和控制，并且因其潜在的政治动荡风险而给企业的发展带来困难。

（二）政局稳定性和政策连续性

政局稳定性和政策连续性是决定与衡量东道国政治环境优劣的实质性因素。稳定的政局是一国经济正常发展的基本条件，也是影响国际投资活动的关键因素。不稳定的政局使得投资者面临两方面的政治风险：一是东道国通过征用、没收外国投资的方式影响资产的所有权；二是通过限制外商的经营活动而减少其收益。一般而言，考察和判断一国的政局稳定性，可以从以下几个方面考虑：（1）国家领导人常规与非常规的变动次数；（2）政府处理国内、国际事务的综合能力；（3）军队与警察状况；（4）工会的状况及作用；（5）国内民族、宗教和其他团体的情况；（6）反对派集团的状况；（7）一定时期国内政治冲突的情况及其潜在危险。

政策的连续性越好，外商在东道国的投资就越稳定。一定时期内的政府目标的变化以及政策连续性与政局稳定性密切相关。不仅政局的非正常变化会影响政策连续性，政局的正常变化也关系到变化前后是否连贯的问题。所以投资者在考察东道国政策时，除现行政策外，过去一段时间的政策变化情况（程度与频率）及变化方式（正常与否）也需要进行考虑。

（三）政府的行政效率与廉洁程度

行政效率会对国际投资者的经营效率和成本产生较大影响。严重的官僚作风、繁杂的手续、责权不分、职权混乱等都是行政效率低下的表现。对政府行政效率的考察可以通过项目审批的时间、程序的复杂度等指标来分析。政府的廉洁程度也具有同样的影响力。廉洁度越高，越有利于企业公平竞争；而腐败程度较为严重的国家，由于非正常途径盛行，导致企业成本增加，投资会受到阻碍。

（四）政府及公众对外资的态度

这种态度来自两个方面。一方面是出于政治或民族情绪的考虑，对外资采取欢迎或者拒绝的态度。比如由于历史原因，东道国的国民可能对历史上某个曾经侵略它的国家的投资采取抵制的情绪。另一方面则有可能是出于经济或者生态方面的考虑，如为了促进区域经济可持续发展而对外资采取欢迎态度，或者出于环境保护原因而对国际投资有着一定的拒绝态度。需要指出的是，东道国的政府与公众之间的态度并不一定一致，这一点在分析时需充分考虑。

（五）东道国对外政治关系

东道国保持良好的国际关系，对东道国保持良好而又稳定的投资环境是十分重要的。当东道国面临外部威胁时，它的各项国内外政策都会发生变化，财政金融状况也将更为严峻。若是处于战争状态，因其巨大开支和破坏，该国可能在一定时期内完全不适合进行国际投资。具体而言，东道国对外政治关系主要包括：遭受他国侵略、发生边境冲突、出现由境外势力操纵的暴乱、直接卷入地区冲突、与主要贸易伙伴发生贸易摩擦和经济战争等。

四、法律环境因素

法律环境因素起着调整投资关系、保障投资者的利益和安全、调节投资行为的作用。它在国际投资环境的分析中是不可或缺的。考察东道国的法律环境，主体与核心是考察东道国国内的法律环境是否完备、公正和稳定。另外，东道国与投资母国的法律关系、东道国参与的国际组织与条约以及如何处理国际争端等都是我们需要分析的方面。

（一）东道国的国内法律环境

（1）法律的完备性。法律的完备性主要是指牵涉到国际投资的法律文件是否完备、健全。各国因国情不同，在法律上的规定也有所差别，但涉及的国际投资的法律一般包括公司法、外商投资法、劳动权利保护法等。具体主要包括对外资进入的法律规定（如外商投资领域、外商投资审查与批准等）、对外资经营活动的法律规定（如外商股权比例限制、劳动雇佣规定、经营管理方式规范、外资汇出限制等）、对外资的优惠政策（如税收方面）等三个方面。除了相关法律没有漏洞外，执法力度是否严格也是重要的评价标准。

（2）法律的公正性。法律的公正性是指在法律执行时，能公正地以同一标准对待每一个诉讼主体。在国际投资进程中，外国投资者难免会与东道国政府机构、相关部门或企业发生争议与纠纷。在国际投资的法律实践中，投资争议一般是以东道国的法律作为仲裁依据的。而只有在一个公正对待外国投资者的国家里，每一个投资者的利益才能得到保障并有足够动力进行长期的投资。

（3）法律的稳定性。法律的稳定性是指一国法律是否具有连续性和持久性。国际直接投资是一种长期的经济活动，其收益要在投资以后很长时间才能逐步实现。如果一个国家的法律朝令夕改，必然增加投资者的风险，使投资者望而却步。因此，只有加强法律的稳定性，才能坚定投资者的信心，强化其投资意愿。

（二）东道国的涉外法律问题

首先，我们要关注东道国与投资国之间的法律关系，主要是指两国政府之间是否签订有双边的经济协定或者条约，尤其是是否有双边投资保障协定（Bilateral Investment Guarantee Agreement）或双边投资条约（Bilateral Investment Treaty），并且要看这些条约的执行情况如何。

考察东道国的国际法律环境，有必要分析东道国参加了哪些国际组织、有过哪些承诺，因为这种关系在一定程度上表明了东道国在国际经济活动中的地位及对一些通行的国际法律和国际惯例的承认。一般来说，参与的国际组织和签署的相关条约或协定越多，该国在国际经济中的关系就越好，信用就越高。

投资争端的处理法律环境也是一个重要的问题。解决投资争端涉及东道国国内法制、投资母国国内法制、国际惯例与法规以及三者之间的关系。是否有可依的处理争端的法律或法规的存在，是评价这一环境的首要问题。另外，还需考虑解决争端的途径是否存在，是否为双方所接受。通常可用政治途径、司法途径、仲裁等方式进行。一般仲裁方式最为普遍，许多国家已将仲裁解决争端的条款写入有关投资法规之中。

五、社会文化环境因素

社会文化环境因素是企业跨国经营所涉及的国家或地区的居民的语言、文字、教育水平、宗教信仰、消费习惯、工作态度、价值观念等因素的综合。社会文化环境包括的内容很多，从国际投资活动角度考虑，主要可从语言文字、价值观、国民教育水平三方面去剖析。

语言是国际投资者与东道国国民沟通的主要工具，是人们进行交流的基本手段。东道国与跨国公司母国语言上的一致，可以使二者交流得以顺利进行。但在国际经营与投资中，往往有许多情况是出现在不同语种的国家之间的，这就给双方的交往增加了许多困难。所以，是否为同种语言国家或东道国外语人才是否充足，是跨国公司选择投资地投资时应考虑的一个因素。

价值观是人们对周围事物的意义和重要性的评价，也是决定人们行为和态度的心理基础，是一个国家或民族传统文化的反映。价值观的差别必然会引起行为上的不同，不同国家之间的这种差别对跨国公司的经营决策会产生重要影响。这种影响直接来自时间观念、竞争观念、财富观念、宗教传统、开放观念、工作观、成就感等诸多方面的差异，它们从不同侧面影响到公司的生存和发展。

国民教育水平是社会文化因素的直接表现，它影响到劳动力的素质，也影响到消费行为和跨国公司产品的销售市场与方式。衡量教育水平的指标较多，一般可通过分析以下指标进行：文盲及半文盲率、各级学校的入学比重、成人受教育的平均年数、管理人员和生产工人中受专门训练的比重等。

社会文化环境的评估从两方面入手：一是投资国与东道国的社会文化差异识别；二是对东道国社会文化特征的认识，侧重分析其利弊及其对国际投资的影响。一般应分析一国社会文化的一体化程度（同质性）、社会文化的复杂性、社会文化的稳定性等。

专栏

政治风险

政治风险是指未能预期的东道国政治条件的变化，导致东道国投资环境的变动，进而影响某个跨国投资企业的现金流量、利润及其他目标的实现。需要指出的是，政治风险与政治不稳定并不是一回事，而影响企业运行的政治环境也并不是企业对外直接投资的政治风险。政治风险包括四个方面的内容：第一，政治事件，即政治的不稳定性；第二，政治环境，即东道国投资环境变动所反映的政治事件；第三，政治不确定性，即政治事件的变化是不可测的；第四，对国际直接投资的影响，即对某一跨国投资的现金流量或其他目标的潜在影响。

政治风险按影响程度不同，可分为政府干预、制裁和财富剥夺。

政府干预是指跨国投资项目所在国政府为了达到预期的经济增长目标，通常会采取各种干预措施控制在本国的外国企业。按照控制的程度及表现形式，政府干预可以分为政府非区别性干预和政府区别性干预。政府非区别性干预的程度比较温和，没有针对性，对外国企业、合资企业、发放许可证企业或当地企业产生的影响均相同。非区别性干预采取的手段主要有：(1) 要求企业的管理人员由东道国的居民担任；(2) 制定有利于东道国税收的转移价格政策；(3) 要求出口企业在东道国市场以低价出售其产品，以作为当地消费的一种补贴；(4) 要求跨国投资企业建立社会和经济管理设施；(5) 要求跨国投资企业使用一定比例的当地零部件；(6) 暂时停止东道国货币的可兑换性。政府区别性干预的程度比较严厉，且有针对性，其目的是确保东道国企业在与外国企业的竞争中保持某种优势。区别性干预采取的手段主要有：(1) 只允许外国人以合资企业的形式从事投资，并只允许外方投资人占小部分股权比例；(2) 要求外国企业支付特别税、附加费用或其他无形费用；(3) 制定某些歧视外国企业的法律，如特别污染法、劳工法等；(4) 鼓励东道国抵制外国企业的产品或鼓励外国企业的工人罢工。

制裁是指东道国政府对跨国投资企业施加各种压力，最终使该企业不能盈利或破产。制裁的动机可以是纯粹政治或民族上的，也可以是为本国企业提供更多的业务和盈利机会。制裁的手段主要有：(1) 限制外国企业汇出利润、资本和折旧，或要求外国企业将被冻结的资金再投入东道国；(2) 向外国企业征收特别税、使用费或其他费用，以致外国企业不能盈利；(3) 要求外国企业赔偿前任政府向它们提供的不平等特权。

财富剥夺是国际直接投资政治风险的一个极端类型，其表现形式主要有两种：第一，没收外国企业，即东道国通过官方行动，剥夺在本国的外国企业与财产。例如 1971 年智利政府接管所有外国人拥有的铜矿；1969 年玻利维亚政府接管了美国钢铁等公司在本国的子公司。第二，国有化某一行业，即东道国通过官方行动，将外国在本国的企业从私人手中强制转为国有。很多国家政府在实行国有化时，对外国企业没有区别对待的政策。

在一些国家，跨国投资企业为了避免政治风险，可以通过购买保险或担保项目将政治风险转移给其他机构。目前开办政治风险保险业务的国家有澳大利亚、奥地利、比利时、丹麦、芬兰、印度、以色列、意大利、日本、新西兰、挪威、西班牙、瑞典、英国和美国等。政治风险担保也可以向私人保险机构购买，其中比较著名的有美国国际集团和英国的劳埃德公司。值得注意的是，尽管政治风险可以通过购买保险转移，但在直接投资过程中，跨国投资者自己至少得承担部分政治风险，所以，他在研究投资环境时，必须对政治风险进行认真的预测。

第三节　投资环境的评价方法

一、国际投资环境的评价形式

专家实地论证、信息咨询机构评估、问卷调查评价是投资环境评价中常用的三种方式。

（一）专家实地论证

专家实地论证是评价者为了了解某国、某地的投资环境，由专家组成的评估小组前往实地进行考察和评价的方式。采取这种方式进行投资主要需要把握三个问题：(1) 专家的选定。专家组成员一般由对政策较为熟悉的政治、经济、法律与企业界人士以及技术专家组成。(2) 评价内容的取舍。取舍标准应围绕评价动机和目的进行，并需提前收集足够多的相关材料以便加以选择。(3) 被调查人员的确定。一般而言，政界和舆论界人士、学术界人士、企业及金融界人士、顾客等会被选择为受调查人员。专家实地论证的优点是能直接获取许多第一手资料；其不足之处在于获取的有可能是经过加工的、片面的信息，甚至是人为设置的圈套和假象，从而影响评价结果的客观与准确。

（二）信息咨询机构评估

信息咨询机构评估是指信息咨询机构接受客户的委托，按照客户的要求，对被评价地区和行业投资环境进行评判的方式。信息咨询机构因其企业性质，故其评估具有相对独立性、快速高效性、客观公正性三个基本特点。信息咨询机构评估一般分为三个阶段：(1) 准备阶段。主要是接受客户委托、了解客户要求、签订合同以及组织评估小组、拟定工作计划等工作。(2) 评估阶段。运用科学方法，按照客户要求进行评估。(3) 总结阶段。完成评估报告并向客户反馈。

（三）问卷调查评价

问卷调查评价，是指把影响投资环境的因素及其重要程度，按一定的规范和要求制成意见征询表，发放给被调查对象，要求被调查对象做出回答后返回，再进行归纳统计分析的方式。运用问卷调查的方式进行投资环境的评价，主要把握以下几个问题：(1) 调查内容取舍与调查表设计。调查内容既需对各个投资环境因素的重要性进行评估，又需评估各投资环境因素的现状。调查表的设计要求重点突出、简单明了、用词准确。问题数量应该适当，并且应以客观题为主，辅以适量的主观题。(2) 调查对象的选择。一般应包括政府官员和政府工作人员、有代表性的投资者、有关学科的专家学者以及顾客等。(3) 统计分析评价。主要任务是分析调查结果的倾向性和一致性，即分析评价者作为整体的主要倾向是什么以及评价者的意见的集中程度。评价结果需要倾向性和一致性到一定程度才有足够的意义。(4) 抽样核对。目的是对统计分析结果进行核实，确定误差，以提高调查结果的准确性。

（四）投资环境评价报告

投资环境评价报告是投资环境评价的结果。通常，我们可以把其分为更注重研究过程本身的研究性投资环境评价报告和更注重实践价值的应用型投资环境评价报告两种。投资环境评价报告应该包括以下内容：评价目的和意义、评价指标体系选择、评价方法和步骤、总体评价、对策与建议、附录等。

二、几种国际投资环境评价方法的介绍

（一）冷热比较分析法

冷热比较分析法也叫冷热国法、冷热国对比法等，是最早的一种投资环境评价方法，由美国学者伊西·特利法克和彼德·班廷于 1968 年在其论文《国际商业安排的概念构架》一文中提出。

冷热比较分析法从投资者和投资国的立场出发，选定多种投资环境要素建立评估指标体系，据此对目标国家的投资环境进行评价。如果某个方面有利于吸引外资，那么它就可以称为“热”因素，反之则为“冷”因素。评价之后再按由“热”到“冷”的顺序依次排序，“热”国表示投资环境优良，“冷”国则表示投资环境欠佳。投资者在综合评价时，应选择“热”因素多的国家作为投资点。

两位美国学者根据自己在 20 世纪 60 年代后半期对美国、加拿大、南非等国家和地区工商界人士进行调查的资料，认为必须从政治稳定性、市场机会、经济发展与成就、文化一元化程度、法令阻碍、实质阻碍、地理及文化差距七个方面来评价一国的投资环境。他们对这七个要素逐一做出了解释：

（1）政治稳定性。一国的政治稳定性高时，这一因素为“热”因素，相反则为“冷”因素。政治稳定的基本标准是有一个由全民各阶层代表所组成的、为广大人民群众所拥护的政府。该政府能够鼓励和促进企业发展，创造出良好的适宜企业长期经营的环境。

（2）市场机会。市场机会大时，这一因素为“热”因素，相反则为“冷”因素。市场机会大的基本要求是有广大的客户、对外国投资生产的产品或提供的劳务具有切实的购买力。

（3）经济发展与成就。一国经济发展迅速且成就大时，这一因素为“热”因素，相反则为“冷”因素。评价这一因素时主要是考察其经济发展程度、效率和稳定形式。

（4）文化一元化程度。文化一元化程度高时，这一因素为“热”因素，相反则为“冷”因素。评价这一因素时主要是考察一国国内各阶层人民之间的相互关系、处世哲学、人生的观念和目标等受传统文化影响大小的问题。

（5）法令阻碍。法令阻碍小时，这一因素为“热”因素，相反则为“冷”因素。评价这一因素时主要是看一国法令是否繁复、有意或无意地限制和束缚现有企业的经营并对企业今后发展产生不良作用。

（6）实质阻碍。实质阻碍低时，这一因素为“热”因素，相反则为“冷”因素。评价这一因素时主要是分析一国的自然条件（如地形、地理位置、气候、降雨量、风力等）对企业有效经营的阻碍的大小。

（7）地理及文化差距。地理及文化差距小时，这一因素为“热”因素，相反则为“冷”因素。评价这一因素时主要是分析两国距离的远近、文化及社会观念和语言风俗习惯方面的差别大小。

投资环境冷热比较分析法侧重于投资环境宏观因素的考察，对微观因素考虑不多，在因素选择及评价上过于笼统和简单，只适宜做粗线条的前期评价。作为对投资环境评价方法的研究，此法开投资环境研究之先河，为以后评价方法的探讨打下了基础，具有重要的奠基作用。

（二）等级尺度法

1969年，美国的罗伯特・B・斯托伯（Robert B. Stobaugh）在《如何分析国外投资气候》的文章中提出了等级尺度法。等级尺度法又叫等级评分法或多因素分析法，是国际上流行的一种目标市场分析法。

等级尺度法主要从东道国政府对外国投资者的限制和鼓励政策的角度出发，把投资环境的内容划分为八大因素：(1) 资金抽回限制；(2) 外资股权比例；(3) 对外商的管制和歧视程度；(4) 币值稳定性；(5) 政治稳定性；(6) 给予关税保护的意愿；(7) 当地资本的供应能力；(8) 近5年的通货膨胀率。再进一步对上述因素分别划分出子因素。然后根据每一个子因素对投资的有利程度，给予不同的分值。最后将分值汇总，根据分数的高低综合反映投资环境的优劣程度。详见表12—2。

表12—2　　投资环境八大因素评估打分表

投资环境因素	评分
一、资金抽回限制	0～12
无限制	12
只有时间上的限制	8
对资本有限制	6
对资本和红利有限制	4
限制繁多	2
禁止资本抽回	0
二、外资股权比例	0～12
准许并欢迎全部外资股权	12
准许全部股权但不欢迎	10
准许外资占大部分股权	8
外资最多不超过股权半数	6
只许外资占少部分股权	4
外资不得超过股权三成	2
不准外资控制股权	0
三、对外商的管制和歧视程度	0～12
外商与本国企业一视同仁	12
对外商略有限制但无管制	8
对外商有少许管制	6
对外商有限制并严加管制	4
对外商严加限制和管制	2
禁止外商投资	0
四、币值稳定性	4～20
完全自由兑换	20
黑市与官价差距在一成以内	18
黑市与官价差距在一至四成之间	14
黑市与官价差距在四成至一倍间	8
黑市与官价差距在一倍以上	4
五、政治稳定性	0～12
长期稳定	12

续前表

投资环境因素	评分
稳定但因人而治	10
内部分裂但政府掌权	8
国内外有强大的反对力量	4
有政变或动荡的可能	2
不稳定，政变和动荡极可能发生	0
六、给予关税保护的意愿	2～8
给予充分保护	8
给予相当保护但以新工业为主	6
给予少许保护但以新工业为主	4
很少或不保护	2
七、当地资本的供应能力	0～10
成熟的资本市场，有公开的证券交易所	10
少许当地资本，有投机性的证券交易所	8
当地资本有限，外来资本不多	6
短期资本极其有限	4
资本管制很严	2
高度的资本外流	0
八、近 5 年的通货膨胀率（%）	2～14
小于 1	14
1～3	12
3～7	10
7～10	8
10～15	6
15～35	4
35 以上	2

从表中可以看出，各种因素都是对投资产生重大影响的因素，而且每种因素都用非常具体的指标给予度量。在所考察的 8 个方面中，最重视的是币值稳定性（最好情况评分为 20 分）。这主要是由于 20 世纪 60 年代末正值国际金融环境动荡、固定汇率制受到严峻挑战之时；其次为近 5 年的通货膨胀率（最高分为 14 分）。在评价方法上，采用简单累加计分的方法，使定性分析具有一定的数量化内容，简便易行。同时，斯托伯对不同因素给予的不同最高限值，实际上区分了各种因素对投资环境所起的作用的大小。由于以上优点，这种方法的使用较为普遍。

（三）多因素和关键因素评估法

多因素评估法和关键因素评估法是由香港中文大学闵建蜀教授在罗伯特的等级尺度法的基础上提出来的，是两个前后关联的评估方法。

1. 多因素评估法

这种方法把投资环境因素分为 11 类，即：政治环境、经济环境、财务环境、市场环境、基础设施、技术条件、辅助工业、法律制度、行政机构效率、文化环境、竞争环境。每一类因素又由一系列子因素构成，如政治环境包括的子因素有政治稳定性、国有化的可能性、当地政府的外资政策等（详见表 12—3）。

表 12—3　　多因素评估法的主要因素及其子因素

影响因素	子因素
一、政治环境	政治稳定性；国有化可能性；当地政府的外资政策等。
二、经济环境	经济增长；物价水平等。
三、财务环境	资本与利润外调；汇率；融资的可能性等。
四、市场环境	市场规模；分销网点；营销的辅助机构；地理位置等。
五、基础设施	通信；交通运输；外部经济等。
六、技术条件	科技水平；适合工资的劳动生产力；专业人才的供应等。
七、辅助工业	辅助工业的发展水平、配套情况等。
八、法律制度	商法、劳工法、专利法等各项法律是否健全；执法是否公正等。
九、行政机构效率	机构的设置；办事程度；工作人员的素质等。
十、文化环境	当地社会是否接纳外资公司及对其的信任与合作程度；外资公司是否适应当地社会风俗等。
十一、竞争环境	当地的竞争对手的强弱；同类产品进口额在当地市场所占份额等。

在评价投资环境时，先由专家对各类因素的子因素做出综合评价，然后据此对该类因素做出优、良、中、可、差的判断，最后按下列公式计算投资环境总分：

$$\text{投资环境总分}=\sum_{i=1}^{n} W_i(5a_i+4b_i+3c_i+2d_i+e_i) \qquad (12—1)$$

式中，W_i 为第 i 类因素的权重；a_i、b_i、c_i、d_i、e_i 分别是第 i 类因素被评为优、良、中、可、差的百分比，且 $a_i+b_i+c_i+d_i+e_i=1$（$i=1$，2，3，…，n）。

投资环境总分的取值范围在 1～5 之间，越接近 5，说明投资环境越佳。反之，越接近 1，则说明投资环境越劣。多因素评估法考虑的因素比较细致全面，由专家进行评分简便易行，但对各个因素的权重的设定需要认真分析确定。

2. 关键因素评估法

与多因素评估法充分考虑所有影响投资的因素不同，关键因素评估法主要从投资动机的角度出发，指标主要选取影响投资动机的关键因素。比如投资者到某国或某地投资，带有某种特定的目标，这种特定的目标与一些特定的环境要素关系密切，此时其他一些环境要素的重要性可能就相对降低了，这时就可以对重要的特定环境要素进行评价而舍弃其他的一般性要素。

关键因素评估法的具体评价方法如下：首先，了解投资者所要达到的特定目标。并确定与之密切的环境因素。如投资者要到某地投资的主要目标是为了降低成本。与降低成本密切相关的环境因素有当地劳动力成本、原材料价格和交通运输条件三项。其次，确定关键因素重要性的比重，评分等级，并选择若干个国家和地区作为投资地点。如经分析后确定三项关键因素的比重分别为 0.5，0.3，0.2。评分采用 10 分制，选择了四个国家或地区作为可能的投资地点。最后，进行评估打分，算出结果。

关键因素评估法只是对具有特定目标和要求的投资环境进行评价，因而存在一定的片面性，并不能代替一般性评价。一般是先采用多因素评估法进行投资环境的整体性评价，之后再使用关键因素评估法对特定因素进行评价，这样有助于评价的全面性、客观性和正确性。

（四）投资环境动态分析法（道氏评估法）

投资环境动态分析法是美国道氏化学公司（Dow Chemical）根据其海外投资的实践而总结的一套投资环境评价方法。该方法认为，投资环境不仅因国别或地区不同而存在较大差异，在同一国家或地区也会因不同时期而发生变化。因此，从动态的、发展变化的角度去考察、分析、评价目标国的投资环境是非常必要的。

道氏化学公司认为它在海外投资所面临的风险有两类：一类是正常企业风险（竞争风险）。这类风险在任何基本稳定的企业环境中都存在，例如自己的竞争对手可能生产出一种性能更好或价格更低的产品。第二类是环境风险，即某些可以使企业环境本身发生变化的经济、政治和社会因素等。这类因素对投资者的影响可能有利，也可能不利，它们往往会改变企业经营所遵循的规则和采取的方式。据此，道氏化学公司按形成的原因及作用范围的不同把影响投资环境的诸因素分为两部分：一部分是企业从事生产经营的业务条件，包括实际经济增长率、能否获得当地资产等 40 项；另一部分是有可能引起这些条件变化的主要压力，其中有国际收支结构及趋势、被外界冲击时易受损害的程度等（见表 12—4）。

表 12—4　　道氏公司投资环境动态分析法主要指标表

企业业务条件	引起变化的主要压力	有利因素和假设的汇总	预测方案
评估以下因素： 1. 实际经济增长率 2. 能否获得当地资产 3. 价格 4. 基础设施 5. 利润再汇出规定 6. 再投资自由 7. 劳动力技术水平 8. 劳动力稳定性 9. 投资刺激 10. 对外国人的态度 …… （共 40 项）	评估以下因素： 1. 国际收支结构及趋势 2. 被外界冲击时易受损害的程度 3. 实际经济增长与预测比较 4. 舆论界领袖观点的变化 5. 领导层的稳定性 6. 与邻国的关系 7. 恐怖主义骚乱 8. 经济和社会进步的平衡 9. 人口构成和人口趋势 10. 对外国人和外资的态度 …… （共 40 项）	对前两项进行评价后，从中挑出 8～10 个在某个国家的某个项目能获得成功的关键因素（这些关键因素将成为不断核查的指数或继续做国家评估的基础）	提出四套国家/项目预测方案： 1. 未来的七年中关键因素造成的"最可能"方案 2. 如果情况比预期的好，会好多少 3. 如果情况比预期的糟，会有多糟 4. 使公司"遭难"的方案

道氏化学公司投资环境动态分析法的基本思路是根据现有环境基础，考虑可能变化的因素，提出预测方案。具体操作分为五步：第一步是评价影响企业业务条件的诸因素。第二步是评价可能引起变化的主要压力因素。第三步是进行有利因素和假设条件的汇总，从中挑出 8～10 个在某国（或地区）的某个项目能获得成功的关键因素。第四步是提出预测方案。一般提供四套国家（项目）预测方案：第一套是根据未来七年各关键因素"最可能"的变化而提出的预测方案；第二套是假设各关键因素的变化比预期的好而提出的"乐观"预测方案；第三套是假设各关键因素的变化比预期的差而提出的"悲观"预测方案；第四套是最坏的使公司"遭难"的方案。第五步是对四套方案进行概率分析，以确定每种方案的可能性，进而做出投资决策。

道氏化学公司结合自己的经历提出的投资环境动态分析法具有一定的代表性，是企业进行国际投资环境评价时一个实用性很强的评价方法，是将定性与定量分析相结合进行评价的成功典范之一。

（五）准数分析法

这种方法是由我国学者林应桐提出的。他按各种投资环境因素的相关性对其进行分类如下：投资环境激励系数 K，城市规划完善因子 P，税利因子 S，劳动生产率因子 L，地区基础因子 B，效率因子 T，市场因子 M，管理权因子 F，并把每一类因子分成若干子因子，再对子因子进行类似于多因素评估法的加权评分，求和得到该类因子的总分。为了反映各因子处于一个系统之中，相互存在着有机联系，他提出了投资环境准数数群的概念，见表 12—5。

表 12—5　　投资环境准数数群参照表

项目要素代号	内涵	评分
1. 投资环境激励系数 K	（1）政治经济稳定；（2）资本汇出自由；（3）投资外交完善程度；（4）优惠政策；（5）对外资兴趣程度；（6）币值稳定程度	0～10
2. 城市规划完善因子 P	（1）整体经济发展战略；（2）吸引外资中长期计划；（3）总体布局配套性	0～1
3. 税利因子 S	（1）税收标准；（2）合理收费；（3）金融市场	0.5～2
4. 劳动生产率因子 L	（1）工人劳动素质与文化修养；（2）技术工人数量；（3）社会平均文化素质	0～1
5. 地区基础因子 B	（1）基础设施；（2）工业用地；（3）制造业基础；（4）科技水平；（5）外汇资金充裕程度；（6）自然条件；（7）第三产业水平	2～10
6. 效率因子 T	（1）政府机构管理科学化程度；（2）有无完善的生活服务体系；（3）咨询体系；（4）管理手续简化程度；（5）信息资料提供系统；（6）配套服务系统；（7）生活环境	0.5～2
7. 市场因子 M	（1）市场规模；（2）产品市场占有率；（3）进出口限制；（4）人财物供需市场开放度	0～2
8. 管理权因子 F	（1）开放城市管理权范围；（2）“三资”企业外资股权限额；（3）“三资”企业经营自主权程度	0～2

投资环境准数 $N=\frac{K \cdot B}{S \cdot T}(P+L+M+F)+X$，其中，$X$ 表示其他机会因素，对 N 起修正作用。N 值越高，说明投资环境越好。这种方法采用综合性的准数值衡量投资环境，克服了机械评分法的不足，评价的因素较为全面。

（六）抽样评估法

这种方法的基本形式是通过对东道国的外商投资企业进行抽样调查，了解其投资商对东道国投资环境的一般看法。通常的方法是随机抽取或选定若干不同类型的外商投资企业，由其高级管理者对东道国投资环境要素进行口头或书面评价，然后综合其意见形成评价结论。在评价时，通常采用问卷调查的形式。在问卷调查表中，列出所有重要的投资环境因素及其评价标准，由被调查者根据企业投资建设与生产经营的实际体会及所掌握的资料信息，逐项回答对东道国投资环境的基本看法。评估时主要统计计算投资者对资金接受区投资环境持肯定、否定或其他态度的比例，再据此做出评价。

抽样评估法简便易行，调查对象和内容可以根据投资需要来合理选择，而且调查结果的汇总与综合评价也比较容易，可使调查者很快得到第一手信息资料，其结论对潜在投资者的投资活动具有直接参考价值。其不足之处在于，问卷设计的科学性可能存在疑问，且被调查人员的选择有很强的主观性，这有可能使评价结果与实际情况有一定的差距。

（七）投资障碍分析法

投资障碍分析法主要对影响投资环境的不利因素进行评价，是依据潜在的阻碍投资运行因素的多寡与程度来评价投资环境优劣的一种方法。投资者依据投资环境的内容结构，分别列出阻碍直接投资的主要因素，并在潜在的东道国之间进行比较，障碍少的国家被认为具有良好的投资环境，反之，则为投资环境恶劣的地区。通常从 10 个方面来分析投资环境障碍因素（见表 12—6）。

表 12—6　投资障碍分析法的评估因素

因素	评价内容
政治障碍	政治制度与投资国不同；政局动荡不稳
经济障碍	经济停滞或增长缓慢；外汇短缺；劳动力成本高；通货膨胀和货币贬值；基础设施差；原材料等基础行业薄弱
资金障碍	资本数量有限；没有完善的资本市场；资金融通困难
人力资源障碍	技术人员和熟练工人短缺
国有化风险障碍	国有化政策与没收政策
歧视性政策障碍	禁止外资进入某些行业；对当地的股权比例要求过高；要求有当地人参与企业管理；要求雇用当地人员，限制外籍人员数量
政府干预障碍	国有企业参与竞争；物价管制；要求使用本地原材料
进口限制	限制工业制品进口；限制生产资料进口
法律及行政制度障碍	外国投资法规不健全；国内法律、法规不健全；没有有效的仲裁制度；行政管理效率低；贪污受贿行为严重
外汇管制	一般外汇管制；限制资本和利润汇回；限制提成费汇回

投资障碍分析法立足于障碍因素分析，有利于减少投资风险，增强投资活动的安全性。但过于看重不利因素而忽视其有利条件，不符合风险决策规律。评价时应注意结合有利因素，尤其是一些特别突出的优势因素往往可以弥补障碍因素之不足，从而改变整个评价结果，这是在运用此法时应注意的问题。

（八）相似度法

相似度法，是以若干特定的相对指标为统一尺度，运用模糊综合评判原理，确定评价标准值，得出一个地区（城市）在诸指标上与标准值的相似度，据以评判该地区（城市）投资环境优劣的一种方法。

运用相似度法评价某一地区时主要采用以下指标：

（1）投资获利率（H）。也称投资系数，即投资额与在一定时间内所获得的利润额之比率。若 T 为投资额，利润为 P，则 $H=P/T$。投资系数 H 越大，投资效果就越好。

（2）投资乘数（c）。即投资增量与获利增量的比率。以一个社会为总体来考虑时，c 也可用居民收入与投资的比例来表示。它表明，受资国的边际消费倾向越大，则投资乘数越大，少量的投资增量即可引致国民收入成倍增长，此时投资环境较好。

（3）边际耗费倾向（B）。即耗费增加额与收益增加额的比率。该值越高，对投资者越不利。

(4) 投资饱和度（D）。就微观和具体投资项目而言，它是指投资的边际效率与利润之比。其中，投资边际效率是指投资每增加一个单位时，这一增加单位中所预料获得的最大利润。就客观（如一个城市）而言，它是指某一投资领域已投入的资金与该领域投资容量的比值。

(5) 基础设施适应度（J）。假定各项基础设施完全适应投资项目需要时定为1，则：

$$J=\frac{k_1a_1+k_2a_2+\cdots+k_na_n}{n}$$

式中，n 为基础设施项目个数；k_i 为各项基础设施的权重；a_i 为各项基础设施与1相比的适应度。

(6) 投资风险度（F）。即对投资风险的估计。它的确定方法是：①先确定各风险因素；②依据来自各方面的信息，拟订出若干假设方案和估计值；③进行敏感度分析，逐个变换风险因素的假设估计值，看会引起什么样的变化结果；④求出各种假设方案的数学期望，最大的数学期望与最小的数学期望之比即为投资风险度。各种假设方案的数学期望之间差别越小，说明投资风险度越小，投资环境越稳定；反之亦然。

(7) 有效需求率（Y）。其计算公式为：$Y=\frac{\text{社会平均利润或利息}}{\text{销售收入}-\text{成本}}$。

(8) 国民消费水平（G）。即一个区域内国民收入与居民储蓄额之间的比值。

(9) 资源增值率（Z）。即生产技术与管理在资源转换与增值中的作用大小。其计算公式为：$Z=\frac{\text{资源加工产品价值总额}}{\text{资源初级产品价值总额}}$。

(10) 优化商品率（S）。指一个地方的商品总数与创地方、国家、国际名优商品总数之比率，综合反映了生产竞争能力。

当计算出这些指标的数值后，选择公认的投资环境好的地方的同类指标，求出所研究的投资环境与公认投资环境好的地区的相似度。二者越相似，则表明所研究的投资环境越好；反之亦然。

相似度法将数量经济学方法应用于投资环境评价工作之中，并试图以尽量少的相对指标为客观尺度来进行定量评价，是对投资环境评价方法的一种创新。此方法具有综合性和客观性的特点，但是，它还存在着一些明显的不足：参照样本“公认的投资环境好的地区”概念模糊，不易选取；在技术上，最大的缺陷是指标设置不甚合理，指标过于笼统，没有包容国际投资者普遍重视的政治、社会文化、外资政策及相关法律因素等指标。在适用范围上，由于上述指标设置上的缺陷，导致了该评价方法在投资环境的国际比较中有着一定的局限性，因为它没能反映出各国在政治、文化、法律等环境因素方面的差异。因而，一般来说，相似度法主要适用于一国内的地区（城市）投资环境的评价和比较。

（九）国家风险等级法

该方法是将投资东道国政治因素、基本经济因素、对外金融因素、政治的安定性等可能对投资产生影响的风险因素的大小分别打分量化，然后将各风险因素得分汇总起来确定一国的风险等级，最后进行国家之间的投资风险比较。

一些世界著名的研究咨询机构和杂志社都定期公布其组织进行的国家风险评级（信用评级）结果，为各国的投资者和工商界人士提供必要的决策依据。

1. 富兰德指数

20世纪60年代末，美国商业环境风险情报研究所的F.T.汉厄教授设计了第一个反映经济政治环境风险的评价指数——国家风险预测指数，亦称富兰德指数。该指数是由定量评级体系、定性评级体系和环境评级体系构成的综合指数。定量评级体系用于评价一个国家的债务偿付能力，包括外汇收入、外债数量、外汇储备状况及政府融资能力四个方面的评分；定性评级体系重在考察一个国家的经济管理能力、外债结构、外汇管制状态、政府官员贪污渎职程度及政府应付外债困难的措施五个方面的评分；环境评级体系包括政治风险、商业环境、政治社会环境三个指数系列。上述三个评级体系在总指数中的比重分别为50%、25%和25%。富兰德指数以0～100表示，指数越高表示风险越低，指数越低表示风险越高。风险等级则相反，一级表示风险最小，二级、三级风险大一些，依此类推。该情报研究所定期公布并发表研究报告、统计数据及分析结果。该情报所根据数据既对即期风险情况给予综合打分，还对未来一年后、五年后的综合分数进行预测。

2.《国际国家风险指南》

由伦敦国际商业交流有限公司的美国分部出版的《国际国家风险指南》中将投资风险分为政治、金融、经济三大类风险，分别进行风险评估，在此基础上设计了综合风险等级，计算了综合风险指数。政治因素包括政权稳定性、内外部冲突、社会经济条件、腐败、法律法规、宗教、种族、官僚机构效率、民主等；金融风险着眼于外汇管制造成损失的可能性、外债占GDP比率、汇率稳定性等；经济风险主要考虑的因素是人均GDP、通货膨胀率、财政结余占GDP比率、经常账户余额占GDP比率等。它们在综合指数中的比重分别为50%、25%和25%。《国际国家风险指南》将风险等级划分为五个等级：0～49.5为极高风险；50～59.5为高风险；60～69.5为中等风险；70～84.5为低风险；85～100为极低风险。

3.《欧洲货币》国家风险等级表

国际金融界权威刊物《欧洲货币》于每年9月或10月定期公布当年各国家风险等级表。该表侧重反映一国在国际金融市场上的形象与地位，从进入国际金融市场的能力（权重20%，包括在外国债券市场、国际债券市场、浮动债券市场、国际贷款市场及票据市场上筹借资本的能力），进行贸易融资的能力（10%），偿付债券和贷款本息的记录（15%），债务重新安排的顺利程度（5%），政治风险状态（20%）和二级市场上交易能力及转让条件（30%）等方面对国家风险进行了考察。

4. 日本公司债务研究所的国家风险等级表

这是一种由专家评判、打分的评估方法。日本公司债务研究所认为，较复杂的数学模型和记分体系，专家打分法是评定国家风险的最佳方法。国家风险评价内容包括：内乱、暴动及革命的可能性，政权的稳定性，政策的持续性，产业结构的成熟性，经济活动的扭曲性（通货膨胀、失业等），财政政策的有效性，金融政策的有效性，经济增长的潜力，战争的危险性，国际的信誉地位，国际收支结构，对外的支付能力，对外资的政策和汇率政策等。

它设计的风险等级采用的是十分五级制的打分方法。日本公司债务研究所牵头，由银行、商社、工业公司等组成14个专家集团。每个专家集团分别以打分方式，对各个单项风险和综合风险做出评价。单项风险和综合风险都分为A至E五级。单项风险的各级分数分别为：A级10分、B级8分、C级6分、D级4分、E级2分。以简单算术平均数求得的14个专家集团的评分均值，即为各国单项风险的得分。综合风险的五个级别的标准为：9分以上为A级，7.0～8.9分为B级，5.0～6.9分为C级，3～4.9分为D级，2.9分以下为E

级。不论单项风险还是综合风险，都是以分数的高低排列名次，分数越高，风险越小；分数越低，风险越大。

第四节　不同类型国家的直接投资环境分析

一、发达国家的投资环境

在政治方面，发达国家的政局都较为稳定。第二次世界大战后，发达国家都能长期坚持实行通过选举产生议会和政府的政治体制，这使其在较长一段时期内政局不易发生剧烈的动荡，出现政变的可能性很小。这些国家的不同政党（如美国的民主党和共和党、英国的工党和保守党），通过竞选执政后，其对内对外政策也会发生一些变化，但基本国策存在较好的连续性。这些国家有时也发生骚乱，罢工也时有发生，种族冲突在一定条件下也可能爆发，但都未发展到使政府对局势失去控制，危及其执政的程度。因此，总的说来，这些国家的政局是基本稳定的。

在经济方面，发达国家一般都形成了比较完善的市场机制。政府对企业经营活动的干预较少，生产要素和产品在国内的流动一般不会有地区封锁的障碍。其资本市场发达，银行信贷和证券筹资、证券交易等大都比较顺利，而且这些国家具有发达和完善的交通运输和电讯等基础设施，科技发展水平高。发达国家通过来自国内和国外的财富的长期积累，经济发展达到了先进水平，居民的平均收入较高，对新产品和高档消费品有较强的市场吸收能力，掌握了现代化生产技术的熟练劳动力比较充足。

在法律法规方面，发达资本主义国家一般都逐步建立了比较完善的经济法规，包括国内经济法规和涉外经济法规。它们彼此之间形成了一些共同遵守的国际惯例，法规执行中的透明度与公正性相对较高。由于这些国家大都是国际直接投资的主要来源国，又同时是主要接受国，故对外资的进入大都采取比较宽松的政策，限制性措施较少，并且一般实行国民待遇。

在文化环境方面，发达国家的居民大多有较高的文化水平。其社会文化传统虽也具有各自民族的特色，但商品经济意识已经成为大家的共识，原来存在的一些不符合商品经济发展要求的某些传统观念或者已经淡化，或者已经消失。

总的来说，上述情况表明，发达国家在吸收外国直接投资方面具有较多的有利因素，投资环境是比较好的。

但是发达国家的投资环境也有一些不利因素。发达国家大都资本比较密集，投资者之间的竞争十分激烈。许多部门的产品市场趋于饱和，外国投资者除非具有某些特殊的优势，否则很难在当地市场立足。例如，美国的钢铁工业和汽车工业都是属于这样的部门。此外，发达国家的某些生产要素（如土地、矿产资源和劳动力等）价格高昂，致使某些产品成本上升，难以在国际竞争中取胜。

一般地说，发达国家的投资环境有利于技术密集型产业的投资，而不利于资源密集型和劳动密集型产业的投资。

专栏

中美投资双边协定能改善中企投资环境吗?

近日，关于中美投资双边协定的正式文本谈判在上海举行，这是十八届三中全会结束后展现中国深化改革决心和中美关系新气象的一次重要事件。随着中国海外投资的巨量增加，投资关系将在未来数年成为巩固中美经济合作的一大支柱，但由于中美政治和行政体制差异以及两国战略互信不足等原因，双边投资关系的潜力和活力还远未得到充分释放。投资（特别是建厂招工的“绿地投资”）意味着双方的经济行为将更加深入对方国家的社会内部，随之带来的难题和风险也会进一步凸显，从中国的角度而言，中美投资双边协定能不能真正解决中国企业在美投资的尴尬处境尤为引人关注。

投资协定是国家与国家之间为鼓励、促进和保护本国公民在对方境内投资而签署的双边条约，主要涉及投资保护的范围、投资待遇、征收与补偿、货币汇兑和争端解决等内容。中美投资双边协定谈判始于20世纪80年代，但之后由于中美政治关系趋冷而使谈判陷入停滞。2008年6月两国重启谈判，双方经过九轮谈判仍未能取得重大进展。直到2013年7月，在华盛顿举行的第五轮中美战略与经济对话期间，双方宣布中美投资保护协定将引入“准入前国民待遇”和“负面清单”的模式，这被认为是该项谈判的突破性进展。

中国作出的这种“让步”与当年为加入WTO而不得不面对“狼来了”的风险异曲同工，一方面，可以借助该协定完善国内投资环境，使外资管理体制更加现代化和国际化；另一方面，近年中国企业在美投资的增长，也迫切需要更具制度性的护航和保障。从中国在美投资看，虽然总量仍很有限，但增长势头很强，而且投资模式也在发生重要改变。除了能源和制造业外，中国在美投资正向更广泛的行业迈进，包括食品、地产、娱乐、旅游、金融和信息技术等领域。

中国投资为美国当地创造了大量就业，对振兴美国经济起到了积极作用。专门研究中国在美投资问题的荣鼎集团研究主管蒂诺·海纳曼称，中国投资至少在美国35个州创造了就业岗位，中国公司在美分工厂到2013年第一季度已经创造了3.2万个工作岗位。

然而，中国在美投资的外部环境却并不令人满意。虽然从市场开放度、知识产权保护、研发技术优势等方面而言，美国的投资环境要优于中国，其在世界银行的“营商便利指数”中排名全球第四，但中国企业在美国的投资仍遭遇了很多问题。美国在诸如航空、通信、原子能、金融、海运等相对敏感行业，都有关于国民待遇和市场准入限制的严格规定，包括联邦立法。此外，国际金融危机以来，为缓解长期以来由于贸易顺差导致的外汇储备激增和资产安全，中国主权财富基金大规模投资海外，这在一定程度上加剧了美国对来自中国的“战略性投资”与“国家资本主义”的警惕，特别是在美国认定的那些与国家安全利益相关的电信、能源、金融等关键行业，中国投资受到的阻碍尤其大。

在此背景下，包括美中战略与经济对话的创始者之一、美国前财长保尔森和前白宫经济顾问大卫·鲁宾斯坦在内的不少美国经济界和政界的重要人士呼吁美国政府不应对来自中国的投资设置不必要的障碍。

然而，在美国国会、智库和媒体，也不乏主张对中国投资加大审查力度的声音。2012

年10月，众议院情报委员会就华为、中兴对美国国家安全构成威胁发布报告，不仅要求“外国投资审查委员会”阻止这两家中国电信企业在美国的并购，还建议众议院司法委员会就此问题进行专门立法。长期关注中国投资问题的美国学者海涅曼认为，“国会几乎可以不限于真正的国家安全理由而否决具体的交易。在对中国崛起普遍担忧的时代，这种政治化对直接投资审查程序的运作构成十分严重的威胁”。此外，美国传统基金会高级研究员史剑道等智库学者建议美国国会赋予“外国投资审查委员会”更大的法定权力，使其更加便利地审查与电信等行业有关的中国投资合同。

此外，2000年由国会在跨党共识基础上设立的“美中经济和安全审查委员会”（USCC）也在为国会和行政部门的决策提供重要建议，该委员总体上对中国在美经济活动持怀疑和警惕态度。2012年11月，该委员会曾向国会提交报告，建议加大对中国投资审查的力度，包括将“外国投资审查委员会”的审查范围延伸至绿地投资，对所有中国国有企业和国家控制的企业实施强制审查，并在“国家安全”这一考量因素之外增加“经济获益”方面的审查。如果这一建议得到美国政府接纳，中国企业将会因更多“莫须有”罪名受到不公正对待。

再者，美国地方政府的角色日趋复杂。总的来说，因外国直接投资可创造更多就业和经济增长，地方政府对此持积极欢迎态度，并通常会在土地优惠、税收减免等方面提供便利，但在某些情况下它们也有可能成为阻碍因素。比如，美国密苏里州州长曾否决两项包含允许把密苏里农田出售给外国人条款的议案，为中国双汇公司对美国食品生产商史密斯菲尔德的收购案增加了变数。

值得高度重视的是，在事关网络安全、国防技术、重要战略资源的中国投资监管方面，美国正向欧盟、澳大利亚、英国、印度等盟国和安全伙伴加大施压，力求在更大范围内强化对中国相关投资的统一应对。

由此，中国在美投资面临的最大风险实际上是政治风险。一方面，中国企业由于不够了解美国现行有关外国直接投资制度、产业政策限制、反垄断并购监管与上市公司信息披露以及国家安全审查机制方面的法律规定，而经常遇到“政策”本身带来的麻烦。另一方面，中国企业也常受到美国国内政治博弈和中美政治关系好坏的影响，这便是“政治”方面的麻烦。中美投资双边协定或许有可能缓解“政策”麻烦，但中国企业要想在美国真正落地生根，还需要投入更大精力，与国会、智库、公民组织、地方政府和媒体玩好“政治”游戏。

资料来源：《东方早报》，2014-01-17。

二、发展中国家的投资环境

发展中国家或地区大多是第二次世界大战以前曾沦为资本主义国家的殖民地、半殖民地或附属国的国家。二战后，这些国家先后取得不同程度上的政治独立和经济自主，投资环境变化很快，国与国之间也存在着较大的差别。

在政治环境方面，发展中国家的政局除少数国家外，大多数没有发达国家那样稳定。这些国家往往没有建立起完善的政治体制，或者正处于转型时期，容易因利益分配问题引发不同阶层的斗争。此外，由于历史的问题，遗留的民族矛盾和宗教冲突也普遍存在于发展中国家。因此，有些国家政府更迭频繁，有些国家军事政变时有发生，还有些国家甚至战乱连年不止。这在很大程度上妨碍了这些国家投资环境及其他方面优势的发挥。

发展中国家在国际投资中，仍以利用外资为主。其投资环境更多地体现为政策规制方面的变化。从20世纪50年代至70年代末，国际上正处于民族主义政治独立的高潮时期，发展中国家作为整体，对外国投资的政策规制也因此处于严厉管制的时期。但从20世纪80年代开始，发展中国家对待外国投资的政策规制也逐步向宽松化时期过渡。在发展中国家对外来直接投资的各项政策中，常见的问题有：

1. 部门准入问题

许多发展中国家在政策中都向外国投资者说明了投资的优先次序，即说明哪些领域是仅供本国投资的，哪些领域是向外国投资者开放的。在后一类领域里，可能还要说明哪些领域在这一国家的经济发展计划或规划中占优先地位。

2. 东道国的所有权和控制

许多发展中国家利用外资的目标是能够真正参与跨国公司当地业务的根本性经营决策。因此，在许多情况下，发展中国家愿意采取由东道国同外国企业组成合资企业的战略，并且要求东道国这一方对外资企业拥有相当比例的所有权。但是，随着东道国国内产业结构的升级，对高新技术产业及特殊地区的开发等方面又体现出了较大的灵活性。

3. 国际直接投资激励措施

从吸引资金的角度考虑，发展中国家往往会对国际直接投资采取一定的激励措施，主要表现为税收鼓励和财政补贴。这些激励措施也体现了发展中国家经济发展和产业政策的方向。这种激励措施的发展主要有两种：一种是加强奖励以促进某一方面业务或部门的发展，如对外资公司进行的重要科研活动给予奖励等；另一种是以奖励国内的附加值产业为基础，如降低关税等。

专栏

《中国海外投资国家投资评级》点评26国投资环境

11月18日，中国社科院世界经济与政治研究所发布了《中国海外投资国家投资评级》，在被列入评级的26个国家中，德国获得最高评级，澳大利亚、加拿大、法国等七国获得了代表低风险级别的AA评级，而苏丹、安哥拉和越南则排在末位，被评为风险最高的三个国家。

对华关系成为评级指标

评级结果显示，在26个评级国家中，德国表现最佳，目前与中国关系处于蜜月期，投资风险最低。而苏丹由于南北分治，经济实力严重受损，国内政治和安全局势严峻，偿债能力薄弱，成为投资风险最高的国家。与苏丹同处B级风险的是位于非洲西南部的安哥拉。评级报告认为，其经济增长严重依赖石油产业，国内外债务负担较重，社会不稳定因素突出。

社科院世界经济与政治研究所国际投资研究室主任张明介绍，此次被纳入评级的国家，既涵盖美国、法国、日本等8个发达经济体，也包括印度尼西亚、赞比亚等18个新兴经济体，重点选择了 G20 国家以及中国海外投资额较大的其他国家。

评级主要考察各国经济基础、政治风险、社会弹性、偿债能力与对华关系五大指标，共包含经济增速、政府稳定性、贸易条件等 37 个子指标。报告认为，生效的投资协定、较低的投资受阻和良好的政治关系，有助于降低中国企业海外投资风险。

作为此次评级的特色指标，对华关系主要关注被评级国是否与我国商务部签订投资协定(BIT)、企业投资受阻程度以及双边政治关系的状况。张明表示，对华关系衡量了中国企业在东道国具体的投资风险，良好的对华关系是降低海外投资风险的减震器。

发达经济体投资风险较低

该报告指出，目前是中国投资者对发达经济体进行海外投资的较好时机，不仅可以低价购得资产，亦可获得中国企业欠缺的高端技术。因为发达经济体一般经济基础好、政治风险低、社会弹性高。

但不能忽视的是发达经济体普遍承担较高的债务。同时，受意识形态等因素影响，有些国家对来自中国的投资存在歧视。比如澳大利亚，虽然与中国经济存在极强的互补性，但国内对中国资源和农产品的投资有疑虑，增加了中国投资澳大利亚的风险。

总体来看，发达国家的评级结果普遍高于新兴经济体，投资风险较低。其中，8 个发达经济体全部排列前十，18 个新兴经济体中只有韩国和俄罗斯在前十位，新兴经济体中“金砖国家”排名普遍处于中游。

尽管新兴经济体经济基础薄弱，多因素导致政治风险较高、社会弹性较差、偿债能力分化较大，但增长潜力较大，投资回报率较高，再加上与中国的良好关系，新兴经济体是不少中国企业“走出去”试水的首选地。

低风险前五位			高风险前五位		
排名	国家	风险评级	排名	国家	风险评级
1	德国	AAA	1	苏丹	B
2	澳大利亚	AA	2	安哥拉	B
3	加拿大	AA	3	越南	BB
4	法国	AA	4	柬埔寨	BB
5	韩国	AA	5	赞比亚	BBB

资料来源：《中国电力报》，2013-11-27。

第五节　中国的投资环境

自改革开放以来，我国逐渐成为国际投资的热点地区，利用外资的规模与速度不断增长。目前，我国已经成为发展中国家中的第一大投资热点地区。外资的引进对中国的经济与社会的发展产生了重大的影响。与此相适应，对中国投资环境的分析也逐步开展起来了。

一、中国投资环境的经济因素分析

经济环境因素往往是对一国投资环境影响最大的因素。中国经济目前既处于一个高速发展的阶段，同时也正处在转型时期，是典型的过渡经济。这一发展阶段决定了中国投资环境经济因素的独特特点。

拥有巨大的市场规模是中国最突出的优势。我国拥有13亿人口，这本身就是一个巨大的市场潜力。虽然中国人均消费能力较低，但由于经济总量规模较大，故整体上仍有较强的消费与投资需求。而中国居民收入水平总体上升很快且收入差距拉大，也使消费水平普遍提高且出现多层次化的特点。同时，市场规模的优势伴随着中国经济的高速增长而更为明显。正是因为国际投资者不仅看好中国现有的市场，更看好中国市场的潜力，他们才会如此积极地将资金投往中国。

中国经济发展的潜力也为投资者提供了更多的潜在机会。从经济增长率来看，一般而言，经济增长率越高，投资需求就越大，投资潜在机会就越多，这也就预示着中国是一个有巨大潜力的待投资地区；从产业结构来看，中国的三次产业构成为“二一三”型，第二产业在GDP中的比重最高，第三产业在GDP中的比重最低。这一现象虽然表明了中国三次产业结构的不合理性，但也暗示着伴随产业结构调整将会存在大量的投资机会。产业结构的不合理性还包含各次产业的内部结构的不合理，这同样提供了潜在的投资机会。

在人力资源方面，中国则是优势与劣势并存。低廉的劳动力成本，无疑对国际投资者构成了巨大的吸引力；但与此同时，我国虽然劳动力资源丰富，但总体上劳动力素质较低，高素质人力资本相对较为贫乏，这又是我国人力资源方面的重要劣势。

基础设施建设落后是我国经济环境较为明显的缺陷。从能源供应上看，我国不仅无法与发达国家相比，而且与东南亚等地的发展中国家也有一定差距。在交通设施方面，我国虽已具备一定规模，但其仍然落后于经济发展需要，尤其是铁路运力不足，航空运输发展缓慢。相对而言，我国邮电通讯等信息基础设施建设虽与发达国家有较大差距，但其发展速度很快，是我国投资环境的一个鲜明特点。

二、中国投资环境中的政治、法律因素

总的来讲，中国政局稳定、政策基本连续。30多年来，中国的政策尤其是改革开放的政策一直是连续的。政府的目标及政策并没有因为领导人的更替而发生变化，而是始终不渝地沿着既定目标和方向发展。改革开放以来，政府及公众对外资普遍持欢迎态度，抛弃意识形态领域之分歧，为外资进入创造了相对宽松的环境，有力地促进了引资工作的开展。同时，中国有着良好的周边环境和国际环境，与世界上绝大多数国家能和睦共处、共同发展。这一切都为投资者提供了良好的政策环境，坚定了他们的投资信心，减少了其投资风险。

然而，中国投资的政治环境也存在许多不利的方面，这些方面势必影响到投资者的行为，产生消极的影响。这些不利因素主要体现在以下方面：一是存在潜在的政治风险。由于社会制度的不同、中国所处的特殊的转型社会的历史时期，以及出于对历史上政治运动和政局不稳变动的担心等原因，国际投资者对中国的政治风险看得较为重要。二是有些政策科学性不强、透明度不高、实施效果不佳。一些政策显得比较随意，朝令夕改，使投资者无所适从。而且许多相关政策之间相互抵消、相互矛盾，例如对企业减免税的优惠和其他高收费条

文并存等。另外，一些合理的政策，也会因为种种原因（如政府行为）而得不到有效的实施。三是办事效率低下和官员腐败在相当长的时期内，仍将是投资环境建设中的一个重要制约因素。

改革开放以来，国家有关部门制定了大量的有关经济及涉外经济方面的法律。对外商投资活动进行了一系列的规定，保障了外商投资经营的合法权益。中国政府同许多其他国家都签订了相关协议以保证外商的基本权益，司法与执法部门基本上能以法律为准绳，审理外商投资企业及外商的投诉；仲裁机构一般也能比较公正地解决中外双方的争议与纠纷，保护双方利益，营造公正严明的法律环境。

总的来讲，中国政府尽量制定和完善有关法律、法规体系，为外商来华经营提供有利的、安全的法律环境，保障外商的基本权益。但是中国的法律环境也还存在不少问题，突出表现在两个方面：一是法律体系还有待完善，有些法律的科学性还有待加强；二是有法不依、执法不严的情况在局部地区依然存在，“人治”代替“法治”的情况普遍存在。这些都严重地影响了外商来华投资。

三、中国的自然地理环境因素

我们可以从人口、自然资源和地理位置等角度分析中国的自然地理环境。人口因素主要涉及人口数量和人力资源质量等，主要影响劳动力要素的供给，这在前面已有论述。而我国各种主要能源储量丰富：陆上石油资源累计探明量达到193.13亿吨，陆上天然气资源累计探明量合计1.74万亿立方米，煤炭保有储量9 014.53亿吨，水力资源蕴藏量6.79亿千瓦，另外，我国钨、锌、稀土等多种矿产资源的储量居世界前列。有利的资源禀赋条件，成为吸引外国直接投资的重要物质保障。但值得注意的是，我国自然资源的分布非常不均匀。

中国位于东北亚地区，这样的地理位置使得中国对亚洲的投资者更具有吸引力。港台地区、东南亚、日本等一直是中国大陆主要的外资来源。然而，这个地理位置并不利于我国与拉美地区以及某些非洲国家竞争来自欧盟的投资。

四、中华文化对中国投资环境的影响

两国间文化传统越接近，越有利于双方进行经济往来，而语言是社会文化中最为显著、稳定与典型的特征因素。汉语是世界上唯一的象形文字，共同的文字将不同历史时期移民到世界各国的华人联系在一起。另外，中国人的传统文化价值观念中有着浓重的乡土情结，海外的华人在其居住国立足之后，往往倾向于回国进行投资与贸易，这一点形成了中国投资环境中独一无二的优势。

中国大陆所具有的这种特质性社会文化因素，在吸引海外华人对华进行直接投资中的作用主要体现在两个方面：(1) 信息获取成本的下降与信息共享。通过正式与非正式联系，华人网络促成了商业信息的流动与共享，这种信息传播对中国这样一个政策透明度较低的国家来说是非常重要的，它有利于降低由信息不对称造成的投资风险与违约风险，从而降低了合同成本。(2) 文化价值观的共性导致了行为方式的趋同性，减少了商业运行中的摩擦与损耗，从而降低了合同执行的成本。

我国投资环境中文化差异性的劣势在于：首先，中文在世界上的影响力仍然有限，主要西方发达国家真正熟练运用汉语的商务人员比率非常低，这首先使得西方跨国公司获取中国市场信息的途径受到限制，不利于对中国投资环境的充分了解；同时，中国人在使用英文从事国际商业交流方面也存在较大障碍。其次，中华民族的社会文化传统与继承古希腊、古罗马文明的西方国家相差甚远，这导致来自两种文化背景的人员在商业合作方面不可避免地会出现摩擦与矛盾，这在一定程度上成为抑制西方国家对中国投资的消极因素。

具体来看，投资方与接受方之间文化上的渊源关系与近似性促进了直接投资的流入，这一点在香港—广东、台湾—福建的投资关系中表现得比较典型，这两对地区不仅相互间地理位置毗邻，而且讲同一种方言（分别为粤语和客家方言）。除了劳动力成本因素外，文化共性在广东及福建两省吸引直接投资中扮演了非常重要的角色，使得这两个省份有着不可替代的投资环境优势。

五、中国投资环境的区域差异

中国投资环境一个重要的特征是区域差异明显。中国幅员辽阔，人口众多，自然环境千差万别，人文环境各具风格。这就决定了中国投资环境在地域上的差异性，不同的地区，投资环境各不相同。结合不同规模等级的地域，通过评价分析可以发现，中国的区域投资环境具有以下特征：

首先，东、中、西三大经济地带的投资环境差异显著。东部省市的投资环境比中西部的投资环境明显优越，西部省市则在自然资源上占有优势。东部地区地势平坦、自然地理与经济地理位置优越，交通方便，经济基础良好，商品经济发展历史悠久，国民素质较高，但资源相对贫乏；中西部地区资源丰富，但交通不便，经济落后。在经济发展水平和投资效益方面，东部地区远远高于中西部地区。尽管东、中、西部地区投资环境差异明显，但都存在有潜力的投资领域，只是具体方向有所不同。在投资过程中，应注意扬长避短，充分发挥和利用东、中、西部各自的优势。

其次，不同地区投资环境优劣相差悬殊，绝对差距非常大，最典型的是投资环境优良的北京、上海、广东等地与投资环境状况较差的西藏、贵州等地之间的差距过于明显。

再次，投资环境类型复杂多样。这主要是由于中国的自然、社会、经济、文化背景的差异所形成的，同时也与中国正处在转型过渡时期有关。

最后，投资环境与自然资源分布表现出非耦合性。在中国投资环境被认为良性的地区，其自然资源一般都比较贫乏。中国自然资源大部分分布在中西部地区，东部地区的自然资源大多比较贫乏。而投资环境从总体上讲是东部地区优越于中西部地区。

六、中国投资环境的优化

在中国推行经济改革、对外开放政策 30 多年以来，投资环境已有很大的改善。中国加入世贸组织以后，在法律环境方面、政府的行政环境方面，都逐步地朝着与国际一般规则接轨的方向调整。近几年，中国服务业对外开放程度也大大提高，外商在中国服务业的投资出现了许多突破性进展。世界银行在其研究报告《改善中国的投资环境》中高度评价了中国的投资环境，称“中国在宏观经济与政治稳定性、在全球市场一体化以及基础设施方面相对出色”，与其他发展中国家相比，在融入全球经济一体化方面中国所取得的成就尤其突出，是

“无可争议的领先者”。

尽管目前国内的投资环境得到很大改善，但是与国际通行的评价标准尚有差距，还不能完全适应跨国投资的新形势，在世界银行最新的《2013 年全球营商环境报告》中，我国的营商便利度仅排名第 91 位，进一步完善投资环境还有很大空间。总的来说，我国当前的投资环境存在以下一些问题：(1) 投资相关政策仍然存在一定限制；(2) 相关法律和市场体系等支持因素不够完善；(3) 缺乏吸引外资的优越条件。针对当前我国投资环境存在的问题，我国需要结合实际情况采取优化和改善措施。具体的改进措施和发展方向有以下几个方面。

(一) 引进国际上投资促进新理念，按照国际惯例改善投资环境

中国应该根据国际惯例不断更新吸引投资理念。随着大型跨国公司投资日益增多，投资者对投资环境的要求从土地、税收等优惠政策上转移到更注重健全的法制环境，稳定、透明和可预见的政策环境等方面。跨国公司期望受资国的“游戏规则”更符合国际惯例，对环境和服务的水平也有着更高的要求。信息产业的迅速发展对通关、商检、物流体系和政府效率提出了新的挑战。制造业生产基地的建设，跨国公司建立投资性公司、地区性总部、研发中心、全球采购中心等，对我国的投资、外汇、税收、会计、人才等方面都提出了新的要求。

世界银行之前对全球投资环境进行了一项调查，其中包括中国的诸多城市。在调查中，对各国投资环境是从七个市场因素进行考察的，即经济国际化、市场的进入与退出、劳动力的流动性、技能和技术水平、民营化比重、金融服务、政府管理的效率。上述考察标准更多地从市场因素衡量投资环境，给国内带来了全新的理念。我们需要借鉴国际理念，结合中国实际，根据现有的条件，逐步改善市场运营机制，强化服务功能，规范市场秩序，为外国投资者创造自主经营的生存、发展空间。

(二) 加强基础设施建设，优化投资环境基础

基础设施是决定投资环境优劣的重要因素。只有不断加强基础设施建设，使人流、物流和信息流畅通，才能真正有效地改善投资环境，进而才能突破基础设施相对落后对经济发展产生的制约。当前我国基础设施的改善工作应主要围绕三个方面展开：一是加强公路、铁路、机场等交通运输设施建设，构建一体化的交通网络。二是加强天然气管道干线、电网、道路、供排水、供热等基础设施建设。三是加强水利基础设施建设，积极发展节水型农业和节水型工业，提高水资源的利用效率。

(三) 建立统一开放、竞争有序的市场体系

我国要按国际惯例来优化投资环境，从根本上讲，要解决国内经济管理体制和市场组织体系与国际环境中市场机制之间的衔接问题。建立现代市场体系需要满足四个条件：统一、开放、竞争和有序。

在规划中国未来的改革开放进程中，要强调市场开放，首先要对内开放，然后进一步对外开放。对中国垄断性行业，尤其要强调市场开放度。为了开放市场，要发展非公有制经济，让非公有制经济进入一些法律不禁止的基础性产业。在保持市场的竞争性方面，一是打破垄断，二是尽可能减少、规范政府对市场活动的干预，保证微观主体的自由进入权。开放

的市场、竞争的市场，还必须是一个有序的市场，才能保证资源的最优配置和市场经济对个体的最大化利益的保护。改变市场无序竞争需要从两个方面努力，一方面是制度的安排和构建，另一方面是道德的建设。中国要建立一个全国统一的市场，不是封闭的、区域的市场，也不是简单的商品市场，而是一个商品市场、要素市场同时发育的市场体系，促进商品和各种要素在全国范围自由流动和充分竞争。加快建设全国统一市场，就必须打破行业垄断和地区封锁，维护公平竞争。当务之急是要废止那些妨碍公平竞争、设置行政壁垒、排斥外地产品和服务的各种分割市场的规定。同时，加大反对不正当竞争行为的力度，严厉查处各种仿冒、欺诈行为，保护企业合法权益，促进企业在更大范围、更广领域和更高层次上参与竞争。

（四）完善与投资有关的法律法规，加强司法体制建设

市场经济是法治经济。政府应根据加入世贸组织的承诺和对外开放新形势的要求，进一步完善吸收外商投资法律体系，加快新法规的制定，维护外商投资法规在全国的统一性、一致性，提高政策法规的稳定性和透明度，并在全国范围内大力推进依法行政，简化司法和仲裁的程序，降低行政部门对司法制度的干扰。特别在地方层次上，加强各级官员的法律教育，努力创造更加优良的法律环境和政策环境，使投资者在遇到各种纠纷时能通过法律程序公平、公正地处理解决。

加大保护知识产权执法力度。中国已经建立起了健全的保护知识产权的法律体制，有关知识产权的立法已基本与国际接轨，但在执行时仍有不少可改进的地方。除了要加强执法力度和次数、严打抄袭、打击冒牌产品外，更要加强对国民的知识产权教育，以维护中国内地知识产权制度的严肃性。

（五）提高政府行政效率

政府行政效率包括两个方面的重要内容：一是政府行政管理确保实现资源优化配置和为经济社会发展提供效能服务；二是政府处理日常事务或突发事件时的速度。

提高政府行政效率，最根本的途径是缩减政府管制领域，减少政府审批范围，把更多的审批、管理事项让位于服务于市场经济体制及与其管理体制相适应的行业协会、中介组织等，实现资源配置优化。建立统一、规范、公开的外商投资准入制度，进一步简化外商投资的审批程序。

行政透明是政府行政效率提高的关键性因素。行政透明的主要手段是运用报纸、广播电台、电视台、政府公报、政府网站及街头张贴等多种形式，对政府法律、法规、决策及需要公告事项向社会公开，接受公众监督。政策出台前有相应的咨询，以增加政策的可操作性，政策出台到执行宜有一段适应期，让各方都掌握和熟悉新政策的具体操作。设立独立的投诉机制，让问题得到公平公开的处理。

提高公务员素质是政府行政效率提高的主观因素，要特别注重加强公务员为公众服务意识的培养，切实转变行政理念，确立管理就是服务的观念，提高职业道德水准。杜绝贪污舞弊的状况，包括成立廉政部门，负责肃贪倡廉的工作，监督政府部门和地方官员的日常工作，严惩不法分子和防止贪污舞弊活动。更要防止滥用职权和“上有政策、下有对策”的情况出现。

【本章小结】

本章第一节主要介绍国际投资环境的分类和特点。国际（直接）投资环境是东道国的政治、经济、法律、自然和社会等能够影响国际投资者预期收益的各种因素的有机整体，具有客观性、综合性、整体性、差异性、动态性和可塑性等特点。第二节介绍了国际投资环境的主要内容，具体包括自然环境因素、经济环境因素、政治因素、法律环境因素及社会文化环境因素等。第三节详细论述了国际投资环境的九种评价方法，包括冷热比较分析法、等级尺度法、多因素和关键因素评估法、投资环境动态分析法（道氏评估法）、准数分析法、抽样评估法、投资障碍分析法、相似度法、国家风险等级法。第四节对发达国家及发展中国家的投资环境进行了一般性的介绍和分析。发达国家的投资环境相对完善，稳定的政治制度、完善的市场机制、先进的法律体系是其突出特点。发达国家的劳动力素质较高，但劳动力价格也较为昂贵。发展中国家的优势则往往集中在丰富的自然资源和低廉的劳动力成本之上，而政治、法律等方面的不健全则是发展中国家的通病。第五节详细论述了中国投资环境的特点以及投资环境优化的主要方向。中国政治形势较为稳定，也有许多保障外商投资的法律法规，但政治体制不完善、法制不健全以及政府效率低下等问题依然较为严重。中国的自然资源十分丰富，但分布不均。中国的地理位置和社会文化特征使其较易吸收亚洲和海外华人投资者。此外，中国国际投资环境的一个显著特点就是区域差异非常明显。

【本章要点】

- 国际投资环境的概念和特点
- 国际投资环境组成因素的分类以及子因素的构成
- 国际投资环境的评价形式及几种评价方法的异同
- 发达国家和发展中国家国际投资环境的不同特点
- 中国投资环境的主要特征及其区域差异

【本章关键术语】

国际投资环境　自然环境因素　政治风险　冷热比较法　等级尺度法　多因素评价法　关键因素评价法　道氏评估法

【本章思考题】

1. 前苏联和东欧地区目前逐渐成为国际投资的一个新兴热点地区。请讨论转型国家国际直接投资环境的特点并选择该地区的一个国家为例进行分析。

2. 中国西部的投资环境有何优势与劣势？谈谈你对改善西部地区投资环境的建议。
3. 简述国际投资环境的特点。
4. 简述东道国的地理位置对其投资环境的影响。
5. 我们主要从哪几个角度分析社会文化环境在评价东道国投资环境中的作用？
6. 对发达国家和发展中国家进行投资环境评价时，侧重点有何不同？

第十三章

中国对外投资

学习目标

- 了解中国对外投资的发展阶段、经济环境及面临的挑战
- 掌握中国对外投资的原则与战略选择
- 了解中国对外投资的主要风险，熟悉风险管理策略
- 熟悉中国对外投资的政策支持体系

随着经济和金融全球化的进一步发展，对外贸易早已不是世界经济联系的唯一构成部分，国际资本流动发展的势头越来越迅猛，在国际经济交往中占据主导地位。中国经济自1978年改革开放以来，30余年一直保持着快速发展的状态。在改革开放初期，由于中国资本存量不足，引进国外投资就成为经济发展的快捷路径。而随着时间的推移，中国经济发展也面临着战略性的转变。中国的企业开始积极走出国门，实现多层次和多角度的对外投资，从而在世界经济舞台上发挥着越来越重要的作用。

第一节　中国对外投资发展概述

一、中国对外投资发展的四个阶段

从新中国成立到实行改革开放的30多年时间里，中国企业曾经在国外开展了为数不多的对外投资活动。在这期间，为了开拓国际市场，国有专业外贸公司先后在纽约、伦敦、巴黎、汉堡、东京等国际大都市设立了国外分支机构，建立了一批贸易企业。同时，一些与贸易相关的企业也在国外投资兴办了一批远洋运输和金融等方面的企业。这些企业投资规模相对比较小，分布在世界上著名的港口和大城市，主要从事贸易活动，基本上属于贸易性的对

外投资，为新中国对外贸易事业的发展做出了一定的积极贡献。

真正意义上的中国对外投资起步于20世纪70年代末80年代初，相比于发达国家长达数百年的对外投资历史而言，中国的对外投资发展历史是很短暂的。但从自身发展的速度和规模增长来看，中国对外投资的发展可谓十分迅速。具体说来，中国的对外投资发展历史大致可以分为以下四个阶段。

（一）第一阶段：1979—1986年

这是我国对外投资的起步和缓慢成长阶段。由于以往主要是外贸企业在对外贸易基础上进行的，我国对外直接投资最初称为非贸易性投资。1979年11月，北京友谊商业服务总公司与日本东京丸商株式会社合资开办了“京和股份有限公司”，中方派出厨师，双方共同经营中国饭店，成为我国对外投资创立的第一家合资企业。此后不久，1980年5月，北京国际信托投资公司与日本三和银行、日本朝阳贸易株式会社在日本东京开办了京连株式会社，成为一家为国内企业技术改造服务、引进先进技术和设备，兼做开拓性贸易的工贸、技贸结合的合营企业。1980年7月，中国银行与美国芝加哥第一国民银行、日本兴业银行和华润公司在香港合资创办了中芝兴业财务有限公司，成为我国在海外设立的第一家合资金融企业。截至1986年底，我国共批准在海外开办非贸易性企业约261个，累计投资额约为4.8亿美元，中方投资约为2.9亿美元，占总投资额的60%，对外投资进入的国家和地区达53个。这一阶段我国对外投资处于初创阶段，多数企业规模较小，初期主要集中在中餐馆、承包工程、咨询服务、航运服务、金融保险等方面，后几年在资源开发、加工装配、工贸技贸结合的企业投资占较大比例。

（二）第二阶段：1987—1990年

这是我国对外投资迅速发展阶段。这一阶段，我国对外投资急剧增长，仅1987年一年，我国新开办的海外非贸易性合营企业就达到124家，总投资额为13亿美元，中方投资为3.5亿美元，超过了前8年中方投资总额。这一年的新办企业数接近前8年的一半。而且，投资项目规模比以前增大，平均规模超过1 000万美元。据统计，到1991年3月底，我国共批准在海外开办各类非贸易性企业839家，协议总投资额为24.12亿美元，中方投资10.38亿美元，占投资总额的43%。这一阶段我国对外投资的范围进一步拓宽，不仅在发展中国家和地区建立企业，而且在发达国家建立企业，同时也开始在前苏联和东欧国家投资兴办企业，单项投资规模有所扩大，在资源开发、加工装配、工贸技贸领域的投资进一步增强。

（三）第三阶段：1991—2007年

1991年，我国企业对外直接投资和跨国经营发展出现了新的跃升，当年境外企业的增加数突破了连续4年没有超过的200家大关，达207家，对外直接投资额超过了1987年3.5亿美元的历史最高水平，达3.67亿美元。1998年以来，我国对外投资再一次大幅跃升，1998—2002年来的境外投资，分别占历年所有境外企业总数的20%、投资总额的30%和中方投资的32%；单个项目平均中方投资额增长了近一倍，达到200万美元。据商务部的统计，到2007年底，中国7 000多家境内投资主体在全球173个国家（地区）设立境外直接投资企业超过1万家，对外直接投资累计净额1 179.1亿美元，其中非金融类1 011.9亿美元，占85.8%，金融类167.2亿美元，占14.2%。而按联合国贸发会议的调查测算，我国对外投资规模还要大得多，1990 年以来的年均增长率达 23%。对外投资分布在 160 多个国家和地区，其中美国是我国在海外投资兴办非贸易性企业最集中的地区。我国企业海外投资涉及的行业从初期集中在贸易方面发展到资源开发、工农业生产及加工、工程承包、装配企业、交通运输、金融保险、医疗卫生、旅游及餐饮业等领域。中国新一轮对外投资浪潮与第一代对外投资热有很大不同。20 世纪 80 年代，中国的第一代对外投资主体多为贸易公司，并非实业公司，经验不足，管理体制也存在问题，效益并不理想。而新一轮对外投资浪潮以做实业的企业出去投资为主，投资形式也多种多样，有资源导向型、市场导向型、效率导向型、技术导向型等。国内一些具有较强实力的企业集团如华能、海尔等，已开始实施海外投资战略，并初步形成了全球的生产销售网络，初具跨国公司的雏形。此外，万向、远大空调、新希望等民营企业以开展境外加工贸易为切入点，积极拓展国际市场。民营企业对外投资主要以轻工、纺织、家用电器等机械电子类和服装类为重点，对外投资项目多集中在投资环境好、政局稳定的国家和地区，尤以亚洲和非洲等发展中国家最为集中，大多选择建立合资企业来实现跨国经营。但是，大多数民营企业还停留在以“边贸活动”为主体内容的小型对外投资上，民营企业进行跨国投资和经济合作还处在相当初级的自发阶段。

（四）第四阶段：2008 年至今

2008 年一场国际性的金融风暴席卷全球，发达国家金融市场的流动性出现了不足，信贷规模也出现了紧缩。这使得其本土的金融机构和国际投资机构不得不从海外撤资，国际资本显现出从发展中国家流向发达国家的局面。根据商务部公布的数据，2009 年中国对外直接投资净额达 565.3 亿美元，比 2000 年增长了 50 多倍。

2010 年是国家“走出去”战略实施第十年。十年来，我国企业“走出去”的步伐逐渐加大，对外投资金额逐年增高，“走出去”战略取得了显著成果。2010 年我国境内投资者共对全球 129 个国家和地区的 3 125 家境外企业进行了直接投资，累计实现非金融类对外直接投资 590 亿美元。2010 年是中国企业海外投资最为踊跃的一年。全球范围内的重大跨国并购项目中，不时闪现中国企业的身影。如吉利收购沃尔沃、中石化收购雷普索尔公司（Repsol）巴西子公司、中海油与 Bridas Energy Holdings 合资公司收购 Pan American Energy 公司股权等，无论是交易金额还是受关注程度，都足以成为年度最重要的并购交易。《华尔街日报》评选出的 2010 年全球十大跨国并购案中，中国企业的并购占据四席。2010 年是全球金融危机的影响逐渐消退、各国经济和投资缓慢复苏的一年。除少数新兴国家通过刺激计划率先走出经济衰退外，西方主要发达经济体仍在经济振兴的道路上艰难行进。此次全球金融危机在改变全球投资流动总体态势的同时，也改变了对外直接投资（FDI）的地缘决定因素和区域性格局。跨国公司全球化战略和供应链正经历着一次新的调整，并与世界经济的结构性调整相互交织，预示着今后全球范围内的产业转移和调整将逐渐展开。这为中国企业向海外拓展提供了良好机遇，也增加了许多挑战和不确定性。

2011 年是“十二五”开局之年，我国企业在“走出去”各领域都取得显著进展。据统计，2011 年我国境内投资者共对全球 132 个国家和地区的 3 391 家境外企业进行了非金融类对外直接投资，累计实现直接投资额 600.7 亿美元，同比增长 1.8%；对外承包工程业务完成营业额 1 034.2 亿美元，同比增长 12.2%，新签合同额 1 423.3 亿美元，同比增长 5.9%；对外劳务合作派出各类劳务人员 45.2 万人，较 2010 年同期增加 4.1 万人。

2012 年可称为中国对外投资的丰收之年。据商务部的统计，2012 年，中国境内投资者共对全球 141 个国家和地区的 4 425 家境外企业进行了直接投资，累计实现非金融类直接投资额 772.2 亿美元，同比增长 28.6%。

在国际金融危机背景下，国际资本流动、跨国投资与并购活动急剧萎缩，但中国的对外投资继续快速增长，这得益于中国经济率先实现平稳较快发展以及中国企业积累了大量资本。中国对外投资的快速增长表明，中国在世界经济中扮演的角色正从“产品生产者”向“资本输出者”转变，中国已经广泛融入全球生产过程和全球生产体系中。中国企业对外投资的行业领域也在不断拓展，涉足行业逐渐增多。虽然从投资领域来看，已经从过去以贸易服务和小型加工为主逐步发展到能矿资源开发、家电轻纺等加工制造、基础设施和高新技术产业等领域。但是，中国对外投资的产业结构偏向仍然比较严重，高端和领先的产业投资比例仍然很低。随着中国“走出去”战略的逐步推广，中国企业参与世界经济活动越来越频繁，对外直接外投资的区域分布越来越广。然而，出于政治原因、成本和避免贸易壁垒等因素的考虑，发展中国家依然是中国企业对外投资的主要对象，流向发达国家的投资比例仍然偏低。亚洲和非洲国家依然是中国最大的海外投资目的地，这一方面和企业对市场的熟知程度有关，另一方面也和发达国家市场的开放度有关。投资主体方面，国有和国有控股企业仍占主导地位，但所占的比重在下降，民营企业和其他股份制企业的对外投资快速增长。

经过改革开放和加入 WTO 以来的探索与发展，“十二五”期间将是我国企业对外直接投资实现由数量扩张型增长向质量效益型增长转变的关键时期，中国企业对外直接投资将实现新的发展。随着中国整体经济的发展和企业实力的提升，越来越多的企业走出国门，对外投资规模将继续扩张，对外直接投资领域将继续拓宽。我国企业对外直接投资主体将呈现多元化。除央企和国企外，中小企业和民营企业也将发挥自身优势，成为我国企业对外直接投资的重要力量。

二、中国对外投资发展的经济环境与挑战

（一）中国对外投资发展的经济环境

中国对外投资发展所处的经济环境主要有如下几个方面：

第一，生产相对过剩，贸易顺差持续走高。中国早已告别商品短缺的时代，市场开始出现供大于求的生产相对过剩的局面。与此同时，对外贸易顺差持续增高，2004 年中国对外贸易顺差额为 319.84 亿美元，2005 年越过千亿大关，达到 1 018.8 亿美元，2007 年突破 2 000 亿美元，达到 2 622 亿美元，2008 年为 2 955 亿美元。虽然 2010 年贸易顺差较上年减少了 6.4%，但仍然维持了 1 831 亿美元的高水平。贸易顺差也造成我国外汇储备的不断增加，2013 年末中国的外汇储备再创历史新高，达到 3.82 万亿美元。这一数据相比 2012 年末增长了 5 097 亿美元，年增幅也创出历史新高。自 2005 年以来，外贸顺差的激增成为困扰中国经济运行和宏观调控的一个棘手问题。当前中国对外贸易中所出现的贸易失衡问题，是中国经济中诸多深层次矛盾在对外贸易领域作用的结果。中国现阶段的生产过剩是低水平的相对过剩，是产业结构变化滞后于需求结构变化造成的。改变这种经济发展的非均衡性必须进行产业结构的调整和升级，适当扩大对外投资的规模，向国外转移部分富余的生产能力，开拓国际投资的新领域。

第二，资源短缺，能源危机出现。在一些工业生产能力相对过剩的同时，中国却存在着

严重的资源短缺问题。若用国际上通用的衡量一国资源丰缺的标准，即资源种类的齐全程度、资源储量的充裕程度和资源品位的高低程度来衡量，中国属于资源种类比较齐全，但人均资源占有量相对贫乏的国家，而且矿产资源品位低，如石油、木材、橡胶、铁和铜铁矿等重要资源人均占有量远低于世界人均水平，不少资源需要从国外大量进口。

第三，贸易摩擦愈演愈烈。近年来涉及中国出口商品的贸易摩擦不断增加，2008 年全球有 21 个国家对中国发起“两反一保”调查 93 起；2009 年中国输美轮胎特别保障案、中国输欧铝合金车轮的反倾销调查、欧盟对中国输欧无缝钢管征收 17.7%～39.2%的最终反倾销税、美国对中国无缝钢管实施反倾销和反补贴立案调查。商务部数据统计显示，1995—2008 年间，WTO 成员向中国发起的反倾销、反补贴、保障措施和特保措施调查超过 800 件。2012 年仅在光伏行业内，中国就分别遭到了来自美国、欧盟、印度等国家提起的反倾销、反补贴调查和关税惩罚，其中欧盟对中国太阳能电池板的“双反”调查，涉案金额高达 210 亿欧元，这对我国相关行业及整体出口造成较大的压力。不断升级的贸易摩擦事件，不但直接导致贸易机会的损失，而且会对厂商和客户造成心理上的冲击，从而影响到中国经济的快速稳定增长。

第四，经济和金融全球化加快了国际分工的发展。经济全球化使得世界各国经济形成一个整体，相互依存进一步加强。随着经济全球化的深入发展，发达国家之间货物、服务、资金、技术和市场高度融合，而且发达国家与发展中国家之间的上述关系也在加强；经济全球化使得各国经济相互传递的阻力在减小，互动性加强。在经济全球化趋势不断加强的情况下，对外贸易与国际资本流动在各国之间的经济传递中的作用在加强。20 世纪 80 年代以来，在经济全球化趋势下，对外贸易与投资逐渐变成双向传递渠道，发达国家把经济发展与衰退通过对外贸易与投资传递到发展中国家，发展中国家的经济和金融波动也影响到发达国家。

第五，经济和金融全球化引起了国际分工路径的重大调整。传统的国际分工不仅表现为垂直分工，而且表现为产业的梯度转移，发达国家将大量劳动和资本密集型产业逐渐转移到发展中国家。当今的国际分工则是在信息技术革命的基础上，向垂直分工与水平分工立体发展的方向推进，也就是说，产业的国际转移将突破传统的模式，发展中国家的产业链也延伸到发达国家，基于此建立起全球性生产专业化与协作的国际分工体系。

第六，经济和金融全球化带来了企业组织结构的明显改变。在世界宏观经济联系日益密切的同时，微观经济组织也发生着深刻的变革。在经济和金融全球化背景下，随着生产力水平的迅速提高，在追求利润最大化的内在动力驱动下，一些大企业摆脱母国市场的空间束缚，转向全球市场的价值定位，即通过创建一体化的、跨越国界的全球经营网络来提高其国际竞争地位。

（二）中国对外投资面临的挑战

中国现阶段的对外投资发展可谓速度飞快，但是随着世界经济形势的进一步发展，中国对外投资也和中国经济的其他组成部分一样，面临着许多机遇与挑战。而 2008 年爆发的全球金融危机、愈演愈烈的人民币升值之争和来自世界投资资本的竞争压力再加上变幻莫测的政治风险，都对中国的对外投资提出了挑战，需要我们认真对待。

1. 金融危机

起源于 2007 年的美国次贷危机、集中于 2008 年爆发的全球金融危机对世界虚拟经济造成了很大的动荡，同时全球许多国家都陷入了实体经济的困难之中，美国、欧盟等发达国家和地区都要靠出台一揽子刺激经济的计划才能渡过难关。对中国而言，由于中国的金融体系并未完全国际化，受本次金融危机的影响较欧美等国要轻，经济也首先探底回升。在这个时代背景下，金融危机对中国对外投资的发展既是挑战，也是一个难得的机遇。

首先，金融危机为中国企业并购国外优质资产提供了难得的机遇。国际金融危机和全球经济衰退导致许多发达国家的跨国公司陷入困境，盈利下降甚至亏损破产再加上融资困难使得许多著名跨国公司不得不改变战略，收缩投资尤其是海外投资，甚至出售部分资产报表陷入困境的资产。而在这些资产中，包括大量知名品牌和已拥有成熟技术和销售网络的附属企业。这不仅在客观上为中国企业扩大对外投资提供了前所未有的广阔空间，而且为中国企业通过收购、兼并方式获取先进技术和以品牌和商誉为代表的无形资产等优质资产带来了难得的历史性机遇。

其次，国际金融危机所带来的全球性大宗商品尤其是能源的价格震荡，使中国在这方面投资的收益性有了进一步的保障。金融危机后，国际市场需求减弱，能源资源价格大幅回落，大型跨国公司被迫收缩投资，此时中国涉及海外能源资源合作开发的投资就会比之前更富有战略意义。在这个时机下，有组织、有计划地扩大海外能源资源互利合作开发，在石油勘探开发、天然气管道建设、铁矿石和铝土矿开发等领域通过股权收购、共同开发、合作建设等方式进行海外投资，不仅在长期有着良好的经济效益，消化了中国现在相对过剩的资本，还为建立长期稳定的海外能源资源供应基地和供应渠道奠定了坚实基础，有效地增强了中国能源资源的供应安全。

最后，中国金融业的对外投资一直在总量上和效益上落后于制造业，这次金融危机是中国金融业对外投资的一个重要契机。本次全球性金融危机在主要发达国家的传导机制都与中国不尽相同，其他国家都是由于与世界金融市场联系紧密，因而第一时间受到了次贷危机的冲击，危机从虚拟经济向实体经济扩散，而中国正相反，由于与世界金融市场存在着一定的准入障碍，本次全球性金融经济危机对中国的虚拟经济并没有直接的影响，中国的金融机构所遭受的损失有限。与此同时，本次金融危机重创发达国家金融体系，大批金融机构资产损失巨大、经营陷入困境，业务量明显萎缩，这都为中国的金融机构发展对外投资、开展跨国经营带来新的机遇。中国的银行、保险公司等金融机构正处于快速发展期，从资本总量等指标而言在国际上具有相当的规模和竞争力，而金融危机可以说为亟待拓展的国际业务提供了一个良好的契机，增设经营网点、业务合作乃至资产整合等对外投资方式为中国金融企业加快实现国际化进程都将起着重要的作用。当然，机遇总是伴随着挑战，金融危机过后世界投资环境更加不稳定，中国对外投资的风险大幅升高，稍有不慎，就可能造成投资的失败乃至企业战略的完全落空。在这样的情况下，更需要在对外投资的过程中科学管理、理性决策，对中国企业的综合素质要求也就更高了。

2. 人民币升值

自 2005 年 7 月 1 日起，中国实行以市场供求为基础、参考一篮子货币进行调节、有管理的浮动汇率制度之后，人民币相对于美元就一直处于持续升值的状态。从当时的 1 美元兑换 8.27 元人民币，到 2011 年 1 月份，已经突破了 6.60 元，人民币大幅升值，这样一个升值幅度相当于等值的资产用于海外投资相对于之前的收益率提高了接近 20%。据中国外汇交易中心的数据，2014 年 3 月 10 日人民币对美元汇率中间价报 6.131 2。在这样的情况下，中国对外投资的预期收益就相对提高了。与此同时，人民币升值也意味着之前的外汇储备也就是企业的外币资产相应缩水，由于外汇管理等机制的存在，中国的对外投资基本上与这部分存量有着密切的关系，继续持有这部分资产的收益能否抵消由于人民币升值所带来的损失，成为影响企业投资者的一个关键变量。

另外，由于国际社会普遍认为中国的币值被低估，对外投资所带来的利润收益很可能不会高于企业进行国内投资所带来的利润再加上人民币升值所带来的附加收益。因此在人民币升值不可避免的这个大环境下，如何扬长避短，把握机遇，迎接挑战，将成为中国企业对外投资不能回避的重要课题。

3. 世界投资资本的竞争压力

中国的对外投资与世界经济是紧密联系在一起的，所以其必将受到世界经济大环境的影响，也就是说，中国的对外投资活动会受到国际投资环境的制约。

20 世纪 80 年代以来，国际资本的跨国流动日趋活跃，对世界经济的发展产生了重要作用。进入 90 年代以后，国际资本流动更是以一种异常迅猛的态势得到长足进展，资本在国际流动的规模越来越大。再加上各国逐步放松对外汇市场和资本市场的管制，同时在金融市场全球一体化、证券化、自由化和金融创新的多重作用下，国际金融和国际金融市场发生了巨大变化，国际资本流动的规模和速度惊人，表现出明显的扩大趋势。对中国来说，由于之前 30 多年经济的飞速发展以及对外贸易积累的顺差，对外可投资的资本总量名列世界前茅，但是就这个领域的研究以及操作水平而言，远远落后于成熟金融市场国家，需要我们大大提高投资水平和投资技能。

4. 全球贸易保护主义

在改革开放 30 多年的发展过程中，中国由于存在人口红利，劳动密集型产业能够以较低的成本生产，因此很多出口贸易品的价格也较东道国的产品要低很多。因此，出口成为中国经济发展迅速的重要因素。随着 2008 年国际金融危机和全球经济衰退的出现，全球贸易投资保护主义重新抬头，特别是针对中国的各种形式的贸易投资保护主义措施层出不穷，加大了对中国出口产品的反倾销、反补贴和特殊保障等方面的保护主义措施力度。

贸易保护主义的起因是东道国经济发展的不顺利和产业保护政策等等，那么中国进行对外投资的时候很可能也会因为“中国威胁论”而受到阻挠。东道国可能会出于同样的原因，对中国企业的对外投资和收购、兼并活动设置更多的障碍和采取更多的限制性措施，这些狭隘的投资保护政策对中国企业的对外投资形成了很大的阻碍。例如，美国对中国中海油公司并购优尼科公司、海尔收购美泰克公司的阻挠，对联想收购 IBM 个人电脑业务设置种种限制等等，这样的情况不仅仅出现在发达国家，印度也以国家安全为由阻止了中国多起在印度基础产业的投资。当然，贸易保护的目的是为了增加本国的就业和产出，从这个角度而言，吸引国外投资可以促进本国相关产业的发展，增加相关产业的就业，对东道国是有很大的帮助和促进作用的。因此，从这个方面而言，对外投资是突破贸易保护壁垒，在贸易保护这个不利条件下实现中国经济发展的良好方式，这要求中国企业要学会在全球贸易保护主义重新抬头的大背景下寻找风险更低、收益更高的投资机会。

三、中国对外投资方式

最近几年，中国对外投资方式更加灵活多样，除传统的跨国并购和绿地投资外，还发展了参股等更为灵活的投资方式。鉴于跨国并购和绿地投资在对外投资中所占的比重和所起的作用，下面主要对跨国并购和绿地投资这两种方式进行介绍。

(一)跨国并购

中国以海外收购方式实现的对外投资比例逐年提高。《2006年度中国对外投资公报》显示,2006年,通过收购、兼并方式实现的直接投资82.5亿美元,占当年流量的39%。其中非金融类70亿美元,金融类12.5亿美元。这些并购投资流量主要由大型国有企业的大额海外并购实现,如中石油、中石化、中海油、中信集团并购的国外能源企业以及中国建设银行的跨国并购等。

《2007年中国并购市场研究报告》显示2007年中国共发生84起跨国并购事件,其中中国企业并购海外企业的有37起,比2006年的17起增加了117.6%。

2008年通过收购、兼并实现的对外投资达到302亿美元,比上年增长约380%,占当年对外投资量的54%。

2010年中国以收购方式实现的直接投资额为238亿美元,占投资总额的40.3%,收购领域主要涉及采矿业、制造业、电力生产和供应业、专业技术服务业等。主要项目有中石化集团(通过香港公司)以71.39亿美元收购雷普索尔公司巴西子公司40%的股权;中石油集团联合壳牌能源公司以23.71亿美元共同收购澳大利亚Arrow能源有限公司;浙江吉利控股集团公司以17.88亿美元收购瑞典沃尔沃轿车公司100%的股权;国家电网公司以9.89亿美元收购巴西7家输电公司及输电资产30年经营特许权项目等。

2012年可称为中国对外投资的丰收之年。据商务部统计,2012年,中国境内投资者共对全球141个国家和地区的4 425家境外企业进行了直接投资,累计实现非金融类直接投资772.2亿美元,同比增长28.6%。国际会计师事务所普华永道发布的报告显示,中国大陆企业海外并购交易总金额达历史新高——从2011年的424亿美元增至2012年的652亿美元,上升幅度达54%。事实上,最近几年国际市场热议的并购案中,出现了越来越多中国企业的身影。2010年,中国吉利汽车"蛇吞象"并购瑞典沃尔沃,被传为业内佳话;2012年则有三一重工并购德国普茨迈斯特以及中海油并购加拿大油气公司尼克森。尤其是后者,在2005年并购美国优尼科失败后,中海油终以151亿美元将尼克森收入旗下,成就了中国企业海外最大宗收购案,也成为近年来中国企业对外投资的标志性事件。①

中国企业的跨国并购主要来自初级产业和服务业,这些企业大多为国有大型企业,而制造业虽然交易次数多,但交易额不大,而且企业规模不大。自2008年金融危机以后,这一现象有所改变。

(二)绿地投资

与跨国并购不同,全球绿地投资主要集中在制造业和服务业,初级产业项目较少。中国近年来有许多加工企业对外进行绿地投资,但投资额普遍偏小。

2007年值得关注的是汽车行业和银行业的绿地投资。中国一汽与俄罗斯阿穆尔汽车厂签订协议,一汽将在俄罗斯当地生产"解放"商用车,此举标志着一汽向俄罗斯迈出绿地投资的重要一步;同样金融业也是中国对外绿地投资的重点,2007年中国工商银行累计投资10亿卢布(折合4 000多万美元)在俄罗斯莫斯科设立了子银行,这是迄今为止中资银行在俄的最大一笔投资。此外,中国工商银行在纽约、迪拜、多哈以及悉尼等地的分支机构申设

① 参见《中国需要怎样的对外投资》,载《证券时报》,2013-02-06。

工作也获得了银监会的批准；同时，中国人保控股有限公司、中国平安保险公司于2007年在欧美、南亚等地开始设立代表处。

进行成功的绿地投资要求投资企业对投资目的地的经济、法律、文化等情况有足够的了解，并与东道国有一定的经济关系基础。与跨国并购相比较，中国企业对外绿地投资的道路还很漫长。

跨国并购和绿地投资都是企业对外投资的常用和主要形式，二者各有优势，也都有不足。相比而言，以绿地投资形式开展的对外投资，使企业能够按照自己的经验建设厂房、安装设备，可以采用企业熟悉并常用的技术标准和管理模式来管理新设的厂房。一些国家为了吸收外资、新增就业，也可能出台一些鼓励外资进入的政策，对新设投资可能会有土地租用费减免等优惠政策。但绿地投资的周期往往较长，企业开拓新市场的难度较大，必须与市场中的其他企业展开竞争，以努力拓展自身的生存空间。而采取跨国并购，企业进入东道国市场速度快，还可以借用被并购企业的生产设备、厂房、营销渠道等，但缺点在于，企业需要一次性筹措大量的资金，而且企业与被并购企业的融合，包括人员、文化、技术的融合都面临更大的挑战。

四、中国对外投资的作用分析

通过发展对外投资，一方面，我们获得了稀缺的国外自然资源，通过缓解稀缺资源对生产的抑制作用，实现了产业结构的优化；另一方面，通过对外投资的方式将已标准化的产能过剩产业和传统产业转移到国外，从而为新兴产业提供更大的发展空间，实现了产业结构的优化和升级。此外，通过对外投资的方式在发达国家并购高新技术产业，获得专业人才，引进在国内难以获得的技术和管理经验，提升国内企业的竞争能力。具体说来，中国对外投资对经济的重要作用体现在如下四个方面：

1. 加快资源流动，优化资源配置

通过直接投资，可以使资本得到合理的流动，资源的配置达到最优化。在经济全球化的今天，资本追逐利益的特征已使其突破了国家间的地域限制，中国的很多大企业早已在全球范围内寻找最佳投资机会。对一国而言，对外投资和吸收外资虽有资本流动方向上的差异，但都符合资本追逐最大收益这一根本目的。中国对外投资范围的不断扩大，通过对外投资进一步实现了资源的优化配置，从而为中国经济的持续快速发展提供了动力。

2. 优化产业结构，促进产业升级

通过对外投资，引进新的生产和经济活动或更新现有的经济活动，让投资国的经济结构进一步调整。对外投资将投资国与东道国的各种资源要素相互组合起来，发挥各自的比较优势，从而促进双方具有比较优势产业的发展，如资金、研究与开发能力、技术、组织与管理技术、市场进入等要素的相互流动给投资国带来益处，扩大了新兴产业的发展空间。

3. 促进对外贸易，增强对外交往

国际贸易和国际投资是国际经济活动的基本形式。随着经济全球化的发展，两者对经济增长的贡献日趋显著，贸易和投资之间的关系日趋紧密。中国对外投资在促进对外贸易方面成效显著，不仅产生了出口引致效应、进口转移效应，而且还有许多间接效应。不仅扩大了对外贸易的总体规模、改善和优化了对外贸易的产品结构，而且改善和优化了对外贸易方式。具体表现在货物净出口额的增加和服务贸易的迅速发展。

4. 拓宽就业渠道，提升就业质量

当前，就业问题是中国经济发展面临的一个非常重要的挑战，而中国对外投资的快速前进为缓解中国就业难题提供了新的办法。对外投资对就业的影响不仅表现在就业数量上的扩大，更重要的是就业质量的提高。根据目前中国发展对外投资的特点和国内的宏观经济现状，中国发展对外投资对中国的就业是利大于弊的。中国发展对外投资处于起步阶段，国际一体化程度不高，很多投资属于防御性投资。如中国在澳大利亚开铁矿是为了开发国内的生产资源，在东南亚国家投资的劳动密集型产业是为了绕过关税壁垒抢占市场份额等，这些投资往往能增加国外附属企业对国内资本设备、中间产品或辅助产品的需求，从而可以刺激国内的就业。此外，这种国际生产转移活动所造成的劳动力成本的调整，有助于国内劳动力市场的均衡，提升就业质量。

第二节　中国对外投资战略选择与风险管理

一、对外投资应遵循的原则

对外投资应遵循一定的原则，从而确保对外投资最大化发挥其效用，为一国乃至世界经济的发展提供更多的保障。具体说来，对外投资应遵循的原则主要有四个方面。

1. 效益优先原则

效益优先原则要求企业将追求效益最大化作为企业投资的根本动机和目的。投资效益包括直接效益与间接效益，即企业的投资回报和企业投资给国家和企业带来了社会效益与长远利益。

2. 优化结构原则

中国产业整体素质偏低，中国对外投资的任务之一是通过国际生产体系的建立来推动产业结构的优化，对外投资的目标必须体现国家产业政策的客观要求。

3. 扬长避短原则

与发达国家相比，中国绝大多数产业较少拥有世界领先技术、管理水平，人员素质也不太高。要发挥“坚持优势，扬长避短”的原则，这就要求我们要做到在投资产业选择方面应选择那些技术相对成熟、管理经验丰富、产品市场占有率高的优势产业。而在投资区域选择方面应谨慎选择与中国关系友好、政局稳定、投资基础设施齐全和产品市场潜力大的地区。

4. 带动出口原则

国内市场在一个特定的时期内是有限的，特别是随着生产的发展和竞争的加剧，国内有效需求很快就会趋于饱和。因此，开拓国外市场对于企业的生存与发展就具有重要意义，旨在维护和开拓出口市场的海外投资企业也应运而生。

依靠国际力量，充分利用好国内外两种资源、两个市场，发展对外投资可以进一步增强本国经济实力，提高其在国际经济中的地位，在国际投资上尽快扭转大进小出的局面，实现资本输出与输入的相对平衡。

二、中国对外投资的地区战略选择

要对中国对外投资的地区选择做出战略性调整，首先必须弄清楚中国有能力进行投资的地区结构和世界经济发展的格局分布情况。

根据一般的国际投资理论，中国属于发展中国家，对外投资的地区总体上只能是比中国经济落后的国家。但是，现实的情况表明，由于各国经济发展阶段不同、各种产业在不同国家的发展情况不同，中国企业的跨国经营不应是单一的或少数行业的选择，而应是多行业、多区位的开拓与发展。

以前中国对外投资的地区以亚洲国家和地区为主，投资产业以服务贸易型、生产加工型为主。在贸易投资一体化格局下，为了培育中国有竞争力的大型跨国公司、克服新的贸易壁垒以及在知识经济的竞争中获胜，中国对外投资的地区重点应该做到发达国家与发展中国家并重，并逐步将投资重点转向发达国家。投资产业应该在资源开发型投资的基础上，加快产业转移和技术转移型投资，以最终战略型投资和技术寻求型投资为投资重点。同时，我们还要注意投资地区和投资产业的博弈结合。为了更好地促进中国对外投资的地区战略选择，我们将中国对外投资区域分为三大类，这三大类各有自己的投资重点和优势。

（一）资源型投资地区

资源型投资地区以提供基础性生产资源的发展中国家为主。虽然中国在劳动力要素上具有一定的相对成本优势，但在某些自然资源（包括石油、天然气、矿产、森林和土地资源等）上却显得较为缺乏。要使相关行业保持稳定增长，国内现有的已开发资源从质量和数量来看都远远不能满足要求。因此，进行对外投资，开发资源就显得十分必要。

资源型投资地区的国家主要包括亚洲国家和拉美、非洲、中东欧等国家。中国在亚洲的对外投资具有地缘政治、经济、文化等有利因素。1997 年的东南亚金融危机削弱了大多数亚洲国家的经济竞争力，但增加了中国对外投资的竞争优势。亚洲丰富的自然资源，如东南亚的森林资源，西亚、中亚的石油、铁、钾盐等对中国有着巨大的吸引力。而且无论是中国的小规模优势、适用技术优势还是特色技术优势，如陶瓷、刺绣、园林、中医中药等都适合在本区投资。而拉美、非洲、中东欧等国家有中国紧缺的若干自然资源。这些国家和地区丰富的石油、天然气等资源对中国企业具有极大的吸引力。拉美的巴西、墨西哥、智利、委内瑞拉、秘鲁等国的石油、铁、铜和森林资源丰富，投资基础良好，市场潜力大，易于发挥中国企业的比较优势和竞争优势；非洲总体上经济落后，工业化水平低，但利比亚、尼日利亚、南非、扎伊尔、赞比亚等石油、铜、铬、铁等矿产资源和森林资源丰富，与中国的经济互补性强，前景广阔。

（二）转移型投资地区

转移型投资地区以可发挥区域优势、转移成熟产业的发展中国家为主。根据有关发展中国家对外投资的理论和国际经验，对于中国的成熟产业，特别是劳动密集型产业，要想转移出去，大部分必须集中在邻近的发展中国家和地区。一方面，因为中国对外投资的规模较小，实力不足，只有在地理位置毗邻，交通、通讯、信息传递等比较便利的地区才能显出比较优势，这就是中国企业多向东南亚国家投资的主要原因。另一方面，中国企业将适用技术和成熟产业转移到市场潜力更大的其他发展中国家和地区，在这些国家从事加工贸易、建立生产制造装配企业，可以较大程度地满足东道国扩大就业和产业结构调整的需要，做到互惠互利，使投资顺利进行。

转移型投资地区的目标国家主要包括拉美、非洲、中东欧等国家。中国产品和服务在这些地区比较适销对路，市场前景较好。中国的家电、服装、纺织、皮鞋、丝绸等轻工产品和餐饮业在中东欧很受欢迎。这些国家和地区的消费结构及消费水平同中国具有相似性及承接性，而且人口众多，市场规模及潜力巨大。这类产业基本上都是劳动密集型，劳工素质也无须太高，很容易就地转化，同时因其能提供大量就业机会，因此能得到当地政府的支持。此外，亚洲部分国家也是转移型投资地区的选择对象。亚洲国家不仅地理位置毗邻，交通、通讯、信息传递等比较便利，而且东南亚人口众多，市场潜力大，该地区各国为吸引外资制定了一系列的优惠政策，投资环境较好。东亚地区之间的国际合作开发不断推进，特别是东盟10国和中国已经签订了建立自由贸易的协定，这大大拓宽了中国对亚洲的投资领域。因此，亚洲不仅是中国过去和现在对外投资的重要阵地，还将是今后加强投资的重要地区。

（三）研发型投资地区

研发型投资地区以美、日、欧等发达国家为主。目前，中国在发达国家和地区的投资主要是以开发资源、低水平加工业居多，无法发挥中国企业的比较优势和竞争优势。今后应改善投资结构，以长远利益为主。

由于中国发展阶段和水平的限制，对上述地区投资规模不大，因此必须突出重点。对发达国家进行投资主要应着眼于吸取先进技术和管理经验，并以此为契机获得长久的发展、获取最大的经济效益。所以，投资领域应主要集中在技术先进、科技含量高的行业，以便更直接、更快速地掌握发达国家拥有的先进技术和管理经验。虽然大部分中国企业目前尚不具备向发达国家进行大规模直接投资的实力，但以吸取先进技术和管理经验、紧跟世界潮流为目的，有步骤、有重点地发展对欧美、大洋洲等发达国家的小规模投资还是可行的。

在对发达国家进行研发性投资时，欧美地区应该是首要的投资地区选择地，其原因主要有两点。其一，欧美国家一直是全球科技创新的领导者。20世纪80年代以来，日本和新兴的市场经济国家注重对欧美的投资，目的是追求美国的高技术，提高自身的技术水平，以求在激烈的国际竞争中取得领先地位。21世纪是知识经济的时代，中国跨国公司更应在这方面有所作为。其二，目前欧盟、北美自由贸易区等紧密性区域组织已经形成，其贸易活动以经济区域和经济实体内部循环为主、外部循环为辅，实行严格的有差别的内外政策，区域内实现了商品、资本、劳务自由流动，取消了关税和贸易壁垒，统一了工业和产品标准，而对区外进口则缺乏优惠条件。这些区域性组织的对华贸易保护日益加强，欧盟、北美自由贸易区对中国反倾销日益增多，中国应通过强化投资绕过关税壁垒，将贸易摩擦变成跨国公司内部的交易。

三、中国对外投资的产业战略选择

（一）中国对外投资的产业选择基准

现阶段中国对外投资产业选择，既要遵循当代国际直接投资的一般规律，又必须从中国产业成长的阶段性特征以及国内经济发展的需要出发。按照这一思路，中国对外投资产业选择应考虑以下基准。

1. 产业创新基准

产业创新包括技术创新、产品创新、流程创新、管理创新和市场创新，其结果就是形成一个崭新的产业。产业创新包括两个过程：一是技术管理创新；二是创新在整个行业内得到普及并由此形成一种有效的机制。产业创新是在原产业及超越本产业探索产业的发展规律上把握产业内部的本质联系，通过不断改进产业内技术管理而实现的。

在知识经济时代，信息与技术及管理将逐渐成为经济的主导，传统产业的重要性逐渐降低，企业可以通过技术的进步和管理的改进以及一系列创新，使工业和服务业实现自动化、智能化。这些创新通过不断积累和不断融合，将会逐渐形成一种崭新的产业——创新产业。因此，中国对外直接投资的最高基准就是产业创新基准。我们可以利用全球一体化，整合全球资源，参与全球竞争，逐渐形成创新机制，并最终使这种创新由单个的、零星的产业内部创新变成一个系统的创新产业。中国虽然是一个发展中国家，国内工业还很落后，但中国仍然应该站在世界的最前沿，从百年大计的角度来定位自己，通过产业创新的基准最终使中国变成一个真正的世界强国。

2. 产业区位结合比较优势基准

产业区位结合比较优势基准不是企业本身所具有的优势，也不是利用国内资源所具有的优势，而是通过与东道国的资源技术市场相结合所产生的特有优势，是在不同国家选择不同产业，通过该国或地区特有的禀赋，结合产业发展的特性而具有的比较优势。这种比较优势不是与东道国企业相比具有的优势，而是通过利用该国资源环境使自己具有与东道国一样的优势，是与东道国以外的国家相比具有的优势。

不同的国家具有的优势也是不一样的，因此中国企业在对外直接投资时应把产业选择和区位选择相结合，对不同经济发展水平的国家和地区投资不同的产业：在对美、日和西欧等发达国家进行投资时，应充分利用这些国家的优势资源，迅速吸收高新技术，培育知识和技术密集型产业尤其是一些高尖技术产业的竞争优势；在对经济技术水平较低的发展中国家投资时，应充分利用当地廉价的资源降低成本，发展以劳动密集型为主的制造业和初级产品加工业，使中国产品在全球范围内都具有价格优势；在对一些资源输出型国家和地区投资时，通过对这些国家资源的投资则可以获得我们所需要的能源，保证国内资源的供应，为中国经济发展提供长久持续的能源保证优势。

3. 结构高度化同质性基准

结构高度化同质性是指对外投资所形成的产业传导机制同母国产业结构高度化发展趋势相一致。从某种意义上说，产业相对优势基准是为了发挥产业的“现有优势”，而产业结构高度化同质性基准则力求培育产业的“潜在优势”。目前中国正加紧产业结构转型升级，所以中国对外投资应当瞄准对中国产业结构转型升级具有直接助长作用的投资方向，服从经济增长方式转变的需要。故投资重心应在高新技术含量大、产品附加值高的技术紧密型产业。这既符合世界产业结构调整的趋势，又能有效实现中国现阶段对外投资的目标，还有利于从根本上改变对外投资的非选择性所带来的效率损失。对于“非资本过剩型国际投资”来说，其投资的机会成本是很高的，而且随着中国经济的不断发展，潜在的投资机会日益增加，这种机会成本还会上升。弥补这种机会成本的主要途径，便是在国际投资领域寻找对中国产业结构转型升级具有直接助长作用的技术密集型产业进行投资。

（二）中国对外投资的产业选择策略

在全球化国际分工体系下，中国进行对外投资产业选择时，应根据中国在国际分工体系中的地位，结合世界产业结构变迁的趋势，利用中国的比较优势进行产业选择，不断向高技术、高附加值的产业和产业链环节迈进。这样，在国际分工中就可以使中国的比较优势转变为竞争优势，从而在全球生产价值链中获得更多的利益。

1. 资源开发业作为对外投资的预防性产业

资源开发业仍将在中国对外投资中占有较大的比重，应当作为中国对外投资的一项重要任务。技术创新产业升级理论认为，发展中国家对外投资的产业分布和地理分布是随着时间的推移而逐渐变化的。在产业分布方面，发展中国家跨国公司首先是以自然资源开发为主的纵向一体化生产活动，然后是进口替代和出口导向为主的横向一体化生产活动。由于中国现在还处于对外投资的起步阶段，因此，资源开发业应是中国当前对外投资的一个重点。而且国际直接投资产业选择的发展规律表明资源开发业是对外投资初期的重点投资行业，大多数发达国家都经历了从资源开发型到制造业到第三产业为主的发展过程。此外，针对中国资源缺乏的现实，进行资源开发型的跨国经营可以缓解中国资源的不足，相对提高中国资源拥有量。目前，中国已积极开展对加拿大、澳大利亚、美国、非洲国家等资源较丰富国家的直接投资，例如中国冶金进出口公司与澳大利亚合资开采铁矿，每年可运回近千万吨国内短缺的优质矿石。

2. 劳动密集型和成熟适用技术产业作为对外投资的主导产业

根据小岛清的比较优势理论，中国可以将一些生产能力相对过剩、在国内已失去比较优势、相对于其他国家仍处于相对优势的产业转移到在国际分工中处于更低阶梯的国家，这将有助于国内产业结构的调整。经过 50 多年的建设，中国已建立起比较完整的工业体系，拥有较为雄厚的工业基础和技术力量。虽然中国的工业制造业发展水平同发达国家相比尚有较大差距，但同一些发展中国家相比，中国在纺织、食品、冶炼、化工、医药、电子等产业上形成了一定的比较优势。此外，根据小规模技术理论，目前，中国还拥有大量成熟的适用技术，如家用电器、电子、轻型交通设备的制造技术、小规模生产技术以及劳动密集型的生产技术，这些技术和相应的产品已趋于标准化，并且与其他发展中国家的技术阶梯度差距较小，易于为它们所接受。所以，这些行业也应进行对外投资，实现产业转移。一方面，可以适时地转移国内过时或过剩的生产能力、实现产业国际转换、为国内产业升级腾出空间，另一方面，可以延长国内比较劣势产业的经济寿命、增加利润、为国内产业升级提供资金支持。

3. 服务业作为对外投资的策略产业

从 20 世纪 60 年代开始，世界主要发达国家经济重心开始转向服务业，服务业在就业和国内生产总值中的比重不断加大，全球产业结构呈现出“工业型经济”向“服务型经济”转型的总趋势，如今服务业已经成为国际直接投资中最具活力的部分。中国作为发展中国家，也应在这种国际趋势下抓住向服务业开展对外投资的契机，以优化国内产业结构。从现状分析，虽然中国的服务业总体上落后于发达国家，但在劳动密集型、资源密集型的行业存在着比较优势，例如在国外工程承包及劳务输出、远洋运输服务、人造卫星发射服务，以及旅游服务方面具有比较大的优势。2007 年，中国对外承包工程完成营业额 406.43 亿美元，同比增长 35.5%；对外劳务合作完成营业额 67.67 亿美元，同比增长 25.9%；对外设计咨询业务完成营业额4.90亿美元，同比增长48.9%，三项合计完成营业额479.00亿美元，同比增长34.2%。截至2007年底，三项合计累计完成营业额2 564.3亿美元。旅游业方面，2007年中国旅游外汇收入为419.19亿美元，位居亚洲第一。由此可见，中国服务业对外投资的优势主要集中在对外承包工程和对外劳务合作、旅游业等领域，它们应作为中国现阶段服务业对外投资的主要对象。

4. 高新技术产业作为对外投资的战略产业

20世纪80年代以来，新技术革命不断深入和发展，高新技术产业迅速在世界范围内兴起，高新技术产业成为新的投资热点。一些发达的西方国家高新技术产业已经取代传统产业，成为国民经济中最大的产业部门。

在知识经济时代，科技成为产业竞争力和国家整体经济实力的核心，高新技术在一国经济增长中的贡献越来越大，在发达国家甚至已逐步成为支柱产业。未来国际竞争重点将围绕信息技术、生物技术、电子通信、新材料及汽车技术等方面展开，中国应抓住全球产业结构调整的机遇，在技术领先的发达国家加紧设立技术研究与开发中心，在产业价值链的上游加大投资力度，与国际社会同步取得最新科技成果，从而带动国内技术进步和产业升级。对中国而言，发展高新技术产业的对外投资也是一个必然的战略选择。

由于中国当前的对外投资还处于发展阶段，国内产业结构的层次还比较低，不可能盲目地要求高技术产业成为对外投资的重点，但应将其作为中国对外投资产业未来重点发展的方向，进行战略性投资准备。

（三）中国企业对外投资的发展战略

中国企业对外投资要科学地制定自己长期的发展战略，这样才能在竞争日益激烈的国际环境中立于不败之地。

1. 通过技术创新以形成自己的核心技术

随着科技革命的发展，加强科学研究、实现技术创新已经成为各国企业获得高额利润、争夺市场、提高竞争力的手段，而研究与开发的全球化则是企业追求技术创新和持续竞争力的有效途径。随着科学技术日新月异的发展和市场竞争的加剧，新产品、新技术的研制费用、难度和风险也相应增加，产品标准化趋势则不断加强，新产品的生命周期缩短，因此，中国对外投资的企业应加大投入，努力形成自己的核心技术。

2. 以市场为导向选择对外投资的产业

中国对外投资应该借鉴国际经验，要以市场为导向选择合适的投资产业。中国企业经营一些具有鲜明特色的产品，如中式菜、中药、丝绸等，享有很高的国际声誉，并具有不可模仿、难以替代等特性。例如，北京全聚德烤鸭，不论中国人还是外国人都非常喜欢，这样的产品进行海外投资的过程中，更容易受到国外消费者的青睐及信任，并能成功吸引更多资金的注入，能够增加企业在国际上的竞争力。

3. 培养国际化的管理人才

发展国际化经营管理，不仅需要金融、法律、财务、技术、营销等方面的专业人才，更需要有战略思想和熟悉现代管理的经理人才。人才不足是中国企业进行对外投资、扩大国际化经营规模、提高国际化管理水平的主要制约因素。因此，中国要大力开发和培养符合国际化要求的复合型人才，可以通过招聘优秀的国际人才来弥补自身培养的不足。同时，利用国际优秀人才来逐步培养本国的管理人员，跟上全球化的步伐。

4. 培育企业的核心竞争力

企业核心竞争力的提高可以说是企业对外投资的前提条件，而市场占有率是企业核心竞争力的直接表现形式，是衡量企业核心竞争力强弱的一个重要指标。在市场经济日益发达的今天，名牌、品牌已成为企业竞争力、增值力、后续力大小的体现。名牌一般要具有可靠的质量、极高的知名度，从而给企业带来可观的市场占有率。假如说企业品牌决定了企业当前的利润和战略，那么名牌战略则决定了企业长远生存发展战略和未来持续增长的能力。比如，海尔重视品牌的打造并真诚地为客户创造价值。因此，注重品牌意识就是注重中国企业自身的形象，对于促进中国企业对外投资的发展具有相当重要的战略意义。

四、中国对外投资的风险管理

（一）中国企业对外投资面临的风险分析

对外投资企业的投资决策和经营活动相对于国内投资而言，是处于一种更为不确定的环境中进行的。国际市场变幻莫测，中国的对外投资相比于发达国家而言还很不成熟，因此存在着许多风险。由于国际经营环境的复杂性，企业对外投资所遭遇的风险是多方面的，根据表现形式可以将对外直接投资风险类型划分为政治风险、法律风险、汇率风险、经营管理风险和文化风险。

1. 政治风险

政治风险是各种政治力量使一个国家的经营环境发生超常变化的可能性。它作为非市场性的不确定性，直接影响企业的战略目标及其实施。对外投资中的政治风险需要从两个角度考察，一方面是指由于东道国国家政治能力的虚弱而导致政治体系或政府的不稳定所造成的并购风险；另一方面一般是东道国出于国家经济安全的考虑，借助于自身的经济实力或法律约束来限制正当的商业并购活动，而给中国企业跨国并购活动带来风险。

在对外投资过程中，东道国政治与社会因素的变动均有可能使跨国并购遭受到预料不到的损失。如政府的更迭，党派和社会集团的纷争，政府有关土地、税收、货币汇兑及出境等政策的变化，民族文化习俗、道德风尚与价值观念的差异，法律方面对于外资进出入的某些歧视性规定以及社会出现内乱、战争等现象，均会构成对外投资的政治风险。

当前，中国企业跨国经营的东道国很多是发展中国家，其中，有些国家的国内政局不稳，社会矛盾较尖锐，加之文化、宗教、民族、部落等冲突以及经济利益纷争，蕴涵一定的政治风险。例如 2007 年，中国境外企业和人员在外遭遇了 10 余起安全事件，造成人员和财产的重大损失。因此，需要采取措施来化解对外投资中的政治性风险，企业在对外投资的运作中除应高度重视与各国政府部门以及同业间的沟通、对话，还应在处理好国与国之间政治关系的基础上，加强资金、技术、管理、人才等要素的相互流动，促进双方具有比较优势的产业发展，并推动完善国际贸易和金融体制，反对贸易保护主义和投资保护主义，构筑和谐共赢的对外经贸关系。

2. 法律风险

法律是国家维护秩序的重要工具，在每个国家，由于历史、文化和政治等种种原因，法律也不尽相同。对外投资的企业，在熟知本国相关法律之外，还应该了解目标企业国的相关法律制度，尤其对一些失业率高、劳工问题突出的国家和地区，更要认真考察东道国的劳工、工会和福利状况，对投资可能带来的雇工风险给予足够考虑，避免带来新的劳资纠纷，以便降低法律风险。

3. 汇率风险

汇率风险是指在不同币别货币的相互兑换或折算中，因汇率在一定时间内发生未预料到的变动，致使有关的金融主体的实际收益与预期收益或实际成本与预期成本发生背离。长期以来，中国的外汇储备都以美元为媒介，如今，中国已经拥有2.85万亿美元的外汇储备。因此美元价格的波动就会影响到进行对外投资，特别是对美元使用国的对外投资的成本问题。汇率风险除了体现在对外汇储备存量价值的影响之外，对投资的回报率甚至投资的成败也有着很大的影响。如果对外投资东道国的货币相对于人民币大幅度贬值，就相当于投资企业的资产大幅度缩水，这样的情况出现在资源型企业的投资中负面效应还不是很明显，如果出现在轻工业等产业中，对企业将是致命的打击。要防范汇率波动带来的风险，就要求投资公司对外汇金融市场有着较为良好的掌握，通过买卖外汇相关期货期权、进行汇率保险等方式减小乃至规避汇率风险。

4. 经营管理风险

企业对外投资的经营管理风险是指由于经营环境、企业经营战略、经营决策等的变化导致投资经济损益的变化。企业的对外投资都是从整个企业发展的角度出发，比如有些企业在产品质量上有着较大的优势，只是由于企业的历史等原因并没有很大的国际知名度，无法打开市场；还比如有些企业有完整的制造加工体系，但是无法获得该产业的核心技术等等。此时的对外投资是解决企业长远发展问题的较好方式，但是中国的公司现在缺乏很成熟的国际化经营管理人才体系，在考虑投资决策时可能出现对公司本身情况判断不准确、对被投资企业的资产负债情况了解不足以及谈判能力缺乏等带来的失误，这些情况都是经营管理风险的表现形式。要规避这样的风险，一方面是企业必须继续建立现代企业制度，进行科学决策管理，另外一方面则是要培养和引进立足于中国国情的国际化经营管理人才。

5. 文化风险

文化风险主要源于国别文化差异及企业文化差异。与东道国的语言、风俗习惯、价值观与态度、宗教信仰等方面的差异给企业对外投资带来影响的不确定性是非常大的。不同文化背景的员工在价值观等方面容易形成较大差异。来自不同社会文化中的两个企业间的并购极易引起经营中的困难。文化作为一种无形的因素，有深远的影响，所以并购后整合的成功与否很大程度上取决于文化融合的程度。每个企业都有一定的文化传统，这些文化传统体现在分配制度、激励制度、对内部与外部变化的反应机制、资源配置、管理理念、技术特性等因素上。而企业文化一旦形成，就有一定的稳定性和惯性，即我们熟悉的文化刚性，对外来的文化冲击会很自然地做出抵触的反应。被并购企业的文化刚性越大，并购的风险越大。

（二）中国企业对外投资的风险管理策略

面对新世纪以来特别是金融危机爆发以来国际直接投资领域出现的投资风险，中国企业一定要有清醒的认识。企业应当认真地分析风险的来源，采用更为智慧和理性的策略和方法将风险纳入可控制的范围，减少风险带来的损失。

1. 加强企业的组织体系建设

规范的公司治理结构是现代企业高效运行的基本前提，也是跨国企业有效抵御对外投资风险的重要保证。由于多方面的原因，中国的一些企业在进行对外投资的时候并未建立起产权结构明晰、责权统一、运转协调、有效制衡的管理模式，这使得对外投资企业经营管理效率低下，缺乏国际竞争力，很难应对跨国投资过程中的高风险。针对这种情况，我们必须借鉴国际大型跨国公司的先进管理经验，建立健全海外企业的法人治理机制，形成以董事会为主的所有权决策体系、以监事会为主的监督协调体系、以总经理为首的经营权执行体系，三者之间应该有明确的、科学的分工。在完善企业内部约束机制的同时，还要正确处理国内母公司与海外子公司的关系。依据国际经验和中国海外企业发展现状，国内母公司应把事关全局的重大决策权和管理权集中于公司总部，在一些战略性问题上加强控制、监督与协调，并随时掌握海外企业的运行状况，把海外企业的发展纳入母公司国际化战略范畴。与此同时，把需要灵活做出反应的职能和经营业务的权限分散在各分支机构，适当扩大海外企业的经营自主权，使其能够按照东道国的惯例和投资环境的变化，及时地、灵活地调整其生产经营策略，以便有效应对海外投资风险，获得最佳经济效益。

为了有效提升中国企业对外投资风险控制的水平，应该着重强化投资风险管理的组织体系。目前，中国大部分海外企业没有建立完善的投资风险管理组织体系，企业各部门、各员工之间的风险管理的责、权、利不明确，对跨国经营风险的评估与控制的能力严重不足，一旦风险发生，就互相推诿，逃避责任。在新的国际经济和金融环境下，各种复杂的风险因素经常密切地交织在一起，相互作用和影响，这就要求海外企业必须统筹兼顾各种风险的综合效应，从企业整体角度综合管理所面临的全部风险。而过去那种对各类风险从各个职能部门进行孤立度量、控制和管理的“分离”式传统风险管理模式不再适应时代发展的要求。

根据当代跨国企业经营的特殊性及其海外投资风险的复杂性，我们可以努力构建集成式风险的组织管理体系，该体系主要由三个层级构成：第一层级是母公司集成风险管理委员会，它直接隶属于母公司董事会，对整个总公司的风险管理活动进行统筹与协调；第二层级是海外子公司风险管理部，它独立于子公司各业务部门，负责组织和协调海外企业各部门的风险管理活动；第三层级是海外子公司业务部门的风险经理，其接受风险管理部门的指导，对本部门负责人和风险管理部双重负责。构建这种扁平化、规范化的管理体系，既可以保证风险管理覆盖跨国企业所有的风险领域，又可以综合协调各部门的风险管理活动，实现风险管理的横向与纵向协同，从而更好地满足对外投资企业集成风险管理的要求。

2. 实行多元化投资策略

多元化投资策略包括投资地位和投资方式的多样化选择。

由于投资区位过分集中，不利于分散投资和经营风险。随着中国对外投资规模迅速扩大，多种行业、多种经济主体不断加入和扩大投资者队伍，应该突破目前投资过分集中的格局，逐步实现更为多元化和全方位的流向分布，以避免将所有鸡蛋放在一个篮子里带来的风险。

随着中国企业对外投资的发展，投资方式呈现多元化趋势，越来越多的企业采用并购方式进行海外投资。与绿地投资方式相比，跨国并购投资项目的可行性研究有许多特点，最为重要的是选择合适的并购对象即目标企业。中国企业在进入东道国的方式上可以采取更为策略的做法，不要急于求成。可采用合作投资、合作经营和合作生产等方式，步步渗入，在自己的谈判力不断提高后再采用控股或独资方式。

根据国内外成功经验，在选择目标企业时必须注重以下三个问题：

一是目标企业有无发展前途。每种产品都有一定的生命周期，如果目标企业的产品已经达到饱和的极限或属于淘汰产品，并购后就很难有发展余地。如果被迫将目标企业的生产设备和技术转向其他的生产领域，就可能违背企业并购的初衷。

二是目标企业现有技术装备情况。一般不要收购那些设备陈旧、技术落后的企业，因为这类企业缺乏竞争力；同时也尽量不要收购那些生产工艺复杂、生产连续性很强的企业，这类企业如果某一关键环节或零部件出现问题，则有可能导致企业停产的危险。

三是目标企业的负债情况。应仔细分析目标企业原有债务的偿还期限和利率，弄清债权人对债务人是否有限制性规定，借债行为是否合法，是否存在隐蔽的坏账，防止陷入债务纠纷或使企业遭遇债务风险。在此基础上，选择切实可行的并购模式和交易方案，使企业有效规避并购风险，实现预期投资目标。

3. 构建科学的投资决策体系

可行性研究是在投资项目决策前进行技术经济论证的一门科学，它对于减少或避免对外投资风险具有举足轻重的作用。目前，中国有些海外企业经济效益不高，并不是企业生产经营本身的问题，关键在于其投资决策失误。有些企业缺乏对海外投资环境的深入考察，没有弄清东道国的相关情况就盲目投资，最终导致投资失败。

因此，为了避免这种情况，在对外投资决策阶段，必须对东道国投资环境进行充分的调查和分析，重点考虑以下因素：一是当地政府愿意同中国进行经济技术合作，要尽可能选择与中国政府签有双边投资保护协定的国家开办企业；二是当地政治形势比较稳定，不会因政局不稳或政权更迭造成对中资企业财产和人身安全的威胁；三是当地涉外投资法规健全，对中方投资确有法律保障；四是当地经济发展稳定，市场容量可观，且税赋较轻；五是当地外汇管制比较宽松，中方所得利润及其他合法收益可以自由汇出等。要根据上述各种因素和投资项目的具体特点，选用一种或几种较为典型的评估方法，对当地投资环境进行综合评估，并得出科学的结论。在此基础上，还要认真做好投资项目本身的可行性研究，就是对与项目有关的资金、资源、场地、技术设备、工艺流程、市场销售、产品成本和经济效益等因素进行深入细致的研究，对投资和经营过程中可能出现的各种风险进行综合评价，分析它们对投资项目的影响程度，并对多种投资方案进行“敏感性试验”，以便为对外投资项目决策提供准确和可靠的依据。

4. 完善风险预警系统

当今国际市场风云变幻莫测，传统风险和非传统风险相互交织，为了有效防范企业对外投资风险，必须建立健全科学的风险预警系统。该系统是对企业对外投资活动中可能遭遇的风险采取提前预测和事先防范的机制，一旦发现风险征兆，就及时发出预警信号，提醒投资者采取矫正措施，从而最大限度地控制不利后果的发生。对外投资风险预警系统主要由五个子系统构成，分别是风险信息系统、风险测度系统、风险报警系统、风险矫正系统和自动更新系统。这五个子系统既按照顺序逐层推进，又通过自动更新系统形成一个闭环结构，共同为企业对外投资提供可靠保障。

对外投资风险的第一个环节是风险信息系统，包括收集东道国投资环境、经济参数、涉外法规、市场竞争状况、社会文化习俗等信息，分析这些信息的变化方向和趋势是否会构成企业对外投资的风险因素，给企业带来现实和潜在的风险，通过对风险因素进行连续监测和动态追踪，确定是否出现风险征兆。第二个环节是风险测度系统，该系统应对收集的风险因素和基础数据进行鉴别及检查过滤，剔除其中的误导性信息，在此基础上将风险因素归类，并根据相关风险预警评价指标体系衡量各类风险的级别，判断各种风险因素相互作用对企业的综合影响程度。第三个环节是风险报警系统，该系统应根据警兆的变动情况，及时将风险类型、影响程度和可能发生的时间等信息向投资决策者或经营管理者报告，并切实保证风险信息传递的真实性、准确性、超前性和高效性。第四个环节是风险矫正系统，该系统应针对风险的性质和影响程度，提出风险控制预案，尽可能将风险消除在潜伏期或萌芽状态。第五个环节是自动更新系统，该系统根据风险矫正情况，观察其带来的后果，做出相应的调整，并反馈更新后的风险信息，保证对外投资风险预警系统持续有效地运行。

第三节　中国对外投资的政策支持

一、当前中国对外投资政策体系

改革开放以来，中国对外投资一直保持稳健快速发展的趋势。近年来更是成为国际直接投资输出最快的国家，并逐渐成为国际直接投资的主要来源国之一。随着对外直接投资规模的日益扩大，中国相关政府机构根据当前国内外经济形势，适时推出相关政策，约束、规范企业对外直接投资行为，促进海外投资行为规范化，以提升企业投资效益，促进国内经济发展。

在国家战略和经济政策的宏观层面，中国已经明确提出了“走出去”的发展战略，鼓励有比较优势的各类所有制企业对外投资，带动商品劳务出口，利用国外资源市场，发展本国经济，同时也希望利用对外投资平衡国家收支，保障经济发展所需能源供给，维护国家经济安全。

在具体规范对外投资的国内立法方面，中国目前已建立了一套切实有效的规范体系。1994 年制定并在 2004 年修订的《对外贸易法》中规定了关于中国企业与其他组织从事对外贸易活动所应遵循的规则以及中国政府在外贸方面根据所加入的国际条约或国际协定应给予的国民待遇。《合同法》、《公司法》、《组织法》、《反不正当竞争法》、《反倾销和反补贴条例》、《民事诉讼法》等法律都从不同方面规范了中国对外投资企业的涉外经济活动。

在对外投资项目的审批方面，原对外经贸部以及后来成立的商务部和相关部委制定了相当完善有效的审批政策和审批程序。审批管理程序以 1993 年制定的《境外投资企业的审批程序和管理办法》为基础，2004 年商务部颁布的《关于境外投资开办企业核准事项的规定》，进一步对中国企业对外投资活动的申请者资格、项目审批标准、审批机构、审批权限、审查核准范围、审批程序以及申请者所需各项材料给予了规定。

在对外投资外汇管理方面，1989 年国家外汇管理局制定的《境外投资外汇管理办法》以及于 1990 年公布的《境外投资外汇管理办法实施细则》仍是国家外汇管理的主要法规依据。

对于境外国有资产的管理监督，目前主要依据 1992 年国家国有资产管理局、财政部、国家外汇管理局共同制定的《境外国有资产产权登记管理暂行办法》和 1996 年国家经贸委发布的《关于加强中外合资、合作企业中国有财产监督管理的暂行规定》。这两部法规对投资海外的国企的财务管理、国有资产监督管理进行规范化，有效地防止了海外国有资产流失，降低了海外投资风险，提升了国有企业海外投资效益。

在投资海外企业经营效益、企业运作等方面，原对外经贸部和外汇管理局等相关部门制定《境外投资联合年检暂行办法（试行）》，对投资海外企业实施年检制度。同时原对外经贸部颁布《境外投资综合绩效评价办法（试行）》，由现在的商务部联合相关部门对投资海外企业经营业绩等方面做出评价。

对于中国有比较优势的企业的海外投资（目前中国海外投资战略已明确指出要支持各种所有制、具有比较优势的企业进行海外投资），原对外经贸部、国家经贸委、财政部联合颁布《关于境外带料加工装配业务有关出口退税问题的通知》，中国人民银行、对外贸易经济合作部联合发布《关于支持境外带料加工装配业务的信贷指导意见》，对投资海外的加工企业予以信贷及财政支持。

在企业所需信息支持系统方面，政府利用各种信息渠道优势，发布相关指导目录，为企业对外投资提供真实可靠的信息来源，利于企业更理性地投资，降低投资风险。从 2003 年以来政府相机发布关于东南非洲、东欧、南美洲等地区纺织加工贸易类投资国别指导目录。同时建立企业境外投资意向信息库，颁布国别投资经营障碍报告制度及对外直接投资统计制度等，通过为相关企业提供信息服务支持企业“走出去”，开展对外投资活动。

二、促进中国对外投资的政策选择

虽然中国对外投资发展迅速，并且有一定的政策体系为此提供了支持，但是，与国内外变化发展飞快的经济形势和国际资本流动相比较，相关的政策体系还不够完善，还存在一定的不足，需要我们从多个角度提供更加全面的政策支持。

（一）加快对外投资的立法进程

对外投资需要法律的保护和支持。改革开放以来，中国对外投资的实践一直走在立法的前面。中国新的对外直接投资政策体系虽然已经发生了重大转变，但是目前仍然缺乏一部纲领性的、权威性的法案，以便能够从整体上协调中国整体对外投资政策体系。除一些管理规定和办法外，《对外投资法》等相关法律仍然没有制定出来。

国家发改委的“办法”和商务部的“规定”均是以国务院部门政策的形式出现，是一种行政管理政策，缺乏相关的法律依据。其他境外投资相关规范也存在同样的问题。要保证中国“走出去”战略能够健康发展，仅仅依靠行政法规是不够的，必须建立一部能够总体上指导对外直接投资的法案。这样才能够使中国的对外直接投资政策具有坚实的法律基础，保证相关法律法规的统一性、协调性和权威性。

我们应当尽快出台《对外投资法》，将现有的对外投资的政策和条例纳入法制化的轨道，增加透明度。借鉴发达国家的立法经验，并根据中国的实际情况，《对外投资法》作为调整中国对外投资关系的基本法，应对本国对外投资主体、投资形式、审批程序、资金融通、技术转让、收益分配、企业管理、争议解决等问题做出原则性规定。根据中国对外投资发展情况，还要适时制定对外投资基本法的实施细则及其他有关的单行法规，如《对外投资企业法》、《对外投资审查法》、《对外投资所得税法》、《境外国有资产管理法》等，逐步形成一个以对外投资基本法为主、各种单行法规和相关配套法规为辅的法律体系，确保中国对外投资有法可依。

（二）健全对外投资的监管体系

目前中国对外投资往往“重审批、轻监管”，使得某些境外企业处于放任自流的状态，风险防范能力比较差。针对这种情况，一方面应改革现行的投资审批制度，适当简化审批手续。为适应新形势下境外投资发展的需要，国家发展改革委于 2011 年下放了境外项目核准权限。按照规定，地方企业实施的中方投资额 3 亿美元以下的资源开发类、中方投资额 1 亿美元以下的非资源开发类境外投资项目（特殊项目除外），由所在省、自治区、直辖市等省级发展改革部门核准；中央管理企业实施的上述境外投资项目，由企业自主决策并报国家发展改革委备案。中方投资额 3 亿美元及以上的资源开发类、中方投资额 1 亿美元及以上的非资源开发类境外投资项目，由国家发展改革委核准。另一方面要完善对外投资的监管机制，加强政府有关部门对境外国有资产的监督。我们应在国有大中型企业所有者与经营者之间建立必要的约束机制和激励机制，明确国内投资主体与其境外子公司经营管理者的责任、权利和义务。要重点强化对外投资企业风险的监管，明确各层次负责人及员工在风险管理中的职能和作用，使其增强风险管理的意识，努力实现境外国有资产的保值和增值。

随着中国“走出去”战略的实施，未来将出现越来越多的中国跨国公司。这些公司的分支机构将遍布世界各地。中国对外投资法规政策不仅应该鼓励企业“走出去”，还应该对中国企业“走出去”后的发展状况给予积极关注。未来中国对外投资的监管应该是针对不同的投资主体，采取相应的监管措施。例如，中央企业监管应该由国资委配合进行，建立内部风险控制机制；而对于民营企业，要着重防止投资移民、资本外逃和境外非法经营问题。在境外企业的监管问题上，相关政策还需要进一步完善。

（三）加大政府政策扶持力度

从国际标准的角度看，中国境外投资的企业绝大多数都属于中小型企业，投资规模小、竞争力不足。中国企业要想在国际竞争中取得成功，单单依靠企业自身的力量是不行的，必定要借助国家政府的政策扶持。

政府政策扶持，首先体现在政府为企业对外投资提供的信息服务方面。为了使对外投资企业对东道国投资环境有比较全面的了解，更好地防范可能遭遇的投资风险，政府有关部门应采取有效措施，为企业提供对外投资信息和投资机会等情报。在国外，这项工作大多是通过国家行政机关、国内特别机构或驻外使领馆所设的经济情报中心进行的，有的国家是由专门的海外投资公司、海外投资研究所、海外经济调查部进行的。根据中国现实情况，可以设立对外投资委员会，联合驻外使领馆和国际商会等机构，形成庞大的信息收集、处理和传递网络，定期发布国别投资环境报告和投资风险评价报告，为对外投资企业提供有关国家的政治、经济、技术、法规和社会文化等信息，使企业有效规避对外投资风险，大幅度提高投资经济效益。

政府对外投资政策扶持还体现在政府要加强相关部门之间的协调。根据国际经验，在经济开放程度不断提高、经济体制日趋完善的条件下，政府应及时转变管理的方式，加强外汇、财政、税务、银行、保险等部门之间的合作，协调各部门之间的运作，提高工作效率。以外汇部门为例，应改革现行外汇管理体制中与市场经济和对外投资不相适应的部分，给企业对外投资外汇使用和结汇更多的自由和方便。

此外，政府除了自身更好地做好公共服务，加强为市场主体服务的精神，政府还应该积极鼓励境外投资服务性商业机构的发展。境外投资服务包括投资国环境调研分析、海外法律服务、财务服务和税务服务等多方面内容。

（四）积极构建境外投资担保制度

为了规避对外投资风险，目前许多发达国家都制定和实施了《对外投资保险法》。但是，中国至今尚未制定保护对外投资的专门法规，因而难以消除企业对外投资的后顾之忧。2001年中国设立了独立的政策性保险公司——中国出口信用保险公司，负责承办政策性出口信用保险和对外投资保险业务，但远远不能满足中国对外投资发展的需要。

为了增强对外投资企业规避风险的能力，我们有必要借鉴发达国家的经验，尽快制定适合本国特点的《对外投资保险法》，明确规定对外投资的保险机构、投保资格、承保范围、保险金额、代位求偿权等，使这项工作有法可依。在健全法制的同时，还要适时建立专门的对外投资保险机构。从国际上看，对外投资保险机构的设置主要有两种模式：一种是以法国和德国为代表的分离制，即分别设立审批机构和经营机构；另一种是以美国为代表的同一制，即统一由单一的对外投资保险机构行使审批和经营职能。根据中国现阶段国情，可以采用分离制模式，由对外投资委员会负责审批事务，保险业务则由中国出口信用保险公司具体承办。待条件成熟时，逐步过渡到同一制，并成立隶属于对外投资委员会直接领导的中国对外投资保险公司，该公司不以盈利为目的，专门开展对外投资风险的保险业务。在保险范围内，应根据近年对外投资风险的变动特点及发展趋势，将蚕食式的征用风险、政治暴力风险、恐怖主义等风险纳入保险的范畴，为对外投资企业设计更加适宜的保险品种。国家应该设立对外投资保险基金，基金来源主要是国家财政投入，也可加强与商业性保险机构合作，还可吸引民间资本参股，以便增强保险机构的实力，扩大保险覆盖范围，适当降低保险费率，更好地帮助企业规避对外投资风险。

在完善本国对外投资保险制度的同时，还要充分发挥双边投资保护机制的功能。多年来，由于中国重视引进外资，忽视对外投资，以往签署的大多数协定内容主要是保护外商在华投资的权益，而没有将保护中国企业对外投资列为重点，即中国是以东道国身份、外国则以投资母国身份签署的协定，使双边投资协定在事实上演变为中国政府的单方面承诺。鉴于这种情况，我们一方面要利用外交途径，积极推进同更多国家商谈并签署双边投资保护协定；另一方面要对已签署的有关协定进行清理，对其中不合时宜、不够协调、不符合对等原则的内容进行调整和修改，将当代跨国投资中可能出现的非传统风险纳入双边投资保护的范畴，使协定内容更好地反映时代的要求，更有效地保护双方投资者的合法权益。

此外，我们还应积极利用多边投资担保机构的功能。该机构是根据《多边投资担保机构公约》成立的一个国际投资保险组织，主要向跨国直接投资者承保四种政治风险，即外汇冻结险、资产征用险、合同终止险、武装冲突和市民暴动险。一旦东道国发生这些政治风险，跨国投资者即可依据约定程序，迅速获得损害赔偿。中国虽然是《多边投资担保机构公约》的缔约国和主要出资国之一，但是，已经或试图开展对外投资的中国企业缺乏利用该公约及其担保机构保护自身权益的意识。为了改变这种状况，当务之急是加强对该公约的宣传力度，使中国对外投资企业加深对多边投资保护机制的认识，熟悉整个保险程序、投保要求和保险措施，善于利用该公约的有关条款及承保机制减少和规避投资风险，以便进一步提升企业对外投资活动的安全系数。

【本章小结】

随着经济全球化的进一步发展，国际资本流动发展的势头越来越迅猛，在国际经济交往中占据着主导地位。随着时间的推移，中国经济发展也面临着战略性的转变，中国的企业开始积极走出国门，实现多层次和多角度的对外投资。本章对中国的对外投资状况做了详细的介绍。第一节对中国对外投资的发展阶段、所处的经济环境与面临的挑战等问题进行了概述。第二节着重分析了中国对外投资的战略选择和风险管理。第三节对中国对外投资的政策支持做了比较详细的介绍。

【本章要点】

- 中国对外投资发展阶段
- 中国对外投资所处的环境与面临的挑战
- 中国对外投资的地区战略选择与行业战略选择
- 中国对外投资的风险管理
- 中国对外投资的政策支持

【本章关键术语】

中国对外投资　跨国并购　绿地投资　金融危机　人民币升值　贸易保护主义　地区战略选择　行业战略选择　比较优势基准　结构高度化同质性　风险预警系统　对外投资法

【本章思考题】

1. 简述中国对外投资的发展历史。
2. 当前中国对外投资面临哪些方面的挑战？
3. 对外投资应遵循哪些原则？
4. 如何确定中国对外投资的产业选择策略？
5. 中国企业对外投资面临的风险有哪些？
6. 如何更好地完善中国对外投资的政策支持体系？

参考文献

1. 黄达主编. 金融学. 北京：中国人民大学出版社，2003
2. 陈雨露. 国际金融. 北京：中国人民大学出版社，2000
3. 刘园. 国际金融风险管理. 北京：对外经济贸易大学出版社，1998
4. 吴晓灵主编. 中国外汇管理. 北京：中国金融出版社，2001
5. 胡奕明. 外汇风险管理. 大连：东北财经大学出版社，1998
6. 张东祥. 中国外汇市场金融工具配置. 武汉：武汉大学出版社，2002
7. 张尉，徐晨，陈宇玲. 国际投资学. 北京：北京大学出版社，2002
8. 理查德·M·莱维奇. 国际金融市场：价格与政策. 北京：中国人民大学出版社，2002
9. 兹维·博迪，罗伯特·C·默顿. 金融学. 北京：中国人民大学出版社，2002
10. 兹维·博迪，艾伦·J·马科斯. 投资学精要. 第四版. 北京：中国人民大学出版社，北京大学出版社，2003
11. 郭信昌，刘恩专. 投资环境分析·评价·优化. 北京：中国物价出版社，1996
12. 邓宏兵，张振二. 区域投资环境研究. 武汉：中国地质大学出版社，2001
13. 邓宏兵. 投资环境学. 武汉：中国地质大学出版社，2000
14. 邓宏兵. 投资环境评价体系原理与方法. 武汉：中国地质大学出版社，2000
15. 吴建安. 中国外商直接投资环境研究. 对外经济贸易大学硕士学位论文，2002
16. 鲁明泓. 国际直接投资区位决定因素. 南京：南京大学出版社，2000
17. 梁蓓，杜奇华. 国际投资. 北京：对外经济贸易大学出版社，2004
18. John C. Hull, *Fundamentals of Futures and Options Markets*, Fifth Edition, Prentice Hall Press, 2004
19. Anthony Saunders and Marcia Cornett, *Financial Institutions Management*, McGraw-Hill Higher Education, 2003
20. Richard M. Levich, *International Financial Markets Prices and Policies*, 北京：中国人民大学出版社，2002
21. 聂名华. 论中国企业对外直接投资的风险防范. 国际贸易，2008（10）

22. 邹婷，刘辉煌. 中国对外投资区位选择集中化研究. 技术创新与管理，2010 (1)
23. 张为付. 中国企业对外直接投资的区位选择和路径安排. 国际贸易问题，2006 (7)
24. 刘阳春. 中国企业对外直接投资的特征研究. 经济与管理研究，2008 (11)
25. 张宁. 当前是中国企业加快对外投资的有利时机. 中国经贸，2009 (7)
26. 薛求知，朱吉庆. 中国对外直接投资与“走出去”战略：理论基础与经验分析. 复旦学报（社会科学版），2008 (1)
27. 张洁颖，周煊. “走出去”战略背景下中国对外直接投资政策体系的思考. 国际贸易，2007 (4)
28. 文学，郝君富. 全球金融危机环境中我国国际投资战略分析. 当代经济管理，2009 (1)
29. 周升起. 中国对外直接投资：现状、趋势与政策. 东亚论文，2009 (75)
30. 张薇. 论国际投资协定中的环境规则及其演进——兼评析中国国际投资协定的变化及立法. 国际商务研究，2010 (1)
31. 余劲松. 改革开放 30 年与我国国际投资法制的发展与完善. 理论前沿，2008 (21)
32. 秦米源. 金融危机背景下我国企业海外并购的困境与对策. 广西社会科学，2010 (6)
33. 曹旭平，黄灿，沈杰. 中国对外投资风险防范研究. 工业技术经济，2010 (5)
34. 商务部，国家统计局和国家外汇管理局 . 2007 年中国对外直接投资统计公报
35. 商务部，国家统计局和国家外汇管理局 . 2008 年中国对外直接投资统计公报
36. 商务部，国家统计局和国家外汇管理局 . 2009 年中国对外直接投资统计公报
37. 任淮秀. 投资经济学. 北京：中国人民大学出版社，2013
38. 卢汉林. 国际投资学. 北京：高等教育出版社，2012
39. 卢进勇，杜奇华，杨立强. 国际投资学. 北京：北京大学出版社，2013
40. 张蔚，徐晨，陈宇玲. 国际投资学. 北京：北京大学出版社，2002
41. 戴志敏，王义忠. 国际投资学. 杭州：浙江大学出版社，2012

图书在版编目（CIP）数据

国际投资学/任淮秀主编. —4版. —北京：中国人民大学出版社，2015.1
经济管理类课程教材·金融系列
ISBN 978-7-300-20267-9

Ⅰ.①国… Ⅱ.①任… Ⅲ.①国际投资-高等学校-教材 Ⅳ.①F831.6

中国版本图书馆CIP数据核字（2014）第256118号

经济管理类课程教材·金融系列
国际投资学（第四版）
任淮秀　主编
Guoji Touzixue

出版发行	中国人民大学出版社		
社　　址	北京中关村大街31号	**邮政编码**	100080
电　　话	010－62511242（总编室）		010－62511770（质管部）
	010－82501766（邮购部）		010－62514148（门市部）
	010－62515195（发行公司）		010－62515275（盗版举报）
网　　址	http://www.crup.com.cn		
经　　销	新华书店		
印　　刷	北京溢漾印刷有限公司	**版　　次**	1992年4月第1版
规　　格	185 mm×260 mm　16开本		2015年1月第4版
印　　张	23.25	**印　　次**	2022年5月第10次印刷
字　　数	584 000	**定　　价**	43.00元